国家社科基金重大项目"中国古代书院制度研究"阶段性成果

湖南大学岳麓书院发展基金资助

中国书院制度

邓洪波　主　编

兰　军　副主编

中国教育出版传媒集团

高等教育出版社·北京

图书在版编目（CIP）数据

中国书院制度 / 邓洪波主编. -- 北京：高等教育出版社，2025.9. -- ISBN 978-7-04-065644-2

Ⅰ. G649.299

中国国家版本馆CIP数据核字第2025C7L977号

中国书院制度
ZHONGGUO SHUYUAN ZHIDU

策划编辑	孙 璐	责任编辑	丁艳红	封面设计	王 鹏	版式设计	杜微言
责任绘图	李沛蓉	责任校对	高 歌	责任印制	赵 佳		

出版发行	高等教育出版社	网　　址	http://www.hep.edu.cn
社　　址	北京市西城区德外大街4号		http://www.hep.com.cn
邮政编码	100120	网上订购	http://www.hepmall.com.cn
印　　刷	涿州市星河印刷有限公司		http://www.hepmall.com
开　　本	787mm×960mm 1/16		http://www.hepmall.cn
印　　张	22.5		
字　　数	300千字	版　　次	2025年9月第1版
购书热线	010-58581118	印　　次	2025年9月第1次印刷
咨询电话	400-810-0598	定　　价	40.00元

本书如有缺页、倒页、脱页等质量问题，请到所购图书销售部门联系调换
版权所有　侵权必究
物　料　号　65644-00

中国书院系列教材编委会

主任
肖永明
成员（以姓氏笔画为序）
　　于　月　邓洪波　李　伟　杨代春　余　露
　　陈　岘　陈仁仁　陈宇翔　谢　丰　谢一峰

本册主编
邓洪波
本册副主编
兰　军

书院制度及其文化功效
（代前言）

书院是儒家的大本营，是读书人围绕着书，开展包括藏书、读书、教书、讲书、著书、校书、刻书等各种活动，进行文化积累、研究、创造与传播的文化教育组织。它源于士人读书、治学的书斋与官府整理典籍的衙门，产生于唐代，经唐玄宗一代君臣"广学开书院"式的倡导，遂日渐流行。由唐而宋元明清，经千余年的发展，书院得以遍布除今西藏之外的全国所有省区，数量在7500所以上，成为读书人文化教育生活中不可或缺的部分。它为中国教育、学术、文化、出版、藏书等事业的发展，对民俗风情的培植，国民思维习惯、伦常观念的养成等都作出了重大贡献。明代开始，它又走出国门，传到东亚、东南亚，甚至欧美地区，为中华文明的传播和当地文化的发展作出了贡献。近代以来，因为新学、西学的加盟，它又成为沟通中西文化的桥梁。而1901年9月14日（农历八月初二）光绪皇帝的一纸诏令，将全国书院改制为大、中、小三级学堂，更使它由古代迈向近现代，得以贯通中国文化教育的血脉。

书院千年，历史悠久

书院产生于唐代，其起源有官民两途。民间书院源出于读书人个人的书斋。与书斋不同的是，它向社会开放，成为公众活动的场所，儒生、道士、和尚等皆可出入其间。由私密而公众,这是书斋与书院的分野。官府的丽正、集贤书院,由朝廷整理图书典籍的机构脱胎而来,其主要职责《唐六典》记作:"掌刊缉古今之经籍,以辩明邦国之大典,而备顾问应对。凡天下图书之遗逸,贤才之隐滞,则承旨而征求焉。"以学术文化事业为主,而无具体的政务,这就是作为官府的书院与一般政府职能部门的区别所在。官府书院有着将千百年国家藏书、校书、修书及由此而辨彰学术的经验传递给新生的书院组织的桥梁作用。从此以后,书院同时拥有了民办和官办的传统,在民间和官府这两大力量体系的交相影响之下,开始了其千年发展历程。

大唐五代,见诸文献记载的书院只有70余所,在中国书院发展史上,还只能算作起始阶段,但后世书院几乎所有的活动都能在这里找到源头。读书人在其中藏书读书,校勘典籍,问学讲书,游宴会友,吟诗作文,交流学术,教学授受,讨论政治,关心时局,探究经史,研究著述等,承担起改造、更新、传递华夏文明的重担。由此可知,书院作为一种崭新而重要的文化教育组织已经初具形态。

两宋时代,那些从门阀制度下解放出来的读书人,挟开拓万古心胸之豪气,凭借经济发展带来的社会繁荣,依靠印刷技术进步带来的丰富藏书,纵贯古今,横论百家,将我国古代的学术文化事业推进到一个空前发达的黄金时期。其间,书院受到大家重视,创建500余所,可谓多矣。南北宋书院的发展各有特点,北宋以"天下四大书院"为代表,强化的是教育教学功能,书院作为学校的一种,得到社会的认同;张栻、朱熹、吕祖谦、陆九渊在"南宋四大书院"的讲学,带来了学术的繁荣昌盛,使学术与书院的一体化得以完成;朱熹的《白鹿洞书院揭示》通行天下,更有典范作用。从此,书院与教育、学术相结合,具备了魅力无限的文化人格特征,影响着中国一代又一代的读书人。

元代虽然为金戈铁马的蒙古贵族统治时期,但对儒家文化有着应有的尊重。程朱理学和科举制度结合之后,被正式确立为官方正统。与理学一体化的书院被视为官学,受到重视,书院建设者队伍中,既有汉人南人,也有蒙古人和色目人,因而史有"书院之设,莫盛于元"的说法。据统计,元代创建书院近300所,加上修复的唐宋旧院,总数达到400所以上。元代书院的最大贡献是,弥补辽金时代的缺憾,将书院和理学一起推广到北方地区,缩短了新形势下形成的南北文化差距。

在书院发展史上,明代承前启后,地位十分重要。虽然前期有过将近百年的沉寂,但在和王湛之学重新结合以后,带着冲决长久压抑的力量,书院得到了突飞猛进的发展,总数近2 000所,其中新创建的就有1 700余所。其分布,总体上是由先进发达地区向边远落后地区推进,这标志着书院的发展进入成熟的推广阶段。更有甚者,乘学术辉煌之势的读书人,不仅涉足地方文化建设,在民间规范百姓,移风易俗,使书院具有了平民化特色,而且以同志相尚,品评人物,讽议朝政,使书院又有了社团化的倾向。当然,书院输出到朝鲜半岛等地,更是这个时期的亮点。

普及和流变是清代书院的最大特点。由于官民两种力量的共同努力,书院进入前所未有的繁荣时期,新建书院4 961所,修复前朝旧有书院875所,总数达到5 836所,基本普及城乡。从雍正年间省会书院的建立开始,官方强力介入书院建设,各级官办书院成为全国各地大小不等的学术教育中心。民间则主要致力于乡村、家族书院的建设,承担着普及文化知识的基础教育任务。道光以降,面对随大炮战舰冲入国门的西方文化,书院努力应对,将西学、新学引入教学内容,终于形成了新式书院,是为积极的变革。而另一方面,科举的诱惑力太大,书院不分官办民办,大多陷入其中而难以自拔,这是消极的流变,它影响并最终断送了书院的改革。其间新出现的教会书院、华侨书院,以交融中西、联系中外而受到特别的注意。

书院的不同类型与等级

在千余年的发展过程中,出现了各种类型的书院。按照功能来分,有作为读书之处的书院,作为著书之地的书院,作为藏书之所的书院,作为明道讲学之处的书院,作为士友会讲之所的书院,作为课士之区的书院,作为士人市肆的书院,作为应试者公寓的书院,作为祭祀先贤之地的书院,最主要的还是从事教育事业的书院。按照教学内容来分,有从事军事教育的武书院,实施语言语音教育的正音书院,进行外国语言文学教育的书院,开设医学教育并有门诊业务的书院,最主要的还是从事儒家文化知识教学的书院。按照程度来分,有高、中、低不同等级,有大学、小学的区别。按照建设者来分,有民间的家族书院、乡村书院、教会书院,官方的县、州、厅、府、道、省各级地方书院,皇族书院。按照院中学生来分,有少数民族书院、侨民书院、华侨书院,有童生肄业的书院、生员书院、生童共处的书院、举人的书院。凡此种种,不胜枚举,充分显示出书院能够满足不同地区、不同人群的不同文化教育需求的特点。兹择要叙述如下。

　　家族书院指同一父系家族所创建、共享的书院。它包括一个家庭创建供其一家使用、一个家庭创建供其整个家族使用、合族创建合族使用等几种基本类型。家庭或家族创办书院的主要目的是培养下一代,使其具有较高的文化知识、良好的道德修养,从而提高家庭家族的总体素质水平,为其繁衍发展提供更为强劲的动力。家族书院有三个最基本的特点:一是血缘性,即家族性,它的创办经费、日常经费都由家族提供,其主持人为家族成员或受聘于家族的名儒耆宿,其服务对象为家族"子弟",非其族姓不得入内是普遍性原则。二是教学授受,以传播文化知识和做人道理为主要任务。三是教学程度不高,一般来讲属启蒙教育或稍高于蒙学的阶段。家族书院和乡村书院一起,构成民间书院的主体。

　　乡村书院指建在乡村,以乡村为招生范围的书院。它的创建有四种情形:一是某人单独创建;二是某人倡建,众人襄成;三是乡人公建;四是官府倡建或创建。除了官府关顾者之外,都与家族书院有较深的联系,可以视作家族书院的推广与延伸。但两者之间的区别也是明显的,乡村书院是一个地缘性概念,它不同于血缘性的家族书院,教泽所及要广泛一些。乡村书院也有三个基本特点：一是数量多，分布广，成为唐宋以来中国广大农村地区最主要也最富生命力的文化教育组织。二是招生范围较小，一般以参与建设的乡村为限，不投资者难享其利。三是教学程度与家族书院类似，多为启蒙教育或稍高于蒙学的教育，但总体上又有超乎家族书院之上的趋势。

乡村书院和家族书院一起，构成历代书院总量的大多数，承担了中国古代社会普及教育的主要任务，成为将儒家文化知识和观念源源不断地输向广大农村的主要渠道。值得指出的是，除了教学之外，这两大类型的书院还兼为家族与乡村社会文化活动的中心，不独为发展教育之体，亦为醇正风俗之原。

官府书院以行政区域的大小而呈现出一种等级差异。县级书院建于县城或城郊，多为一县名胜之地，在全县范围招生。其院舍创建、修复和山长聘任、生徒选择之权，一般都操于主持一县行政的长官之手，故而也可被称作县立书院。宋元两代，县级书院已大量出现，明清之世则成普及之势，有些文化发达的地区，甚至一县有两所或两所以上这样的书院。院中生徒或为童生、或为生员，例皆蒙童以上。因此，县级书院的教学程度也就明显高于家族和乡村书院，实为一县文化教育的中心。

县级书院之上，又有始见于北宋时期的州级书院、府级书院，始见于清代的道级书院，始见于明代的省级书院，始见于清代的跨省书院。它们的共同特点是官立，其创建、修复、经费、聘师、择生之权力多操于各级地方官员之手，成为各级政区的最高学府。所不同的是，各自的辖区范围广狭不一，由县而州而府而道而省，呈递增之势，辖区越大，其选择师生的余地就越大，其教学与学术水平也就越高。

因为教学程度和学术研究水平的高低不同，书院形成了一种等级上的差异。就整体而言，最底层的是私立的家族书院和民办的乡村书院，中间层是县立书院，高层则是州、府、道、省各级书院。底层书院数量大、分布广，起着普及文化知识和将儒家学术思想社会化，从而形成符合儒家理念的民间价值信仰的作用，它扎根乡村社会，是其他较高层书院的起点，构成中国书院等级之塔的底座。中间层县级书院,既拔乎家族、乡村书院之上,又是官立书院中最低的一等,一身二任,承担传播文化知识和将儒家理念政治化,从而以朝廷意志影响民间价值信仰的任务,是书院等级之塔的塔身。高层的各级书院一方面分担指导学术理念政治化的官方责任,另一方面也兼有研究学术、更新创造儒家精神、养育学派之责,可以视作高居于书院之塔的宝顶部分。应该指出的是,历朝历代那些学术大师主持或创建的书院,无论是官立还是民办,皆被视作当然的宝顶部分。中国书院的等级之塔,实际上已经构成了一个完整的书院教育体系。

书院制度与学术学派

书院是中国士人为了满足自身日益增长的文化教育需求,在新的历史条件之下,整合传统的官学、私学及佛道宗教教育制度的长处之后,创造并日渐完善的一种全新的既与官学、私学相联系,又独立于官学与私学的独特的学校制度。作为官学和私学相结合的产物,它的最大特点就是,不是官学但有官学成分,不是私学但又吸收私学长处。自唐宋尤其是宋代以降,它和官学、私学鼎足而三,以鼎立之势支撑着中国古代社会的文化教育事业,并促进其繁荣和发展。近代,当中国面对西方、走向世界,而官学、私学难有作为之时,它又以开放之势接纳西方学校制度与先进的科技知识,成为连接古代与近现代教育的桥梁,几乎独立承担起贯通中国教育血脉的重任,全国至少有1 606所书院改为大、中、小三级学堂。其弦歌千年,高唱的正是中国文化教育史上引人注目的一大奇观。

如上所述,书院既起源于官民二途,也就有官办与民办两大类别。官办书院与官学同创于官府,具有同源性。这种同源性使书院拥有官府的强大力量,可以获取合法甚至正统的社会身份,克服官本位社会大环境对其生存造成的困难,从而发展壮大;它也带来了官学的影响与传统,使书院具有某些与官学相若相同的组织形态特征,形成正规化、制度化特色。

民办书院和私学同创于私人,具有同根性。这种同根性,使书院可以赢得民间广大士绅留意斯文的热情与世世代代的支持,其力较之官府的强大,虽显单薄,但它绵长、持久而深厚,众志成城,可以化解官力式微或消失所带来的困境,以天长地久的滋润推动其成长发展;它也带来了私学的传统与影响,使书院具有某些与私学相似或相同的精神风貌,形成自由讲学、为己求学、注重师承等气质性特色。

官办书院和民办书院的长期并存,使官学与私学这两种不同的教育传统,对书院形成既交相影响又相互制约的合力,使其不至于从总体上变成完全的官学抑或完全的私学,长期保持某种官学与私学成分共存的态势,形成一种似官学而非官学、似私学而非私学的整体生存特色,进而以这种特色,与传统的官学和传统的私学完全区别开来,成长为独立于官学与私学的全新的教育制度。

书院教育作为一种独特的学校制度,在宋代就形成了讲学、藏书、祭祀、学田四大基本规制。北宋咸平二年(999),潭州知州李允则在岳麓书院"中开讲堂,揭以书楼",祭祀先师十哲七十二贤,"请辟水田","奏颁文疏"的活动,可被看作书院规制基本形成的标志。四大规制中,讲学、藏书、祭祀三者,作为书院的"三大事业",历来受到重视,也最能反映其作为文化教育组织的特点特色,其内容,以下我们将作专门介绍。学田则解决经费问题,是保证"三大事业"的前提,是书院赖以生存与发展的经济基础。书院的基本规制外化为建筑,大致对应为讲堂斋舍、书楼书库、祠堂庙宇、仓廪厨房四个功能不同的区域,形成极具人文特色的书院建筑群,此则正是读书人精神家园的物化表征。

书院既是教育活动的中心,又是学术研究与创新的胜地。南宋时,书院与学术结下不解之缘。当时几乎所有有名望的学者都创办或主持书院,潜心著述,讲学论辩,传播思想,形成了一个"百家争鸣"式的学术繁荣局面。尤其是张栻、朱熹、吕祖谦、陆九渊的讲学,集合大批学者,分别使岳麓书院、白鹿洞书院、丽泽书院、象山书院变成了当年全国闻名的四大学术中心。从此以后，历代学者多以书院为基地，传道讲学，建立学派，培养传人，如关中书院的关中学派、东林书院的东林学派，都很有名。

宋代学者开创书院与学术结合的传统以后，书院与学术互为表里，互为倚势，隐显同时，盛衰共命，形成一体化结构的态势。大书院作为学术中心，成为各学派的基地。从此，中国学术文化的建构、学术派别的产生、学术成果的形成、学术思想的传播等，差不多就成为书院的内部事务。于是，在自由讲学的旗帜下，我们可以看到一幅幅书院与学术的流变图：程朱理学与书院在元代的北移，书院在明代成为新学思潮的大本营，宋学、汉学、新学、西学等更替成为清代书院讲坛的主音。

书院的学术事业主要靠学者的讲学来维系。讲学不同于一般文化知识授受的教学，它是一种学术性活动，按照其所涉学术程度的深浅，可以分成三个层次。

第一个层次属于学术原创性讲学，由历代各个学派的大师主持，或大师自讲，或大师与同谊会讲，或大师与论敌开讲会辩难质疑。其特点是阐发儒家经义，创建学派理论体系。

第二个层次属于学理传播性讲学，由大师的弟子、再传弟子们主持，其主要目的在于传播大师的学说，发挥本学派的精义，尽量使学派的发展空间扩大、时间延长，着眼点在培植学术种子，壮大学者队伍。需要指出的是，这个层次的讲学有信守师说与创发新义之别，前者有不变而死之险，后者有流变至末之虞，互有短长，而理想的景况则是各派后学兼取别家之长，另辟新绪，再开盛局。

第三个层次属于学术普及性讲学，由懂得儒家理论的学者主持，听众则为初学之人或平民百姓，讲学词多平实，浅显易懂，所重不在理论阐发，而是课之以实践，将先贤的理念、大师的观点具体化作一般民众可以理解的日常行为准则，并使之成为一种生活习俗。这实际上是一种宣传教化活动，其目的是将学术普及于广大的民众之中。

书院讲学的形式多种多样，最值得记述的是讲会。讲会是书院开展学术活动的组织形式,它由学人的会讲演化而来。讲会始于唐代,及至明代,书院讲会蔚为大观,"流风所被,倾动朝野"(《明史》卷二三一),并且一直影响到清代。

书院讲会各订会约、会规、会条、规约,标举自己的立会宗旨、学术追求,甚至政治主张,只有遵守这些规章的人才能加入其中,如有违犯则请其出会,因此凡与会之人得称"同志""同盟",入会时要将各人姓氏、籍贯、年龄、入会时间等登记入"门籍""会簿""同门录"等名目的花名册,"以验其勤惰"。讲会组织严明,设有会长、会宗、会正、盟主、教主、会赞、会通、知宾等职,各司其事。讲会有期,如东林书院每年一大会,每月一小会。会期事先约定,到期赴会。开讲之日要举行隆重的仪式。讲会还设讲录、学录等职事负责记录,留下很多"讲章""会语""语录"等名目的讲学篇章,成为我们今天研究书院学术事业的重要资料。

书院的文化功效

书院的文化功效,从其祭祀、藏书、刻书的事业中,也能得到很好的反映。

祭祀是书院四大规制中极为重要的组成部分,历来受到世人重视,以至人们认为"书院之设""或以袭胜,或以表贤,或以就祀"(嘉庆《四川通志》卷八十《九峰书院记》),将祭祀先贤看成书院产生最重要的原因。

书院设祭有两个最主要的目的。第一个是标举自己的学术追求,借所奉人物确立其学统,此即所谓"正道脉而定所宗也"(汪晋征《还古书院祀朱文公议》,康熙《休宁县志》卷七)。它有两层意思,首先,书院是儒者之区,理所当然尊崇孔子及其门下贤哲等世所公认的儒家先圣先师,以区别于佛道两家的菩萨、神仙。其次,儒家又有不同派别存在,书院成为学派的基地,其立祠设祭,遵行"必本其学之所自出而各自祭之"的原则,

"非其师弗学,非其学弗祭也"(黄榦《送东川书院陈山长序》,《黄文献公文集》卷六),可以起到强化学派认同的作用。祠堂之上排列的开山祖师及各个时期的代表人物,象征书院的精神血脉,表明书院的学术渊源、风尚与特色,是学术传统的具体化。因此,我们可从供奉对象的区别,察知书院所属学术派别的不同,也可从宋元书院多祀周(敦颐)、二程(颢、颐)、张(载)、朱(熹)五子等巨儒与明代书院多祀王守仁、湛若水等大师的不同,看到学术思潮的时代特色。

书院祭祀的另一个重要目的,是对院中学生实施教育,此所谓"尊前贤励后学也"(文礼恺《金华书院记》,嘉庆《四川通志》卷八十)。书院设祭,有一定的标准,凡"先贤之得祠者",或乡于斯而"有德",或仕于斯而"有功",或隐学于斯而"道成于己",或阐教于斯而"化及于人"(唐肃《黄冈书院无垢先生祠堂记》,《丹崖集》卷五)。一般来讲,必须具备与本乡本土关系密切、德行道义足资后学模范这两个最起码的条件。乡土使人亲切,模范可供学习。祠宇中供祀的先贤,实际上就是书院为诸生树立的亲切可学的典型、榜样。这些先贤,虽然为官为民地位不同,或教或学所业各异,立功、立德、立言成就有别,但他们各有其可学之处,山长根据学生习性志趣的不同,各加规勉劝诫,令其见贤思齐,正可成就希天、希圣、希贤等不同层次的事业;而诸生长伴先贤,"仰而瞻其容,俯而读其书,一惟其道德言论是式是循"(彭时《重修胡文定公书院记》),观摩实践,日渐月染,必能进德修业,卓然成为有用之材。因此,祭祀在书院成为一种形象化的教育手段,祠堂供奉着学习的榜样,学生"入其堂俨然若见其人",心生感发向慕之志,必成理想追求事业。

书院祭祀活动一本其尊学术、重教育的理念,简单而又隆重。它依照儒家礼乐制度和程序进行,有尊师、重道、崇贤、尚礼的含义,它向院中诸生展示儒学礼仪的过程,实为生动的教育形式。不仅如此,透过庄严神圣的祭祀礼仪,院中诸生还可感知先贤先儒的人格魅力,感生成圣成贤之志,这样,祭祀就具有了人格教育与传统教育的功能。

书院是读书人围绕着书开展活动的公共场所，藏书则是书院一种永恒的事业追求。唐代，无论官府还是民间书院都已经比较注意藏书活动。北宋皇帝频赐经史典籍给岳麓、白鹿洞、嵩阳诸院而成的政府倡导之势，南宋朱熹、魏了翁等一大批书院建设者孜孜不倦的努力，书院与各学派结合而成的学术需求，终于使书院挟其林立各地的藏书楼阁、皇皇数万乃至十万卷院藏之数，成就了其藏书之业。从此以后，书院藏书就自立门户，得以与官府藏书、私人藏书、寺观藏书一起，并称中国古代藏书事业的四大支柱。

书院藏书有五个主要来源。一是历代皇帝赐书，其数虽少，但凭借至高无上的皇权，可以产生巨大的社会影响。二是中央与地方各级官府置备，它动用政府财力，虽难得多见，但一举即可解决问题，成为一些书院主要或唯一的藏书来源。三是社会捐助，包括官绅士民个人捐赠、院中师生捐置、非官方公众机构赠送等形式，它是书院藏书最主要的来源，是藏书事业最根本的保证。四是书院自置，包括斥资购书、书院自刻图书两种形式。五是设立图书基金，即利用官民二途所得银钱或田产，设为购书专款，利用息金或田租收入，常年为藏书楼提供图书。

书院藏书的目的是为院中师生提供研习之资。既不同于官府藏书之石渠金匮，视若鸿宝，也不同于寺观、私人藏书之志在保存，以为珍玩，侈谈宏富，它完全服务于院中师生的教学与学术研究工作，形成了公共性、公开性、利用性的三大特征，这是它区别并超胜于我国古代其他三大藏书体系之私密性、封闭性、守藏性的最大特色与优势所在，也是它能由古代过渡到近现代的内在原因。院中师生是书院藏书最基本的读者群，而且这一读者群的范围在清代由师生而及管理人员、由院内而及院外、由本籍而至外地，有一个不断扩大的趋势，这使得院藏图书的"公共性""公开性"更加显扬，最终如上海格致书院"凡遵约登楼观书者"皆在欢迎之列，书院藏书楼已然成为完全近代意义上的公共图书馆。

书院与书的血缘亲情，使得修书、刻书成为书院一种与生俱来的功能。自唐代丽正、集贤书院"刊缉古今之经籍"肇始，历经宋、元、明、清凡千余年的发展，书院的刻书与藏书一样，也成就了辉煌之业，"书院本"以其精校、精工、易行"三善"成为中国出版和版本目录学发展史上一个备受世人关注的亮点。

为院中师生教学与学术研究服务，谋求书院的发展，是书院刻书的首要任务。与祭祀相配合，书院经常刊刻本学派学术大师的著作，以教授院中诸生。此即本于登其堂必读其书之义，意在明道传学。如此则道以书传，院因学盛，其结果就是书院与学派的结合，书院与学术的共同繁荣。书院还刊刻师生的学术成果，如宋淳熙年间，衡州石鼓书院山长戴溪"与湘中诸生集所闻"而成《石鼓论语问答》三卷。这种形式，到清代就演变成书院课艺、文集的出版，如杭州紫阳书院，先后出版《紫阳书院课艺》九集。光绪二十三年(1897)三月至二十四年六月，长沙校经书院每旬出版《湘学报》一册，共计四十五册，已经是完全意义上的学报了，它分史学、掌故、舆地、算学、商学、交涉六个固定栏目，发表院中师生"粗有所得之厄言"。这些连续读物的出版，可以及时反映书院的学术成果，扩大影响，使"远方学者闻风向往"（赵宁《岳麓会课序》，《岳麓文钞》卷十一）。书院还大量出版书院志、学规、章程、讲义、日记、同门录、藏书目录等。这类书籍记录书院的历史与现实情况，意在总结经验教训，为教学、研究、管理、基本建设等提供借鉴，以推动书院自身向前发展。

总括一代文献，为国家或地方的文化、学术、教育事业服务，是书院刻书的另一个重要任务。唐代丽正、集贤书院刊辑经史之籍数万卷，丰富国家典藏。元代杭州西湖书院刊刻图书一百余种，其中《国朝文类》总收元代歌、诗、赋、颂、铭、赞、序、记、奏议、杂著、书、说、议、论、志、碑、传等各类文章，"敷宣政治之宏休，辅翼史官之放失"，实为一代"典册"（吴昌绶《元西湖书院重整书目·附录》）。清代，福州鳌峰书院在康熙年间刻《正谊堂全书》，收理学著作五十五种，总括宋明理学著作，人称"理学渊海"。广州学海堂道光年间所刻《皇清经解》一千四百一十二卷，与江阴南菁书院光绪年间所刻《皇清经解续编》一千四百三十卷,合称《皇清经解正续编》,总合乾嘉学派的学术成就,是为清代经学集大成之作。至于甘肃兰州兰山书院刊《二酉堂丛书》,收周秦以来"关陇著述"二十一种二十七卷,使"西北文献,略见于斯"(《丛书百部提要》);嘉庆年间,昆明五华书院所刻《滇明诗略》《滇国朝诗略》《续刻滇南诗略》《滇南文略》《滇诗嗣音集》等,形成云南历代诗文系列,实有总结地方文化之功。可见,书院刻书的范围已从书院师生扩展到了地方民众,有着广阔的空间。凡此种种,都说明书院刻书已经承担起总结一代学术,发展国家或地方文化、教育事业的重任。

目 录

绪论／1

 第一节 书院教育的出现／1

 第二节 书院教育是一种新的教育制度／7

 第三节 书院教育是一个独立的教育体系／17

第一章 书院的类型／30

 第一节 家族书院／30

 第二节 乡村书院／33

 第三节 皇族书院与少数民族书院／36

 第四节 华侨书院与侨民书院／47

 第五节 教会书院／51

第二章 书院的等级／59

 第一节 县(州)级书院／59

 第二节 府(道)级书院／69

 第三节 省级书院／77

第三章　书院的组织管理／88

第一节　书院山长／88

第二节　书院职事／98

第三节　官府、士绅与书院管理／111

第四章　书院教学制度／121

第一节　书院教学管理／122

第二节　书院日记教学法／140

第三节　书院专科教育／145

第五章　书院讲会制度／158

第一节　书院学术型讲会／160

第二节　书院教化型讲会／174

第三节　明代书院讲会的特点／196

第六章　书院考试制度／214

第一节　书院考试制度的形成与演变／215

第二节　书院考试的类别与流程／221

第七章　书院藏书与刻书制度／238

第一节　书院藏书制度的形成与发展／239

第二节　书院藏书的来源与类型／251

第三节　书院刻书事业／260

第八章　书院经费制度／273

　　第一节　经费筹措／273

　　第二节　经费运营／279

　　第三节　经费支出／283

　　第四节　经费监管／293

第九章　书院祭祀制度／301

　　第一节　书院祭祀历史概况／301

　　第二节　书院祭祀的对象／304

　　第三节　书院祭祀的时间、人员与仪节／313

　　第四节　书院祭祀的意义／326

主要参考书目／331

后记／333

绪　　论

书院是中国古代士人围绕着书,开展包括藏书、读书、教书、讲书、校书、修书、著书、刻书等各种活动,进行文化积累、研究、创造与传播的文化教育组织。由唐而宋元明清,经千余年的发展,书院遍布全国大部分地区,数量有 7 500 所以上。书院为中国教育、学术、文化、出版、藏书等事业的发展,民俗风情的培植,国民思维习惯、伦常观念的养成等都作出了重大贡献。明代开始,它又走出国门,传到东亚、东南亚各国,甚至欧美地区,为中华文明的传播和当地文化的发展作出了贡献。

第一节　书院教育的出现

中国是一个有着悠久教育传统的国家,在书院教育出现以前,一般由依靠官府支持的官学与扎根于民间的私学这样两个相辅相成的教育体制来实现对民众的教育。按照权威的解释,官学是古代官府举办管辖的学校。由朝廷直接举办管辖的称为中央官学,如西周的国学,汉代的太学、官邸学、鸿都门学,唐代的国子学、太学、四门学、书学、算学、弘文馆、崇文馆,元明清的国子监等。由历代官府按行政区域在各地方设置的学校被称为地方官学,如西周的乡学,汉代的郡国学,唐代的府州县学,宋代的府州军县学,元代的路府州县学及社学,明清的府州县学及卫、社学等。私学是与官学相对的、由私人创办的学校。私学始于春秋时期孔子在鲁国曲阜城北设学舍,以讲诗书礼乐。战国时,诸子蜂起,私人讲学之风大盛。汉代私学中属于启蒙教育者有书馆,传授经学者有精舍(又称精庐),又有"世传家学"。隋唐以后,私学名称益繁,有家塾、经馆、义学、私塾、村塾、冬学等。由此可见,依历史顺序而言,先有官学,后有私学。而自孔子杏坛讲学、打破学在官府的局面,并且开创私学传统之后,私学即与官学长期并存,由春秋至隋唐皆然,千百年不变。直到唐宋,书院出现并成为一种教育制度之后,官私两学并立的局面才被官学、私学、书院三者鼎足的形势取代。

书院是雕版印刷技术出现、书籍可以成批量生产、读书人增加、社会识字率提高之后,为了满足人们日益增长的文化需求,由读书人自己创造的一种新的文化教育组织,书和读书人是其最核心的两个要素。

书院产生于唐代,其起源有官民两途,即中央政府管理图书典籍的机构和读书人的书斋。从现有文献资料来看,书院先出现于民间,最初它只是士人的读书治学之所。唐代的瀛洲书院、李公书院、张说书院、光石山书院分别分布于陕西蓝田、山东临朐、河北满城、湖南攸县,是中国最早的4所民间书院,其中尤以光石山书院的记载见于唐人碑记而最为可靠。民间书院出现不久,就将其服务范围从个人扩展到社会,担负起向社会传播文化知识的责任,开始了传道授业的教学活动,其典型例证是创建于唐中宗景龙年间(707—710)的福建漳州龙溪[①]松洲书院,办学时间至少有十年,可以视作我国历史上最早的具有学校性质的书院。作为我国第一所教学功能比较齐全的书院,松洲书院的意义在于它以士民和生徒为自己的服务对象,成功地将读书人的书斋引向服务公众的道路。从此,私人书斋和公众书院就有了比较清晰的分界线。后来无论唐诗还是地方志中所记录的书院,大多不为读书人个人所有,两个或两个以上的读书人在书院开展活动成为一种日益明显的趋势。

---

① 旧地名,原为县级建制。本书后边的旧地名均用当时名称,不再加注。

到唐玄宗时期,当书院在民间出现、发展近一个世纪之后,朝廷也开始注意到这种新生的文化组织,于开元六年(718)起在京城长安及东都洛阳先后创建丽正书院,十三年(725)又改丽正书院为集贤书院。京师官府书院以刊辑古今经籍、辨明邦国大典,而备皇帝顾问应对为主要职责,凡天下之图书遗逸与贤才隐滞,则承旨以求之;谋虑可施于时、著述可行于世者,考其学术而申表之。唐玄宗与张说等一代君臣,在书院开展了修书、校书、讲学、问政、宴饮、奏乐、赋诗等各种文化、政治、学术活动。因沿汉魏以来秘书省职掌著述、校理图书的政府功能,结合唐代政治、学术、文化发展的需要,唐代丽正、集贤书院得以出现,这也是中国书院的另一个源头所在。在书院发展史上,官府书院有着将千百年国家藏书、校书、修书及由此而辨彰学术的经验传输给新生的书院组织的桥梁作用,它在实际肯定、承认"书院"这一新生于民间的文化组织的同时,又赋予了其新的文化功能,使它在获取民间传统之外,又形成了一个来自政府的传统。从此以后,书院就在民间和政府这两大力量体系或单独或交织的影响之下开始了辉煌的发展历程。

唐代民间书院至少有49所,官府书院有东西二都丽正书院3处、集贤书院5处,官民两者合计,唐代书院总数已有57所之多。合而观之,唐代书院具有多种文化功能,虽然教育功能只是其中很不起眼的一部分,但官民两类书院或讲学或教学,皆有养成人才之效,尤其是高安幸氏桂岩书院、德安陈氏东佳书堂(又作东佳书院、义门书院)或开馆授徒,或藏书教学,纯然是一个教学机构,它们和前述龙溪松洲书院一起,已经具备完全意义上的学校性质。

五代十国时期,天下混战达半个多世纪。但乱世中的士人并没有泯没沉沦,他们或读书林下以养性潜修,或结庐山中以藏书聚徒,在民间先后创建书院12所,兴复唐代书院1所,而且多数政权的中枢机构依然设立了集贤书院,设有学士诸职,继续着唐代以来固有的职能。民间13所书院中,明确记载有教学活动的有8所,占总数的61.5%,比例已经相当大,说明学校性质的书院已经逐渐成为主流。在这些学校性质的书院中,吉州泰和匡山书院以曾得到后唐皇帝的赐额褒奖而引人注意。敕书中有"朕惟三代盛时,教化每由于学校;六经散后,斯文尤托于士儒。故凡闾巷之书声,实振国家之治体。前端明殿学士罗韬……寻因养病,遂尔还乡。后学云从,馆起匡山之下;民风日善益,俗成东鲁之区。朕既喜闻,可无嘉励?"(同治《泰和县志》卷八《政典》)等语。这是目前已知中国历史上第一个由皇帝发布的表彰书院的文告,意义非凡:首先,它标志着中央政府对民间书院的正式承认,书院从此具有了合法性。其次,政府对书院的认同,在于书院有托斯文、裨风教,即能"振国家之治体"的学校功能,表明自唐代龙溪松洲书院开始的教学活动经过二百余年的发展,已经得到了政府的肯定。此则最高统治者对具有学校性质的书院的首次认可与支持,可以视作书院教育制度开始建立的重要标志。然而,五代十国时期的书院毕竟太少,后唐统治的时间太短,影响的范围也太小,中国书院教育制度的真正确立还要留待宋代的读书人来完成。

宋初至庆历四年(1044)诏令天下兴学以前,84年间(960—1043),书院替代官学运行,其教育教学功能得到强化,是中国书院教育制度得以确立的重要阶段。宋政权建立于战火之中,唐末五代半个多世纪的战乱,已经将盛唐时期建立的中央二馆六学和地方州县乡里之学等一整套学校教育制度破坏殆尽,斯文一脉仅存于逃祸山林的文人儒生。宋朝立国之初,除了恢复国子学,皆无力顾及其他中央和地方官学而任其瘫痪。这种状况至少导致以下两个矛盾。

首先,久乱初平,海内归一,穷居草野而无由显身的士人纷纷要求就学读书,这就形成了就学与无学可就的矛盾。于是,读书人沿袭前代做法,依山林旷谷以讲授,聚书建院而群居,这正是朱熹在《石鼓书院记》中所指出的情形,所谓"前代庠序之教不修,士病无所于学,往往相与择胜地,立精舍,以为群居讲习之所,而为政者乃或就而褒表之"。石鼓、岳麓、白鹿洞等著名书院皆如此,聚徒数十百人,可以满足人们的求学愿望。

其次,新政权建立之后,需要大量人才为之辅佐治理,但官学不修,无处养士,人才的供需即成为矛盾。政府既然无力在短期内恢复官学系统,使之造就治世之材,就只得转向民间,求助于唐代以来士大夫聚讲的书院和精舍了。因此,宋初80余年的文教政策就是一面提倡科举,成倍地增加取士名额,扩大统治队伍,一面鼓励书院,使之充当官学的角色,承担起培养人才的主要任务。

士病无所于学,趋于书院;官病无所于养,取之书院,殊途而同归,经过官民双方的努力,以上两个矛盾可以说是得到了暂时的解决,它带来的是书院在北宋的蔚然兴起。据白新良的统计,全国明确记为北宋所建的书院有71所,这个数字已经超过唐五代书院的总和。

最能体现北宋书院替代官学角色的是曾名列天下四大书院的宋初几所著名书院。北方以南京应天府书院为例。应天府书院是大中祥符二年(1009)二月二十四日奉诏新建的,当时赐有院额,其院舍则为曹诚捐资改建宋初讲学名人戚同文旧居而成,有学舍150间,聚书1 500卷。曹诚因为"愿以学舍入官",而被任命为书院助教,院务则令戚同文之孙戚舜宾主持。应天府书院院舍虽由士人捐建,但书院之成立则完全是中央政府诏令所致。天圣三年(1025),给予解额三人,书院在地方乡贡之年,可以推选三人直接参加科举考试。六年(1028)九月,任命王洙为书院说书。明道二年(1033)十月,又设置讲授官一员。可见书院管理与教学皆由朝廷命官主持,学生享有解额特权,可以直接参加科举考试。范仲淹作《南京书院题名记》,有"观夫二十年间,相继登科,而魁甲英雄,仪羽台阁,盖翩翩焉未见其止"(《范文正集》卷七)等称赞誉美之词,更能反映出应天府书院与科举关系甚深。此则书院代为官学养士、科举取士于书院的有力例证。景祐二年(1035)十一月,书院奉命改为应天府府学,赐田十顷,终于名与实归,结束了近30年替代官学的使命。

南方潭州岳麓书院则更为典型。开宝九年(976),由知州朱洞创建于岳麓山抱黄洞下,以待四方学者,有讲堂五间、斋舍52间。咸平二年(999),知州李允则扩建,外敞门屋,中开讲堂,揭以书楼,塑先师十哲之像,画七十二贤,请辟水田以供春秋之祭祀,奏颁文疏而备生徒之肄业。四年(1001)二月二十日,李允则以书院有生徒60余人,请国子监赐经史典籍,以为讲诵之资。大中祥符五年(1012),山长周式以行义著,教授生徒数百人,知州刘师道再度扩建院舍。八年(1015),其事闻于朝,真宗皇帝在便殿召见周式,拜为国子监主簿,使归教授,并赐院额。是为亘古未有之殊荣,岳麓于是名闻天下,鼓箧登堂者不绝于途。天圣八年(1030),山长孙胄因漕臣黄总之请而授以官。后来,兴官学,推行三舍法于地方,岳麓书院遂与湘西书院、潭州州学连为一体,号为"潭州三学",生徒以月试积分高等,由州学而湘西而岳麓,逐级递升,岳麓书院地位已在州学之上。其他如衡州石鼓书院、江州白鹿洞书院、江宁茅山书院、西京嵩阳书院,因地方政府之请,朝廷多有垂顾,或赐书,或赐额,或赐田,或封官嘉奖,皆得有名于时,成为影响一方的教育机构。

其一,在宋初80余年间,分布于南京、西京、潭州、江州的"四大书院",依凭着中央与地方官府的强大权力资源,扮演着替代官学的角色,它们和位居京师开封府的国子学一起,实际构成了从地方到中央的官学体系,承担着国家最主要的教育任务。这种状况,一直到仁宗景祐年间先后改书院为州府学时才开始改变,到庆历兴学时基本结束。其二,"四大书院"替代官学数十年之久,挟其影响全国的显赫声势,强化了书院的教育与教学功能。从此,学校性质成为书院的主流,招收士子肄业其中成了书院最主要的特征,办学与否成了区分书院是否正宗的标准。影响所致,人们遂以教育教学为书院最主要的功能。其三,替代官学的宋初"四大书院",可以视为中国书院教育制度基本成立的一个标志。作为一种比较成熟的教育制度,书院包含讲学、藏书、祭祀、学田四大基本规制。

通过以上的叙述,我们可以比较清楚地了解从书、读书人、书院,到具有学校性质的书院,到书院教育制度形成的历史发展过程。需要指出的是,书院教育制度的完善是由南宋理学家们完成的,张栻、吕祖谦、朱熹、陆九渊等大师的经营,使这种制度富有理性,充满理想,更具活力。

第二节　书院教育是一种新的教育制度

书院究竟是一种什么性质的教育机构,历来就是一个大家都很关心的问题,而且观点不尽相同,甚至决然相反,古代是这样,现代的研究者也是这样。今人的观点大致可以归纳为"私学说"和"特殊教育机构说"两大类。私学说是传统观点,后又进化成高级私学、正规化私学、制度化私学等不同的版本,其核心是,认定书院是孔子以来中国私学传统的承接者,是有别于州县之学的乡党之学,起始于民间,但终未列入国家学校系统。20世纪80年代书院研究重新兴起之初,持此论者还有具体分析历代情况,而有"说书院是私学,又有点讲不过去"的疑虑。但其后,由于有很多研究者著文立论予以支持,再加上一些普及性读物宣传,到现在视书院为私学者几乎有成为定论之势。

"特殊教育机构说"是20世纪80年代出现的新观点,持此论者论证时各有区别。有人从书院最初官私两立及后来官私交相影响处着眼。也有人从区别的角度考察书院性质,认为它与官学和私学一起构成中国教育史的三条线索,有着区别于官私二学的明显特点。其中,王卫平《试论古代书院的性质》、向群《试论岳麓书院的性质》皆有涉及。

在此,我们有必要从教育等级视角对书院教育的特殊性有个清晰的认知。如果说书院站在历史的高度将官学与私学这两种教育制度进行综合与改造,那么,高等教育与基础教育的结合就是综合与改造的重要方面。官学与私学是相互联系的,改革前者必然影响后者。在中国历史上,高等教育一般属官学,主要是中央官学的范畴,而私学则一般属基础教育的范畴。

为什么官学一般属于高等教育呢?首先,中央官学属高等教育,其根据主要有两条:(1)中央官学规格和地位最高,它直属朝廷领导,无论太学、国子学等，还是学校主持人和教师的聘任、学生入学的挑选，以及学生的出路，都直接由朝廷重臣负责，不管哪一个朝代，都将设置在京都且为朝廷领导的官学视为最高学府。中央官学是历代王朝"养士储材"的基地，早在汉代董仲舒就曾言道，"养士之大者，莫大乎太学；太学者，贤士之所关也，教化之本原也"(《汉书》卷五十六《董仲舒传》)。太学即中央官学，可见，兴办中央官学是为了培养统治人才。(2)明朝，明文规定国子学的学生要实习吏事。分派国子生到中央吏、户、礼、大理寺、通政司、行人司等高级衙门和机关实习吏事，历事或三个月，或一年，更有长达三年的。官学历事生为入仕做官之捷径，无有科场之苦，机会来得快，且官位高。既然历事即是做官，因此，学生"仍愿就科办事"(《明史》卷六十九《选举一》)，不愿回监就读。读书即是做官，官学的确是名副其实的为官之学。由此说明，中央官学是培养官吏的，除一部分地方官学以外，其他学校都无此使命。尽管中央官学在以后的发展中出现了一些专业性质很强的学科，如律学、算学和医学等，但其目的也是为朝廷培养所需要的天文历算和太医一类的高级人才，而在古代，这类人才本身就意味着一种官职，是朝廷职官制度的组成部分。由此可见，中央官学的使命就是为朝廷培养合格的官吏，自然这是一种为入仕做官做准备的高等教育。

其次，地方官学是否也属高等教育呢？由于地方官学情况比较复杂，难以一概而论，但有一点可以肯定，即就总体而言，它不属于基础教育。

第一，地方官学对生员定额都有严格的限制。以唐代地方官学为例便可说明这一点。唐朝规定，都督府学，大、中都督府学，生60人；下都督府学，生50人。州学，上州府学，生60人；中州府学，生50人；下州府学，生40人。县学，京县学，生50人；上县学，生40人；中县、中下县学，生各35人；下县学，生20人(郑樵《通志》卷五九《选举略第二·学校》)。地方官学不仅有严格的生员定额，而且规定州县学生要由州县长官选送，这种教育显然不是以普及文化为目的的基础教育。

第二，地方官学实际上是中央官学的预备学校。宋代崇宁三年

(1104)曾有明确规定,州县学要为中央太学输送学生,其办法也是采用中央官学的三舍法,假若学生达不到培养目标,就要被除名,取消其学习资格。至清代,类似的规定进一步具体化了,对府、州、县生员资格有严格的规定:(1)"不通文义,娼优隶卒本身及子弟侧身"不能入学;(2) 学生入学要经过严格的考试,并要呈报府或直隶州,由府和直隶州选录送呈本省学政,最后由学政于岁考取录合格者入学。地方官学挑选十分严格,初入儒学者称附生员,入学后经过考试优等者称廪膳生,考试成绩次等者称增广生员。显而易见,府、州、县学并不是一般人的子弟都可入学的基础性教育,也就是说,这是一种应试教育。

第三,地方官学实际上也是培养和输送官吏的学校,"学而优则仕",入学是为了做官。元朝就曾有过这样的规定:"世祖中统二年,始命置诸路学校官,凡诸生进修者,严加教诲,务使成材,以备选用"(《元史》卷八一《选举志一》)。对此,元朝统治者还进一步规定:"自京学及州县学以及书院,凡生徒之肄业于是者,守令举荐之,台宪考核之,或用为教官,或取为吏属"(《元史》卷八一《选举志一》)。这说明地方官学和中央官学一样,也是"养士储材"之所,即直接培养和输送封建官吏的地方。至明代,朝廷更是把地方官学是否出人才作为考核学官成绩的标准。洪武二十六年(1393)颁发的《学官考课法》,就以中式举人多少作为判定一个学官成绩之优劣的标准。一般规定学官为九年任期,在此任期内所教学生,如府学中式举人9人、州学6人、县学3人,那么学官便是成绩上乘者。如果中式举人极少,或者根本没有,那么学官的成绩便为劣等,即为不合格。虽然这是对学官的考核,但实际上是以中式举人的标准,来衡量府、州、县学的优劣,这就说明地方官学是为科举服务的,是直接为统治阶级培养官吏的。

综上所述,府、州、县一类的官学不是基础教育。府、州、县学,从它的生员定额、作为中央官学的预备学校或者从它是"养士储材"的基地,即直接为统治阶级补充官吏所有这些方面来看,都说明地方官学兼有高等学校和中等学校的性质。毫无疑义,这不是基础性教育的范畴。因此,我们完全可以说,中国古代的官学,无论中央的还是地方的,虽有一部分属于中等教育,但就其总体而言,都属于高等教育的范畴。书院对官学和私学的综合与改造,无疑就意味着对高等教育与基础教育的综合与改造,意味着中国古代教育所要发生的一场深刻的变革,产生了一种与官学和私学相并立的新的教育制度。

可以说,中国古代的教育史,几乎是一部官学史、一部高等教育史。不管哪个朝代,都无例外地投入大量的财力和人力,创办大量的高等学校,并专门设置管理高等学校的机构。这在汉代似乎已成定制,汉武帝时已设置有太学、鸿都门学。到魏晋时期,除了太学,又设置了国子学。到隋代,高等教育有了进一步的发展,计有国子学、太学、四门学、书学、算学。至唐代则有"六学二馆",即国子学、太学、四门学、律学、书学、算学和弘文馆、崇文馆。宋代基本沿袭了唐制,除了"六学",还设立了画学,另外以广文馆代替了唐代的"二馆"。元代因为是蒙古族主政,故而对高等学校有所调整,设置国子学、蒙古国子学、诸路蒙古字学等。明清时期的高等学校仍沿袭旧制。以上这些足以说明,历代王朝对高等教育是极其重视的。值得注意的是,中国古代社会总是把官学与高等教育同等对待,仅此一点,即可说明历代统治者对高等教育的关注。

对于基础教育则完全是另一种态度。在中国历史上,真正带有民间性质的基础教育是在官学以后出现的,具体而言,就是从孔子办私学、提倡"有教无类"开始的。但就在私学出现不久,统治阶级便意识到如任其发展,必不利于自己对教育的垄断,所以,楚国的吴起变法和秦国的商鞅变法,都提出了"塞私门"的主张,即严禁私学,取缔私门授徒。到汉代,虽然有了一些进行基础教育的学校,但数量少,不具有普及性。汉朝曾为贵胄子弟设立了"四姓小侯学",这虽是一种程度较低的学校,但只限于东汉外族樊氏、郭氏、阳氏、马氏四姓贵族子弟入学,广大的平民子弟与此无缘,涉及范围极其狭小,算不上是真正意义的基础教育,它是一种贵族教育,是一种教育特权的表现。在汉代真正具有基础教育意义的是"书馆"。然而这种启蒙性质的"书馆",多因民间自发创办、得不到政府的支持而极不稳定,其作用和影响也极其有限。真正把基础教育纳入国家的教育体系,到唐代才出现。唐代宝应二年(763),给事中李栖筠关于广开学校奏议中就提到:"虽京师州县皆有小学,兵革之后,生徒流离"(《新唐书》卷四四《选举志上》)。宋神宗熙宁时,朝廷诏令也提到了小学的设置。哲宗时,"凡诸王属尊者,立小学于其宫。其子孙,自八岁至十四岁皆入学"(《宋史》卷一五七《选举三》)。虽然如此,基础教育仍限制在很小的范围之内,很不发达,到元代似乎才有了些起色。元世祖中统二年(1261)诏令地方办儒学时说道:"江南诸路学及各县学内,设立小学,选老成之士教之,或自愿招师,或自受家学于父兄者,亦从其便"(《元史》卷八一《选举志一》)。表面上看朝廷很重视小学,然而细释其诏令,并无实质性的支持措施与内容,只提到"亦从其便",这充其量只不过是承认了小学存在的合法性,说到底,只是承认了基础教育存在的必要性罢了。到明代,出身寒微的朱元璋登基后,似乎对民间学校想要有所作为。洪武八年(1375)诏令天下设社学,仿效元代,农村五十家设一所社学。但基础教育的发展意味着教育的下移,不利于统治阶级对教育的垄断,也难以为统治阶级培养所需要的人才,因此这一诏令很快就停止执行了。清代的情形与前代相类似,此处不作赘述。

若将基础教育与前述高等教育的发展情况作一比较,我们不难发现两者之间存在着天壤之别。无论在教育中所处的地位,还是政府的支持程度,以及财力与人力的投入,基础教育都无法与高等教育相比拟。高等教育与基础教育相脱节,高等教育的发展并不意味着基础教育的发展,有时恰好相反。历史的情形常常是这样的,当一个王朝建立之初,似乎都有一个兴办官学和高等教育的热潮,以满足其培养统治人才、垄断教育特权的需要。然而在中国古代历史上,每次兴办官学的热潮中,几乎不包括基础教育在内,也就是说,把基础教育排除在外。更有甚者,为了发展高等教育而压制基础教育,尤其是在明代掀起的大规模压抑和废毁书院,就属于这种情形。因此,在中国古代,基础教育历来不受重视,历来受到冷落而得不到应有的发展。

中国古代高等教育与基础教育发展相脱节的情形,影响到整个教育的平衡发展,尤其影响全社会整体文化素质的提高。教育是人类文明的圣火,要提高国家和民族的文化素质,主要靠基础教育。基础教育落后就意味着国民文化素质低,意味着社会文明落后。因此,促进基础教育的发展,乃是历史发展的一种必然要求,书院教育正是顺应这种历史要求而出现的。书院教育的重要特点之一,是它打破了高等教育与基础教育互不相干的局面,把两者均纳入自身的教育体系之中,形成了涵盖高等教育和基础教育在内的多层次的教育系统,使得培养人才、传承和发展文化、化育人生等多方面的教育职能在书院教育体系中都得到了充分的体现。

尽管具有悠久历史的传统私学也多属基础教育范畴,但是传统私学是一种自发性的教育,不仅很不稳定,而且因受到很大限制而难有发展。书院教育则不同,它是一种制度化的教育组织形式,一出现便成为基础教育的生力军,同时引起了基础教育的质的变化。从这个意义上来说,书院又是对私学亦是对旧的基础教育的一种改造与发展。

同时,书院对官学即旧的高等教育作了相应的改造。在书院多层次的教育体系中,包括了高等教育和中等教育这两个层次。书院除了担负着基础教育的重要使命之外,还具有为官学提供后备生源、为统治者输送官吏的职能。可以这样说,高等教育和中等教育是书院教育不可分离的组成部分。一般来说,省城书院和府、州、县书院便属于高等教育和中等教育这两个教育层次。其共同特点是,分布在城市,规模大,程度高,招生地域广,对学生考核严格。这类书院因为在历史上便是属于高等教育和中等教育,因此,在书院改制以后,也就直接成了大学。如岳麓书院之于湖南大学、求是书院之于浙江大学,就属于这种情形。另一部分书院改为学堂之后,直接变成中等学校。

对从清代书院因改制而变为近代不同层次的学校作一局部的统计,可以窥见书院高、中、低三级教育的结构体系。如广东全省书院84所,改制后,小学堂49所,占总数的58%,中等学堂19所,高等学堂1所(后又改为省立广雅中学),其余为其他性质的学校。又如山东计有84所书院,改制后,小学堂68所,中学堂12所,高等学堂1所,其余3所为其他性质的学校。湖南改制时有书院54所,改制后,小学堂44所,中学堂8所,高等学堂2所。根据对其他省份的统计如河南、甘肃、贵州、河北、青海、宁夏等,其情形亦大体相同,此不一一列举。上述材料充分说明,书院的确包含了高、中、低三级教育层次的教育体系。书院改制后不同层次的学堂,归根到底是由书院本身不同层次的教育类型决定的。也就是说,原来高层次的书院改制直接变为高等学堂,而大量较低层次的书院则成为小学堂,此外,还有一部分直接成为中等学堂。反过来说,改制后出现的高、中、低三种学堂是古代书院多层次教育体系的体现,也是证明书院高、中、低层次性教育结构的最有力的根据。

古代书院确实实现了高等教育与基础教育相结合,形成了一种新的教育制度。这种结合不是高、中、低三级学校的简单聚合,而是教育史上的一次深刻变革,其意义是多方面的。它从根本上改变了高等教育与基础教育相脱节的状况,因为初等教育在书院中占绝大多数,因此,书院真正是把基础教育放到了教育的首位,改变了过去高等教育畸形发展的局面,基础教育为高等教育的发展提供了坚实的基础。在这些变化中,尤其在中国教育史上具有里程碑意义的是,书院教育改变了中国历史上长期轻视素质教育的倾向,结束了素质教育与应试教育相分离的状况。众所周知,素质教育是一个国家和民族教育的基础,它担负着培养和提高民族素质的神圣使命。任何一个人都应具备一定的素质,其中包含文化、道德、政治等多方面的素质。然而,素质不是天生的,必须依靠教育来培养和提高。由于此种意义上的教育是每个人应该接受的教育,所以被称为基础教育,亦被称为素质教育。从教育的分序来说,这属于初等教育。如前所述，绝大多数书院正是属于这一范畴，它们直接承担着素质教育的任务。可以说书院不仅继承了素质教育的传统，而且把这种教育推进到一个新的发展阶段，使之向普遍性的方向发展。所以，在很大程度上说，书院教育是一种素质教育。

但是，从另一方面来说书院又是一种应试教育，应试教育在书院中占有一定的比例。如分布在府、州、县及省城的书院，大都属于这类性质的教育。府、州、县书院是为高一级学校提供生源，或者说在此所进行的一切教学活动都是为了升学服务，省城书院则担负着科举应试的任务。所以书院教育不像官学那样，把应试教育与素质教育看成相互排斥的两极，把两者绝对分割开来，恰恰相反，它把两者结合在一个教育体系中，形成一个相互融洽、相互协调的多层次教育结构体系。在古代，应试教育是社会教育的一个重要组成部分。一个社会要发展精英文化，为统治阶级培养统治人才，都有赖于应试教育，而教育也正由此显示出它的作用和影响。毫无疑义，书院在教育中要确立自己的地位，提高自己的规格和社会影响，特别是要在官学的压制中保持自己的独立性，就必须去占领应试教育这个领域，否则，书院就无法与官学竞争。因此，切不可以为书院参加科举应试就变成了官学的附庸。历史已经证明，书院在应试教育中也发挥了重要的作用。而书院本身所具有的应试教育和素质教育兼而有之的特点，正是书院独特之处的重要表现。说到底，这是书院将高等教育与基础教育相结合的过程中所带来的深刻的教育变化，它的出现标志着中国教育史上的深刻变革。

书院是独立于官学与私学的一种独特的教育。它是中国士人为了满足自身日益增长的文化教育需求，在新的历史条件之下，整合传统的官学、私学及佛道教育传统的长处之后，创造并日渐完善的一种新的学校，自唐宋尤其是宋代以降，它和官学、私学鼎足而三，支撑着中国古代社会的教育事业。近代，当中国面对西方并走向世界时，它又以开放之势接纳西方学校制度与先进的科技知识，成为连接古代与近现代教育的桥梁，贯

第二节 书院教育是一种新的教育制度

通了中国教育的血脉。持此观点,理由主要有三:

第一,书院既有官办,又有民办。如同书院起源于官、民二途一样,书院教育事业历来即由官、民这两种力量共同推动前进。唐宋以来,书院就有官立民立、官办民办、官建民建之分,抑或官办民助、民办官助之别,而且历元明清数百年,这种情况一直没有改变。此有两组数据为证,兹引如下:

一见于曹松叶《宋元明清书院概况》一文,发表于1929年12月至1930年1月间的《中山大学语言历史研究所周刊》第十集第111~114期,谨据其历代《创设兴复改造人物总表》列表0-1,如下所示。

表 0-1 宋元明清书院创设兴复改造人物统计表

朝代	统计	民办	地方官	督抚	京官	敕奏	不明	其他	合计
宋	院数	182	88	18	22	7	67	13	397
宋	百分比	45.84	22.17	4.53	5.54	1.76	16.88	3.28	
宋				34.00					
元	院数	83	42	18	6	2	51	20	222
元	百分比	37.39	18.92	8.10	2.70	0.90	22.97	9.00	
元				30.62					
明	院数	184	635	135	58	4	180	21	1 217
明	百分比	15.12	52.18	11.09	4.77	0.33	14.79	1.73	
明				68.37					
清	院数	182	1 088	186	6	101	210	27	1 800
清	百分比	10.11	60.44	10.33	0.33	5.61	11.67	1.50	
清				76.71					
合计	院数	631	1 853	357	92	114	508	81	3 636
合计	百分比	17.35	50.96	9.82	2.53	3.13	13.97	2.22	
合计				66.44					

二见陈谷嘉、邓洪波主编《中国书院制度研究》(浙江教育出版社 1997年版)第 354~361 页,兹将其历代《书院建设情况表》汇总如表 0-2 所示。

表 0-2　历代书院创建情况统计表

朝代	统计	官办	民办	不明	其他	合计
唐五代	院数	3	39	5	0	47
唐五代	百分比	6.38	82.98	10.64		
唐五代	百分比		93.62			
宋	院数	108	502	101	0	711
宋	百分比	15.19	70.60	14.21		
宋	百分比		84.81			
元	院数	51	181	63	1	296
元	百分比	17.23	61.15	21.28	0.34	
元	百分比		82.43			
明	院数	972	507	216	4	1 699
明	百分比	57.21	29.84	12.71	0.24	
明	百分比		42.55			
清	院数	2 190	935	721	22	3 868
清	百分比	56.62	24.17	18.64	0.57	
清	百分比		42.81			
合计	院数	3 324	2 164	1 106	27	6 621
合计	百分比	50.20	32.68	16.70	0.41	
合计	百分比		49.38			

在我们的统计中,还有 424 所书院既无创建年代、又无创建人的记载,以中国古代社会官本位的特色,一般不会是官府或官员所建,因此可以将其归于民办之列。这样,表 0-2 又可以修正如表 0-3 所示。

表 0-3　历代书院创建情况总表

统计	官办	民办	不明	其他	合计
院数	3 324	2 164	1 530	27	7 045
百分比	47.18	30.72	21.69	0.38	
百分比		52.41			

表 0-1 和表 0-2 的两组数据的统计时间相隔近 70 年,其所掌握的统计资料多少不一,官办、民办比例及其结论容有区别,但各自历代平均之后的数值,前者官办占 66.44%,后者为 50.20%(或作 47.18%),即官办书院超过半数或接近半数,表明在推动书院的建设中,官、民是旗鼓相当的两股力量。这些统计数据对于判断书院的性质至关重要,但以往似乎没有引起任何一派论者的重视,其结论也就不可避免地有着先天性的以偏概全的毛病。

第二,分而视之,官办书院与官学皆由官府创办,具有同源性。这种同源性使书院拥有官府的强大力量,可以获取合法甚至正统的社会身份,克服官本位社会大环境对其造成的生存困难,从而发展壮大;同源性也带来了官学的影响与传统,使书院具有某些与官学大致相同的组织形态特征,形成正规化、制度化特色。民办书院和私学皆由私人创办,具有同根性。这种同根性使民办书院赢得广大士绅留意斯文的热情与世世代代的支持,与官办书院相较,其力虽显单薄,但绵长、持久而深厚;同根性也带来了私学的传统与影响,使书院具有某些与私学相同的精神风貌,形成自由讲学、为己求学、注重师承等特色。

第三,统而言之,官府与民间两种力量相辅相成,交互推进,使书院千年不衰而弦歌长奏;而官学与私学这两种不同的教育传统,对书院形成既交相影响又相互制约的合力,使其不至于从总体上变成完全的官学抑或完全的私学,但又长期保持某种官学与私学成分并存的结构态势,形成一种似官学而非官学、似私学而非私学的整体生存特色,进而以这种特色与传统的官学和私学完全区别开来,成长为独立于官学与私学之外的全新的教育体制。

第三节　书院教育是一个独立的教育体系

在千余年的发展中,书院能够满足不同时期、不同地区、不同人群的不同的文化教育需求，自成一体，发展成为一个涉及不同教育领域、不同教育层次的可以独立运作的教育体系。

第一，书院的教育对象十分宽泛。从年龄上讲，从童蒙少年至成年，书院的施教对象包括了各个年龄层次的人。一般来讲，书院级别越低，入院肄业者的年龄越小，反之年龄就越大；家族、乡村书院生徒的年龄较小，都属子弟之列，州县书院生徒的年龄较大，多属弱冠之人。因此，大体而言，书院生徒年龄可以划分为子弟与成年这样两个大的区段。

子弟这一区段的生徒，多数笼统记作诸子、宗族子弟、乡人子弟、童子、小子、幼学者等，如宋人袁甫在《金斗书堂记》中说："书堂之建，将聚乡族之子弟而教之"（《蒙斋集》卷一四）。又如清人黄文炜作甘肃肃州《酒泉书院记》称，"析其舍为两院，一课成人，一训小子，择州文学二人为之师，余复敦延名宿开扶风之帐，集道辖之贡监文武生童月课而岁程焉"（乾隆《重修肃州新志·肃州十三册》）。提到学生具体年龄的文献不太多，兹择一二介绍如下：

宋代筠州乐善书院，是一所培养宋朝宗室子弟的特殊机构，相当于小学程度。嘉泰三年（1203）创建，由"尊属司选宗子幼而未命者"肄业，"以二十人为额"。据记载，宋制诸王宫设小学教宗子，原来规定"七岁入小学，能诵《孝经》《论语》，升大学"。熙宁、元祐之后，改为"八岁至年十四者岁检举焉"（《周文忠集》卷六〇《筠州乐善书院记》）。据此可以推知，乐善书院的那些"幼而未命"的生徒，皆是7岁至14岁的小王爷。

清代安徽休宁还古书院，康熙年间制定的《还古书院会规》规定，"凡十五岁以下童子来听讲者，例不供给。如有志听讲，须浼亲友介绍，先具名帖，登名后上堂拜圣，叙次而坐。如无介绍名帖而入者，例不供给"（施璜《还古书院志》卷一〇）。可见，院中以成人为主，但不反对15岁以下的童子与会听讲。院中生徒当有15岁以下的童子。

清代台湾府彰化县白沙书院，知县杨桂森嘉庆十六年（1811）制定的学规，最后三条分别是《作全篇以上者之学规》《作起讲或半篇之学规》

《六七岁未作文者之学规》,可知白沙书院按是否作文将一院生徒分为三等,年龄最小的只有六七岁。

　　书院生徒中的成年人最多,一般情况下,凡童生、生童、生监、贡生、举人等都是。具体年龄,15岁作为古代大学与小学的分界线,可以算作公认的成年人的下限。书院可以为从六七岁到六七十岁各个年龄层次的人服务,满足他们各自不同的需求。或许这与孔子这位圣人15岁而志于学有关,连外国教会书院也遵守这一中国人的习惯,如德国同善会礼贤书院就规定,"本书院录取诸生,小学堂学生当有蒙学教育,年在十岁以上者,方可考入。中学堂学生除本院小学毕业选升外,须有小学毕业及相当之程度,而年在十五岁以上十八岁以下者为合格,过二十岁以外,概不收录"(蔚礼贤《礼贤书院更定章程》)。鉴于童生没有严格的年龄限制,也有的书院将16岁定为一个门槛,如福建南安诗山书院就规定,"童生十六岁以下,宜先熟读《孝经》《小学》《四书》《六经》,以植根柢"。如果上述这些书"未经读毕,切不可躐等,遽教以子史、时务等书,致荒本业而坏初基"(黄懋和《诗山书院课则十规》)。

　　元代建康路儒学及明道、南轩书院有儒生50岁以下者,只参加"月课",而"三十岁以下者,各各坐斋读书,延请讲书训诲,每日每习"(《庙学典礼》卷五《行省坐下监察御史申明学校规式》)的规定。可见,生徒主体虽是30岁以下的人,但其上限已经到了50岁。再考虑到清代书院时常有年龄六七十岁,甚至70余岁的老学生应试糊口的情况,我们可以说,书院可以为从六七岁到六七十岁各个年龄层次的人服务,满足他们各自不同的需求。当然,书院服务的最主要的对象还是15~30岁这一年龄段的人。

　　书院是儒家教育机构,其主要服务对象当然是儒家士人,但是不排斥其他人等。如明代常熟虞山书院就规定,"孝子、顺孙、义夫、善士、寿官人等曾经表扬者,及山林隐逸众所推服者,俱许依诸生列坐而听讲,俱登名宾簿";"百姓无论远近,其年高者,或年虽少而颇知义理者,如有志听讲,俱先一日或本日早报名"均可到院听讲;"释子、羽流,虽非吾类",但不管"悔悟而来归者",抑或"自负自高"者,皆"不妨姑令听讲,许坐于百姓之列,若有所讲说,许上堂立论。若果有见,许坐于诸生之后"(耿橘《虞山书院会约》)。也就是说,一般的老百姓,无论年老年少,都可入院学习,就是那些不相信儒者之说的佛教徒与道士,也可进入书院听讲,甚至可以登堂讲说,进行学术交流与切磋。

总体来看,无论从年龄还是职业来讲,书院的教育对象都十分广泛,内含"有教无类"的精髓,此则正是书院教育体系得以建立的宽厚基础。

第二,书院的教学内容包罗甚广,可以分为普通文化知识、高深的学术研究、特种知识与技能三大类别,形成大体与之对应的普通书院、学术型书院、专科类书院。

中国古代社会的普通文化知识,是指儒家的基本理论与基础知识。而在科举时代,它又主要表现为为了通过考试而必须掌握的知识内容。书院作为儒家的一种教育机构,当然以传播儒家思想与知识为天职。自科举制度确立,国家以经史辞章取士之后,围绕着科举考试而组织教学也就不可避免地成为一种趋势,而与科举始终相随的书院,其教学内容也就自然地表现为科举考试命题范围之内的经史辞章了。其结果是,从事举业时文的书院,即使在人们不断的批评之中,仍然占了绝大多数,历朝历代,概莫例外。论者直指书院变成了科举的附庸。其实,这是一种无可奈何的事实。而即使是一种无奈,我们还是可以从中找到其积极的意义。因为,科举的内容尽管不是儒家知识体系的全部,但在代圣贤立言的旗号之下,它无疑也包含了儒家最基本的理念与最基础的知识。福建诗山书院规定 16 岁以上童生必须先熟读《诗经》《小学》,以及"四书""六经""以植根柢",这是应试者所要掌握的最起码的知识。四川潼川草堂书院在府属各县招生,是较高一级的书院了,其清乾隆年间的条约规定,"诸生既习举业应试,则五经、四子书、公(羊传)、穀(梁传)、左(传)、史

(记)、东西汉(史)、魏晋八大家、陶杜诗、韩苏文,以及《性理》《通书》《近思录》等书,均宜留心讲玩"(沈清任《草堂书院禁饬条约》)。这是一个习举应试者所要讲玩的书目,实际上包含了经史文学方面最基本的内容。因此,哪怕以传授应试学问这些已经缩水了的文化知识为任务的普通书院,其绵延本身,也起到了维持、普及、推广儒家思想的作用。在所有书院中,以普通文化知识为主要教学内容的要占绝大多数,广大的家族、乡村及州县各级官府书院,都在其列,分布的范围也很广。因此,书院在如此广阔的时空之内,普及文化知识本身所具有的意义就非同小可,足以引起重视。

传播高深知识、研究高深学问的书院,从数量上来讲是极少的。历代学术名家如朱熹、张栻、吕祖谦、陆九渊、王守仁、湛若水等理学大儒,戴震、钱大昕、姚鼐等朴学大师,以及有名于时的高足弟子们主持的书院,毫无疑问要归于此列。明清时期开始出现的省会书院,尤其是雍正十一年(1733)奉诏设立于总督巡抚驻节之地的20余所省会书院,山长皆一时名流,生徒为一省精英,书院也成为各省的文化教育中心。这些书院的生徒虽然也参加科举考试,但其教学授受重在德行道义、学术传承,已非一般时艺帖括之事,因而也可归入学术型书院之列。这类书院的教学内容,因为学术追求的不同,也各有区别,兹举清代两例,以见其概。

其一,福建鳌峰书院,在道光年间由素有"福建通儒"之称的陈寿祺主院11年,他"整肃课程",制定了《鳌峰崇正讲堂规约》,在第五条"择经籍"中,分经说渊薮、小学阶梯、史学川渠、考订之书、经济之书、子部集部等几大类,开列了一个包括近百种图书的书目,要诸生学习。他认为"学焉而各因其性之所近",无论聪颖或迟钝者,"皆可日积月累,以底充富"(陈寿祺《鳌峰崇正讲堂规约八则》)。事实上,他也是"悉发藏书",要诸生"博观而精择之","日稽其课,月考其能",不拘一格,"经史文笔因所长而裁成之"(林昌彝《小石渠阁文集》卷四《陈恭甫先生传》)。史称诸生初以为苦,久之悦服,后来多成实学异能之士。支伟成《清代朴学大师传》将陈寿祺列为吴派经学家。陈寿祺主讲鳌峰,教学内容既重经史考订,也以经济之书为问政津梁而不放弃,强调"博学而屡守之",颇具汉学家特色。

其二,康熙年间,豫中名儒李来章主讲河南嵩阳、南阳、紫云等书院,又在任广东连山县知县时建连山书院讲学。李来章学有家承,以倡导理学为己任,所到之处即推销其《南阳书院学规》中的《读书次序》。它开列近六十种书目提要,多为儒家经书及宋明理学家著作,其大要为"先立志以端其趋向","首标《孝经》《小学》以培其根本,体诸身心性命之微,严之戒惧慎独之际,验之日用伦常之间;以存心为主宰,以天理为浑涵,以持敬为功夫,而彻始彻终,贯之以一诚"(耿介《南阳书院学规序》)。非常明显,李来章与陈寿祺不同,他在书院教授的内容颇具清代理学特色,在当时有一定的代表性。如果能将其开列的50余种书籍用力精研,寻求通透,必能成为一个影响一方的理学家。

需要指出的是,虽然以高深学问为教学内容的书院并不多,但历代皆有,它们以培养学术种子为己任,具有学术原创性,使儒学常新,下启普通书院而导其流变,影响一代学风,于教育、于文化的发展都具有重要的意义。

书院除了研究教授以程朱理学、陆王心学、考据之学等为主的儒家学术思想和文化基础知识,以及攻习帖括制义等科举之业,还关顾特种知识与技能的教学,出现了以医学、军事、语言,乃至综合性学科为主的专门书院。清代颜元在漳南书院设理学、经史、文事、帖括四斋之外,又设艺能、武备二斋,教授水学、火学、攻守、营阵、水陆、射御、技击等知识。从事医学教学的书院出现在元代,由蒙古族人千奴创建于山东鄄城,叫历山书院。书院办学至少有20余年之久,院舍完整,藏书丰富,有学田,聘师教其子弟与乡邻,诸生暇日习射,学文之外又习武。考虑到就医不方便,"复藏方书",聘请医师,"以待愿学者与乡之求匕剂者"(康熙《濮州志》卷六《艺文考》)。也就是说,书院设有文学之师和医学之师,开展文、医两科教学,学生学文学医之外还兼习军事,医师除教学之外,还要接待"乡之求匕剂者",设立门诊,开展实际的医疗活动。

进行军事教学的书院从唐代开始,历经宋元明清都可以找到例证。一般的情况是在院中设立射圃,添置弓矢,让诸生在学文的同时兼习武事,以求达到文武双全的理想境界,其活动更多的是像今天的体育课,强身健体的目的大于习武从军的成分。明清开始,在文武并进的诉求声中,武军成分有加大的趋势,明嘉靖年间,江西九江有以"射圃"命名的书院,有肄武书院,辽阳也建立了武书院,招武臣子弟或武举人肄业,命知文学者任教,以武经、六艺为教学内容,学生参加武举,有20余人考中武进士。这标志着书院的军事教育已达到一个更高层次,并和武举相结合,正式成为国家培养专门军事人才的机构。清代后期,外国侵略者入侵,除了今四川、湖北、江苏、福建、宁夏、吉林等地八旗将军建书院以图策应,有些文书院加招武生童肄业,如吉林长春养正书院就是这样,并制定了《兼课武生童章程》以规范其事。湖广总督张之洞改革课程,在两湖、经心、江汉三书院设置兵法课,以兵法史略、兵法测绘学、兵法制造学教士,并附以体操课,以强固身体。凡历代兵事方略、测量山川海道形势、远近营垒、炮台体式、绘画成图、枪炮鱼雷制造、行军电报、行军铁路等皆为"初基"课程,其内容已大不同于中国固有的兵家理论,多系引进的外国先进军事技术,实为书院进行近代军事教育的开始,亦得视作中国书院近代化的标志之一。

标准化语言语音教育始于清代雍正六年(1728)的正音上谕,在广东、福建等方言特别难懂的地区推广。两地所不同的是,广东多设官学,福建则建正音书院。闽省(包括今台湾地区在内)共有正音书院112所,其中110所是雍正七年(1729)"奉文设立"的,属典型的"奉诏旨所建"的官方行为,书院设有正音教习,且在规定期限内改方言而讲官话,否则不能参加科举考试。自雍正至乾隆九年(1744)近20年时间为正音教育的全盛期,持续到乾隆末年。正乡音、习官话是正音书院的唯一任务,也是它最主要的教学内容。院中生徒主要是15岁以下的少年,前期因为有不通官音即停科考的规定,故常常有很多成年人在其中"补课"。以正音书院为主而展开的官话教育,虽然作为一场官府发动的运动是失败了,但它所从事的语言语音教育事业,以及它所拓展的文化意义都不容忽视。

书院不仅在古代能够承担起"正音"的任务,对推广官方标准化语言多有贡献,而且在近代,当中国与外国交往之时,它又担当起进行外国语言文字教学的责任,成为中西文化交流的纽带与桥梁。开展外国语言文字教学的书院多集中在通商口岸和边境省份,涉及的语种至少有英语、俄语、法语、德语、意大利语、日语。教学的形式,既有兼习,也有专攻。如光绪十三年(1887)创建的吉林珲春俄文书院是一所专门的外语教育机构;十年之后,王先谦在"称名最古"的岳麓书院新设译学、算学及传统的经、史、掌故并立为5门课程,另以外语(译学)为一新的学科教学内容,令诸生兼习。外国语言文字成为书院的教学内容,使人们获取了睁眼看世界的工具,极大地扩展了中国士人的文化视野。从此,与传统学问完全不同的新学、西学,包括声、光、化、电等在内的近代科学技术知识源源涌入,更新着读书人的知识结构,推动着中国近代化的车轮滚滚向前,这又是书院教授外语最积极的文化意义所在。

综上所述,书院的教学内容广博深厚,特别是清代后期,举凡古代社会的知识体系、近代西方的科学技能,尽皆收入其中,其势开放,无官学之僵硬保守而显活力,无私学之隘小细微而呈恢宏,师生授受之知识结构具有完整性,这正是书院涉及不同教育领域从而自成一统,长久存在的原因所在。

第三,书院的教学程度,从低到高,有着不同层次。还在20世纪30年代,柳诒徵就注意到了书院教学程度高低不同的情况,称"其卑者类义塾,其高者乃视后之所谓文科大学,或文学研究院"(柳诒徵《江苏书院志初稿》)。但近来,有学者强调书院生徒的年龄多在15岁以上,援古代大学、小学之义,而持书院为大学说,对书院教学程度高低不同的情况不予重视。其实,书院教学程度高低不同是一个客观存在的事实,只是其表现形式不尽相同,具有多样性,涉及不同层次。概而言之,有大学、小学两个大类,而大学、小学各自又可分成不同的级差。其具体情况,容分述如下。

其一，程度高低不同的书院，通过某种机制组成联合体，在相互比较中可以看出其等级差异。宋代最典型的例证是见于《宋史·尹谷传》的"潭州三学"，潭州州学、湘西书院、岳麓书院的学生月试积分高等而递升，三学为三个层次。类似的情况在清代也出现过。乾隆年间，长沙岳麓、城南两书院隔江相望，虽同属省会书院，但岳麓书院在全省招生，城南书院在全长沙府招生，程度有别。湖南巡抚陈宏谋规定，每年年底"将两书院生童传齐汇考一次，核其有无精进，以定次年去留。城南书院生员中有佳者，送入岳麓书院"（《城南书院文献辑存》卷四）。

宋代的另一例证发生在今江西，由江东提举袁甫实施，事见其《番江书堂记》，作为预备学校，番江书堂的教学程度要大大低于"士友所宗之地"的象山、白鹿二书院。番江书堂在饶州鄱阳县，位于贵溪、庐山两地之间，有达源、止善、存诚、养正四斋，规模不小。可知袁甫在三地远距离构建书院教育体系，比起潭州三学同城隔江组成的教学体更有创意，此则或可视作今日远程教育之滥觞。

其二，与以上不同书院间通过某种机制联合组成一个等级差异有别的共同体不同，明清时期，出现了一地几所不同教学层次的书院共存但相互之间缺乏联系的情形。如福建省会福州，康熙年间由巡抚创建鳌峰书院，雍正十一年（1733）定为省会书院，专课生童。嘉庆二十二年（1817），总督汪志伊等创建圣功书院，专课童生。同治三年（1864），总督左宗棠又建正谊书院，专课举人、贡生。又如天津城，有辅仁、问津、三取三书院"鼎峙为三"，"皆为生童而设，孝廉不与焉"（光绪《重修天津府志》卷三五）。至同治十三年（1874），官绅创建会文书院，"专课举人"（光绪《重修天津府志》卷三五）。童生、生员、举人是三个不同层次的群体，各书院教学程度的不同是显而易见的。需要指出的是，这类书院的程度不是一成不变的，有时也会因为某种原因而出现由低而高，或由高而低的变化。如苏州平江书院，创建于乾隆二十七年（1762），"凡吴、长、元三县童生，邑选十人入院肄业，诸生亦与焉。其后诸生尽归入紫阳、正谊，而平江专课童生"(道光《苏州府志》卷二四)。十分明显,苏州府属的平江书院,由生童并课到专课童生,其地位由高而低出现了变化。

其三,同一所书院内部也有高低层次的不同。如山西夏县涑水书院,元至治年间由邑令帖木儿不花创建,祀宋儒司马光,有"堂七楹,中设司马文正公像,颜曰粹德堂,左延宾,右延师,辟斋五,聚邑士之俊造与幼学者分教焉。游息之所,讲肄之室,庖廪井厕靡不具备,复置田亩若干,岁入以赡,且以供祀事"(雍正《山西通志》卷三六)。可见涑水书院是成人与年幼之人分班授课。又如清代湖南平江县爽溪书院,为同治七年(1868)邑人李元度创建于李氏家庙之西的家塾,它延请"经师一、蒙师二,以分教子弟,先太高祖后裔皆入焉"(李元度《天岳山馆文钞》卷一六《爽溪书院记》)。经师、蒙师所授内容不同,知识深浅有别,不言自明。需要指出的是,不同程度的学生同处一院而"分授""分教",和有些书院的"分班回讲"一样,是分级分班上课的表征,它是书院在教学方法上的一种创新,比之近代西方学校的分班授课,其依照程度而组织教学的原则相通,所不同的是,对这种教学规律性的认识与实践,书院要比西方学校早几个世纪。

其四,书院教学程度的不同,可以用大学、小学这样的传统方式表述。如元代建康府明道书院,就将其生徒明确分成"大学生员""小学生员"两类。"大学生员"14人,又分"治经""治赋"两个专业,各7人肄业。"小学生员"无名额记载,其"课试"规定,"每日从小学教谕出题授书训导,每遇三日一次供诗;每日背诵隔日书,授本日书,出本日课题,省诗对句,食后习功课,午后说书,《大学》《中庸》《论语》《孟子》《小学》之书,《通鉴》,出晚对,供晚对"(《庙学典礼》卷五《行省坐下监察御史申明学校规式》)。两相对比,可以看出,其程度的不同明显而具体。

与明道书院一院同招大学、小学生员肄业不同,明代山东临朐朐山书院"以小学为教",所招全是小学生员。朐山书院乃嘉靖十年(1531)由知县褚宝创建,其创建缘由、内部规制及运作情况,详见于当年的山东提学副使所作的《朐山书院记》。临山书院是小学,它可以与山东的其他大学程度的书院并行特立，又以堂塾分成高低程度不同的三级，由右塾而左塾而升于堂，内部实行等级管理，便于激赏以提高生徒的学习积极性。事实上，清代虽行政区发生变化，临朐县附廓于海州州城，朐山一度升格为州级招收生童肄业的大学层次的书院，但到嘉庆七年(1802)知州唐仲冕率一州两邑士民创建石室书院之后，朐山书院又"改为小学，延诸生之勤笃者为童子师"(嘉庆《海州直隶州志》卷一八《学校考》)。

其五，与小学层次的书院再分高低等级一样，大学这一层次的书院也存在着诸多等级差异。受区域性发展不平衡的影响，各地的文化教育整体水平各不相同，虽同属县级、州级、府级，但发达地区和不发达地区相比，各书院的教学程度却不能相提并论。兹举陕西略阳嘉陵书院为例，它位居县城，属县级书院，设山长掌教，有斋长经管院务，设院书、院夫协助，院舍宽敞，经费充足，规制谨严，在全县招数十名生童肄业。但其地接青海，距省城一千余里，属落后地区，其教学要求，仅为熟读六经而已。有关情况，见道光十一年(1831)知县为其制定的"成规"第一条《定膏火》(贾芳林《嘉陵书院成规五条》)，其中称：

> 前以读经书定膏火，读经者给膏火，不读经者不给，期于士皆通经，然亦有勤于用功而读经不能如数者，自宜略为变通。今定膏火五十分，读经膏火三十分，不读经膏火二十分。读经以《易》《书》《诗》《周礼》《礼记》《春秋左传》六经为定。六经尤以《春秋左传》《礼记》《周礼》为主。《春秋左传》十二本，《礼记》十本，《周礼精义》六本，诸生童于是三经，能二十日读一本者准膏火。……《易》《书》《诗》，每部均限八十日能读熟者准膏火，然必《周礼》《礼记》《春秋左传》读完再读此三经方准膏火，但读此三经者不准。……其不专于读经或读经不能如数者，生员膏火十分，童生膏火十分。

《周礼》等三经共28本，以20天读熟一本计算，需要560天，《易》《书》《诗》三经，以80天读熟一本计算，要240天，六经共计800天才能读完。书院一般每年放假两个月，按照规定的进度，每个生童必须在书院肄业三年方能读完六经。这样的教学水平太低，显然是不能与东南地区的县级书院相比的。

大学类书院的程度差别则是通过官办书院系列的行政级差而表现为县级、州级、府级、道级、省级这样一个由下而上的宝塔型书院结构体系。一方面，中国是一个官本位的社会，官府的级别越高，其权力就越大，就能支配更多的经费，聘请更好的山长主教。另一方面，辖区越大，读书人就越多，书院招生时选择的余地也越多，能够做到优中选优。二者合一的结果，自然就会造成书院教学水平随行政区域的扩大而提高的局势，由州县而府道，由府道而省级，节节上升，构成一个由低而高的层级模式。

总之，书院的教学程度具有多层性，从低到高，各个层次都有，既有大学一级的，也有小学一级的，而且大学、小学内部又各有高下之别。这种层次的丰富性，历代皆然。到明清时期表现更加突出，尤其是清代，由家族、乡村、州县、府道、省会乃至联省，书院构成了一个事实上的完整的等级之塔，自成体系，差不多承担起国家的全部教育任务。它的最大好处是可以满足读书人不同层次的求学需求，并在这种满足中赢得自身的壮大与发展。此则正是书院生命力旺盛的重要原因，也是它与官私二学相比独特的表征。

复习思考题

1. 试述书院的内涵。
2. 试述唐代书院产生的两大来源。
3. 试述松洲书院存在的意义。

4. 试述北宋四大书院的贡献。

5. 试述书院在中国教育史上的意义。

6. 试述书院多层级教育体系的构成。

延伸阅读

1. 李国钧主编:《中国书院史》,长沙:湖南教育出版社,1994。

2. 邓洪波:《中国书院史(增订版)》,武汉:武汉大学出版社,2012。

3. 陈谷嘉、邓洪波主编:《中国书院制度研究》,杭州:浙江教育出版社,1997。

第一章　书院的类型

[**本章导读**]

　　中国是一个有着悠久教育传统的国家,在书院教育出现以前,由依靠官府支持的官学与扎根于民间的私学两个相辅相成的教育体系来实现对一般国民的教育。官学是古代官府举办管辖的学校,由朝廷直接举办管辖的称为中央官学,由地方官府按行政区域在各地设置的学校称为地方官学。私学是与官学相对的由民间力量创办的学校,始于春秋时期孔子在鲁国曲阜城北所设的学舍,讲诗书礼乐。自孔子杏坛讲学,打破学在官府的局面,开创私学传统之后,私学即与官学长期并存,由春秋而至隋唐,直到唐宋,书院出现并成为一种教育制度后,官私两学并立的局面才由官学、私学、书院三者鼎足的形势所取代。

　　在千余年发展过程中,书院致力于满足不同时期不同地区不同人群的多样化教育需求,进而形成了一个包含各种各样类型,涉及不同教育领域、不同教育层次的书院教育体系。根据其服务的对象,这一教育体系由家族书院、乡村书院、皇族书院、少数民族书院、华侨书院、侨民书院、教会书院等构成,各类型书院皆有自己的特色。

第一节　家族书院

　　中国传统社会的价值观是以伦理为本位的,它的核心是人伦关系,出发点则是家庭。"父子有亲,君臣有义,夫妇有别,长幼有序,朋友有信"这"五伦"就是从家庭关系外推于国家、社会层面的,家庭作为一个最基本也最重要的社会组织单位受到极大的重视。所谓"齐家、治国、平天下",齐家是最要紧的。如何才能齐家?培养后代,对其实施文化教育,提高其整体素质,使其获得安身立命的本领是最重要的,因此,家学在传统社会中受到相当的重视。唐宋以降,带有家学性质的书院遂成为众多士人所追求的一种造福后人的文化事业而得以显扬起来。

家族书院包括一个家庭创建供其一家使用、一个家庭创建供其整个家族使用、合族创建供合族使用三种基本类型。第一种类型的家族书院很多,如宋人周奕在江西安福一个风景秀丽的溪流边创建了一所书院,取名"秀溪",请杨万里作记,有讲堂、诸生斋舍、藏书阁等,选聘山长教导其四子:伯纪、承勋、伯仍、大同,永嘉学者薛季宣为讲堂题字。宋人倪玠在家乡江西安仁长城乡建锦江书院讲学,到元贞二年(1296),其子倪铿请王构作记时即称"书院本家塾,承先世素志"(嘉靖《江西通志》卷八二《建置略六》),曾获皇帝褒奖。又有江西泰和县东南桃源溪南薰书院,宋人萧行叔创建,到明代由裔孙萧安恒重修,请梁潜作记,称"今南薰之建,萧氏特以教其一家子弟耳,而有古人党塾之遗意"(光绪《江西通志》卷八一《南薰书院记》)。明清时期,这种类型的书院更是遍及乡里。

第二种类型的家族书院是第一种类型的推广,由一家而推及一族。这类书院历朝历代全国各地都有,如浙江太平方岩书院,是谢世衍兄弟"建以教其乡族子弟"(康熙《浙江通志》卷十八)的处所。又如桐原(一作源)书院在江西贵溪南十里,本为唐代观察使高宽仁故居,至宋代,由其七世孙高可仰建书院于此,以教乡族子弟,并置学田。元代时,九世孙高惠甫又割田以资书院费,元末毁。明宣德间,十四世孙吉昌重建。成化年间大儒胡居仁讲学其中,门人徐宏嗣主教事,一时称盛。万历三十一年(1603),知县吴继京重修,申请裔孙高绍宪奉祠。桐原(一作源)书院,绵延数百年之久,高氏子孙皆在其中读书,至明代后期,虽然官府参与院政建设,但高氏裔孙仍主奉祠之职,书院的家族性质依然强烈。

　　第三种类型的家族书院,是宗族成员共同创建共同享用的书院。如宋代浮梁县的新田书院,是绍兴年间由侍郎李椿年创建的,到嘉定年间李大有率同族乡人重修,聘请李德俊教导族中子弟。严格地讲,新田书院只有到了嘉定年间由李大有同族乡人重修以后,才属于这类书院。又如建宁浦城县为宋代名儒真德秀的故乡,其孙渊子在元代联合族人捐私田建书院,这类书院多为大姓旺族所建,它们原则上属于宗族事业的一个部分。翻开明人张浚等人编纂的《张氏统宗世谱·张氏古今迁居地理图》,可以看到游汀竹兰二先生书院、处州桂山书院、汉州紫岩书院、南雄府九龄公书堂、惠州府留公书院等赫然标注其上,且与张氏宗祠并然而立。在地方志中,这类书院的记载也很多,如咸丰《顺德县志》卷五《学校志序》载:"其有大宗名族,自设家塾,亦称书院者。如采册所载,龙涌陈氏之北池书院,梁氏之东梁义学,甘村甘氏之渤海书院,霞石何氏之霞石义学,豸浦之萃涣书塾,菱溪之德星书屋,名目不一,皆集备公费,立有课程,但究属一家之私,附存其目,以示奖劝可矣。"方志已有意识地将"集备公费"的家族书院区别出来,说明方志作者已经认同了这类书院的存在。这类书院还有一种变通形式,那就是由两个或两个以上不同姓氏的族众公建,非参建族众不得享用的书院。

　　上述三种类型的家族书院,具有如下一些最基本的特点。一是它的家族性。其创办经费、日常运营经费都是由家族提供的,主持院务者为家族成员或受聘于家族成员的人,其服务的对象则为家族成员的后代,所谓若子若孙,非我族姓不得入内是其一般性原则,当然也不排除出于各种原因而接收他姓子弟或游学之士入院读书的可能性,但这不是通例,影响、改变不了书院属于家族的特质。二是以教学授受为主要任务。开办家族书院的目的都很明确专一,那就是为培养下一代,使其具有较高的文化知识,以及良好的道德素养,从而提高家族的总体素质水平,为家族繁衍发展提供更为强盛的生命力。这种目的决定了其坚持以教学授受为主的特性。三是教学程度不高,属于普及性教育。家族书院就学的学生为族中子弟,年龄都不大,多属蒙童之列,这就决定了这类书院不可能有太高的教学水准,一般来讲属启蒙教育或略高于蒙学的阶段,能进行较高层次教学或研究的只是少数的例外。

除了上述三种基本类型,还有一种为儒家圣贤先哲、历史名人后裔创建的家族书院。其情形分为自建和地方官府创办两种情形。自建者意在光耀先祖、培养后人,如元代至正五年(1345)聚居苏州的范仲淹裔孙,将宋代咸淳年间创建的仲淹祠堂改作文正书院,仍供祀仲淹,集族中子弟肄业其中。此后,历经明清数百年,文正书院一直办学不断,而且一直不设山长,仅慎选族人之贤者主持院政,成为范氏宗族奉祖育才的神圣之地。这类书院为数虽不是很多,但分布较广,凡圣人、圣贤、先儒哲嗣所在之处,皆有可能找到踪影,影响亦较大。其特点有二:一是它的家族性,无论自建官建,"固不得以为一邑之公所"(道光《济宁直隶州志》卷五之一《学校志》);二是教学与祭祀并重,有时祭祀还是第一位的。

第二节 乡 村 书 院

传统的中国社会是农业社会,大部分人口分散居住在广大的乡村山寨,他们远离城市,生活自给自足,加以交通不便等原因,很多人一生一世都难得进府、州、县城一次。于是一些有识之士就在乡村山寨间创建书院,令其乡民子弟就近入学。这种不建于中心城市或其近郊而就近招收乡里子弟肄业的书院即为乡村书院。它有两个界定,一是建在乡村,二是以一乡一村或几个邻近的村社为招生范围。

乡村书院的创建有四种类型。第一种类型是某个有识之人单独创建以教乡人。如广丰杉溪瑜山书院,宋代提刑俞埮创建,集乡里之贫士读书其中。吉水县文昌乡文昌书院,元代翰林编修王相创建,以教其乡之子弟及四方从游者。这类书院的院址一般都选在创建者所在的村庄,受惠者首先是其家中子弟及族人,其次才是乡人子弟。实际上它是前述家族书院的延伸,由一家推及一族,由一族推及一乡,范围越来越大。由于乡村聚族而居的现象特别普遍,一个自然村寨的人同姓同族者比比皆是,所谓族人往往就是乡人。

第二种类型是以某个人为主倡建,众人响应共襄其成。如攸州凤山书院,在州城东南一百四十余里的凤岭。元代元贞二年(1296),谭渊因其乡里距州郡二百里之远,士子赴县学参加讲学及祭祀活动不便,故选址于凤山创建书院,乃捐田百亩,又率亲友欧阳发炳、赵宜孙、刘忠节再捐田150亩,作为生徒膏火之资。潭州总管赵公全特为凤山书院题写匾额并参加祭祀活动。凤山是元代一个带有官学色彩的乡村书院,其创建之由、环境、规制等皆可从光绪《湖南通志》所载《凤山书院记》中概知。一般来讲,凡建在乡里,且地方志中载明由邑人、乡人、邑绅、乡绅某某"倡建"的书院,皆属于此类。如清代湖南茶陵州共有乡村书院13所,分乡人公建和某人倡建两种类型,其中倡建者占总数的30.7%,公建者占69.3%。由此可以推知,这种类型的乡村书院也不是少数。

第三种类型的乡村书院与官府有关。有官府创建者,如江西上犹大傅书院,在县西一百里外的礼信乡,地接湖南边境,宋代淳祐年间由知军陆镇请建,设山长教授。有地方官吏倡建修复者,如清代湖南浏阳县东西南北四乡共有狮山、洞溪、文华、浏西、石山等五所乡村书院,其中东乡狮山、南乡文华两书院皆由知县胡泰阶创建于道光二十一年(1841),至咸丰元年(1851),知县赵光裕增修文华书院,咸丰十年(1860),知县蔡式钰又重建狮山书院。

第四种类型是乡人公建。如东馆书院在四川眉州城之西七十五里东馆镇,宋绍兴初年,东馆乡绅、士大夫仿古乡校,创为肄业之所,冯时行为记,元至元年间重修。又如湖南兴宁县程水乡,自宋以来即有曹氏宗族所建醴泉与观澜书院、袁氏所建辰冈书院、焦氏所建文峰书院,"其成也方术同之,其毁也一姓私之"(曹惟精《郴侯书院志叙》)。三姓各自所建家族书院的局限性在于支撑书院发展的力量单一,书院规模难以扩大,书院常因宗族的兴衰而停废。书院在培育人才上以各姓子弟为主,辐射面狭窄。到清咸丰七年(1857)遂有各族各姓合力捐资,兴建郴侯书院之盛举。乡人"公建""同建""共建""谋建"的乡村书院比较多,这从前述茶陵州此类书院占乡村书院总数近70%的比例中可以推知,这种现象是乡村士民要求提高族人文化素质的愿望的反映。

上述四种类型的乡村书院,除了官府关顾者,其余三类皆与家族书院有较深的联系,从某种意义上说,它们都是家族书院的推广与延伸,因而也具有家族书院的某些特质和属性。但其区别也是明显的,"止一姓一族,教泽所及未广也"(曹炳奎《建造郴侯书院记》),此乃家族书院的短处,也正是乡村书院的长处所在。

综合而言,乡村书院有如下一些基本特点。其一,数量较多,分布较广。凡书院不建在府州县城、通都大邑及其近郊者,凡书院建于乡村而不属于一家一姓者,无论官建民建,皆属乡村书院,数量多,分布范围广。全国较大的行政区难以统计,以民国所刊四川《遂宁县志》卷七《书院》所载,清代正式列名的书院有县城书台书院、吉祥乡云龙书院、东禅乡金鱼书院、白马乡天睿书院、桂花园桂香书院、县城内宝善书院、德阳陌德阳书院、仁里乡旗山书院、安居镇安溪书院、横山乡龙翔书院、卢家场仁和书院、观音场玉堂书院、金龙场云峰书院、河沙乡凤栖书院、北坝莲峰书院、三教镇鹿鸣书院、拦江镇凤鸣书院、西眉镇敷文书院、拦江镇玉泉书院、老池沱昭德坝昭文书院、分水岭××书院,凡21所。除了书台、宝善二书院在县城,书台书院为全县诸生肄业之所,宝善书院则为侨居此地的楚人子弟肄业之所,其余19所分布在18个乡镇,且未标注属于某一家族,皆得视作乡村书院。由此,即可推知这类书院在全国的分布和数量情形。其二,乡村书院的招生范围较小,一般是以参与建设的乡村为限,不投资者不享其利。但一般由名人所建者则往往招收从其游学的外地人,不过这不是普遍的现象,难以改变其乡村书院的属性。还有一种情况值得指出,那就是官府插手的乡村书院,其涵盖的范围往往是多个乡村,比一乡一村的教泽更广,具有乡村联办的属性。其三,乡村书院所招学生大多与家族书院相类似,属子弟之列,即未成年人。因此程度不高,多为启蒙教育或稍高于蒙学,属于初级教育阶段。但也有例外,少数乡村书院有供贫士读书、集里中士人肄习等记载,"士"为成年人,其学识远高于蒙学童子,至少应是中等教育程度。而数村数乡联办的书院,虽所招多为子弟,但这些子弟往往已在家族书院或家学、私塾中学习过一段时间,程度高于蒙学。总之,生徒年龄和学识程度,乡村书院大体上都要高于家族书院,这又是两者间的区别所在。

以上乡村书院的特点,向我们展示了这样一个事实:从数量上讲,它是书院的主体,承担了中国古代社会普及教育的任务,成为将儒家文化意识和观念源源不断输向广大农村的主要渠道。

第三节 皇族书院与少数民族书院

一、皇族书院

皇族书院是指与历代帝王、皇室相关的书院,它是家族书院中比较特殊的一类。皇族书院又有宗室书院、藩府书院、皇家书院之别。

宗室书院见于宋代。《大明一统志》卷五七载:"乐善书院在(瑞州府)府治南瑞阳门外,宋郡守王淹以郡中宋姓实繁,乃创书院置田,以教育宗子之孤幼者。"光绪《江西通志》卷八一也载:"乐善书院在(瑞州府)府治西,宋宁宗时,州守王淹建以训宗室子弟,太祖六世孙开府仪同三司赵不黥崇祀于此。"宋太祖赵匡胤一支,以"德、惟、从(守)、世、令、子、伯、师,希、专、孟、由"为字派来分昭穆,宋太宗赵匡义一支,则以"元、允、宗、仲,士、不、善、汝、崇、必、良、友"为字派来分昭穆,故赵不黖当为太宗赵匡义之后。乐善书院是地方官为宋代宗室成员创建的教育机构。

从性质上讲,乐善书院是皇族宗学。据《宋史》卷一百六十五《职官志》载,嘉定九年(1216)南宋始复置宗学于首都临安,在乐善创建后十几年,复置的宗学受到了乐善书院的影响,但二者间存在着某种联系是可以肯定的。至于宗室书院的一般规制、限额招生、设师训导、教学内容等,与宋代同期的一般书院包括家族书院并无大的不同。

藩府书院见于明代,明代藩王加入书院建设的行列,并创造出了独具特色的王府书院刻本,这是宋元两代都不曾有的现象,它既表明皇室成员对书院的支持,也反映出书院可以满足藩王这一特殊人群的文化需求。为了强化皇帝集权的君主专制制度,明朝自朱元璋开始,将其子弟分封为王,遣往各地设藩建府。各藩王府政治上受到严格控制,不得参与朝政和干涉地方政务,但其社会地位崇高,经济实力雄厚,其于政治既不得用力,于是转向文化教育事业,进入建设书院的队伍。

藩王府投身书院建设的具体情况不一。有捐田助学者,如饶藩永丰王朱厚燆,嘉靖三十四年(1555)秋,捐置都昌柳氏田产 292 亩给白鹿洞书院,岁入紫阳仓租谷 432 石。邹守益曾作《宗藩义田记》以纪其事,并对这种助学行为大加赞赏。也有建院讲学者。如南昌宁王朱宸濠,正德六年(1511)创建阳春书院,请安成举人刘养正主讲,网罗人才。当时声名传于远近,王守仁曾遣其门人冀元亨到书院讲学。冀元亨看出阳春书院讲学的背后是为宁王反叛而罗织人才,很快设计逃脱。后来,因此而兴冤狱,王守仁受拖累不轻,冀元亨则死于狱中。平叛之后,阳春书院改名为正学书院,继续聚徒讲学,但已划归地方而不属藩王府所有。经此一段由书院讲学而滑入政治斗争的变故,藩王府书院大多已不再讲学,转而以刻书为主要事业。据叶德辉《书林清话》等文献记载,并考之以传世刻本图书,至少有 9 所王府书院曾经组织刻书。

从以上情况来看,明代藩府书院自正德开始活动。嘉靖、隆庆、万历年间直至明末皆有活动,其轨迹与明代书院复兴的历史合拍,是明代书院大发展的产物,也是一种长期并较广泛存在的文化实体组织。藩府书院前期以讲学为主,而且带有较强的政治色彩,这是其特点之一。自宸濠之乱之后,藩府书院脱离政治,转向文化出版,刊刻了一批至今仍称善本的书籍。所出之书除了文学之作,多属道家羽流著作,其逃避现实、寻求神仙之境的趋向十分明显。出书最多的勉学书院虽涉及儒经之书,但从藩王多以"道人"相称这个事实,也可看出其脱身政治之势。藩府号称王者,虽涉足书院,但在"书院之建非制也"(嘉庆《四川通志》卷八〇《斗城书院记》),而且在历遭禁毁的明代,它终难发展成势,至今除了所刻的著作,很难找到其活动资料。书院至明代已经成为满足藩王这部分特别人士——地位极高而又不能在政治上有任何作为之士——精神需要的文化组织,其功能又有扩展,是一个不争的事实。

皇家书院见于清代。目前见于记载的有3所,全在皇家园林圆明园内,兹将各院概要介绍如下。

碧桐书院。碧桐书院在圆明园中部,东南西北分别与曲院风荷、天然图画、慈云普护、澹泊宁静相邻,属园中四十景之一。书院原名梧桐院,建于雍正年间,九年(1731)三月初六,雍正皇帝御书"碧梧书院",制成长六尺五分、宽二尺一寸的漆匾悬于门外。乾隆二年(1737)九月二十五日,"奉旨:梧桐院内所挂之匾四面,准做'碧桐书院'匾一面,其余三面不必做。嗣后,梧桐院改为碧桐书院"(中国第一历史档案馆编《圆明园》)。到九年(1744)七月十六日,乾隆皇帝又御书"碧桐书院"绢字横披一张,托纸装裱。书院前后五进,内设地炕二铺、楠柏木床三座,铺设地毯、床毯等。今有《碧桐书院图》藏中国第一历史档案馆(见图1-1),其皇家书院气派于此毕现。

图 1-1 碧桐书院图

汇芳书院。汇芳书院在圆明园西北角,东南西北分别与多稼如云、日天琳宇、鸿慈永祜、顺木天相相邻,亦属园中四十景之一,乾隆初年创建。七年(1742)五月初六,乾隆皇帝御书"汇芳书院",九月二十三日制匾悬挂。九年(1744)九月十二日绘制《汇芳书院图》绢画一张,以纪其事。书院分四进,有抒藻轩、涵远斋、翠照轩、眉月轩、平台殿、倬云楼、延赏亭、随安室、秀云亭、挹秀亭等建筑。院中陈设有古玩,门首悬挂紫檀玻璃挂灯(后改成绢画),共计六对。今中国第一历史档案馆藏有《汇芳书院图》(见图 1-2),可知其院合规制。至于书院的功用,我们从乾隆九年(1744)皇帝所作诗联中可窥知一斑。乾隆皇帝御制《汇芳书院诗》(于敏中修、窦光鼐纂《日下旧闻考》卷八十一《国朝苑囿》)一首:

> 书院新开号汇芳,不因叶错与华裳。
> 菁莪棫朴育贤意,佐我休明被万方。

又为涵远斋撰联一副,其称:

宝案凝香,图书陈道法;

仙台丽景,晴雨验耕桑。

图 1-2　汇芳书院图

莲池书院。莲池书院方位不明,其记载见于《钦定总管内务府现行则例·圆明园》:"(乾隆)四十六年十一月,奏请新建莲池书院,并旧有中所曾奉谕旨各座殿宇,安摆陈设处所既多,地面辽阔,必须派员专司其事,请照依熙春园之例。"(中国第一历史档案馆编《圆明园》)

清代皇家书院的功能,从涵远斋的对联来看,当是藏书、读书之所。但自乾隆四十年(1775)文源阁落成,《四库全书》副本陆续入阁收藏,而四十六年(1781)又有莲池书院创建来推论,似乎又不应以藏书为主,至少莲池书院是这样。而"菁莪棫朴育贤意"之句,又表明书院具有教育功能,至少汇芳书院是一处授徒之所。不论藏书、读书,还是教书,皇家书院的基本情况还有待发掘资料作进一步的研究。雍正九年(1731)有御书碧梧(桐)书院匾,两年之后,即十一年(1733)就有改变压制书院的政策,令各督抚于驻节之地建立省城书院上谕的发表,从此清政府全面扶植并力加控制,使书院进入普及化的大发展阶段。无论有意无意,皇家书院之建实开清代书院之先声,其于推动书院迅速发展之功不亚于历代皇帝之赐书、赐额、赐诗、赐帑金之效。

二、少数民族书院

中国自古就是一个幅员辽阔、民族众多的统一国家,历史上,除了汉族,其他各民族也利用书院进行文化教育活动。一般来讲,少数民族书院有两个界定,一是少数民族自己创建以教其子弟,二是汉族官吏创建以教育少数民族子弟。从现有的资料来看,最迟自元代起就有少数民族书院出现,明清两代日渐增多。至于所涉及的民族,至少有苗族、蒙古族、土家族、瑶族、高山族、回族、维吾尔族、满族等。兹以民族为单位介绍各书院的情况如下。

苗族书院。最早的苗族书院见于元代武冈路儒林乡,叫儒林书院。地方志记载为路总管延承直建,实为杨再成等人"创制"。据记载,杨再成为苗族人,创建于皇庆二年(1313)的儒林书院,为我国第一所苗族书院。书院环境清幽,而且化民成俗,卓有成效。儒林书院绵延办学,毁于明代天启年间,其间三百余年,为苗乡培养了大量的人才,更为移风易俗、民族融合作出了重大贡献。

湖南西部为少数民族聚居之地,在清朝被称为"苗疆",当时多建有书院,如凤凰厅敬修书院,乾隆十二年(1747)由通判潘曙创建;又如永绥厅绥吉书院,乾隆二十二年(1757),由同知张天如创建;等等。到嘉庆年间,巡道傅鼐在湖南苗疆建有6所书院、百处义学,受到清政府的表彰。在光绪《湖南通志》中,我们可以找到其中的4所,它们是保靖县雅丽书院、乾州厅立诚书院、永绥厅绥阳书院、泸溪县浦阳书院。这些苗族书院及义学所起的作用，我们透过傅鼐的《治苗论》可以看得十分清楚，"其中苗生尤俊秀者，取入书院肄业，给以膏火，阅课八股诗律，榜示甲乙，使知奋勉。久之，则今日书院之苗生，即可为异日各寨之苗师，以苗训苗，教易入而感动尤神，则礼义兴而匪僻消，苗与汉人无异。司此土者，苟永守成宪，毋扰毋弛，则边地生民安居乐业，世世子孙永享太平矣"（光绪《湖南通志》卷八五《武备志八》）。

蒙古族书院。在元代，很多蒙古族官绅加入创建书院的行列，成为书院建设中不可忽视的力量。如至正十八年（1358），浙西道肃政廉访使丑奴重修杭州西湖书院；后至元六年（1340），浙东道都元帅锁南班建鲁斋书院于宁波；天历二年（1329），知县燮理溥化建龙眠书院于舒城县；后至元年间，唐兀崇禧建崇义书院于鄞城县、千奴建历山书院于鄞城历山、县尹贯阿思南海牙建天门书院于天门；泰定年间，监察御史忽鲁大都兴亚中创建文贞书院于剑阁，达可建墨池、草堂、石室三书院于成都等。虽然其中只有像历山书院等少数专为蒙古族子弟所建，但表明元代已有蒙古族书院。这些书院多已不用蒙语教授，其所传授的也多为儒家文化知识。到清代，蒙古族聚居之地亦建有书院训迪其子弟，如雍正二年（1724），土默特都统丹津在归化城建立学宫、文庙；光绪年间又设启运书院，专招蒙古族子弟入学，它与满学书院——长白书院（启秀书院），汉学书院——古丰书院比肩相峙，被称为绥远三书院。

土家族书院。土家族书院见于明代永顺土司时。永顺土司由来已久，自五代梁开平四年（910）彭瑊起，世代割据，统治辖区内土家族人民。传至十六世彭万潜，时当元代，实行土司制度，称永顺宣抚使司，明代改称永顺宣慰使司。到清代雍正年间，改土归流，废除世袭制。永顺土司实行愚民政策，辖区内长期没有学校等文化教育组织，明太祖朱元璋洪武二十八年（1395）下令诸土司皆立县学，彭氏土司亦抗旨不行。

直到弘治十四年(1501)明孝宗朱祐樘诏令,"土官应袭子弟,悉令入学,渐染风化,以格顽冥。如不入学者,不准承袭"(《明史》卷三一〇《湖广土司传》)。在不入学则不保其位的情况下,永顺始有土司子弟彭明辅就学于辰州的记录。到万历年间,土司彭元锦、彭象乾先后就读于酉阳。元锦字衷白,以军功授都指挥使,进阶骠骑将军。他是一个开明的土司,任宣慰使时,于万历十五年(1587)在土司衙署所在地福石城建立若云书院,集土司及土官子弟肄业其中。若云书院的建立意义重大,它不仅翻开了永顺教育史的第一页,而且成为土家族人民告别愚昧、融入中华文明的标志之一。又如黔江的墨香书院,于清光绪六年(1880)创建,除招汉人子弟外,还兼收土家族、苗族子弟,是一所多民族混合的书院。

瑶族书院。瑶族书院比较多见。以今湖南江华瑶族自治县为例,瑶族进入江华始于宋元之际,其后各姓瑶民陆续迁入,居住在萌渚岭的深山老林中,过着刀耕火种的原始生活。历元至明,皆无学校,其教育职能唯以筮师的宗教典礼活动和礼者、长辈的言传身教来维系。清代则大有改变,学习经史之人从无到有,并呈增加之势。清廷则因势利导,于康熙四十一年(1702)准许瑶民子弟与汉人一起参加岁科考试。雍正四年(1726)又规定凡岁科两试,皆于额外增补瑶民生额3人。到乾隆年间,以上这些"归化新民(指瑶民)"的措施大见成效,儒家文化薪传有种之后,又在各瑶族聚居之地创建义学、书院,进一步推广、普及这种先进的文化。乾隆九年(1744),江华县"衙饬于瑶地适中处设立义馆,延师训课,每年廪饩银各十六两,均由县赴司领给"(同治《江华县志》卷一二《杂记》)。于是当年就在锦岗义学、锦田义学的基础上创建秀峰、锦田两书院,以教瑶童。次年,又在"上伍堡瑶"设义学。到乾隆三十八年(1773),知县欧阳柱又将伍堡义学扩建为三宿书院,招收竹子尾宿、上下半宿、平岗宿三宿瑶族生徒肄业其中。三宿书院院合较大,有大小房12间,肄业者常有四五十人。院中置有学田83亩,年收租谷120担以供经费。设山长主持教学,所授以四书五经为主,属普及教育。

高山族书院。高山族书院仅见于台湾一省。光绪二年(1876),台湾道夏献纶巡视水沙连,至日月潭,登上珠屿,令驻守官丁汝霖创建正心书院,以教育子弟。书院由丁汝霖创建,有房屋两栋,一栋长43米、宽9米,建于山顶;一栋长16米、宽5米,建于山坡。不设山长,由丁汝霖及幕僚吴裕明兼司教事。

回族书院。清同治年间,陕甘总督左宗棠经营西北,在甘肃设置化平厅安置陕西回民。同治十三年(1874),提督喻胜荣捐建书院,专教回民子弟,左宗棠为其取名"归儒书院",并命幕府施补华撰记,以儒家文化训迪回族子弟,争取民族融合之意。

维吾尔族书院。在维吾尔族聚居之地新疆,清乾隆年间建有8所书院,分别是乌鲁木齐桐华书院、迪化州虎峰书院、昌吉县书院、绥来县书院、阜康县书院、济木萨书院、呼图壁书院、奇台县书院。其中桐华书院为将军阿桂创建,谪臣徐世佐、纪昀先后主讲,唱和甚欢。其他7所书院皆属义学性质,是乾隆三十二年(1767)创建的。"新疆地方兵民子弟,教演技艺固属要务,而讲习文理亦当稍知文墨,请于每城置房数间,各设义学一所,于民人内择其品行端方,文理通顺,堪以教读,并于年老辞粮兵丁内择其弓马娴熟者,每学拣选二名,作为教习。其应需膏火,令各该处于附城空闲地内量其支用拨给地亩,雇人耕种,每年所获粮石作为教习之费"(嘉庆《三州辑略》卷六《义学》)。到光绪年间,省城迪化又建有博大书院,其学生民族成分亦不得而知。以上9所书院的生徒,照理推测应有维吾尔族子弟,是否确然,姑且存疑,但哈密伊州书院招收维吾尔族子弟则为不争之事实。伊州书院为光绪初年,维吾尔族王爷沙木胡索特创建,招维吾尔族、汉族子弟肄业其中,教授《百家姓》《千字文》《三字经》《论语》《孟子》等,属初级教育。肄业诸生出院后多任通事,从事翻译工作,亦有派往南疆任职者。

满族书院。清代长期以来对汉民族推行"修其教不易其俗,齐其政不易其宜"的民族政策。一方面为了巩固统治,鼓励学习先进的文化,责令研究、学习儒家文化,将程朱之学定为国家官方哲学。另一方面,它又要保持满族特性,因此在八旗长期禁止建立书院等汉人固有的文化组织。顺治元年(1644)十一月,清兵刚刚入关,国子监祭酒李若琳就上疏建议建立八旗书院,被否决。各地则普遍建立起了八旗官学以教旗人子弟。自此以后二百余年,清政府对八旗建书院多持反对态度。如道光二年(1822)吉林将军请求以罪臣原工部郎中马瑞辰改派吉林任白山书院山长主讲,遭到申斥,"东三省为我朝根本之地,原以清语骑射为重","议课生徒学习文艺,必致清语日益生疏,弓马渐行软弱,究之书院,仍属具文,于造就人才毫无裨益,是舍本逐末,大失朕望"(光绪《吉林通志》卷三《圣训志三》)。直至光绪年间,新政渐行,才算解除建书院课试八旗子弟的禁令,先后同意在张家口和江宁为八旗子弟建立抡才书院、崇文书院。

在建书院以教满人这个问题上,最高统治者意见不一。康熙皇帝就不反对,并于十五年(1676)钦准宁古塔将军哈达所拟满洲学房方案十例,赐额"龙城书院",所辖各旗每牛录限送6人入院肄业。这表明康熙皇帝是支持建立课试满洲子弟的书院的。不仅如此,当八旗子弟接受汉族文化之后,必会形成崇儒尊道之风,书院之禁就难以执行,出现一些专课旗人的书院也就势在必行了。除了上述提到的抡才、崇文、龙城三书院,还有如下一些满族书院。

一是满城维新书院。设在宁夏宁朔。据《朔方道志》卷十载:"满城维新书院,系雍正年满营筹建,为宁夏驻防八旗子弟肄业之所。光绪二十九年,副都统志锐改为驻防满营两等小学校。民国四年,宁朔县治移驻满城,知事钟文海改为宁朔县第一高级小学校。"

二是白山书院。设在吉林。嘉庆十九年(1814)由将军富俊创建,学舍五楹，八旗及民籍子弟俱在内肄业，分满汉两门课士。其时"彬彬弦诵，文教日兴"(道光《吉林外记》卷六《儒林文苑》)。道光年间虽遭皇帝批评，但一直办学不断。到光绪年间，仍设汉文教习4员、满文教习2员，分舍教授各旗子弟。白山书院是吉林省第一所书院，开启吉林书院教育之先河，其于促进民族文化发展之功甚伟。

三是昌明书院。设在吉林珲春城北，光绪十七年(1891)由副都统恩泽创办，有大门、孔子殿、满文官学房、汉文官学房等16间，招满族子弟肄业，先学习《三字经》《千字文》《百家姓》《论语》《孟子》《大学》《中庸》，继之以《诗》《书》《易》《左传》《礼记》等。光绪二十六年(1900)七月末，被俄军焚毁。

四是启秀书院。设在绥远城，同治十一年(1872)将军定安劝建，主招满族旗籍子弟，兼收蒙古族、汉族子弟。其有关情况见于民国《归绥县志·学校志》："启秀书院在新城东南隅，同治十一年，绥远城将军定安督劝八旗官兵捐建，名长白书院，以余款五千两发商生息，作为经费，并延请山长按月扃试，由八旗官员内选派协领等经理其事，蒙、汉人等愿应课者均准入考。光绪三年，将军庆春又以余款两千两发商生息。五年，将军瑞联复饬归绥道阿克达春集商捐银四千两，充备公费，更名启秀书院。"其时，启秀书院与启还书院、古丰书院齐名，并称绥远城三书院，分课满、蒙、汉三族子弟。

除了专课满洲族籍子弟的书院，在八旗驻防之地，有些书院还设旗籍名额，安置旗人子弟就近入院肄业。如广东广州粤秀、越华二书院，江苏南京钟山、镇江宝晋二书院，湖北荆州辅文书院等，都设旗籍若干名，准许旗籍生童与民籍子弟一体参加甄别，按名额择优录取。此种情形，可以视作满族书院的一种变例而予以注意。

少数民族书院的出现，表明书院作为一种文化组织具有满足各民族人民文化生活需要的功能，而其发展则表明，书院已经成为中华民族共同认可的文化标志，也成为中华民族的文化象征之一。

第四节　华侨书院与侨民书院

一、华侨书院

华人移居海外的历史很长,但华侨书院的出现是清代才有的事情。较早的华侨书院是印度尼西亚巴达维亚(Batavia,今雅加达)的明诚书院。它创建于雍正七年(1729),至今已近 300 年,其后又建有明德书院。明诚、明德等印度尼西亚书院首开海外华人教育之先声,其功甚伟,可惜难觅资料叙述。兹以新加坡的萃英书院、美国的旧金山大清书院为例,记述华侨书院之概况及其传播中国文化、引进西方文明的功效与作用。

(一) 新加坡萃英书院

新加坡华文教育的兴起与发展是近百年来的事情。清嘉庆二十四年(1819),英国殖民者莱佛士带兵占领新加坡后,即宣布其为自由港,并鼓励华人入境,从而使华侨人数激增。华侨人口的日益增加及其政治经济活动的逐渐活跃,要求华文教育事业也有相应的发展。故 19 世纪中叶以后,新加坡各地华侨纷纷开办私塾义学,其中以咸丰四年(1854)著名闽籍侨领陈金声创办的萃英书院最为典型,它开新加坡华文教育之先河,其影响巨大而深远。

陈金声,又名金钟,字巨川,祖籍福建永春,嘉庆十年(1805)出生于马来西亚的马六甲。新加坡开港后不久,他便偕华裔商人来到新加坡开办"金声公司",从事商务活动。由于经营有方,公司业务逐渐扩展,盈利数百万金而致巨富,遂成新加坡福建华侨的领袖人物。陈金声虽出生于外邦,但从小接受严格而系统的家学教育,深受中华传统文化的影响。他博施济众,疏才好义,除致力于商业之外,更热心和重视华侨子弟的教育与培养工作。早在道光二十九年(1849)他就在星洲福建华人宗乡会会馆天福宫之右捐建崇文阁,招收华裔子弟,延师主讲,传授儒家经史。因为经费充足,主讲者亦多名士,从而问学者甚众,以致斋舍不能容。有鉴于此,陈金声遂于咸丰四年(1854)捐巨资另建书院,以期萃集人才,广罗精英,故名"萃英"。

继陈金声的萃英书院之后,新加坡的华文教育得到了较快的发展,尤其是清政府首任驻新加坡领事左秉隆到任之后,竭力昌兴华学,乐英书室、培兰书室、广肇义学等相继建立,再加上各姓家塾义学,一时华文学校林立,华语吟诵之声相闻于道。时人皆称道这是萃英书院首倡之功效。因而,萃英书院的声望更大,居各校之首,成为华文教育的典型代表,并与英国殖民者所办的莱佛士书院、当地马来土邦王公贵族所办的江沙马来学院,同称19世纪后期新加坡三大著名院校,为新加坡多元文化的建设作出了较大的贡献。20世纪初,随着新加坡教育改革及当地以南洋华侨中学为代表的新式华文学校的兴起与发展,萃英书院才日渐衰微,但其振兴海外华文教育之功不可埋没。

(二) 旧金山大清书院

中国书院不仅传于南洋的新加坡,而且出现于太平洋彼岸的美国旧金山。旧金山为在美华侨聚居之地,同新加坡的情况类似。随着华侨人口的增加,华文教育遂被提上议事日程。光绪年间,在清政府的支持下,华裔士绅公议创建书院,以不忘故国,乃取当时中国国号"大清"为院名。

书院设正副教习主持教学,一般在国内聘请有功名的学者如举人、秀才等充任。日常经费主要由清政府津贴,肄业生徒每月另交纳五角钱以资补助。常年招生五六十名,分两班上课。教学内容与国内一般书院相同,以"四书""五经"等儒家经典为主,亦杂以科举时文,未脱离传统文化的教育轨道。因为华侨学生白天要到远东学校学习英文等课程,且规定每星期一至星期五下午四点半至九时为授课时间,因此只有将星期六远东学校整天无课这一天,定为书院的授课时间,从上午九时至下午九时进行授课。由此可见,大清书院的主要任务,就是为侨居海外的华裔子弟补习国学,使其身在异域而心怀故国。兼习中西的书院生徒,多数仍像其父辈那样侨居或服务于海外,也有一些返国归家,为交流中西文化作出了贡献。如张爱蕴,光绪十八年(1892)曾肄业大清书院,后来回国,考入两广学堂,继续深造。

光绪三十二年(1906),旧金山发生大地震,大清书院院舍毁坏。侨众利用清政府的救济款建中华总会馆大厦于士德顿街,遂将书院迁至大厦,重开课程。光绪三十四年(1908),清廷派内阁侍读梁庆桂偕举人曹勉到美考察,并留曹氏主讲大清书院,鼓励兴学,推动了全美华侨华文教育的发展。此后,大清书院一直兴学不断,并成为美洲各地华文教育机构的一个典型。辛亥革命胜利后,大清书院改名为中华侨民公立学校。像国内大多数书院一样,它完成了新旧学制的过渡,汇中西学于一体,从古代走向了近现代。

从某种意义上讲,清代出现的华侨书院是宋代侨民书院的延续,所不同的是"去乡"与"去国",其空间距离相差太大。去乡者虽不免孤单,但所处的文化环境则无任何改变,时时可以找到一种心灵的安慰。去国者则不然,在孤游海外的寂寞中,更时时有一种浮悬于异族文化氛围之中而不得着地的失落感,即一种心灵的孤寂。这种差别,决定了华侨书院的首要任务是传播中华文化,发扬中华数千年文明于海外,使侨民获得一种心灵深处的抚慰,此其一。其二,现实生活的需要,又逼迫华侨适应当地文化,获取谋生的本领,这样,华侨书院又成了吸收海外文明的管线,成为联系中外文化的桥梁。于是,文化的双向传导,就成了华侨书院最明显的文化功效及其区别于侨民书院的显著标志。

二、侨民书院

东晋南北朝时期,南北分裂,战争不断,各朝遇有州、郡、县沦陷者,即暂借别地重置,史称侨州、郡、县,这是一种安置侨民的办法。到南宋,人们相沿其例,创办起了安置侨民的书院。

端平元年(1234),与宋军长期对抗的金朝灭于蒙古政权,宋军乘机北上,开始收复失地,但至西京洛阳而败还,史称"端平入洛"。自此,南宋与蒙古交恶,开始了更加残酷而长期的战争,自东到西形成了淮南、襄阳、西蜀大规模的难民潮,这些难民长时间侨居在江南一带。正是在这种背景下,出现了安置流亡之士的侨民书院。据史料记载,这种侨民书院至少有3所,它们是安置蜀士的公安书院、安置襄士的南阳书院、安置淮士的淮海书院。

公安书院又名竹林书院,在荆湖北路公安县。南宋淳祐二年(1242),该书院由荆湖帅孟珙令僚属创建于北宋抗辽名将寇準祠堂遗址,匾曰"竹林"。淳祐六年(1246),理宗皇帝赐御书"公安书院"匾额。其后荆湖帅贾似道、李曾伯相继增资扩建,历经数年始告落成。有关书院的创建缘由、书院建制、建院者的愿望所在,皆见于李曾伯的《公安竹林书院记》。有关公安书院的规模,高斯得记为"凡六十楹,田租岁入二千石有奇,山泽间架之利为钱二百万,养士百有二十人"(李曾伯《可斋续稿前》卷五,文渊阁《四库全书》本),所记与李曾伯稍有出入,但公安书院规模宏大,有如中州学校则是事实。

南阳书院在武昌,也是荆湖帅孟珙于淳祐年间创建的。有关院舍、经费、生额及办学成效等,高斯得在《公安南阳二书院记》中叙之甚详。南阳书院在宋代一直很兴盛,成为侨居鄂州之襄阳士人的文化教育中心。江西人程钜夫年轻时曾于景定二年(1261)"观游其中"。40年后,即元大德五年(1301),程钜夫任使臣重修南阳书院时,仍能清楚地记得当年的情形:"南阳书院者,宋淳祐中,忠襄孟公所建也。时襄汉受兵,士之流徙者聚于鄂,公立学馆六十间以处之,括田租地利以养之,聘宾师陈俎豆以教之,又奉祀先正诸葛武侯以表厉之,故名"(程钜夫《雪楼集》卷一一《重修南阳书院记》)。元代重修后的南阳书院规模更大,但肄业其中者是否还是流徙而来的襄汉士人则不得而知,估计已不再只收流亡之士,而应有当地之士肄业其中了。

淮海书院在两浙西路镇江府北固山西凤凰池旁。淳祐八年(1248),高邮籍太常少卿龚基先首议创建。书院的创建情况,在元至顺《镇江志》卷二九中记之甚详。淮海书院在元代继续办学,而且建有先贤祠奉祀"淮乡先达及创置书院者"(至顺《镇江志》卷一一《书院》)共20人,抑或其时仍有两淮流亡之士肄业其中。

以上3所侨民书院,是宋代安置流亡之士的文化教育机构,它们受到地方政府和中央的高度重视,其建院、置田、拨钱、赐额等皆可证明这一点。当然,仔细分析起来,公安书院、南阳书院的建立是地方官责任心的表现,淮海书院的建立更多的则是出自对流亡同乡的同情。但无论哪种情形,于"金革之时",即于战乱之中创建起书院,它所形成的文化效应是一致的,那就是在战争的荒漠之中托起一片文明的绿洲,使卷入难民潮的士人从心中激荡起实现和平的希望与收复家园国土的斗志,而这一点也十分明显地从公安书院之选址、南阳书院之取名中体现出来了。至于暇日教之习射的刻苦操演,以及以寇準竹林遗迹震荡西土之士,使其毋忘家乡文翁石室的拳拳用心,更直接表达了设置侨民书院的政治意义。

第五节 教会书院

教会书院是西方传教士进入中国以后才出现的一种新型书院。传教士与书院的关系有一个从冲突到融合的过程。两者之间最早的接触始于明代末年。据《曝书亭集》卷四十四载,"天启初元,邹忠介、冯恭定建首善书院于(北京)大时雍坊,为讲学之所。二年,御史倪文焕诋为伪学,是岁毁先圣栗主,燔经籍于堂中,踣其碑。西洋人汤若望以其国中推步之法,证《大统历》之差,徐宫保光启笃信之,借书院作历局,遂踞其中,更名天主堂,书院废而逆祠建矣。""逆祠"一词所表达的怨恨表明,早期来华的传教士对中国书院及其文化功效没有多少认识,更不了解中国士人将其视为与西方文明相对的中华文明象征之一的心态,因而出现了在中国士人看来属于"冒犯"的改书院为天主堂的行为。如果说这是传教士们无意识地使天主堂与书院发生冲突的话,那么下面的记载则明确表达了中国士人有意识地将两者互相对立的态度:"理学书院在化龙街西,旧为天主堂,国朝雍正元年总制满保巡抚黄国材檄毁,知县苏习礼允诸生请,改为书院"(乾隆《福州府志》卷一一)。"兴庠书院在(福建福清)西隅大街,旧天主堂地,国朝雍正元年改建"(乾隆《福州府志》卷十一)。这是以理学对抗天主教的强硬行为,反映了当年中西文化交流中所出现的冲撞现象。正是这种冲撞,使得来华的传教士们逐渐认识、了解了书院,于是在中华大地上就出现了前所未有的由外国传教士创办的书院——教会书院。

教会书院的发展有一个自中国外围向中国本土发展的过程。传教士最早创办的书院当属马国贤的文华书院。马国贤(Matteo Ripa)是意大利天主教布教会教士,清康熙四十九年(1710)来华,任宫廷画师,颇得康熙皇帝器重。雍正元年(1723),他率4名中国青年返国,次年抵达意大利。历经8年奔走,始于雍正十年(1732)获得罗马教皇批准,在那不勒斯为留学华人设立一所书院。该院本名圣家书院,亦名圣家修院,又名中国学院,也被称作文华书院。书院最初专收中国学生,意在培养传教士,后来兼收有志到远东传教的西方人、土耳其人。经费由教会提供,学生毕业后授予学位。据统计,自创办到同治七年(1868)被意大利政府没收止,历时136年,文华书院先后招收中国学生106人,成为中国早期旅欧留学生的主要求学之所。

到清嘉庆十二年(1807),英国伦敦教会教士马礼逊(Robert Morrison)来华传教。不到4年,清政府重申禁止外国传教士传教令,马氏等只得移往南洋华侨聚居区图谋发展。嘉庆二十三年(1818),马氏与另一传教士米怜(William Mine)合作,在马六甲创建英华书院(Anglo-Chinese College)及印刷所,编发《中英杂志》,在华侨中传播新约。为了传教,马氏先后完成了《汉语语法》《华英字典》《广东省土话字汇》等著作,道光三年(1823)又在院中刊印其中译本《圣经》21卷。道光五年(1825),始招女生入学。道光十九年(1839)汉学家理雅各(James Legged)继任书院院长共34年,他曾将"四书""五经"译成英文,以The Chinese Classics为名,分28卷,于1861—1886年间出版。理雅各著有《中国人关于神鬼的概念》《孔子的生平和学说》《孟子的生平和学说》《中国的宗教:儒教和道教评述及其同基督教的比较》等,是一位有极大影响的西方汉学家。儒家"四书""五经"和基督教《圣经》的互译与传播,对交流中西文化之功是不言自明的。

当马六甲的英华书院正卓有成效地开展工作时,道光三年(1823),在新加坡的传教士也建立了新加坡书院(Institute of Singapore),接收华侨子弟。至道光十七年(1837),新加坡书院特设一学部专招华童,时有中国学生95人肄业其中。道光十九年(1839)传教士又在巴达维亚创立中国书院(The Chinese Seminary),作为传播交流中西文化之所。

第一次鸦片战争以清政府的失败而告终,英国用大炮战舰打开了中国的大门,传教士随之进入通商口岸及附近地区,教会书院遂出现于中国本土,先是马礼逊书院于道光二十二年(1842)在香港建立,上述马六甲英华书院也于次年(1843)迁往香港。其后,作为教会教育事业的一部分,教会书院由通商口岸推进,在中国本土开始了其发展历程。据统计,到民国成立时止,全国计有各类教会书院56所。

中国本土教会书院的发展有70余年的历史,大概可以分为三个时期。

第一个时期是两次鸦片战争之间(1842—1855),是教会书院发展的初始期。《南京条约》签订后,传教士得以进入通商口岸传教,但清政府禁止传教士传教的禁令仍然有效。由于禁令的威慑作用,传教士的活动不是很活跃,这个时期只有8所教会书院建立,其中著名的有3所:道光三十年(1850)教士施敦力(Alexander Stomach)在厦门建立的英华书院(Anglo-Chinese Boarding School),这是一所程度在中小学之间的学校;咸丰元年(1851),美国教士夏礼将始建于澳门的女塾迁至广州,改名真光书院,专招女童肄业;同年,德国教士郭士立则建巴陵书院于香港马礼逊山,亦招女生肄业。这些书院有一个共同点,就是程度较低、规模较小,因而影响也不大,加上整体数量太少,故是期只能视为教会书院站稳脚跟的初始时期,或者称作下一个发展时期的准备阶段。即使这样,招收女子入学之举,对重男轻女的中国社会的冲击力不能小视,它带来了一股清新之风。

　　第二个时期是从第二次鸦片战争爆发至光绪二十六年(1856—1900),是教会书院发展的兴盛时期。咸丰八年(1858),第二次鸦片战争期间,清政府被迫与列强签订了《天津条约》《北京条约》一系列不平等条约。条约中有关于准许外国人到中国自由传教、交还教产与天主教堂的条款,标志着清政府对教会已不存在威慑力。传教士正是利用外国侵略者强加给中国的不平等条约的保护,将教会书院由原来的广州、厦门等地,发展到福州、宁波、杭州、上海、苏州、南京、九江、武昌、汉口、益阳、登州、青州、通州、北京等城市,这个时期新建的书院达30余所,比上一个时期增加了约3倍,发展十分迅速。教会书院的发展是因为其教学内容中的一部分受到洋务派、维新派等官吏和寻求新知的中国知识分子的欢迎,从而部分改变了其形象,而不致像上一个时期受到普遍敌视。如上海中西书院的林乐知等出任江南制造局的翻译,他编辑的《万国公报》等成为当年中国官绅获得"新学"知识的重要来源;登州书院(文会馆)狄考文编写的《代数备旨》《振兴实学记》《形学备旨》(几何),及狄氏继任者赫士所编的《对数表》《声学揭要》《热学揭要》《光学揭要》《天文初阶》《天文揭要》《是非学体要》(逻辑)等教科书得到各地书院和一些新设学堂的欢迎而广为发行。苏州博习书院潘慎文所编译的代数与机械学书籍亦为各地广为采用。传播科学使教会书院受到欢迎,从而得到发展,如上海求志书院所设算学科(见图1-3)。但教会书院传播科学的目的最终是用基督教影响中国人民的思想,这就使得其受"欢迎"的程度大打折扣。因为一般的中国士人大都认为,为了学习西方语言文字和数学等科学知识而不得不屈从于基督教是太高的代价。如张之洞尽管想让其孙进武昌文华书院(又作文氏学堂)学习,并愿意提供经济资助,但不愿参加宗教礼拜,因其要求遭到拒绝而只好作罢。教会书院以传播福音为第一目的,使它不能从根本上改变中国人对它普遍的敌视态度,人们仍然将它看作西方殖民主义压迫中国的化身之一而加以反对。因此,它只能在殖民主义势力直接保护下的几个中心城市得以建立、生存,以每年一所多一点的缓慢速度发展着。而当中国人民对教会与外国侵略者的不满以义和团运动的形式猛烈爆发出来时,即使这种缓慢的发展也受到了打击。如上海的圣约翰书院、杭州的育英书院、广州的格致书院等先后停学,通州的潞河书院则被愤怒的民众焚烧。

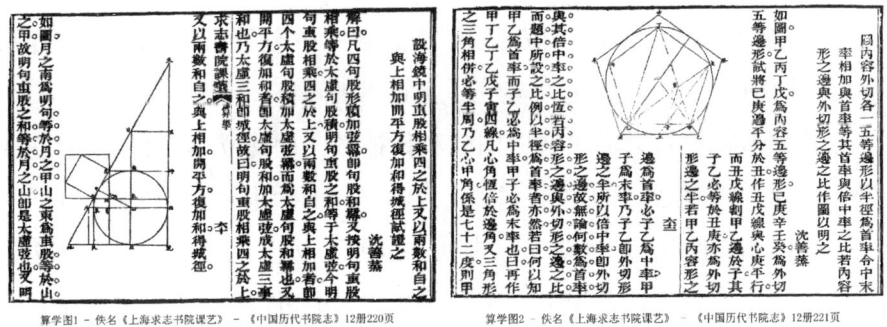

图1-3 《上海求志书院课艺》载算学图

第三个时期是从光绪二十七年至宣统三年(1901—1911),是教会书院发展的改革期。在此之前,中国传统书院的改革已开始进行。戊戌变法时,光绪帝即下令改书院为各级新式学堂。虽然维新失败,改革受挫,但不到5年,壬寅学制和癸卯学制相继出台,慈禧再令改书院为学堂,于是具有1 300余年历史的古老书院遂过渡到近代学堂,完成了从古代向近、现代的飞跃。受其影响,教会在这段时间内只建立了上海的麦伦书院(Medhurst College)、天津的新学书院(Tientsin Anglo-Chinese College)、上海的中西书院、山东潍县的广文书院(Shantung Union College)、湖南岳州的湖滨书院5所书院,其中的广文书院还是美国长老会的登州书院与英国浸礼会的广德书院合并而成的,亦称广大大学、山东联合大学。大多数先前建立的书院,亦与全国书院同步进入改革过程。如广州格致书院,于光绪二十九年(1903)改为岭南学堂,1926年改名岭南大学。在上海,光绪三十一年(1905)美国圣公会将所属的圣约翰、培雅、度恩三书院合并为圣约翰大学。在南京,光绪三十二年(1906)美国基督会的基督书院与长老会的益智书院合并为宏育书院,宣统二年(1910)宏育又与汇文书院联合,改建为金陵大学。上述山东潍县的广文书院,也于光绪三十一年(1905)与青州的郭罗培真书院及济南的共和医道学堂联合,改称山东新教大学,宣统元年(1909)改名为山东基督教大学,至1931年改名齐鲁大学。虽然有的书院晚至20世纪二三十年代还未改名,但统计表明,中华民国成立之后,教会不再建立新的书院,这说明模仿中国书院而产生的教会书院,随着中国书院历史的完结,也走完了它自己的道路。

教会书院是教会为了在中国顺利传播教义而建立的教育机构,它取名不用西方当时通行的学校、学院、大学等,而采用当时中国通行的"书院",这即如前所述,是自明末以来西方传教士认识、了解、认同中国文化的结果。为了传播教义于中国这一同样的目的,传教士十分重视在书院中用汉语传教、教学,因此来华的传教士必须首先学习了解中国文化,而学习了解的过程,实际上是一种文化的交流。待到传教士在书院用汉语向当地人传教、授课时,传教士就成了中西文化交流的纽带,因而教会书院也就成了名副其实的融通中西文化的实体,代表西方文明主要精神的基督教教义与反映中华文明主体精神的儒家思想在这里相聚、相撞、相融,使得它成为近代中国吸收西学的重要园地,为中西文化交流尤其是西学东渐作出了重要贡献。

一方面,了解了教会书院的文化功效,我们必须要先看到它是西方殖民主义侵华的产物,为西方在华的侵略利益服务,亦得到侵略势力的保护,使中国基督化的口号反映了其文化侵略的面目,这点我们从前述教会书院的发展历史中就可看出。这是传教士的主观愿望所在,亦是教会书院的宗旨,从文化交流的趋势上看它是反动和消极的。

另一方面,从客观上看,教会书院又有有功于中国文化发展的一面,概括起来有如下几点:第一,教会书院将近代西方科学知识列入课程,是近代中国传播科学技术的重要基地。如属于中等教育的福州鹤龄英华书院的课程,除中英文《圣经》与中西文史等内容外,还有数学、代数学、几何学、身体学、体操、格物学、电学等。属于高等教育的上海中西书院,其监院林乐知所订的《课程规条》明确开设有关近代科学知识的数学启蒙、代数学、勾股法则、平三角、弧三角、化学、重学、微分、积分、航海测量、天文测量、地学、金石类考(地矿)等课程。第二,教会书院是在中国学校最早开展科学教育的机构之一,也编写了比较完整的科学教育教材,建立了科学实验室和附属工厂等,为近代中国的科学教育工作提供了经验。如狄考文在山东登州书院就编有《代数备旨》《振兴实学记》《理化实验》《电学全书》《电气镀金》《测绘全书》《微积习题》《形学备旨》(几何)等,并建有物理、化学2个实验室,机械、发电2个工厂及天文台等。第三,教会书院还传播西医知识,开设新式医院。如上海圣约翰书院于光绪六年(1880)即设医学专业,派教士文恒理(H. W. Boone)主持其事,英国伦敦布道会于光绪十三年(1887)在香港成立西医书院,光绪十八年(1892)孙中山先生毕业于此,成为第一届学生之一。第四,教会书院招收女生,开中国女子教育之先河。咸丰元年(1851),北美长老会在广州建真光书院,专招女生,民国时改为真光女中。光绪七年(1881),上海建有圣玛丽亚女书院。上海中西书院虽不专招女生,但设有"女师教授女生课程"。第五,教会书院从本质上看是移植到中国的西式学校,西式的管理(如分班教学)、西式的课程、西式的教学方法(如培养思维能力),以及由此而构成的西方学校的气氛,对它原来模仿的对象——传统的书院,形成了一种压力,使其变通、改革,反过来模仿模仿者,最后走上了从古代向近代的过渡之路。

复习思考题

1. 试述家族书院的类型。
2. 试述对乡村书院的界定。
3. 试述皇族书院的类型。
4. 试述对少数民族书院的界定。
5. 试述华侨书院的主要功能。
6. 试述对教会书院的评价。

延伸阅读

1. 陈谷嘉、邓洪波主编:《中国书院制度研究》,杭州:浙江教育出版社,1997。
2. 肖永明:《儒学·书院·社会——社会文化史视野中的书院》,北京:商务印书馆,2012。
3. 兰军:《从家族书院到乡村书院的变迁——清代湖南郴侯书院史实考述》,载徐希平主编:《长江流域区域文化的交融与发展——第二届巴蜀·湖湘文化论坛论文集》,成都:四川大学出版社,2014。

第二章　书院的等级

[本章导读]

具有教学和学术研究功能的书院,因为其教学程度和学术水平高低的不同,自然形成了一种等级上的差异。一般来讲,较低一级的为家族和乡村书院,其程度普遍高于蒙学而接近现代初级教育水准的层次,当然也有或属启蒙教育,或属初级教育,甚至少数更高一点的例外,这是有关招收少年类书院的情形。至于私人创办、招收成年人的书院,其程度与水平多由主持院事的山长决定,或高或低,难有定数,相关情况本书已在上一章的家族书院、乡村书院两节中有过介绍。要强调的是,这个层次的书院,不仅数量众多,起着普及文化知识和将学术思想社会化的作用,而且它是其他较高层书院的起点,构成中国书院等级之塔的底座。有了这个基础之后,才有官办的县级书院、州级书院、府级书院、省级书院、跨省书院、全国性书院。一方面,书院主要是以行政单位而予贯通的;另一方面,不同书院之间通过某种程式构成一种级差,同一书院内部也有高低层次的区分。这些都反映了中国书院在程度上的参差不齐。

第一节　县(州)级书院

县本指那些远离国都,悬于大夫的采邑之间,而直辖于国君的地区,始置于春秋时的秦国。宋代以县隶于府、州、军、监。元代的县有路、府直辖的，也有府、州所辖的。明清两代，县或隶于府、州，或隶于厅。不论如何变化，县始终是统辖乡村镇场的最低一级的正式国家政区。县级书院，就是这个最低的国家政区官府所创办的书院，也可以称作县立书院。

唐代龙溪县的松洲书院当属县级书院之祖，它由县令席宏聘请陈珦主持，向士民讲学。到宋代尤其是南宋，这类书院日渐多见，如湖南有湘乡知县徐质夫创建的涟滨书院、安仁知县王槐创建的清溪书院、新化知县傅轸创建的濂溪书院、黔阳知县饶敏学创建的宝山书院，江西有石城知县李杞创建的通政书院、分宜知县王杭创建的钤阳书院、新淦知县何珙创建的金水书院、万安知县赵师边创建的龙溪书院、泰和知县赵汝暮创建的龙洲书院等。元代的县级书院仍然不少，在今江西境内仍可找到婺源知县汪元奎创建的紫阳书院、金溪知县张泽创建的青田书院、乐安县尉明安塔拉创建的柳堂书院、彭泽知县王国辅创建的靖忠书院等。明代，虽然"书院之建非制也"，但各地父母官多以兴教劝俗为务，县级书院得以比较普遍地建立起来，如湖南一省，计有34所书院为知县所建，占明代该省书院总数122所的1/4多。这些书院绝大多数创建于县城或城郊的风景名胜之地，成为全县的文化教育中心。进入清代以后，书院普及，除少数边远落后地区之外，每个县都建立起自己的官办书院。文化发达的县，家族、乡村类型的书院较多，县府除予以支持之外，主要精力则放在经营县级书院上。如清代四川遂宁县，有云龙、金鱼、天睿、桂香、德阳、旗山、安溪、龙翔、仁和、玉堂、云峰、凤栖、莲峰、鹿鸣、凤鸣、敷文、玉泉、昭文共18所家族、乡村书院，以及湖南籍商人建立的宝善书院。历任知县对这些遍布全县城乡集镇的书院多有支持，但其注意力始终集中在县级书院上。遂宁县级书院创办于明代嘉靖年间，原名武信书院，知县郑重威建于县城百福寺前。清康熙六十一年（1722），知县庄承柞迁建于县衙门西邻，改名松峰书院。乾隆十二年（1747），知县田朝鼎改建于文昌宫后，更名为鱼山书院。乾隆四十三年（1778），知县汪世椿以其"嚣尘近市"，环境不利于学习，又改建于学宫右邻，再度改名为书台书院。其后书院名址虽不再更改，而嘉庆二十一年(1816)、道光二十八年(1848)、同治九年(1870)则大修不断，直至光绪三十一年(1905)改为县立高等小学校，一直保持了规模宏敞的县级书院的气度。

县级书院的学生来源于一县所辖范围之内，"凡本辖生员到院投考，皆得正身正名，以凭取舍，不得混填越辖生员名字，并假冒监生，致乱院规"(黄家鼎《泉州府马巷厅志·附录下·船山书院条规》)。一般来讲，外县生童是不能报考本地书院的，主要是因为经费有限，若外县生童入院肄业，势必挤占本县生童名额，减少本县士人的读书机会。县立书院的学生，有身份上和程度上的区别。按身份来分，主要有生员、童生两大类，二者习惯上合称生童。生员，在唐宋时期是指通过州县考试合格，进入州、县学学习的学生，在明清时期则是指郡试合格取得秀才身份的县、州、府学学生。郡试包括县试、府试、院试三个阶段的考试。县试由知县主持，凡本县同考童生五人互结，并请县廪生作保者，始得参加考试。试期多在二月，考四场至五场，内容为八股文、诗赋、策论等。考试合格者才能应府试。府试由知府或直隶州知州或直隶厅同知主持，试期多在四月，考试内容和场次与县试相同。府试合格者方可参加院试。院试又叫道试，由主管一省教育行政的学道(后改称学政)主持，各府童生三年参加一次，试期不定，由学道到各地轮流举行，考八股文与试帖诗，分正试和复试两场，合格者始得称生员，即秀才。进入县、州、府各级地方官学学习，考入府、州、县学的生员，又叫入泮。童生的含义则是指那些还未考入地方府、州、县学的读书人。生员和童生一般都是成年人，但有时童生年龄比生员还要大，不能因为童生之"童"而认为他们是年幼的学生。

县级书院的学生除了身份上有生员与童生的区别外，还有学业程度上的不同。

首先，生童虽同居一院肄业，其学问之大小实际存在着差别。因此，在招生和平时考试时，生童是分开录取、分别确定名次的，其待遇也是有厚薄之分的。如清代直隶唐县焕文书院,建在县城东门外,属县级书院,道光二十一年(1841)知县饶翠酝改订章程,规定,"书院额设肄业生监二十名,童生正课十名,附课均不计名数,俱于正月间由县悬牌扃试甄别,如有携卷外出及起更后尚未交卷者,概不取录。""每月初三日为官课,十三、二十三为掌教斋课,均扃门考试,榜示等第。所取超等、一等,不拘名数,总以每月官课取定生监前二十名、童生前十名为正课"(光绪《唐县志》卷四《学校志》)。一般来讲,生员包括监生系统,是以超等、特等、一等分别等第的,童生系统则以首取、优取、上取、中取、次取等名目分别等第。在正式场合,生员和童生的服饰亦有区别,如盛京锦州府义州聚星书院规定,每年第一场考试"甄别场,生顶帽,童缨帽,齐集点名时,行一跪三叩首礼毕,礼房当堂发卷。其寻常考课,一概便衣,亦贵整齐,点名礼节向上恭揖"(民国《义县志》中卷)。

其次,县级书院诸生程度上的差别,还反映在其平日所做的功课上。福建台湾府彰化县白沙书院在县城内,乾隆十年(1745)淡水厅同知摄县事曾曰瑛创建于圣庙左侧。嘉庆十六年(1811),知县杨桂森订立《白沙书院学规》,表明院中有三个不同层次的学习等级,这所县级书院中还招收六七岁的儿童学习,或许还可以说院中肄业者成年人占少数,这在县级书院中是较为少见的,只能以边疆地区情况特殊来进行解释。

县级书院的学生,有的参加科举考试,获取了举人、进士等功名。如直隶昌黎揭阳书院,于道光二十九年(1849)由知县王应奎捐建,其经费筹措、课试规条皆经知县确定,是为县属书院。据记载,同治甲子(1864)科乡试,院中高才生5人考中举人,悬"五凰齐飞"匾。丁卯(1867)科又中举人3名,其中经魁1名。癸酉(1873)科再中举人5名(其中经魁1名)、副榜2名,高悬"斗宿腾辉"匾。像这样春秋两榜连捷的县级书院虽不多见,但在全国各县级书院生徒中也时见记录,这固然是书院办学成就的体现,也从一个侧面反映出县级书院学生学习程度不低。

县级书院的山长一般实行聘任制,任期多为一年,可以连任。聘任之权起初操于官府之手,但随着徇情延请、滥充讲席、不亲到馆而遥食束脩等弊端的暴露和地方绅权不断扩大,聘任之权出现了一个由官府逐渐下移至邑中士绅的趋势。聘任之权下移之后,为了确保官府的权威,也为了防止劣绅作弊操纵地方书院聘任,发放聘书多由官府主持,其权虽放,而于中仍可起到控制的作用。当然,一些未下放聘任权力的书院,地方士绅亦可通过某种机制对官府予以监督。

县级书院聘请山长时,山长的籍贯也有讲究。有的主张聘请本县人,以防山长不能常年住院主讲之弊。如清代湖北孝感西湖书院规定,"书院掌教,由首事绅衿访择本邑品学兼优之举人、进士公举聘请,住院训迪。其非举人、进士,毋得延膺讲席。如文品不符公论及各衙门荐非本邑之人,许绅士呈明辞退"(光绪《孝感县志》卷四《详定续捐书院事宜》)。有的主张不请本县人充当县级书院山长者。如直隶无极圣泉书院规定,"延请院长,不由官荐,以杜请托之弊,不许董事一人擅主,不许请本邑人,必众董事访求外州县品学兼优者主讲"(光绪《无极县续志》卷二《圣泉书院条规》)。山长是否聘请本县人,也视情况而有变化,如广东三水凤冈书院山长,起初多聘外省名宿,但县中士人各操"土音",难以听懂官话,外省籍山长讲授困难,所以来院肄业者很少。到乾隆四十六年(1781),知县改变章程,决定聘请本县举人担任凤冈山长。之后语言相通,学者称便。也有不重籍贯而特别注意其品学者,如江西余干东山书院就规定,"山长须品学兼优方足范围多士,本邑有能胜其任者,修金一切仍照旧章,不能增益。亦不得泥沽积习,必以本邑举贡轮当,致隘观摩"(同治《余干县志》卷六《捐置东山书院膏火经费善后规条》)。以上三种情形,前两种各有利弊,当以第三种不唯籍贯而重学行者较为可取。

山长为书院之首,是诸生表率,其选聘自有标准。一般来讲,各书院首先强调的是学问和品行,其次才是出身、资格。道德、文章皆是软指标,执行时间一长,能够作为标准的也就渐渐只剩下出身、资格了。但这也不是说,那些劣迹昭著不堪师范者仍可窃据皋比之座。如清代后期,鸦片成为公害，人们视其为洪水猛兽，对吸食者也极为痛恨，山长若有此种行为，必不能保其位置，河南临漳《古邺书院规约》第四条就规定，"山长到馆之后，如有烟瘾难为生童师表者，立即辞覆"（同治《临漳县志略备考》卷二）。

县级书院山长的资格，一般要求是贡生、举人以上。但也有以生员甚至还没有秀才资格者充任的，如康熙四十八年（1709）福州龙溪《正学书院禁约》就有"正学书院师系乡居列岁试一名"（康熙《尤溪县志》卷九）的记录。当然，文化较为发达的地区，其起点至少是举人，有"山长必科甲"的说法。诸如直隶清河，其县级书院为经正书院，在县城，由知县创建并主管。另有春晖书院一所，在县城东部，为乡村书院。民国《清河县志》卷八《教育志》列有两院山长表：经正书院载八人，其中六位举人出身，二位进士出身；春晖书院载四人，其中岁贡生三人，增生一人。两所书院山长之间的等级区别比较明显。举贡、科甲、生监等出身的高低不能作为衡量一个人的学术水平、教学能力高下的唯一标准，但它作为书院选择山长的参考系数是必要的，当它和"文行兼优""学行皆本众望"等软指标结合时，必会为书院生徒延聘到较高水平的师长，即便软指标系统出了问题，它仍能作为硬指标对保证师资质量起到一定的作用。

州作为政区名称，始于先秦"九州""十二州"之说。汉末设置州牧，以州统辖郡县。隋文帝废郡，以州统县。唐因隋制，但在州之上设道，州成为下辖县而上隶于道的行政区划。宋代改道为路。元代有属于路或府的州，也有直隶于行省的州，直隶州与路地位等同；路、府属州下无辖县，叫散州。明清时期的直隶州直属于省，与府平行，下有属县；散州属于府，亦称属州，与县同级。以下讨论的州级书院包括散州州属和辖县州州属书院两种。

唐代没有州级书院的记载。宋初名闻天下的岳麓书院、石鼓书院，分属潭州、衡州，实为州级书院。在北宋后期兴办官学的运动中，岳麓书院与湘西书院、潭州州学联合构成潭州三学，石鼓书院则改为衡州州学，从侧面也表明了岳麓、石鼓的州级书院的地位。南宋开始,尤其是理宗皇帝大倡书院以后,各地州级书院渐渐多起来,这类书院一般由知州创建。如今江西境内就有高安西涧书院、吉州白鹭洲书院、洪州之宗濂精舍、临川槐堂书院等。而且创建书院似乎还有申报手续,如全州的清湘书院为纪念宋初提倡古文运动的柳开而建。据记载,北宋真宗朝,柳开任全州知州时,以复兴古道、述作经典为己任。到南宋时,全州士人仍然"师慕如新"。牧守监司援白鹿故事,乞名书院,几经周折,朝廷勉强同意全州建立书院,但学生要拨归全州州学教养,皇帝最终同意建立书院,赐名"清湘",与州学分立,请州学教授兼领书院山长之事。

宋代州级书院的山长,有以州学教授兼任的。淳祐年间,汤汉被"差信州教授兼象山书院山长"(乾隆《广信府志》卷一〇《名宦》)。淳祐年间,潮州的韩山书院"山长郡博士为之"(顺治《潮州府志》卷一二《韩公二祠沿革》),其上有知州充当洞主,其下则有堂长、司计、斋长等职事,生徒定额二十人。也有因聘而出任州级书院山长者,如淳祐年间,程若庸先后被聘为湖州安定书院山长、抚州临汝书院山长,至咸淳年间,程氏中进士之后授武夷书院山长。淳祐十年(1250),欧阳守道被聘为潭州岳麓书院副山长。理宗末年开始,书院山长正式成为朝廷的命官,欧阳守道在《白鹭洲书院山长厅记》中称,"皇帝在位之三十有九年,诏吏部诸受书院山长者,并视州学教授"(万历《吉安府志》卷三四)。南宋诸帝在位达39年的,仅理宗一人,故具体时间为景定四年(1263)。景定《建康志·明道书院》载:书院"置山长一员,教养之事皆隶焉"。自嘉定八年(1215)创建以来,即于"诸幕官中选请兼充。景定元年以后,从吏部注差"。吏部差选书院山长始于景定元年(1260)或以前,试行几年之后,才将其品秩确定下来,与州学教授等同。在地方可以找到很多官授山长的记载,以今江西地区为例,就有黄嘉授吉州白鹭洲书院山长,庐陵人刘辰翁、罗耕,泰和人彭昌曾先后任赣州流溪书院山长,星子县查翔风以文学荐授江州源溪书院山长。书院山长为朝廷命官还可从祠官兼领山长之事中得到证验。咸淳五年(1269)十月,"以汤汉为显文阁直学士,提举玉隆万寿宫兼象山书院山长"(《宋史》卷四六《度宗本纪》)。钟如愚"晚官岭海,引年而归,除南岳书院山长,监南岳庙"(《宋元学案》卷七一《岳麓诸儒学案》)。官府差使或聘请的山长,既具有"官"的性质,因此也就有了任期的规定。建康明道书院,自淳祐十二年至景定元年(1252—1260),记录在案的山长有九位,其中任期最长的为胡崇,自淳祐十二年至宝祐二年(1252—1254)连任三年,其他的多则一年,少则几个月。总的来讲,州级书院的山长任期是较短的,这与同期民间书院山长的任期较长形成鲜明的对照。

宋代州级书院的招生,因为其正规化建设的需要,以及经费的限制等,多数定有名额。如潭州岳麓书院,经乾道元年(1165)知州刘珙重建后,定养士额二十人。淳熙十五年(1188),知州潘畤扩建,益额十人。绍熙五年(1194),朱熹任知州,置田五十顷,"别置额外生十员,以处四方游学之士"(万历《岳麓书院图志》卷六《潭州委教授措置岳麓书院牒》)。再如潮州韩山书院,淳祐年间设洞主、山长,分由知州、州学教授兼任,"斋长四员,斋生以二十员为额"(道光《广东通志》卷一四八)。可知,宋代的州级书院或者说州立书院,招生有名额的限制。名额的多少,主要取决于经费是否充足。随着经费增加,名额亦可以扩大。进入州级书院肄业要参加考试,扩招生徒似乎可以不应试而由当职官员察访拨入。名额的设置不仅仅是经费的问题,还有一个原因是士人的入学要求和官立书院的容量存在矛盾,如吉州的白鹭洲书院,可容诸生数百,其规模在当年来说已经相当大了。但吉州为文化发达之区,仅属下庐陵一县士人即有二三万,经费再多,也无法满足所有士人入院肄业的要求。因此,名额之设,择优而取,就是势在必行的事了。这是官立书院的情况,它和当时普遍存在的私家书院、民间乡村书院的学生来去自由的原则相辅相成,一同撑起了宋代书院的兴盛局面。

进入元代,书院的官学化程度日深。当时规定,"路设教授、学正、学录各一员,散府、上中州设教授一员,下州设学正一员,县设教谕一员,书院设山长一员"(《元史》卷八一《选举一》)。山长任命权在礼部及行省、宣慰司,它和教授、学正、学录、教谕等一起同属学官,一体考核升转,教谕、学录升为学正、山长,学正、山长升为教授。至于书院生徒,和州县各官学一样,皆由"守令举荐之,台宪考核之,或用为教官,或取为吏属"(《续文献通考》卷六〇《学校考》)。因此,在元代,凡官设山长的书院,皆可视为官立书院。各州所属书院,即为州级书院。需要指出的是,元代将宋代的一些州升格为路,如今浙江地区的杭州、湖州、温州、台州、衢州,在宋代皆为州,到元代则升格为路,这样,宋代的一些州级书院到元代就成了路级书院。事实上,普遍而言,元代的路和宋代的州在辖区面积上并没有扩大,所辖政区单位也没有增加。因此,元代的路级书院等同于宋代的州级书院。元代的多数州,是将宋代的县升格而成的散州,它们上属于路、府,下无辖县,故这类州级书院等同于县级书院。元代直隶于行省的州虽然较少,但它下有辖县,所属书院招生,可在几个县区中择优选录,故其程度在理论上讲要高于县级书院。明清时期,撤销路的建制,增设了很多府,州的数量相对减少,因而州级书院也比宋元时期要少一些。

  明代的州级书院,多由州官创建,并由其亲自在其中讲学。如弘治末年,林廷玉以御史谪知茶陵,"闵士习不正,作洣江书院,……集诸生讲学,忘其身之为吏"(光绪《湖南通志》卷九九《林廷玉传》)。万历初年,兵备道徐大任、苏浚创建郁林州第一所书院兴文书院,"间召诸生于庭,扬绎邹鲁,议论亹亹,辨析终日,归于彝伦,不为清虚奇渺之言以惑人听睹也,一时士益兢兢,靡然向风矣"(光绪《郁林州志》卷二十)。地方各级行政长官创建并亲自讲学,是明代书院得以辉煌的主要原因之一,但他们的参与并不能完全等同于元、清两代的书院官学化。这些建院讲学的地方官,在思想上倾向于王(阳明)、湛(若水)之学,或者本身就是王阳明、湛若水的门徒,与中央官方哲学相偏,他们甚至以迁客自居,不受吏法约束,其举动并不完全代表官方意志而融入了比较浓厚的个人因素。这是明代绝大多数官立书院的特点,当然也是州级书院的特点。

与明代相比,清代的州级书院控制在比较完整意义上的官府之手。在延聘山长上,与同时代的县级书院一样,先是全权操于州官,后来虽放权于地方士绅,但仍受到种种制约。乾隆元年(1736),福建龙岩知州张廷球重建新罗书院,"分薄俸延副车翁君翼纶掌教事,属岁贡生魏君衡龄提点之,示召生童肄业"(道光《龙岩州志》卷一八《新罗书院规约序》)。嘉庆二十二年(1817),湖北归州知州李忻创建丹阳书院,招考所属生童肄业其中,其所订《条规》规定,"书院所以作育人才,山长即为人才模范。今议每值延请之期,合邑绅士公举素有品学足以服众者一二人,候本州酌定延请。如山长不实心教诲,即辞谢,另请名师。一切情面嘱托概不允从"(光绪《归州志》卷四《丹阳书院条规十二则》)。

清代州级书院的学生,其考选、定额等原则皆与同期的县级书院相同,所不同的只是下辖县区的州级书院招生范围扩大,可以在管区各县择优选录生童入院肄业,从理论上讲,生童的程度要高一个层次。至于下无辖县的散州州立书院,其级别理当与县级书院相等,但也不排除例外。如上述深州文瑞书院,在所属武强县、饶阳县、安平县招生,按其级别应与府级书院相同,但起初每年只招收内课生童20名,道光年间扩至40名。而顺天府昌平州下无辖县,所属燕平书院应为县级书院,道光二十四年(1844)所定的章程中有"生员正、副课各八名,童生正、副课各取五名。如果文风日起,即可随时酌增,否则姑缺。至外籍生童,一概不得与考"的规定,这与其级别相宜,但内中又有"肄业生童"遇岁科考试取第一名、乡试中试者给奖,"肄业举人中进士"给奖的规定(光绪《昌平州志》卷一二《燕平书院章程》)。可知,燕平书院生徒中有举人,其身份远高于深州文瑞书院,也就是说,燕平书院的程度要高于文瑞书院。因此,有关书院的级别,是不能绝对而论的,必须视其情况作具体的分析。

第二节　府(道)级书院

宋代,府级书院开始出现。府级书院之祖,当推北宋初年名列天下四大书院的睢阳书院,又称作应天府书院、南京书院,后来被改作应天府学。

南宋府级书院中最有名的要数建康的明道书院。先是以程颢曾任上元县主簿,淳熙初年,知府刘珙建祠于学宫祭祀。绍熙年间,主簿赵师秀移祠于主簿厅。嘉定八年(1215),主簿范和改建,更名明道书堂。至淳祐元年(1241)始改名书院,九年(1249)理宗赐御书"明道书院"匾额,祀程颢。其后多有修葺,规模日大,计有程颢祠,御书阁,春风堂,主敬堂,燕居堂,尚志、明善、敏行、成德、省身、养心六斋,米廒,钱库,直房,后土祠,大门,中门等建筑。书院设置山长、堂长、堂录、讲书、堂宾、直学、讲宾、钱粮官、司计、掌书、掌祠、斋长、医谕共13种职位,构成书院的组织管理体系,其中前四位居书院的核心地位,各设有专门的办公场所,分别叫作"山长位""堂长位""堂录位""讲书位",分处主敬、春风左右二堂。另有"职事位"二所,居处其他职事生员。山长以下各有月俸、日供,由钱粮官掌其出纳。山长、堂长同居首要,山长主持教务,堂长住院躬领日常院务。

元代的府分为直隶于行省的直隶府和属于路的散府两种,其下皆领州县,但总的数量很少,两者相加也只有20余个,而且大多分布在今西北、东北、西南等地,当时皆为边远之区,没有建立书院。能找到的元代府级书院只有江浙行省松江直隶府的西湖书院。据其创建者知府张之翰记载,这所书院建于元贞元年(1295),花费"买地之赀万八千,木瓦之费共二十万有奇"(嘉庆《松江府志》卷三一《学校志》)。整个院舍建于湖心岛上,规模宏敞,景色极佳。内中设有夫子燕居堂、社稷坛、名贤祠等,府属各州县诸生无不"欣睹而愿游之"(嘉庆《松江府志》卷三一《学校志》)。

  明清时期,府的建置稳定下来,上隶于省,下辖州县,成为省与州县之间的一级政区。明代的府级书院比较多见,知府成为书院建设中的重要力量。明代知府的建院讲学不能完全等同于元、清两代的书院官学化,他们在院中所讲的并不都是官方哲学。以韶州府为例,嘉靖十九年(1540),知府符锡在府城曲江为湛若水创建甘泉精舍,集府属各县诸生,听70余岁的湛老先生讲论"随处体认天体"之学。到二十七年(1548)春天,知府陈大伦又创建明经书院于曲江,延请江右王门胡直教导书院生童。到秋天,王门大弟子钱德洪至韶州,陈大伦又"延留书院中",相与讲学。据胡直《困学记》称,陈大伦"尝从阳明先生学,后专意玄门"(《明儒学案》卷二二《江右王门学案七》)。胡直为王门高弟欧阳德的学生。明经书院,实为宣扬王学,而且是渐趋于禅的王学的阵地。一些有名的府级书院,成了王、湛二派的学术论坛,遇有名师、名家讲学,本府以外的生徒皆可慕名前来听讲,府属界限就比较模糊了。但因为经费等因素的制约,一般情况下,各府书院只收各自所属州县的诸生肄业或听讲。

  图2-1所示中山书院,在温州府治东北隅,乾隆二十四年(1759),由知府李琬兴建。书院共基地十亩二分,前建讲堂七间,中曰精勤堂,为师徒讲会肄业之所,并祀文昌。右建楼五间曰大雅堂,左有楼房十间曰修道堂,为生徒休憩之所。左右并有耳房三间,后有厨房、夫役房十余间,前建有头门、二门。

  府级书院创办于府城所在地,这是不言而喻的,其主要原因是便于管理,或者说是便于控制,这是由政治因素决定的,同时有经济因素,那就是府城多为交通要冲之地,商业较为发达,人员、物质皆以其为流通之枢。正是政治、经济这两大要素,决定了府城又必然会成为当地的文化中心,一城之内或先后或同时建有很多书院就是其表征之一。以广东

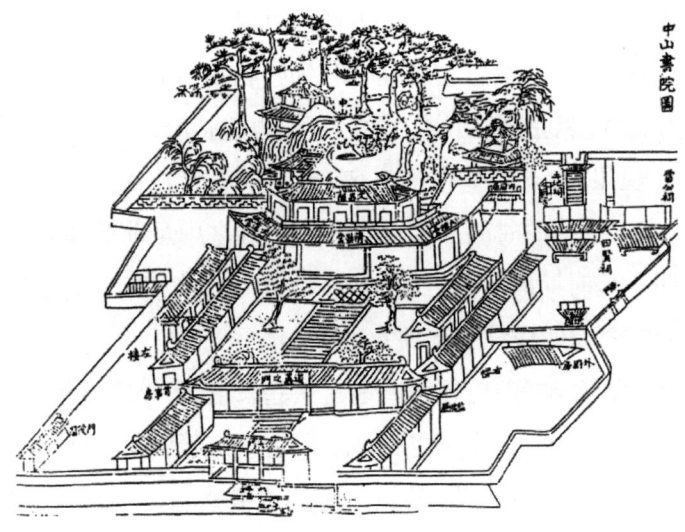

图 2-1　清代温州中山书院图

肇庆府为例,高要县附廓于府城,同时两广总督也以其为驻节之地,于是肇庆一城即有府、县、总督三个政治中心。有明一代,肇庆城中先后建有九所书院。府城之中建有多所书院的情况,在明代比较普遍。据刘伯骥《广东书院制度沿革》记载,明代广州府前后有崇正、濂溪、白沙、粤州、正学、五羊、晦翁、龙德、营道 9 所官办书院,如果再加私立的泰泉、白山、白云、天关、镇海、矩洲、迁冈、慎德、赤山、云淙 10 所书院,共计有 19 所。这说明府城既是地方政治、经济中心,也是文化中心,这些书院的师儒讲学辩难,传播以王、湛之学为主流的儒家学说,尊皋比,联讲座,儒生学子负终从游,不绝于途。

明代中后期,各地官吏热心创建书院,聚众讲辩,除了王、湛之徒或其追随者为了满足自己传播师说的学术爱好,同时满足青年学子的求知欲望之外,内中也不乏钻营之徒,利用时尚,或以建院邀悦于上司,或以建院敛财于民众,讲学成为幌子,书院成为政绩,于是人走院废、官升徒散就成为必然结果。即使不是这样,也有一个各学派的门户之争的问题,前者为王派官吏建院传"致良知"之说,后者为湛派官吏,就有可能另建新院传其"体认天体"之学,于是前院便渐至废弃,如此往复,兴废频仍,这种情况在万历年间王学渐入末流之际,表现得更为明显。另外,有些地方官对讲学不感兴趣,视其为不急之务,前任兴创,后续不继,也导致部分书院旋建旋废。凡此种种,造成了明代官立书院,也包括府级书院的创建较多而保有不常的现象,除了一些古已有名,或当年声名显赫,或获相当成功的书院,好些书院维持的时间并不是很长。府城之中虽前后建有几所书院,但并不表明一个时期同时并存这样多的书院。看似繁荣,实隐危机,这是讨论明代府级书院时应该引起注意的地方。

  进入清代,府级书院比较普遍地建立起来了,各个府城都有自己的书院,以为所属州县生童的肄业之所,如顺天府的金台书院(见图2-2),而且在当时人们的心目中,府、州、县级书院的等级概念是相当明确的。有些地方志还明确地将书院标分为"府书院""县书院",如广西平乐府所属平乐县,光绪《平乐县志》卷五《书院》之下列"府学院"道乡书院,"县书院"明贤书院、三渠书院、敬业书院,而民国《平乐县志》卷四《书院》则标分为"府书院""县书院"。

图2-2　清代府级书院——金台书院

  清代府级书院山长的聘任,各地、各院皆有些许差别,就是同一书院在不同时期也有不同之处。有聘任之权操于官府并派官监院者;有官绅皆得推荐山长而由官府派员监管者,如广东南雄府道南书院;也有绅荐官聘,官府派人监院者,如甘肃兰州府五泉书院、广东韶州府相江书院。

第二节 府(道)级书院

清代府级书院的生徒,和同期州级书院一样,以生童为主,二者虽同院肄业,但招生、课试、奖罚皆自为系统,并不相混,这是通常的情形。一些经济文化发达的地区,间有招收举人入院肄业者,于是院中生徒就分为举人、生员、童生三大系列。到清代后期,还出现了少数专课童生或者专课举人的书院,前者如苏州府的平江书院,后者如天津府的会文书院。

府级书院的招生范围,如同州、县级书院在本州、本县招生一样,理所当然地是在本府所属州、县之内,一般情况下,各府皆照此办理。也有个别地处交通要道、商品经济发达的府级书院,为了满足各种人士的就学要求,而打破只招本籍生童的框框,设置一定的名额招取外府、外省籍士人入院肄业。如扬州府,"凡安定、梅花(书院)肄业生监,每取百名,府属生监占额七十名,外府二十名,外省十名"(光绪《江都县续志·书院章程》)。

至于府级书院的招生人数,不同地区、不同书院及同一书院的不同时期,也不尽相同。如甘肃兰州府五泉书院,道光年间定为生监正课15名、附课10名,童生正课15名、附课20名,合计60名。陕西汉中汉南书院,嘉庆年间定住斋名额为生员23名、童生20名。招生人数有多至数百人者,如江西袁州昌黎书院,在书院斋舍外增立学舍,按照籍贯以为府属各县生徒的寄宿之所的办法,在各级书院中都属罕见,院中肄业者数百人,在全国府级书院中也属少有。招生数额的大小,主要取决于经费的多少,概而言之,经济发达地区的书院比不发达地区书院的招生数额要大,同一书院的前期比后期的招生数额要小。但不论招生数额是大是小,与所属各州、县书院相比,府级书院的招生人数一般都要多一些。府级书院高出州、县书院的情形,从这些数字亦可得到反映。

道,在历史上曾被当作监察区、军事区、政区的名称,本书所讨论的道级书院是指政区"道"所属书院。道级书院之设仅限于清代。清代道级书院一般建在各道长官驻节之地,其择师选生的范围有几个府,因此其程度自然高于府级书院,其有关情况,本书以河南省的河朔书院、豫南书院,湖南省的船山书院为例而予介绍。

河朔书院在河南省河北道驻地武陟县。道光十五年（1835），道台刘梅坪捐银 3 000 两，并倡议所属卫辉、怀庆、彰德三府官绅共捐银 24 700 两，择地建造。历时两年始成，有大门、二门、讲堂、山长房、监院房、斋舍、藏书楼、十三贤儒祠等，共 150 间，规制崇宏，堪称豫北最大的一所书院。开学伊始，招 3 府 25 县生员肄业，童生则不与考。前后主讲者袁素珊、李棠阶、金瀛仙等，皆一时名流，其中翰林李棠阶主讲 13 年（1849—1861），除时文之外，凡经史、性理、经济各书无不讲求，又订立规约十余条，务期诸生辨明义利。因而门下之士甚众，常数十百人。到清末，其规模更大，日常经费每年由道、省分拨银元 5 166 元、3 416 元，生员定额 150 人。光绪二十八年（1902）改为河朔学堂。

豫南书院在河南省南汝光道驻节地信阳州城南门。光绪十七年（1891），由曾任河北道并经营过河朔书院的道台朱寿镛创办。南汝光道下辖南阳府、汝宁府、光州直隶州，凡 26 县，其创办即沿用河朔之法，由朱寿镛捐俸倡议，各地官绅捐助，得银 8 000 两，院舍宏敞，共有房屋 130 余间，并置有万余卷图书，以备研习。其时招道属各府州县举人、贡生、监生、生员会考，择优录取 130 人入院肄业，讲学内容则以经史实学为主。豫南书院影响甚大，和豫北河朔书院南北呼应，在当时地位仅次于省办的大梁书院和明道书院，代表着清代晚期河南书院的发展水平。

船山书院在湖南省衡永郴桂道驻地衡州府城。光绪初年由湖南学政朱逌然倡议，至十年（1884）始由士绅集资创建于衡州城南门外大码头横街。次年，以院舍逼近城市，不足以安心教学，遂由兵部尚书彭玉麟独捐白银 12 000 两，买地改建于城南六里之湘江东洲，而将原院舍改作船山祠。自此，船山书院一直办学不辍，延至民国四年（1915）始改为船山存古学堂。船山书院是为纪念清代著名的思想家王夫之而创建的。它创办之初，两江总督曾国荃就将家藏《船山遗书》322 卷的全部刻板捐置院中，以便刊印，纪念性很强。此时船山书院只是衡阳县县级书院。但改建东洲之后，它"集衡永郴桂府州所属举贡生监肄业其中"，"凡延聘师儒，甄别生徒,整饬院规,发给膏奖,皆应归衡州分巡道主持其事"(《彭刚直公奏稿》卷六《改建船山书院片》),是名副其实的道级书院。

船山书院的领导权集于道台,士绅则参与民主管理。延师招生、整饬院规、发给膏火诸权皆归于巡道,明确规定了道台"主持"书院事务的权力。在具体操作上,道台主要掌握着选师择生两途。船山院长"不以借才异地为嫌,及外省籍贯皆可,惟择学问名望素优者,由本籍士绅商请巡道关聘,仍由巡道转达学政,不得徇私由人滥荐,亦不得掌教不到院"(《彭刚直公奏稿》卷六《改建船山书院片》),这是彭玉麟所一再强调的。船山书院规定院长永不聘衡阳、永州、郴州、桂阳四府州之人。巡道以行政权力干预院长选聘,主要是为了保证院长人选学问、名望的双重质量,也显示着官府对书院的实际控制权。在招生过程中,这种权力显示得更加充分,"先由巡道札饬各府县及各学公同详慎举报,出具切实考语,送道应试。每年期定二月初旬由道甄别一次后,复试以定录取"(《彭刚直公奏稿》卷六《改建船山书院片》)。从报名、甄别到复试、录取,一切权力皆操于地方官之手。一方面,船山书院的主体,即师生二者皆受制于地方官;另一方面,书院又设监院一员、首士二员主持院中管理工作,监院、首士皆由地方士绅出任,并由选举产生,这与推荐院长一起,构成了地方士绅管理书院的权力。官立绅办是有感于时弊而提出来的,它既可保证官府对院政的控制,又可发挥士绅的能动性,从管理体制上来讲是一种进步的表现。

船山院长学行并重。首任院长是李扬华,其时书院为县办。改成道办之后,聘有邓辅纶、王闿运二位掌教。邓辅纶为湖南省宝庆府新化人,曾与王闿运同学于省会城南书院,声名播于湖湘,著有《白香亭诗文集》,任院长6年(1885—1890)。王闿运为湖南省长沙府湘潭人,为晚清一代硕学鸿儒,出掌船山书院院长以前就曾应张之洞之邀任四川省级书院成都尊经书院院长,代郭嵩焘掌长沙思贤讲台,其声名特盛,时有"南王(闿运)北俞(樾)"之说。他任船山院长达25年(1891—1915),成为船山书院的旗帜。因为有全国一流的学者任院长,船山书院不仅发扬王夫之之学,成为"清末王学(特指王夫之之学)"的大本营,而且"海内执经问学者睦相接",时有"经学大明,弟子称盛"之誉。船山书院的生徒定有名额。按书院章程规定,每年只招住斋生徒40名,其中正课、副课各20名。船山书院以衡州、永州二府,郴州、桂阳二直隶州共23县为生源之地,举贡生监何止千百,而40名之定额及报名、应试、甄别、复试的严格把关,使得入院肄业者必为百里挑一的名优之士。对于船山后裔,除正常考取之外,也只照顾一个名额,而且"必经院长考核认定,告知首士查明属实"之后,方准入院。这里所体现的原则精神和延聘院长的原则一样,都是唯学问是举,唯道德是闻,船山之门只向有真才实学者敞开。入院之后,"分经授徒""分经命题",每月官、师两课。正课与副课可以根据月课成绩互为升降,月课第一名课卷还存档收入课艺刊印。将竞争机制引入教学管理之中,大大提高了学生的学习积极性,因而培养了杨度、丁奎联、谢玉立、廖卓夫、蒋啸青等一批名人,其于中国教育由古代向近代转化中所起的积极作用显而易见。船山书院的生额虽然有限,但并不拒额外之人于门外,如光绪二十五年(1899),除杨度、夏寿田等40名正副生徒"住斋讲习"外,还有王兆涵、颜楷等"居院外问业","其余西江、苏、浙流寓衡、永、郴、桂人士往来受业者,不可悉纪",以至"斋舍不能容",只得"别开学舍",以供这些从游受业之人居住(王代功《湘绮府君年谱》卷四)。船山书院不仅是清末与岳麓、城南、求忠、校经诸书院鼎立湖湘大地的著名学术研究中心、教育中心,还是一个出版中心,除刊印曾国荃所赠《船山遗书》322卷本之外,还先后刊印了张宪和增补的《船山遗书》60种、王闿运的《湘绮楼全集》11册、《周官经》1册、《周易说》1册、《尚书笺》28卷、《尔雅集解》19卷,以及作为课本用的《唐诗》和优秀课卷《船山课艺》等。这些书籍对于传播船山绝学、促进学术研究、提高学生学习积极性等都有着积极的作用。

以上从师资建设、学生管理、办学规模与层次、书院的功用等几个方面对道级书院作了描述。但要指出的是,道级书院并不如府级书院那样普遍,在很多省份都找不到其踪迹。道台参与书院建设的记录比较少,这种情况与道台的职掌仍然偏重于监察官吏而轻于地方军民之政这一点有很大的关系。也正是因为这一点,造成了道级书院的不甚发达。

第三节 省 级 书 院

明代始有省级书院的出现。明初先改元行省为中书省,旋又改中书省为布政使司,划全国为 13 个布政司,外加南北二京师,各布政司分设左右布政使、都指挥使、按察使,分掌民政、军政、刑政,以防地方专权。中期以降,又设总督、巡抚等官,凌驾于布政使等之上,但终明之世,总督巡抚皆为临时派遣,未成定制,亦未成为地方长官,各省仍以布政使、都指挥使、按察使分立为长官。此外,提学使、巡盐使、盐运使、参政等皆可视作省级部门长官。这些官吏在各地都有创建书院之举。以广东省为例,除肇庆有总督陈大科、戴耀所建庆云、景星二书院之外,据刘伯骥《广东书院制度沿革》所载:巡抚李云庆建有潮州凤栖书院;布政使徐觉斋建有高州朋来书院;按察使有徐用检所建广州营道书院,张子宏所建长乐东山书院,戴璟改建广州粤州书院;提学使有潘府所建恩平凤凰书院,欧阳铎所建合浦了斋书院,魏校所建广州五羊、晦翁、海丰文山、西峰、陆丰清明、桂林六书院;参政郑廷鹄建有琼山石湖书院。但所有这些书院,目前还没有找到在全省范围之内选择诸生讲学、肄业的记载,不能当作省级书院,而只能视其为省级书院的萌芽。

真正意义上的省级书院出现于明嘉靖至万历年间,以宣成、历山书院为例。宣成书院在广西布政司驻地桂林,创建于南宋,为纪念理学家张栻(宣公)、吕祖谦(成公),取二人谥号而名其院,理宗皇帝曾亲书院额。元代宣成书院得以继续办学。明代得到进一步发展,嘉靖年间,监察御史林富、提学佥事姚镆等集全省学租为"佐读之资",延聘 5 位经师,招诸府州县成才生员入院，讲论五经异同。此为桂省学术盛事，而被记录于《明史》《明儒学案》之中。此时的宣成书院是一所名副其实的省级书院。历山书院在山东布政司所在地济南府城趵突泉东，万历四十二年(1614)巡盐御史毕懋康创建，院舍规模较大，省属各府诸生皆得肄业其中。山东布政司领济南、兖州、东昌、青州、莱州、登州六府，"六郡士子读书其中"（乾隆《历城县志》卷一二《建置考三》），历山之为山东全省最高级书院的地位就非常明确了。只可惜这一省级书院维持的时间不长，至天启初年魏忠贤禁毁书院时，前后不到十年就被迫改为邮亭了。

清代改明布政司为省，全国先后被划为15、18、22个省。雍正十一年(1733)，诏令各总督、巡抚于其驻节之地建立省会书院，这是清代正式建立省级书院的标志。在此之前的90年时间内，省级书院承明代之余绪，仍然存在，并得到继续发展。仍以山东省为例，上述明建历山书院，在康熙初年由布政使张缙彦重修，增建白雪楼，改名为白雪书院。康熙二十五年(1686)，巡抚张鹏扩建学舍数十间，复名历山书院。二十七年(1688)，布政使卫既齐再次增建学舍十余间。三十九年(1700)，学政徐炯"拔六郡之士百二十人肄业其中，复广斋舍庖湢"（道光《济南府志》卷十七）。在雍正十二、十三年间将武定、泰安、沂州、曹州四州升格为府以前，山东辖区仍然只是六个府的建制，因此，"六郡之士"即指山东全省之士。以上山东政要不断关注历山书院的建设、历山书院的规模不断扩大、肄业历山书院之士要从全省各府选拔而来的这些事实，使我们完全有理由认为，历山书院承明代之绪，作为山东省级书院，在清代前期几十年中，获得了继续发展，也可以说，正是这种继续发展，促成了正式建立省会书院的诏令的下达。

雍正十一年(1733)，清政府下令在总督、巡抚驻扎之所建立省会书院，"择一省文行兼优之士读书其中"（《清朝文献通考》卷七〇《学校考八》）。于是，总督、巡抚奉诏在各省省会相继建立了置于其直接控制之下的23所省级书院，它们是：

莲池书院,在保定,属直隶。
泺源书院,在济南,属山东。
晋阳书院,在太原,属山西。
大梁书院,在开封,属河南。
钟山书院,在江宁,属江南。
紫阳书院,在苏州,属江苏。
敬敷书院,在安庆,属安徽。
豫章书院,在南昌,属江西。
敷文书院,在杭州,属浙江。
鳌峰书院,在福州,属福建。
江汉书院,在武昌,属湖北。
岳麓书院,在长沙,属湖南。
城南书院,在长沙,属湖南。
关中书院,在西安,属陕西。
兰山书院,在兰州,属甘肃。
锦江书院,在成都,属四川。
端溪书院,在肇庆,属广东、广西。
粤秀书院,在广州,属广东。
秀峰书院,在桂林,属广西。
宣成书院,在桂林,属广西。
五华书院,在昆明,属云南。
贵山书院,在贵阳,属贵州。
沈阳书院,在奉天,属辽宁。

以上这些省会书院,又叫会城书院、省城书院,它们构成清代省级书院的主体,自雍正朝以来,一直受到中央政府和各直省政要的关顾,因而得到了长足的发展,成为各省的文化教育中心,如图 2-3 所示的杭州敷文书院。

图 2-3　杭州敷文书院品字形牌坊

杭州敷文书院是明清时期杭州规模最大、历时最久、影响最广的文人汇集之地,清康熙皇帝为书院题写"浙水敷文"匾额,其作为浙江全省最高学府的地位,历 400 余年而一直保持不变。

一是经费充足。各省城书院在雍正十一年(1733)得到正式确认之时,就获得了皇帝恩赐的帑金,其数目一般是每院 1 000 两白银,最少的也是两院共 1 000 两白银。这些银两或委员经理,或置产收租,或筹备赏供,所获赢利皆用来作为书院师生膏火。如果收入不够开支,则准许在"存公项下拨补,每年造册报销"(《清会典》卷一九)。在《清会典》中,我们还可见到各省城书院报销的清单。这就使得省城书院与官府银库联系在一起,从而获得了充分的经济保障。

二是频频受到皇帝的关顾。自雍正皇帝下诏建省城书院并赐给帑金以来,历代皇帝皆以各种方式关注其建设与发展。乾隆皇帝曾数度下诏就山长的选择与待遇、生徒的招取与奖罚,以及负责人的称谓等作出规定,此外还为岳麓、紫阳等很多书院赐书、赐额,予以表彰。乾隆十一年(1746)、十三年、十五年、十六年、二十二年、二十七年、三十年、四十五年、四十九年,乾隆皇帝还先后到保定莲池、江宁钟山、苏州紫阳、杭州敷文、曲阜洙泗、登封嵩阳等书院视察,与院中师生论学作诗,仅王昶的《天下书院总志》就记录了视察书院的御制诗 18 首。这在清代是绝无仅有的。皇帝亲临书院接见师生,这不仅是所到之院的荣耀,对其他省会书院的一种鼓舞,而且对天下所有书院的发展亦起到了极大的推动作用。乾隆以后,嘉庆、道光、同治诸帝对省会书院的建设皆作过指示。在封建社会,至高无上的皇帝的关顾,使省会书院在获得实际的发展的同时,也获取了巨大的社会影响力,形成了领袖当地道、府、州、县、乡村各书院的声望。

三是师资水平高。省会书院的院长应由什么人出任,诏令和礼部都曾提出过要求,"居中讲习者,固宜老成宿望","凡书院之长,必选经明行修足为多士模范者,以礼聘请"(《清朝文献通考》卷七一《学校考九》),等等,都是被一再强调的。相关条文还规定,凡掌教六年,教术可观,人才奋起,著有成效者,可以"请旨议叙",给予嘉奖。云南五华书院、贵州贵山书院、湖南岳麓书院的张甄陶、孙见龙、罗典、欧阳厚均等曾得此殊荣。因此,各省会书院所聘院长多为一代名流。如岳麓书院自雍正十一年(1733)起至改学堂为止 170 余年间,知名的院长有 23 人,其中以出身分,有进士 21 人、举人 1 人、贡生 1 人;以籍贯分,江西 1 人,湖北 2 人,余皆湖南人。而无论其出身高低,例皆著作等身的饱学之士。又如钟山书院,其山长杨绳武、夏之蓉、钱大昕、卢文弨、姚鼐、朱珪、程恩泽、胡培翚、任泰等,或奉为学界泰斗,或尊为当代经师,皆是一流学者。其他如敷文书院之齐召南、紫阳书院之廖鸿章等皆以学问优长而得宠于乾隆皇帝。高水平学者主掌书院是省城书院维持其高居本省教学和学术研究中心地位的可靠保证。

四是肄业诸生须在全省范围之内经过严格筛选方可入院。"生徒由驻省道员专司稽察,各州县秉公选择,布政使会同道再加考验,果系材堪造就者,方准留院肄业"(《清会典》卷三三)。入院之后,又曾令各总督、巡抚会同学政,"将现在书院生徒细加甄别,务使肄业者皆有学有品之人,不得莠良混杂,即令驻省道员专司稽查"(《钦定大清会典事例》卷三九五《礼部》)。经过如此层层筛选,经有如此众多官员把关,而且设置专司道员稽查,这中间虽有严加控制之意,但也反映了中央政府对省级书院招收生徒的重视,这是同期各道、府、州、县级书院做不到的,也是清代以前的各朝所未曾有过的。

总之,省会书院是中国书院历经数百年发展积累之后,由中央政府主管交由地方最高一级政区分头建设的国家重点教育工程,它散布于全国各个省区,成为各省的教育、文化与学术中心,其有关经费筹措、师资建设、学生管理等方面的做法,皆有值得借鉴之处。省会书院的规模都比较大,不仅院舍宏大,全省首屈一指,而且招生人数也是最多的,雄居各道、府、县、厅书院之首。诸如钟山书院,嘉庆年间,设内课50名、外课70名、驻防生5名,共125名;光绪年间,定课额超等50名、特等70名、恩课10名,共130名。紫阳书院,乾隆二十四年(1759),巡抚陈宏谋定额正课60名、附课40名,计100名;道光年间,陶澍任巡抚时,设内课40名、外课80名,计120名,因为人多额少,遂改为内课50名、外课100名,计150名。岳麓书院,乾隆二十一年(1756),巡抚陈宏谋定额正课50名、附课20名,计70名,乡试之年增正课20名、附课10名;嘉庆年间,定生童正、附课共138名。

至于省会书院的教学内容、程序等,乾隆九年(1744)也曾议准通行,"嗣后书院肄业士子,令院长择其资禀优异者,将经学、史学、治术诸书留心讲贯,以其余力兼及对偶声律之学。其资质强者,且令先工八股,穷究专经,然后徐及余经,以及史学、治术、对偶声律"(《钦定大清会典事例》卷三九五《礼部》)。对于经史之学的提倡和重视,通过书院的渠道由省及府及州及县而贯通于全国,本书认为这对于乾嘉朴学之盛的形成起了极大的推动作用。至于将治术之书和八股文定为省级书院的必修课程,在当时实乃培养人才的需要,因为八股为科举考试之具、科举为国家选拔人才的主途,而所谓治术即治理国家的方法与艺术。两者的同时讲求,使书院肄业诸生既有入仕之具,又有治国之术,从设计上讲是无可挑剔的,只可惜在日后的执行过程中,出现了重八股、轻治术的偏差,其尤甚者使书院变成了科举的附庸,这是始料未及的,也是极不可取的。

清代的省级书院除上述总督、巡抚驻节之地的省会书院之外,还有由学政创建、主持的书院。按照清制,主管一省教育行政和科举考试的学政,与总督、巡抚平行,知府以下皆为其属官,因此,学政也是一省长官。清廷于全国设学政20人,计顺天、奉天、山东、山西、河南、江苏、安徽、江西、福建、台湾、浙江、湖北、湖南、陕西、甘肃、四川、广东、广西、云南、贵州各一人,一般皆驻于各省省会,唯江苏驻江阴,安徽驻太平府,陕西驻三原,广东先驻肇庆,后移广州。另外,台湾学政没有专人,建省之前由台厦道、巡台御史、台湾道、福建巡抚等兼任;建省后由台湾巡抚兼任。由于这些不同,衍生了学政主持的省级书院。

在学政主持的省级书院中,福建省台湾府的海东书院比较特殊。海东书院在台湾府城,康熙五十九年(1720)由台厦道梁文煊创建,不久改为岁科考试之所。乾隆五年(1740),新建试院落成。台湾道刘良璧捐俸倡修原海东院舍,贡生施士安又捐稻谷千斛、水田千亩充为膏火之资,使其规模和经费都达到了一定的高度。其时巡台御史兼学政杨二酉遂奏请朝廷,议准海东书院"照省会书院之例,每学各保数人择其文堪造就者送院肄业,令该府教授兼司训课"(《钦定大清会典事例》卷三九五《礼部》)。从此,海东书院即以府级书院之实而侧身于省级书院之列,并受到历任台湾学政的重视,发展成为台湾和澎湖列岛的最高学府,人称"全台文教领袖"。

江苏学政所属的书院前后有些变化,前期为暨阳书院,后期为南菁书院。暨阳书院原名澄江书院,在江阴东城,乾隆三年(1738),学政令知县蔡澎创建。20年后,学政李因培改建,改名暨阳书院。其后暨阳书院一直兴学不断,知名山长有32人之多,皆载于《江阴县志》。咸丰年间暨阳书院毁于战火,同治十一年(1872)重建,改名礼延书院,降为县级书院。南菁书院在江阴城中，光绪九年(1883)学政黄体芳创建，得到两江总督左宗棠的支持。"仿诂经精舍之例，专课通省经古"(左宗棠《奏创建书院片》)，以补时艺之偏。时设经古二学，经学附以性理，古学附以天文、算学、舆地、史论，每年招内课50名，经、古分别为20、30名，外课则不限名额，凡全省举贡生监皆可投考。书院前后七进，规模宏大，又设有观象台，以备诸生考察天文之用。光绪十一年(1885)，王先谦继任学政，设书局于院中，刊印《皇清经解续编》(亦名《南菁书院经解》)1430卷、《南菁丛书》144卷、《南菁札记》21卷、《南菁讲舍文集》6卷，使书院成为全国最具影响的学术与出版中心之一。前后出任山长的有张文虎、黄以周、缪荃孙、林颐山、王亦曾、陈昌绅，皆为一代学术名流。清末，书院改制，南菁按省会书院之制，于光绪二十四年(1898)改名为南菁高等学堂，二十八年(1902)又改名为江苏全省高等学堂。

　　陕西学政所属书院有三原县的宏道书院，泾阳县的味经书院、崇实书院。宏道书院，原名弘道书院，明弘治九年(1496)创建，清代相沿办学，至乾隆年间因避皇帝弘历名讳，改名"宏道"。清代历来为学政兴办，与西安关中书院一样，为陕甘二省士子肄业之区。味经、崇实二院，分别由学政许振祎、赵维熙创建于同治十二年(1873)、光绪二十二年(1896)，皆是书院改革的产物。味经书院课程先以"实学"为主，光绪十一年(1885)设求友斋，以经学、史学、道学、政学设为月课，附以天文、地舆、算法、掌故。至光绪二十一年(1895)，又设时务斋，讲究西学，刊行西书，成为西北地区传播新知的中心。崇实书院课程分格致、英文、算学、制造等，虽开办时间不久，但其影响不亚于味经。光绪二十八年(1902)，味经书院、崇实书院皆与宏道书院合并，以省城书院之例改为宏道高等学堂。

　　清代中后期，省级书院又有新的发展，除原来省会书院之外，很多省会城市又增设了一些在全省或两省范围之内招生的省级书院，其有名可考者有如下一些：

　　惜阴书院(书舍)，在江宁，属江苏。

第三节　省级书院

文正书院,在江宁,属江苏。

正谊书院,在苏州,属江苏。

诂经精舍,在杭州,属浙江。

求是书院,在杭州,属浙江。

凤池书院,在福州,属福建。

正谊书院,在福州,属福建。

友教书院,在南昌,属江西。

经训书院,在南昌,属江西。

明道书院,在开封,属河南。

经心书院,在武昌,属湖北。

两湖书院,在武昌,属湖北、湖南。

求忠书院,在长沙,属湖南。

校经书院,在长沙,属湖南。

时务学堂,后改为求实书院,在长沙,属湖南。

广雅书院,在广州,属广东、广西。

越华书院,在广州,属广东。

学海堂,在广州,属广东。

菊坡精舍,在广州,属广东。

应元书院,在广州,属广东。

榕湖经舍,又名经古书院,在桂林,属广西。

桂山书院,在桂林,属广西。

尊经书院,在成都,属四川。

正习书院,后改名学古书院,在贵阳,属贵州。

正本书院,在贵阳,属贵州。

求古书院,在兰州,属甘肃。

博大书院,在迪化,属新疆。

令德书院,在太原,属山西。

萃升书院,在奉天,属盛京。

这批新兴的省级书院与雍、乾时期的省会书院相比,有自己的特色。

第一,它们的主流或如诂经精舍,其创建的目的是以经史实学去救书院坠落为科举附庸的流弊,意在返回传统,推古求新,重振书院事业;或如校经书院、两湖书院,特别是广雅书院(见图2-4),其创建的目的是讲求中学,引入西学,试图以中西结合之方,为传统的书院事业注入新的活力;或如求是书院,以讲求新学、西学为主,尝试着将中国古老的书院制度和西方近代教育制度接轨沟通,皆是书院改革的产物,记录着书院制度由古代走向近代,即不断向前发展的步伐。

图 2-4　广州广雅书院冠冕楼

注:广雅书院,由两广总督张之洞于光绪十三年(1887)创办。书院教学既吸收传统教育模式,又具有新学的特色,是当时全国有名的书院之一。

第二,这批书院和老的省会书院一样,同是一省文化、学术、教育中心,但其影响力要来得快捷得多,而且强大得多,无论诂经精舍、学海堂等在嘉庆、道光年间卷起的朴学之风,还是校经书院、时务学堂等在光绪年间掀起的三湘新政大潮,来势之快、冲击力之大、影响之深远等都是老的省会书院所难以比拟的,而且像莲池、钟山、岳麓、秀峰等这些书院还受其影响,相继出台了一些改章改课的措施,以顺应时代的发展变化。

第三,这批书院的发展或如应元书院专课举人;或如求忠书院专课湘军阵亡将领子弟,类似贵胄学校;或如经训书院、菊坡精舍等重经史而不习举业;或如求实书院讲求"格致",设置制造课程,开中国近代机械工业教育之先河。凡此等等,呈现出一种多样化、专门化的趋势,改变了过去旧的省会书院的单一性、重复性分布的状况,从一个侧面反映了书院的进步和发展,并开始近代化进程的情况。

  复习思考题

1. 试述哪所书院被称为县级书院之祖?
2. 试述清代县级书院管理体制的嬗变。
3. 试述哪所书院是南宋府级书院的代表?
4. 试述清代雍正年间所确立的省会书院的特征。
5. 试述晚清新兴省会书院的特点。

 延伸阅读

1. 邓洪波:《县级书院述略》,《湖南大学学报(社会科学版)》1996年第4期。

2. 赵伟:《清代省会书院制度研究(1644—1850)》,湖南大学博士学位论文,2021。

3. 刘艳伟、金生杨:《清代的县级书院——以南部县鳌峰书院为中心的研究》,《地方文化研究》2016年第5期。

4. 兰军:《从书院志看清代县级书院管理体制——以平阳〈龙湖书院志〉为例》,《历史文献研究》2021年第2期。

第三章　书院的组织管理

[**本章导读**]

　　书院是唐宋以后中国社会的文化教育组织，具有多种文化功效，长期以来，为了适应各种文化需要，形成了以山长为核心的组织管理结构。各职事责有专门，相互配合，共同维系着书院的正常运转。由于各个地方乃至各个书院的情况不同，需求有别，各职事的设置也就不尽相同，呈现出差异性。据统计，唐宋以来各种书院的职事有 150 余种，可谓名目繁多，而且好多职事名称虽然相同，任职资格、职能范围却有差异。众多职事的设置，正从一个侧面反映出书院职能的繁复，亦能展示书院适应各种文化需要的能力。

第一节　书　院　山　长

一、山长负责制

　　书院的学术带头人、主讲者兼行政首脑称为山长。山长之名始于唐五代，如唐代刺史孙丘置学舍于阆州北古台山，以尹恭初为山长；五代蒋维东隐居衡岳讲学，受业者称其为山长。书院沿用此名，与书院大多数创建于山林秀美之处有关，既取其主掌院务、教务之实，亦兼退隐泉下、居山养老之意。宋元以来，书院普遍设立此职，清初亦沿袭不变，到乾隆皇帝，认为名称不雅,多山野之气,于是乾隆三十一年(1766)专门下了一道诏书,将山长改为院长。但习惯上多称山长,官方文书则山长、院长并用。

山长的产生,宋代多由不愿出仕或弃官归田的学者建院自任,少数由地方官府聘任或公众推举。宋理宗景定年间诏由吏部任命,遂为学官,故宋末多有由州府学教授兼任山长者。元代书院例置山长,与教授、学正、学录、教谕等为学官,由礼部、行省及宣慰司任命。明代则地方官聘请、地方公众选聘、学者建院自任三者都有。清代由地方官礼聘,亦有部分由地方公众聘任者。山长的职责要求其人选必须具有较高的学识和较好的德行。一般来讲,名气愈大的书院,对山长的要求愈高,尤其是一些以教育与学术中心闻名天下的书院,山长概由当时全国一流学者担任,比如清乾隆年间岳麓书院聘王文清为山长(见图3-1),对读书作学问的方法有自己独到的见解。州县书院的山长也是选择"经明行修,足为多士模范者"(《清朝文献通考》卷七一《学校考九》)出任。明清时期,很多书院还提出了针对山长的进士、举人等出身资格的限制。乡里书院山长或为学行道义之士,或为举人、秀才,亦有较高要求。

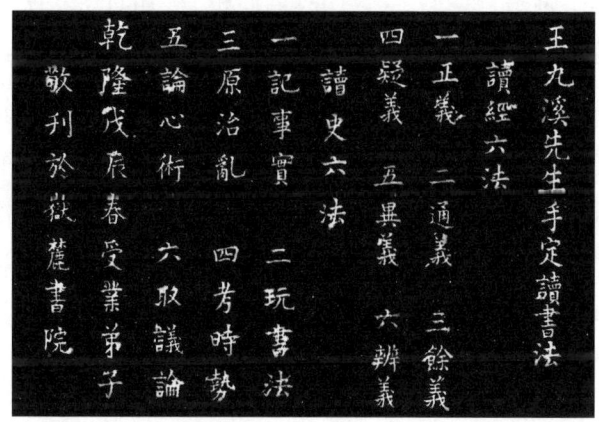

图3-1　清乾隆年间岳麓书院山长王文清手定读书法

与山长、院长职事相同的还有山掌、山主、洞主、主洞、洞正、馆师、掌教、院师、主讲等。馆师以下各职在明清书院中比较常见,基本上是山长或院长的别称,其他则不为一般书院所常设。山掌仅见于清代湖南芷江县秀水书院,山主仅见于宋度宗时期的上蔡书院,洞主、主洞、洞正也只见于宋代庐山白鹿洞、潮州韩山等少数书院。有些大书院还设有两院长,如清光绪年间江苏南菁书院聘请黄以周、缪荃孙同为院长,分别主讲经学、辞章。还有一些书院则给院长配以副手,分担其工作,于是就有副山长、副掌教、副讲等职的设置。如岳麓书院在南宋设有副山长,由欧阳守道担任。欧阳守道后来出任江西吉安白鹭洲书院山长,培养了状元宰相文天祥这样的民族英雄。可见山长之下设副职的都是一些名望极大的书院。

山长负责制是一种确立山长为书院领导核心的管理模式,其组织构成类似家族乡村小型书院,比较简单,如宋代盱山书院,山长之外,有堂长、学长、斋长诸职"相与励翼之",其最简者可以只设山长一人。官府主持的大中型书院,职事较多,如号为天下四大书院之首的岳麓书院,在宋代就设有山长、副山长、堂长、讲书、讲书执事、司录、斋长等,而建康府明道书院则是宋代管理组织最庞大、最完善的书院。它设有山长、堂长、提举官、堂录、讲书、堂宾、直学、讲宾、钱粮官、司计、掌书、掌仪、掌祠、斋长、医谕共15种职位,构成一个庞大的组织管理体系。其中,前四位居书院的重要地位,各设有专门的办公场所,分别叫作"山长位""堂长位""堂录位""讲书位",另有"职事位"2处,居处其他9种职事。山长位高权重,主持教务,取舍诸生,是书院的核心,每月3次课试及逢一、三、六、八日讲课时到院;堂长为其副手,住院掌理日常院务;其他各职各有责守,分工明确,协助山长、堂长维持书院正常的教学、研究、祭祀、图书、经费等各项管理,甚至院中师生的身体状况亦有"医谕"来作保障。

山长负责制在不同时期不同书院又有不同的表现形式。如潮州韩山书院,设置依仿白鹿洞书院,有"洞主,郡守为之。山长,郡博士为之。职事则堂长、司计各一员,斋长四员"(《舆地纪胜存》卷三〇《江南西路》)。

这是洞主领导下的山长负责制。非常明显,洞主即郡守,是一级地方行政长官,也就是说,韩山书院的山长要向地方政府负责。沿此成习,后世官府书院多采用此种管理模式。

堂长负责制是南宋特有的现象。当时,书院、书堂混用,有些书院设置堂长以行山长职能。如九江濂溪书院,"招致名儒以为堂长,诸县举秀民以为生员,仍置田租以赡之"(《舆地纪胜存》卷三〇《江南西路》)。一般而言,堂长位次居山长之下,如建康明道书院之类,其责在"纪纲庶事,表率生徒"(《白鹿书院志》卷二《兴复》)。元明以后,堂长地位下降,变为学生首领,负责考勤、课堂记录、搜集疑难问题等。

山长学术水平、道德水平的高低可以决定书院的兴废盛衰。书院制度确立时,人们就特别重视山长一职。岳麓书院的首任山长周式,就因为"学行兼善,尤以行义著称"(赵宁《新修岳麓书院志》前言),而受到宋真宗召见,并赐对衣鞍马,授官国子监主簿,获得殊荣(见图3-2)。

图 3-2 宋真宗召见岳麓书院山长周式

注:周式,北宋潭州湘阴人,岳麓书院首任山长,因品学兼优、诲人不倦而著名。在周式的精心经营下,岳麓书院学生由60多人增至数百人,开启湖湘一脉浓厚学风。

到绍兴年间,大学者胡宏"力辞召命,自请为岳麓山长"之后,"山长之称,人以为非实行粹学者莫宜居"(《巽斋文集》卷一四《白鹭洲书院山长厅记》)。乾道年间,张栻主讲岳麓,虽与朱熹、吕祖谦并称为"东南三贤",但他是胡宏的学生,不敢以山长相称。由此可见,山长资格之重,非同一般。大概也就是从这时候开始,岳麓书院在较长的时间内就以"堂长"主教事。例如,某堂长去世之后,有一位"颇能为诗""文采可观"的,名叫周愚的自荐顶替,官府以其事"商度"于王炎。由此可知,书院负责人的任用需要考察多方面的因素,仅有文采、能诗文是远远不够的,学问之深、行义之优是必备条件,还要兼顾"乡论",始得由官府差遣。虽未明言官府应依何种具体的制度简用堂长,但按章法行事之迹则很明显。事实上,到南宋中后期,书院山长一职渐由吏部差授,只是"山长之未为正员也,所在多以教授兼之"(《巽斋文集》卷一四《白鹭洲书院山长厅记》)。宋理宗景定四年(1263),"诏吏部诸授书院山长者,并视州学教授"(《巽斋文集》卷一四《白鹭洲书院山长厅记》),山长成为正式的学官,可以修建山长厅作为官署办公,京城新科进士有资格充任。

二、以山长为核心的教学职事设置

作为文化教育组织的书院,其业务主要分为学术研究、教学、讲会、藏书、刻书、祭祀等,涉及文化的积累、研究、创造、传播等各个方面。

教学和研究是相辅相成的,它们构成书院最主要也是最重要的业务工作。这方面的职事有山长、副山长、山掌、山主、洞主、洞正、主洞、院长、掌教、副掌教、院师、经师、馆师、主讲、教主、副讲、都讲、讲书、讲书执事、讲宾、助讲、助教、学师、堂长、堂录、堂宾、学长、管课学长、学副、学录、经长、分校、正教习、副教习、训导、司录共36种。山长之外,负责教学与研究工作的主要还有如下职事。

堂长。堂长之名多见于宋代。因当时书院、书堂等混用,堂长即山长的别称，叶梦得《槐堂书院记》即有"李子愿为堂长以主教事"（《陆子学谱》卷二〇）的记载。也有一些书院，在山长之下设堂长，如岳麓、白鹿洞等书院皆曾如此设置，其责则为"纪纲庶事，表率生徒"。元明以后，堂长的地位下降，变为书院的学生首领，负责考勤、课堂记录、搜集疑难等。

学长。学长之名由来已久，北宋真宗皇帝当年教授臣属文笔时，即令张耆为学长，张景宗为副学长。书院设此职，始于元代，光绪《江西通志》卷一三五载奉新人阴用炤"元季为临汝书院学长，聚徒数百人，讲心性之学"。临汝之学长，其责守似与山长相同。明代吉安白鹭洲书院在未设山长之前，曾姑且委任府学生员为学长代行其责。清道光年间，广州学海堂进行体制改革，不设山长，设八学长代行山长之责。每年四课，每课由两学长经管，周而复始，当班经管的学长称为"管课学长"，全权处理堂中教学与行政事务。光绪八年（1882），广州菊坡精舍亦仿此设四学长共理舍中教务。清代河北金台书院也设学长、学副、上舍等职。另有一种情况是山长之下再设学长"司分教之任"，如白鹿洞书院治事斋即设礼、乐、御、射、书、数、历律七学长分主教事。清末陕西泾阳崇实书院亦设致道、求仁、学古、兴艺四斋学长于"识达古今，学通中西"的山长之下，分管各门专业教学。学生首领也有称作学长的。如清代陕西泾阳味经书院即在诸生中公推三人为学长，"主持斋中诸事，稽察学习勤惰，互相警戒，德业相劝，过失相规"（刘光蕡《烟霞草堂文集》卷七《味经书院时务斋章程》）。

分校。分校之职见于清代广州广雅书院。据光绪十五年（1889）《广雅书院学规》，书院在院长之下，"设分校四人，经学、史学、理学、文学，分门讲授，以代院长之劳"。其职责相当于分司教学的学长。

讲书。讲书本为学官之职，宋代书院始设此，如岳麓书院在欧阳守道任副山长时，即请欧阳新为讲书，讲《礼记》"天降时雨，山川出云"章。宋绍熙年间，朱熹扩建岳麓书院时，还设有"讲书执事"。

正、副教习。此职见于清末新式书院，只管教学，没有行政责权。如光绪年间，杭州求是书院在总办、监院之下设正教习1人，教授化学及其他各种西学,兼课图算、语言、文字,聘西方人充任;设副教习2人,一教授算学、测绘、舆图、占验、天文,一教授外洋语言文字及翻译书籍报章等,由中国学人担任。

训导。训导本为官学之职,专司训课。元代书院职事纳入官学系统,故其书院多设此职,如湖州府安定书院即设训导2人,地位仅次于山长,由行省任命。明代白鹿洞书院曾设此职。清代乐安县鳌溪书院也于山长之下设训导一人,教育生徒。

经长。此职不多见。白鹿洞书院经义斋曾设五经长,分讲《易经》《尚书》《诗经》《礼记》《春秋》三传等儒家经典。当时规定"凡学徒有疑义,先求开示于经学长,不能决,再叩堂长"(《白鹿书院志》卷一一《艺文》)及以上之副讲、山长等人。

助讲。此职不常见。清代河南明道书院曾设此职,由举人杨仲唐担任。杨氏同时兼任监院,协助院长黄舒昺主持教学,制订学规,多有成绩。

都讲。此职亦不常见。清代福州鳌峰书院曾设此职于山长之下。

司录。司录为书院中负责记录讲学、会讲情况的职事。《宋元学案·南轩学案》载:张栻讲学岳麓书院时,张庶"执笔为司录"。职责与此相当的还有堂录等。由这些职事人员记录下来的文献成为今天研究书院文化的重要资料之一。

讲会、会讲、文会、诗会等是书院重要的学术活动,旨在交流各自的学术主张、治学经验、学习心得等,因或在院内活动,接受山长领导,或是联院举行,不能常举其事,而且会必有期,其职事的设置自不必像教学、研究那样名目繁多,常见者有会主、会长、副会长、教主、主盟、知宾等。

会主。会主即讲会或会讲的主持人或主讲者,相当于今天学术会议的主席之职。明代无锡东林书院每年大会一次,集天下同志讲学,每月小会一次,一般为院中同学参加,会期都是3天。《东林会约》规定,"大会每年推一人为主,小会每月推一人为主,周而复始"。会主先说《四书》一章,此外"有问则问,有商量则商量,凡在会中,各虚怀以听,即有所见,须俟两下讲论已毕,更端呈请,不必扰乱"(《东林书院志》卷二《院规》)。由此可见,学院对会主的学术水平有较高水准的要求。

会长。会长有讲会之会长与文会之会长的区别。明人聂豹《复古书院记》载,"会有期,司会有长。会凡若干人,若某等数十辈皆面承良知之教,与东廓同游者,虽所诣有浅深,要皆斐然成章,而协赞书院之成咸有力焉"(光绪《江西通志》卷八一《建置略六》)。这里的会长,即讲会的会长。明嘉靖以后,王阳明的弟子往往建书院、联讲会,风动东南。这类活动中,多有会长之设,入选之人,必具较高的学术水平,至少对某一问题有较多的研究。文会或会文活动一般在院内进行,如明方世敏所订《瀛山书院学规》在"会文"一款中规定,"于诸友中,择一学行老成者为会长,每月三会,每会书一、经一、诗、论、表、判、策各一,务要篇数俱完。先呈会长批阅,次与同会互正,须各倾倒知见,以相裨益,不得阿附雷同,亦不得长傲咈善。如此则道日以明,德日以进"(《瀛山书院志》卷二《学规》)。会长的责任在于批改文章,帮助同学提高写作水平。文分高下,能者为尊,因此这类会长之任职常有变化,有的书院还有正、副会长之设。如白鹿洞书院就以每月初二、十六日大会之一、二名,轮为二十六日小会之正、副会长,由他们"执笔评次"各卷,再交主洞复阅。

教主。教主也是书院学术活动的主席,与此相类似的还有盟主、主盟等职。明万历三十四年(1606),耿橘所订常熟《虞山书院会约》规定,每月初九讲学于院中学道堂,除了本院生徒,知县要率儒学各官听讲,其他"乡荐绅、孝廉、生童、孝子、善人悉会听讲。讲时不掣签,不命书,不拘生童,随有志有见者讲论三五章以发其端",学问大旨则由知县"随时聘请教主阅发"。

知宾。知宾是书院学术活动的接待人,上述东林书院、虞山书院等皆置此职,其任务是接待来宾。凡院外学者要来院讲会,须先要来信通报知宾,登记造册。到院之日,则由知宾延入讲堂。

刻书、藏书是体现书院积累、传播文化功效的重要活动。刻书职事的设置,始见于唐代的丽正、集贤二书院,先后有修书官、修书学士、修撰官、检校官、校理官、刊正官、校勘官等名目。宋元以后,书院多有刊印经籍者,其出版物史称"书院本",以版本精善而受到藏书家的重视。从现存书院本来看,书院刻书多由山长亲自主持,精心校勘,刊印各职除检字排版启用工匠外,辑稿、编排、初校、复校等例由院中诸生兼任,也有兼容社会力量编撰刊印的,如岳麓书院于清康熙年间由长沙府丞赵宁主修《新修岳麓书院志》,除主修外,设司辑、参订、考订、参考、同纂各职事,供职者有143人,其中参考30人,皆由岳麓诸生充当。道光年间,山长欧阳厚均编印《岳麓诗文钞》,全院生徒101人都参加了校勘工作。也有一些书院设置了相应的职事专管或兼理刊印书籍,如以刊印大型丛书《皇清经解》而著称的广州学海堂,全部书板109架,编列字号,标明板片数目,收藏于文渊阁,设守阁一员看守,藏板房门锁钥则归值课学长收管,"每逢刷印,守阁等到学长处领出钥匙。每发板片不过十架,收回旧板再发新板。每次照字号点明板数,不得有误"(《学海堂志·藏板章程》)。光绪年间,陕西泾阳味经书院,设"刊书斋长",主管刊印书籍,每年有经费240两银子,其中2/3用于刊经史典籍,1/3用于刊时务书籍。

　　书院藏书的保管、借阅等工作,多由院办、院书、号房等文秘类职事和斋长、学长等职事生员兼管,也有监院、首事等行政职事兼辖者,学海堂则由管课学长掌管。专职职事只有司书、掌书、司事等。

　　司书。司书之职见于清人胡林翼的《箴言书院志·规制》:"司书一人,掌收登书贴,以时晒之,缺者补之,残者完之,守其目录,副记其假借。"此外,司书还"兼充书吏,凡斋课,监院饬令备试卷,造册唱名及发案写榜皆此人"。

　　掌书。掌书见于清代广东的一些书院,如广州广雅书院设掌书2名,由诸生担任,"经营收藏冠冕楼书籍,诸生领阅缴还,随时记簿。领阅藏书者,不得污损遗失,及携出院外"(张之洞《广雅书院学规》)。

司事。司事多为行政之职,清代江西修水凤巘书院则设此管书,其学规规定:"书籍购觅善本可资诵读,每年于肄业诸公中保举老成一人作为司事,斋生欲阅何书,须具领纸与司事,司事将书检给。阅后送还,不得涂抹污损。卷页多者以五本为率,挨次请领。非在书院内居住者,不得领阅。如有散失,即令赔补"(《凤巘书院学规》)。

祭祀被称为书院的三大事业之一。一般由山长主持,也有的由当地行政长官或监院主持者。有关祭祀的职事除举行祀典时临时设置的主祭、陪祭、司仪、引赞、赞礼、赞引、通赞、司祝、司爵、司鼓、司钟、司尊、司香、司酒、司帛、引班、主献、正献、分献、祀生、礼生、歌生等名目外,还有常设的主奉、主祠、掌祠、炉主、值董、春秋二祭领事等职。

主奉。主奉之设见于苏州文正书院。该院奉祀宋人范仲淹,创建于元代。当时因为经费紧张,范氏子孙遂以"义廪不自给"为由,请求官府"但建书院以祀公(指范仲淹),慎选族人之贤者充主奉斯足矣,官除山长则乞免焉"(道光《苏州府志》卷二五《学校二》),得到官府同意。院中不设山长,一切皆由主奉总持,其地位相当其他书院山长,其责则以供奉祭祀以传授被供者学行道义为主。此制沿袭数百年,直至清康熙年间,范仲淹的十八世孙必英、十九世孙能濬都曾先后出任文正书院主奉。

主祠。主祠见于宋代道州濂溪书院。该院祀奉周敦颐,山长、斋长之外,又"选族之长主祠,提其纲,专教谕之责"(光绪《湖南通志》卷二七九《艺文志三五》)。可见主祠除以族中长者身份管理祭祀事务外,还主教育生徒之职。先后任濂溪书院主祠的有原周氏宗学讲书周不比、原濂溪书院斋长周正雷等人。

掌祠。掌祠见于宋代书院,掌管院中祭祀的香火、祭器、供品的备办与管理事宜,与由受祀者后裔专任的"主奉""主祠"不同,得选举士绅或院中诸生担任。如建康府明道书院,择诸生担任,其地位还高于斋长。

炉主。此职见于清代奎壁书院,掌管庶务并主持祭祀。

值董。此职见于清代文石书院,专掌院中祭祀大典。

春秋二祭领事。此职见于清代岳麓书院,管收掌祭祀田租,备办香油、供品,保管祭器等事。

第二节 书院职事

书院作为文化教育组织,行政事务本来较少。宋元时期,除财务由司计、直学等管理外,院政皆由山长统摄。明代以降,随着书院的发展,教学管理、学生管理等行政事务渐多,于是设立了院总、监院、监理等职,以分山长之劳,并逐渐形成行政、财务、勤杂等比较完备的职事系统。

一、书院行政职事构成

监院。监院是书院中仅次于山长的职事,实际上往往处于行政首脑的地位。院中"庶务"包括行政、财务、学生管理、图书管理等皆统于监院一职。监院之设起始于明,盛行于清。监院主要是由地方行政长官委派或以学官兼任,也有地方公推的。官命监院有称作"监院官""监院教官"者,权力较大,名义上受山长约制,但它是官方在书院的代表,可以越过山长直接向主管衙门负责,一些著名书院的监院甚至还暗寓监视山长之意。河北唐县唐岩书院的监院就由儒学教官"教谕、训导,按月轮流管理";"如肄业生童内有嗜酒间游,不勤攻读,该监院随时训责。如有不遵约束者,即牒县逐出"(光绪《唐县志》卷四《学校志》)。公众推举的监院有任职资格的限制,任期多依工作好坏而定,往往还兼负聘请山长之责。与监院之职类似或由监院之职分解出的职事还有"院总""生童监院""孝廉监院""副监院""监院提调"等。

总办。总办之职见于杭州求是书院。按该院章程规定,院中设总办,监院,司事及正、副教习,不设院长。总办为名义上的行政首脑,综核事务,随时稽查,由杭州府知府兼任。监院"管理院中一切事宜"(《求是书院章程》),负实际行政责任。

掌管。掌管类似监院的副手。清人胡林翼《箴言书院志·规则》载:"掌管二人,掌收契约、理田产、置租谷、葺房屋、发膏火、经庶用;祠堂、书院祭祀之规必饬焉;仓库器具之数,书籍之储,以时佐监院而稽核之",并负有与监院共商聘请山长之责。

监理。监理之职不常见,它相当于董事会的董事,通过对书院执政者的监察而参与书院的管理工作。清光绪间湖南《巴陵金鹗书院志略·酌议章程》规定:"书院由邑绅公举山长一位,设立监理四、监院一、账房一、管理田庄首士二、斋夫二。"监理公举公正绅耆担任,其责在于监察监院、账房等是否称职,如果监院、账房等"不能胜任及有事故,即会同各监理及大捐主随时另举"。

董事。董事亦有称"董理"者,负管理、督办之责。清代各地书院多设此职,其人选强调公正勤谨之外,还有要求家资殷实以防贪占院产者。光绪《鄞山书院志·条规》规定,书院设司事一人"专司出入账目",设董事12人,分四班,四季轮值,"凡庄当存款生息,核对所立循环簿,膏火花红动用出入银钱,修造屋宇什器,均责成稽察查看"。所有董事,以其所负责任大小,所管事务性质的区别,又分"董正""董副""总董""监院董事""营造董事""支发董事""催收董事"等名目。以上董事之职,多选公正士绅,可以反映书院管理中的民主精神。

首事。亦作"首士",参与书院管理或主管某一方面的工作,其职责、任职资格等与董事类似,多见于清代书院。浏阳狮山书院设八首事,"管理诸务,三年更换,留旧二人,添新六人"(《狮山书院条规》)。益阳箴言书院设首事数人,"共襄公事,轮流派任掌管"(胡林翼《箴言书院规制》)。南宫县东阳书院设首事二十四人,轮流监课,"经营分收课卷,给发奖赏、饭资等事"(周栻《东阳书院新定规程》)。

司事。司事之设在清代书院中比较多见,其职责也不尽相同。安徽祁门东山书院设司事 2 人,"先由本乡文约公举,再由各乡允议"(《东山书院新立条规》),每年轮换。其责每课随同知县或监院赴考棚登名、发卷及散发点心等,备办饭食;登记在院诸生出入;清算院中账目等。光绪年间,杭州求是书院设司事 2 人,"一簿记账目,给发纸笔及收掌书籍仪器,一查记学生出入告假,并料理伙食一切杂事"(《求是书院章程》)。同治年间,徐寿为上海格致书院拟订章程,规定设司事 1 人,凡所有肄业生徒及游观绅商的籍贯姓名、出入时间,以及院中书籍器具,令其"分别登记号簿"(《格致书院章程》),并责其留心看管院中书籍、仪器设备。

以上是书院负有全面或一个部门领导责任的行政职事,在其领导之下,还有一些相当于秘书的司吏、学吏、缮写、书办、书记、书吏、请书书办、经承书办、驿道书办、学书、院书、司堂、礼房、号房等职事,相当于办事员的租赶、租差、传代、管事等职事。另外还有白鹿洞书院负责接待的典谒、宋代道州濂溪书院的掌御书臣、宋代建康府明道书院负责医疗保健的医谕等职。

书院管理财务的职事,除上面提到的"催收董事""支发董事""司事""首事"等之外,还有如下一些。

钱粮官。钱粮官主管书院田产钱粮。宋代书院曾设此职,如景定《建康志·明道书院》载,该院当时有田产 4 908 亩多,岁入米、稻、菽、麦等 1 379 石又 3 662 斤,又有折租钱、白地房廊钱、赡士遣支钱 5 110 贯 700 文,皆由钱粮官"掌其出纳",并设"司计"一职为其助手。

直学。直学本为学官,宋代太学设以"掌诸生之籍及稽察出入"(《历代职官表》卷三四《国子监》),书院设此掌诸生德业簿,视其德业修否"参考黜陟"。元代凡路、府、州学及书院,皆设此职。明清书院,其地位职责不尽相同,如明澄江书院设山长一员、直学一员;清代鳌溪书院设山长一员、《大学》训导一员、直学一员。明代白鹿洞书院则设此为学生首领,其位在堂长之下,每旬轮值一次,其责为置"直学簿"记录"某人过失某事,无则止"。

司总。司总之设,见于《紫阳书院志略》卷四,其称"遇有业产公商,即置司总。不得私行挪移,假名借领,如有存匿者,公设三锁三钥,司总互相稽察"。

经理。亦称"经理首事""经理首士"等,主管书院收支财务的职事。清光绪《井陉县志·皆山书院》:"择绅士十四人,以二人为经理,十二人轮流值年,将每年收租、利息及消金膏火之费,皆使经理人收管,量入为出,逐一登簿清查。"

司计。司计之设见于宋代书院,其责为主管钱粮,一般由居院肄业生徒担任。如潮州韩山书院,除洞主、山长外,职事有室长、司计、斋长。春秋二试,"堂计斋职,以分数升黜,一如郡庠规式"(《永乐大典》卷五三四三)。

管干。管干之职见于白鹿洞书院,"专管洞内一切收支、出纳、米盐、琐碎修整部署诸务",以洞中诸生中"有才而诚实者为之,不称则更易"(《白鹿书院志》卷十一《艺文》)。事务较多的书院,又设"副管干"。

账房。账房之设多见于清代北方一些书院,其职责明确,主要是管理院中收支账目,向监院、首事或董事负责,核账发现贪污冒领行为,除赔偿罚款外必择公正之人另代。

财帛。财帛之设见于清代龙门书院,主管院中账目,类似会计。

礼书。礼书之设见于清代仰山书院,主管院中账目,类似会计。

为了搞好饮食、卫生、门卫,以及有关课试、祭礼、保管财产、收取田租等一应事务,各书院还设置了后勤杂务方面的职事。这类职事,类似今天的员工,其任职以勤谨可靠为基本条件,一般由首事公择,不称职者随时可以撤换。由于工作需要,这类职事大多常年住院,所领工资,叫作"工食钱""工食银"。他们的身份、地位,属于书院组织结构的下层成员。

学生自理自治并参与书院管理乃至教学工作,是书院管理制度的一大特色。这方面的职事设置始于宋代。堂长、学长在有的书院即是学生首领,管干、司计、掌祠、掌书、典谒、司录、经长等多在学生中择优选拔,这些担任职事的学生被称作"职事生员"。各职事选拔的标准根据职责的要求,可以是成绩优秀、老成持重、善于理财、长于交际、学有专长等。任职之期则视工作好坏而定,体现出书院任人唯贤的用人原则。一般来讲,这些职事生员能获取类似职务津贴的"贴食钱""辛资"等。有关祭祀典礼的临时职事也由在院诸生担任,与此相类似,历代多有书院进行以"习射"为主的军事训练,习射之时也有规定的仪典,称作"射仪"。射仪所设职事概由诸生充当。如明代常熟虞山书院即设有通唱、司正、副司正、市侯、司旌、司鼓、司钟、司丰、司爵各 1 名,请射、约矢各 2 名,乐生 4 名。这类职事的名目很多,这里不再举例。

学生自治中最主要、设置最多的职事是斋长。斋长之设起于分斋管理学生的古代官学。南宋以后,书院亦设此职,如创建于淳祐三年(1243)的潮州韩山书院定额招斋生 20 名,设"斋长"四名。斋长一般从住院生徒中选择品行端正、老成持重、学业优秀者担任,其职责主要是稽察考勤,劝善规过、辨疑析难,同时帮助管理财产、图书,协办考试事务、发放膏火奖资,甚至稽核斋夫等员工。其地位宋元时期在同属学生首领的堂长之下,明清以来斋长之上基本不设堂长,直接向山长或监院、首事等负责。同其他职事生员一样,斋长也领取相应的津贴。明清时期,有些大的书院设有"副斋长""协理斋长"等,以协助斋长工作。如清代岳麓书院即设协理斋长。光绪年间江苏江阴南菁书院"于课生中择最优者为正斋长,次为副斋长"(民国《江阴县续志》卷六《书院》)。还有的书院由于事业的需要,设立专职斋长,如黄彭年在正谊书院另辟学古堂,"聘学长雷深之先生主讲席。高才生胡君玉搢、章君钰为斋长,任典守渐陶之责"(民国《吴县志》卷二七),又选拔"吴生寿萱为算学斋长,示有专家"(民国《吴县志》卷二七)。斋长一职,由士绅担任,实为书院的行政管理人员。如清代直隶(河北)东光县观津书院"择公正斋长二人","经理书院租资账目"(光绪《东光县志》卷四)。道光二十一年(1841)唐县所订的《唐岩书院条规》规定,设斋长四人,"书院一切事宜,斋长分季管理"(光绪《唐县志》卷四)。轮班当值的斋长叫"值季斋长",又称"经营斋长"。

司纠。司纠类似今天的学生寝室长,掌稽察生徒善过,择老成者担任。清光绪二十四年(1898),开封明道书院助讲兼监院杨仲唐订《明道书院学则》:"每斋或四人或五人,必择老成持重者一人为司纠,稽察一斋诸友之善过而登记之,己之善过又赖同斋诸生纠察之。以斋房不在一院,恐监院、斋长不能遍及也。"

院长。院长由学生担任,并且只管理行政事务,事属特殊,仅见于清代河南上蔡县书院,其《建置与规条》规定,书院设经师1名,主持教学;书记2名,登记出纳课租兼写杂事;庄头3名,催纳课租;院长1名,则四斋长员挨次充任,"总结院中一应事务"(刘卫东、高尚志《河南书院教育史》)。

二、清代岳麓书院组织结构

为更深入了解各书院组织结构的具体情形,本书以清代岳麓书院为例,再作分析。岳麓书院的组织体系远迈元明,而臻完备。考其系统成员,有山长、监院、学长、教习、监院衙门书办、学书、首士(事)、斋长、门夫、堂夫、斋夫、看司、看碑、看书、更夫、火夫、厨子等职。

山长。清代岳麓书院所设山长负责书院的组织管理和主要教学工作,同时有权参劾约束岳麓寺庙住持僧众及附近居民,真可谓一山之长。清初,山长多由巡抚从居院诸生中选"老成者"充当,康熙以来,尤其是雍正年间进入省会书院行列之后,则按部颁标准礼聘耆宿担任,如李文炤、王文清、罗典、袁名曜、欧阳厚均、丁善庆、王先谦等,均为一代宗儒。这里要强调的是政府"以礼宾之"的举措,构筑起天下名院宾师景观的难能可贵。岳麓书院山长多有"奉诏掌教""奉谕旨留馆"之说,可谓高傲神气。考其由来,则渊源有自,除了朝廷诏令、谕旨的规定,更得力于湖南巡抚等地方长官的身体力行。兹举巡抚乔光烈礼聘王文清再任山长一例为证。

时在乾隆二十八年(1763),王文清已 76 岁高龄,寿高德重,乔巡抚依前任陈宏谋之议,作《请王九溪先生掌教岳麓书院启》,专使奉到素有"经学之乡"的宁乡铜瓦桥王府,其词恳切,礼数崇隆。又如山长罗典,他 70 岁寿诞时,湖南学政钱澧以全省儒生之长而称晚辈,恭作《罗慎斋前辈七十寿序》,以为庆贺,极词称其笃名教、崇敦朴、惩虚伪、行忠孝节义等学行道义,至有光风霁月、秋霜冬雪、钜川广泽、青天白日之比,可谓恭敬有加。

岳麓书院山长的待遇很高,其束脩、薪水、聘金、节仪、寿仪、赘仪、酒席、食米等各种名目的收入,每年在 500 两银子左右。以乾隆年间为例,"岳麓书院掌教每年束脩银三百六十两,每月薪水银七两,每年开馆酒席银四两,生辰、端午、中秋、年节每节银六两,每年共四百六十五两。或遇另延,聘仪临期酌送","每年十一个月,食米二十二石"。除此之外,还配有专门的厨师、火夫,"厨子一名,火夫一名,每月每名工食银六钱,每年共工食银一十四两四钱"(邓洪波、梁洋、马友斌等点校《城南书院志·校经书院志略》,《城南书院文献辑存》卷四)。而同期城南书院山长的待遇却要低很多,兹将两院山长收入整理列表 3-1 如下,岳麓书院山长的体尊望重于焉得见。

表 3-1 乾隆年间岳麓、城南两书院山长年收入明细表

书院	束脩	薪水	开馆酒席	生辰	端午	中秋	年节	食米	合计
岳麓	360 两	77 两	4 两	6 两	6 两	6 两	6 两	22 石	银 465 两,米 22 石
城南	120 两	60 两	2 两	4 两	4 两	4 两	4 两	16.5 石	银 198 两,米 16.5 石

到嘉庆年间,随着经费的增加,岳麓书院山长薪酬再上台阶,每年有"束脩、薪水共银四百四十四两,按季支送。聘金、起馆赘仪、酒席、三节节仪、寿仪,共银四十两,按时致送。舟资脚费、舆金杂费十二两,于续筹加款项下动支,按季致送。置备什物暨凉棚等项,约计银二十余两,于加增

膏火项下动支"(邓洪波、谢丰等点校《岳麓书院志》卷之一)。总收入在白银 516 两以上,而同期城南书院山长每年的收入只有 276 两,比岳麓书院山长少 240 两。这种差距要到道光年间城南书院改为通省肄业之所后才得以拉平。

监院。乾隆四十四年(1779),巡抚李湖建两进三间院落,以为监院住所,可见乾隆间岳麓书院已有监院。监院一般由省城长沙府、善化县、长沙县三学教官轮值充任,其地位在山长之下,管理书院财政、图书、生徒膏火奖赏、管理人员之考核与罢选等日常事务,但其主要责任还在督导生徒,考其言行,协助院长工作。也可直接与巡抚、学政联系,传达其指令,实际上又是地方政府管理书院的代表,负有监视山长的特殊使命,由巡抚颁发"岳麓书院监院官之钤记"一枚,以作书院印信,实为今日单位之公章,是岳麓书院公信力的象征。由此可知,监院是官学化的产物之一。

岳麓书院监院之设,或许始于康熙四十六年(1707)巡抚赵申乔的一纸奏疏。其时,陈际鼎任善化县学训导,以其学识引起赵申乔注意,赵申乔特疏题请分驻湘江西岸的岳麓书院,以专职掌。陈际鼎自康熙四十六年至六十一年(1707—1722)任善化县学训导 16 年。他上任不久,即因赵申乔特疏题奏,从省城训导署移驻河西岳麓书院,兼摄馆政。陈际鼎"以斯道自任,崇正学,黜浮华,慎丹黄,严课式,大湖以南人士,经其指授,获登贤书赋采芹者,后先相望",诚所谓"俎豆宫墙,顿开生面。湘兰沅芷,悉入甄陶",待其"拔擢大尹,谒选都门。诸人士之薰其德而沐其教者,不能忘也",乃请原任山长郭金门作《善化学陈公去思碑》,以纪其教泽,以表对陈际鼎的怀念,内有"与朱张一灯共照千古"之颂,评价甚高。陈际鼎在岳麓书院的身份,当事人巡抚赵申乔记作"县学训导移驻岳麓书院",郭金门称赵申乔"特疏题请分驻,以专职掌",其后,巡抚李(发甲)"复命公兼摄馆政"(《长沙岳麓书院续志》卷四《善化学陈公去思碑》)。而李文炤任山长时则称"与广文临皋陈先生共襄厥事"(《恒斋文集》卷一《岳麓书院同窗年谱序》)。可知康熙朝晚期 16 年间,陈际鼎是以善化县学训导兼摄岳麓馆政,与山长共襄院务。因陈际鼎久而有功,同治《岳麓书院续志》卷二将其归于山长之列,而作小传。光绪《湖南通志》卷一二七则称赵申乔聘陈际鼎为山长,将陈际鼎"与朱张一灯共照千古"的颂词等视,则未为不可。

继陈际鼎之后,罗士撰任善化县学训导14年(康熙六十一年至雍正十三年,1722—1735),据易宗涒《岳麓书院记》载:雍正十一年(1733),巡抚钟宝"延李君天柱为主教,以司训罗君士撰司其管钥。俾诸生读书其中,授以饔飧,资之膏火"(《长沙岳麓书院续志》卷四《岳麓书院记》)。由此可知,罗士撰继陈际鼎"兼摄馆政"之后,亦参与岳麓管理,主管书院钱粮事务。将康雍之世陈、罗两训导管理书院之事与乾隆年间善化县知县明英兼理书院及董理岳麓书院教官,领取"膳资"的记录联系到一起,则岳麓书院监院之产生、演变已然成立,宜乎乾隆四十四年(1779)由巡抚李湖正式建造两进三间院落,以为监院住所。

监院知名者有武陵贡生陈惠钧,于乾隆四十三年至五十二年(1778—1787)任浏阳县学教谕,其间"以癸卯季秋(即四十八年)奉檄监书院"(《沅湘耆旧集》卷一二二《岳麓山房东壁新开一窗,诗以记之》),留有《岳麓山房东壁新开一窗,诗以纪之》《麓山病松为樵人窃去其皮》二首五言古诗,收入《沅湘耆旧集》卷一二二。由此可知,岳麓书院监院除省城三学教官之外,外地教官亦可奉檄充任。又有戴祖暄,新化县举人,道光二十二年至二十八年(1842—1848)任长沙县学教谕。道光二十九年(1849),升任长沙府学教授,任期至咸丰五年(1855)。他任教谕期间,曾应诸生呈请,报请当局动用公帑修复院中祠庙。再如何之亨,桂阳县举人,道光十三年至二十三年(1833—1843)任长沙府学教授,任内曾据诸生呈谍,移请善化县知县讯究私取道乡祠佃规银的僧人。戴、何二监院事迹见光绪《湖南通志》卷一二七及欧阳厚均《道乡台祠田汇记》,其时当在道光二十二、二十三年。

监院由教官兼任,属朝廷正式官员,有官俸,因而在书院只领取属于补贴性质的"膳资银",从乾隆前期的董理教官到后来的监院,岳麓书院的监院是每年白银 36 两,比城南书院监院的 20 两要高出 16 两之多,这种差别要到道光年间城南书院在全省范围招生之后才得以拉平。

监院由学官兼任是为通例,但亦有变例。如乾隆十三年至二十四年(1748—1759),江西南城人邓士锦任湘潭县丞,其间,因巡抚杨锡绂"旧与友善,檄为岳麓监院"。据光绪《湘潭县志》记载,邓士锦,字太初,其家自明初即为名族,他"有行义,工祠翰"。雍正初年,邓士锦特举孝廉科。乾隆初年,邓士锦应博学宏词科罢归,荐升知县,坐公事降为县丞,到湘潭任职二十年。因与巡抚杨锡绂同乡友善,邓士锦檄为岳麓书院监院。对这种特殊情况,《湘潭县志》作了解释,"监院例以省城学官为之,越用外县丞,是不欲屈吏也。然士锦在官二十年,未尝以位卑自戚,兼善行楷书,至今人珍藏之"(光绪《湘潭县志》卷五《官师》)。

学长。学长是"新学"进入书院后增设的教职。光绪末年,山长王先谦改岳麓课程为经学、史学(包括舆地)、掌故学、译学、算学五科,前三科由山长新兼,译、算则设学长、教习主持教学,并制订规条,译学学长曾发表《岳麓书院新定译学会课程》。

教习。教习始见于王先谦主院改革时期,原则上译、算两科皆设学长、教习从业。

驿道书办。乾隆二十八年(1763),陈宏谋所订《申明书院条规以励实学示》载有此职,责任为承办书院文册。

学书。与驿道书办同期设置。

监院衙门书办。监院衙门书办之设,见同治《岳麓书院续志补编·书院各缺佃约》:"监院衙门清书、书办二缺,专管文案卷宗、赍送束脩、散给膏火银米及缮写册案等事,如有违误,由斋长呈明院长斥革,一面会同首士另招妥人,俟院长验其可用,即谕监院具文盐宪更换。"

清书书办。清书书办之设立与职责与监院衙门相同,其工作重点在新老监院移交御书楼藏书时清理库存图书及春秋晾晒图书。与其相关的还有监交。

监交。监交之设见嘉庆末年所订《岳麓书院捐书详议条款》：监院"新旧交代之时，添设监交二员。省城内现有三学，共教职六员，除新监院之同学者不派外，其余两学各派一员监交，一体具结申报。倘有遗失书籍不即行禀报著赔者，至下届交代时查出，即责令与监院各半分赔"。监交由省城三学教官中临时派充，不属常设职事。为保公正，监交不得与监院同属一所官学，如监院为长沙府学教官，则监交要在长、善二县教官中产生。

首士。首士又作"首事"，书院所有收支出纳、房舍修理、基建部署、朱张渡的管理及书院门役斋夫的招选等，都由首士具体负责。其人选一般由地方绅士公推。

斋长。斋长在住斋生徒中产生，每斋一人，或两斋一长。主要是督促诸生学习，在生徒与山长间起联系作用，同时协助监院、首士管理书院财物，稽核斋役门夫等。同治年间，又设置"协理斋长"会同斋长工作。据记载，清代岳麓、城南两书院斋长之设始于道光年间，其选取、职责及管理都有章可循："肄业人数众多，必须恪守礼法，潜心讲习。诸生朝夕共处，易于稽查。岳、城两书院请各设斋长二名，于取录正课中择其老成端谨者，由山长选定，监院具详。每月酌加膏火银一两，于上年筹备续增膏火款内动支，以昭奖励。各生童若越礼犯分，不守学规，斋长即禀明监院，详请逐出，以端士习。如斋长徇隐不报，甚至随波逐流，该监院随时禀明山长，详请更换。"（《城南书院志》卷一《布政使景、盐法道胡会详增添书院条款稿》）岳麓书院斋长最知名的是宾凤阳，湖南新政时期，他以上书王先谦院长，反对时务学堂传播康梁民权、平等之说而归于保守顽固之列。

门夫。门夫及下列堂夫、斋夫、看司等皆属岳麓书院的员工。门夫设1人，负责大门、前台、两辕门的漏湿排检、沟水疏通及本区卫生等。门夫以下各属员工，每月工食银6钱、米2斗（同治年间增至3斗），一年以12个月计算。

堂夫。堂夫一人，负责讲堂、二门、两苑的检盖、湿漏、沟水等。

斋夫。斋夫又称斋火夫，每斋设1人，一般有6人，负责各斋炊事，各司打扫卫生、保管财物之责。另外监院内外，成德堂、讲堂两旁之日新、时习斋的卫生、检修也由各斋夫分担。

看司。看司1人，负责巡视、打扫、检修半学斋及圣庙、文昌阁、崇圣祠、岳神庙、四箴亭、濂溪祠、崇道祠、六君子堂、山斋、校经堂等。

看碑。看碑1人，管理看守自卑亭、极高明亭、道中庸亭、禹碑、北海碑等。

看书。看书1人，又称"看役""书役"，负责检修、打扫御书楼，看管、晾晒书籍。

更夫。书院东西两区各设更夫1人，负责夜晚巡视打更。

厨子。厨子1人，是专门为山长做饭的员工。

火夫。火夫是为书院师生做饭的员工，类似今日的炊事员。一般各斋设火夫1人，山长专设火夫1人，全院有火夫7人以上。

以上是岳麓书院各职事的基本情况，但不同时期，其组织和人员构成均有所不同。如乾隆二十八年(1763)，巡抚陈宏谋整顿书院，核定了书院组织机构，如图3-3所示。

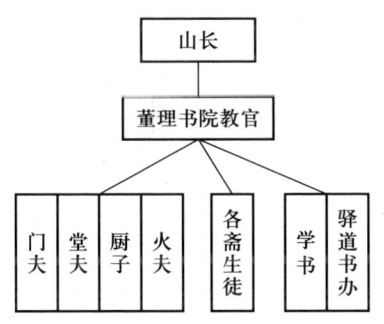

图3-3 乾隆年间岳麓书院组织结构图

同治七年(1868)大修书院后，书院组织经丁善庆、周玉麟相继整顿，更加完善，整个组织系统如图3-4所示。

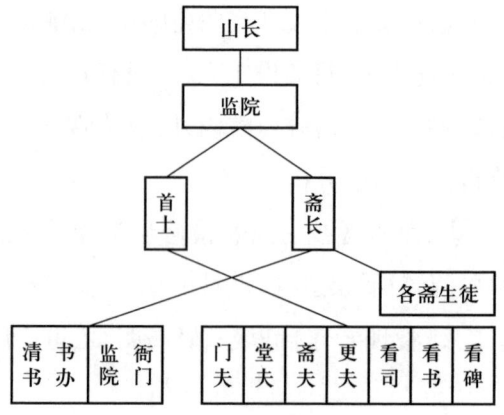

图 3-4　同治年间岳麓书院组织结构图

光绪年间,在维新变法和"新学"的影响下,岳麓书院增设经学、史学、掌故之学、算学、译学等项目,其教学组织形式随之发生变化,山长之下,设置各学科学长,其组织系统如图 3-5 所示。

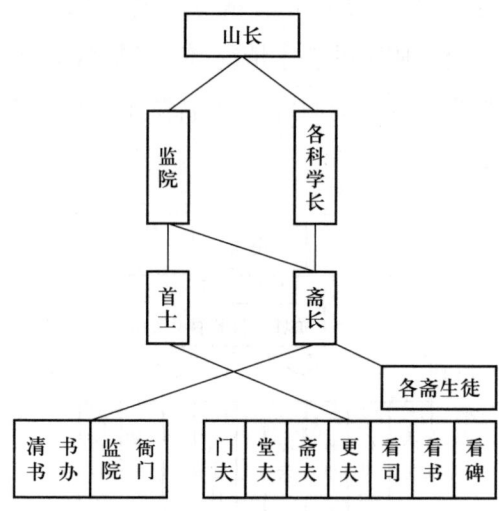

图 3-5　光绪年间岳麓书院组织结构图

第三节　官府、士绅与书院管理

一、官府的监管职能

官府对书院的监管职能主要体现在对书院人事的任命、教育规章的制定及经费的监管上。其中,官府对书院人事的监管,主要体现在对山长聘任的监管上。清初以来,官办书院由官府聘请山长是其天然规则,但尚无政策明文使之成为定制,从而未能形成普遍性的延聘规范。各官办书院往往遵循惯例,由主政官员延请学行兼优者担任山长。如江宁钟山书院由两江总督主政,其掌教"采访有文望品望,年高而精明强固、足以诲人者为之,不拘爵秩,不拘本省外省"(汤椿年撰、濮小南点校《钟山书院志》),由总督准备聘仪后交付地方官敦请。

清代对书院山长聘任制度的规范,始于省会书院制度的确立。雍正十一年(1733),雍正皇帝颁布谕旨,明确了省会书院事务由"督抚商酌举行"的大原则,但并未制定详细的运行规章。各省督抚大体沿用旧制,由督抚察访聘请省会书院山长。乾隆元年(1736),乾隆皇帝颁发新的谕旨,规定"该部即行文各省督抚学政,凡书院之长,必选经明行修、足为多士模范者,以礼聘请"(光绪《广州府志》卷三二《选举表一》)。同年,礼部议复"书院院长应行令督抚学臣悉心采访"(梁廷枏《粤秀书院志》卷九)。学政在名义上参与了省会书院院长的选任环节。如乾隆二年(1737),江西豫章书院延请院长,就由巡抚俞兆岳、学政于辰合词奏请。然而,并非所有的学政都能顺利行使这项权力。同样在乾隆二年(1737),云南五华书院在延请院长时,是由巡抚张允随和总督尹继善决定的。可见学政全面参与省会书院院长的聘请并非一帆风顺。

随着省会书院山长聘任监管制度的建立，清代又将府州县书院山长的聘任纳入监管范围，规定"府州县书院，或绅士出资创立，或地方官拨公经理，俱报该管官查核"（梁廷枏《粤秀书院志》卷一〇）。此项监管制度确立于乾隆四十年（1775），当时陕西巡抚毕沅上奏乾隆皇帝，直指府州县书院积弊。他建议应当明确各府州县官员的责任，令其"实心延访"，选拔"端谨绩学之人"为院长，并且应"严立规条，随时加意振作"（梁廷枏《粤秀书院志》卷九）。各府州县有责任将所请院长的姓名、籍贯、到馆日期信息造册，呈报巡抚、藩司察核。各守道、巡道官员则负责访察各属府州县书院的教学情况，"如有徇情延请、学行平常、不称院长之任，即行勒令更换"（毕沅《奏为西安关中书院院长范泰恒辞职延请江宁举人戴祖启继任等事》）。上疏得到乾隆皇帝的认可。乾隆皇帝随后颁布谕旨，对毕沅所设之制加以推广，责成督抚以期实济。乾隆五十年（1785）五月，四川学政钱樾建议将府州县书院"一体核实办理"，对府州县书院进行全面管理。其建议虽然遭到大学士阿桂等人的驳回，但朝廷借此明确了对府州县书院"崇简易而裨实政"的治理方针。此后，朝廷在颁发有关书院的谕旨时，多不再局限于省级书院，对府、州、县级书院也一并纳入监管范围。嘉道以降，朝廷对书院的教育体制、教育内容未再作出调整，而是一再针对日渐废弛的书院制度而下令地方督抚、学政加以整顿。

　　然而，书院讲席不得其人、规章废弛的问题并未得到缓解。道光年间，朝廷针对书院积弊多次要求整顿。如道光二年（1822），署理直隶总督松筠奏请整顿直隶境内书院，道光皇帝览奏，通谕各省督抚一体稽查。道光十四年（1834），经给事中黄爵滋发现"州县书院率多废弛，或以无品无学之人滥充山长，因循苟且，视为具文"，奏请道光皇帝继续整顿山长聘任制度。道光皇帝览奏，"通谕各省督抚严饬地方官兴复书院，选择山长"（《清朝续文献通考》卷一〇〇《学校考七》），务延有品有学者。同一时期，御史陶福增奏请责成学政稽查整顿各省书院，经部议准。此次整顿，对官府在书院山长聘任过程中过于强势的地位予以弱化，禁止上司不顾书院与地方的实际需求而采取威逼手段干预山长聘任过程的现象,同时强化了绅耆在府州县书院山长聘任过程中的地位,府州县书院建设中的社会参与程度得到提升。次年,御史豫泰奏请整饬学校以励人才,道光皇帝又令直省各督抚严饬地方官,"书院肄业生童,必须严加甄别,不得瞻徇情面,滥行去取。延请院长,必须精择品学兼优之士,不得徇情滥荐"(《清宣宗实录》卷二六九)。

同治二年(1863),出于镇压地方反清起义的需要,部分省份将府州县书院经费挪为军费,以至书院"肄业无人,月课废弛"。针对这一情形,朝廷下令各省在平定战乱后,作速将书院产业清复,或增添其经费,使之恢复养士、教士功能,以收拢人心。因此,在"中兴"以后,清代形成了一个建设书院的高潮。与此同时,清廷谕令各省地方官力除积弊,谨慎延师,此项谕令与道光十四年(1834)所颁谕令相比,反而要求强化地方官府的权力,在书院山长的聘任过程中"勿徒迁就官绅",反映出晚清地方绅权迅速扩大的趋势,以及朝廷强化中央集权的努力。光绪九年(1883),经御史陈启泰奏,又重申书院院长由地方官绅自行延访品学兼优之人,上司不得干预。可见,内忧外患的清政府已无力恢复对地方书院的全面掌控,不得不承认地方士绅对书院的管理权。

清廷在嘉道以降如此三令五申,一方面显示出对书院教育制度的重视与维护,试图在战争结束后恢复各地书院养士、教士的功能,打造"中兴"之象;另一方面展现出晚清书院积弊甚深,清廷选择以恢复旧制的方式革除积弊,而未能改变书院的教育内容与规章制度,使得晚清书院政策的发展滞后于"内忧外患"形势的需要。直至甲午战争以后,全面变更书院之制,并且建立近代化的学校制度才正式提上日程并付诸实施。

二、捐助议叙制度

清代对不同层级的书院采取了不同的支持政策。雍正十一年

(1733),各省奉旨建设省会书院,官方拨给帑金、公项直接参与建设。而对于分布广泛、数量繁多的府州县,以及乡村、家族等书院,虽未直接投入财政经费加以扶持,但通过捐助奖叙制度鼓励民间捐资兴学,带动了地方书院建设的繁荣。

中国古代长期存在捐纳制度,这是朝廷为提高收入而采取的一项弊政。捐助不同于捐纳,捐助是官民为兴办地方公共事务、公共工程而捐给财物的行为,其资金一般不流入国库,专为所助事项所设,是完善官方基层治理能力的有力补充。为奖励乐善好施之人,雍正皇帝在雍正十一年(1733)发布上谕,令各省督抚留心访察,"其捐助多者,着具题议叙。少者,亦着地方大吏给予匾额,并登记档册,免其差徭"(《世宗宪皇帝实录(二)》卷一三一)。在议叙政策的引导下,"各省绅衿士庶经督抚题请奖励,从优议叙者甚多"。议叙政策对地方的书院建设起到明显带动作用,乾隆以降,各省督抚为建设书院的官民题请议叙的奏疏逐渐增多。如乾隆四年(1739),安徽巡抚孙国玺疏称,"亳州捐职州同王庆泽捐谷赈济,并书院义学等项,捐输地亩房屋共计银八千两,照例题请议叙。"部议准其所请,王庆泽"以应得之缺不论双单月即用"(《高宗纯皇帝实录(二)》卷九七)。

因新制初创,对捐助者的奖励政策一度参考捐纳事例拟定。乾隆二年(1737),因捐纳事例一度停止,陕西道兼江南道监察御史郭石渠奏请变通捐助议叙之例,"其现在有职衔之官员,只许量所捐之多寡加其品级随带任所,不许即选即升。无职之贡监,只许量所捐之多寡,加以应得之职衔,给与顶戴荣身,不许归班选用。至于革职捐助之员,必实系事属因公,审无赃私者,方准复还职衔,给予原品顶戴"(张廷玉《澄怀园文存》卷四《议复好善乐施奖励叙用疏》)。大学士张廷玉等考虑到降低奖叙待遇恐怕不利于劝善,将之驳回,并重申了奖励地方修城、筑堤、义学、社仓等公事的奖叙政策,令地方官秉公详查,申报督抚具题请旨。乾隆四年(1739),吏部议复工科给事中朱凤英条奏,确定了捐助奖叙政策的题报流程:

> 嗣后各绅衿士民,乐于捐输,应行议叙者,务须核实具题,并饬地方官出具并无浮冒印结,系赈济则报户部,工程则报工部,核实相符,再行会同吏部议叙。倘有抑勒助捐,及以少报多者,一经发觉,悉照定例,除本人不准议叙外,将题请之督抚、申报之地方官一并从重治罪。(傅恒《题覆霍邱县捐贡张希载捐入颖郡书院田地应准议叙》,乾隆十九年四月十一日)

对于捐助应区别于捐纳的意见,朝廷酌情加以考虑,在后来确定了捐助的奖叙标准。乾隆二十年(1755)议准:

> 士民捐输社仓稻粟捐至十石以上,捐资修城银十两以上,给以花红。谷三十石以上,银三十两以上,奖以匾额。谷五十石,银五十两以上,申报上司递加奖励。捐谷三四百石,银三四百两,据实奏请,给以八品顶戴。如本有顶戴人员,于奏请时声明,听部另行议叙。其有捐资不及十两者,与出资较多之人,无论捐资多寡,将其姓名银数,统行勒石,以垂永久。捐至一二千两及三四千两者,题请从优议叙。其议叙顶戴人员,令该督抚查明年貌籍贯三代履历,造具清册,送部填写执照,封发该督抚转给该员收执。遇有开捐事例,准其照捐职人员之例一体报捐。(昆冈等《钦定大清会典事例》)

嘉道年间,因地方政府财政困难,公共工程愈加依赖地方官民捐助,清廷因此继续丰富捐助议叙章程,将奖叙的标准放低,以鼓励地方官民踊跃捐输。随着捐助议叙制度的完善,地方督抚为捐助书院者题请议叙有了明确的制度依据与参照标准,鼓励地方官民或以一人之力,或集众家之产,为书院捐资助学。如乾隆十五年(1750),歙县捐纳候选府同知徐士修独立捐修徽州紫阳书院墙垣、石坊、道路等,新添学舍60间、厅堂大小5所、小亭2座、厨房等项,用银3 172两。又捐银12 000两解交府库发典生息,以资书院膏火。经徽州府、歙县查勘核验后,出具并无浮冒印结,交布政使详送安徽巡抚卫哲治会同两江总督黄廷桂合词具题请旨。经户、工二部查核酌减,徐士修实共捐银15 050两。道光五年(1825),陕西整顿35所厅州县书院,不少急公好义之人为书院捐修宇舍,加增膏火。各厅州县将官绅士庶捐输书院银钱数目开具清册,造送藩司鄂山复查,详请巡抚卢坤具奏奖励。因捐助300两以上者才须请旨,因此卢坤在奏疏之后所附的清单中,列举了捐助300两以上的绅士耆民,合计有26人之多。

捐助议叙制度是清代地方书院达成普及性建设成就的制度保障。在清中叶国力强盛时,凭借官府之力与社会捐助共同促成书院建设的繁荣局面。在嘉道以降国力逐渐衰微时,捐助议叙制度又成为弥补官力衰弱的强势力量,帮助书院建设持续推进。尤其是在晚清"同光中兴"之际,书院能够在内忧外患的局面中超高速发展,实得益于捐助议叙制度对民间力量的吸纳、引导作用。

三、士绅参与管理

清代省级书院的各项事务往往由官府主导,罕见社会力量参与管理。而府州县书院在官办绅助式的建设模式下,能够吸纳地方士绅参与管理书院事务。在历经"康乾盛世"以后,清朝在嘉庆、道光间步入中衰,官力已难以在府州县书院中保持绝对优势。并且由于政治腐败与制度废弛,书院建设积弊重重。如书院院长的延请请托盛行,教席不得其人;书院生徒的择取不遵章法,名额泛滥;有的院长遥领教席,并不到馆;日常考课虚应故事,甚至有长期停课者;还有的书院经费横遭贪墨,不仅无法支应日常开销,连书院建筑、器用的维护也难以保证。书院房舍倾圮者有之,生徒枵腹应课者亦有之。

　　有鉴于此,有识之士纷纷提倡整顿,以期扭转书院发展的颓势。清朝最高统治者多次以谕旨的形式下令整顿书院积弊,展现出对书院建设的重视。为了解决书院在运转过程中暴露出的弊端,尤其是对于府州县书院院长延聘不得其人的问题,道光皇帝规定了"各府州县院长,由地方官会同教官、绅耆公同举报""概不得由上司挟荐"的制度(《大清会典事例》卷三九五《礼部》)。这主要是针对过去形成的完全由官府主导书院事务的体制而提出的改良方案,希望引进民间力量与官府合作共治。

　　道光皇帝整顿书院的谕旨颁布后,得到了地方书院建设者的响应。如湖南长沙府醴陵渌江书院,始建于乾隆十八年(1753),是一所官办县级书院。其山长聘任,历来由"上宪札荐",即由县令或者更高一级的地方官员决定其人选,醴陵地方绅民的话语权不多。道光十四年(1834)禁止地方书院山长由"上司挟荐"的谕旨颁布后,短期内并未改变渌江书院山长的聘任情况,上司仍然具备相当大的影响力。因此,道光十六年(1836)渌江书院山长讲席空悬时,就是由湖南巡抚吴荣光决定由左宗棠担任山长的。这种选聘方式虽也能招来德才兼备的山长,但总体而言屡遭醴陵地方绅民诟病。故左宗棠初来此地时即感叹,"前数年间,讲席未得其人,黠者益其奸,拙者诲之惰,少年无俚之人,竟以訾薄相长益,以故父兄少娴礼教者辄以子弟入院为非幸事"(《左宗棠全集》第十册《上贺蔗农先生》)。因此,醴陵士绅要求改变这种单一的山长聘任制度的呼声愈发强烈。

　　追本溯源,官府能如此牢固地掌握山长聘任权,除了背后的政治权力,还有来自经费层面的动因。乾嘉年间,醴陵地方绅民先后为书院捐置了大量田产,以供书院常年经费开支之用。具体来看,乾隆朝书院田产的主要捐赠者是知县,而嘉庆以后则是以地方绅民为主。乾隆以来,这些学田的经营管理权由县儒学和礼科掌管,但未形成专门的经费制度规条,以至在后来出现了管理混乱的情况。地方士绅见此弊端,在道光十年(1830)向县令提出了参与学田经营管理的要求,最终通过首士一职参与了书院学田的经营管理。到咸丰以后,首士经管学田的权责被写入书院的《束脩规条》,成为定制。《束脩规条》对首士的选取、任期及职责作了规定,详细而全面。其职责涉及学田收租、折价易银、管理佃户、看护田产、管理支出等事务,可以说已经全面参与学田的经营管理,醴陵地方士绅争取学田经营管理权的行动获得了成功。

当地方士绅对书院经费的监管力度增强后,分享山长聘任权的要求也将更容易实现。仍以渌江书院为例,咸丰以前,因渌江书院山长的薪资水平较低,发生了"屡致讲席空悬"的情况,因而到咸丰六年至八年(1856—1858)时,醴陵知县崔斌再次发起了捐赠书院学田的倡议。崔斌此次率先捐出养廉银400两,置田2硕8升正。同时,他劝邑绅潘祖垓等捐书院束脩田共19硕以上,妥议章程,酌增山长束脩钱140串。此时,山长束脩的来源中,知县捐俸的占比已下降至一半以下。在邑绅与知县的共同商定下,制定出了新的山长聘任规则:

> 经崔邑侯详定,由邑尊与首士聘请。首士必先年具聘仪,请邑尊函学关敦请山长。而山长次年仲春初旬起馆,首士务宜衣冠整肃,率诸生上学,以示殷勤。(文蔚起等修、刘青藜等纂《渌江书院志》)

在新的规则中,由醴陵当地士绅组成的首士扮演了重要角色,与县令共同分享了山长聘任权。但此时尚未以章程的形式形成定制。因此,醴陵士绅仍坚持不懈为之努力,在同治二年至四年(1863—1865),终于由县令张玉森批准了《募捐择聘公禀》,并上报到府宪、藩宪申详立案,"嗣后聘请,任自访延"。如此这般,醴陵士绅与地方官府共享了山长的聘任权。

总之,民间力量以首士、董事、绅董等形式参与书院管理,道光以降愈发普遍。许多书院改订章程,由官府与士绅共享山长的延聘权、经费管理权等。如云南广南府培风书院,"山长向由府县两土司公捐银两以作束脩,绅士自不应预议,在历任公祖延请,不过情面荐托,山长到馆亦不过因循于事,故百余年来科目寥寥"(嘉庆《广南府志》卷二)。嘉庆年间,书院改革山长延聘章程,"必择素悉品学兼优,勤于教诲,且非科甲出身者不得延请"(嘉庆《广南府志》卷二)。书院的改章顶住压力,主事官员"虽拂宪意而不惜"(嘉庆《广南府志》卷二)。其后,书院形成"绅士管事"的体制。道光年间,因本地人才日多,又调整为"采访公论,即延本地科甲主讲"(嘉庆《广南府志》卷二)的制度。若地方官碍于情面,仍旧自行延请,则须官捐山长束脩,不得动支书院生息银两。又如直隶定州定武书院,咸丰七年(1857)新议章程,"书院连年废弛,皆因山长多来自权要。今书院一切事宜,既议归绅士经管,嗣后山长亦归绅士延聘,务期士林能收实益。倘仍有瞻徇情面,暗受请托,或山长受聘而不到馆,及到馆而不久于其事,所有一年脩脯,着落监院与众绅士罚赔。如当道有情荐山长者,即抄呈条规,公同力辞,不得再蹈覆辙。""书院一切事宜,经官绅议定,俱由绅士经理。所有董事分监院、营造、催收、支发,各司其事。俱要实心经管,勿许推诿懈怠。"(王榕吉《定武书院新议经理章程》)

尽管聘任府州县山长的权力在总体上有一个下移的过程,但地方长官凭借其权力资源,仍然可以操控其事。然而他们毕竟要受地方公论的约束,民间士论多少可以影响山长的选任和任期。这就是"若有品望不孚众论者,不得延请"(嘉庆《广南府志》卷二)的意义所在,它体现的是"公论",即民间士绅力量参与书院管理的有限的自主权,尤其是那些书院田产也归书院首士管理掌控的书院,这种权力已经达到了足以限制官势的地步。这是一种进步,是封建专制制度下透出的一线民主之光。或许,此则正是书院在自身腐败日重,且受外国侵略与长期内战双重灾难的情况下,仍能延绵而保持一定发展速度的原因所在。

复习思考题

1. 试述书院对山长的选聘要求。
2. 试述书院学长的职责。
3. 试述书院监院的职责。
4. 试述生徒参与书院管理的职事设置有哪些。

延伸阅读

1. 李久学:《宋代书院山长研究》,湖南大学博士学位论文,2020。
2. 朱汉民、邓洪波:《岳麓书院史》,长沙:湖南教育出版社,2013。
3. 朱汉民:《湖湘学派与岳麓书院》,北京:教育科学出版社,1991。

第四章　书院教学制度

[本章导读]

　　中国书院是独具特色的文化教育机构。从唐中叶开始至晚清教育改制，书院作为一种主要的文化教学组织延续了一千多年。一方面，书院通过培养高级专门人才、传播和创新高深学问，培育了具有典型中国特色的书院精神，这是一种经过千余年的传承与创新而形成的独具特色的文化教育价值取向；另一方面，书院在长期办学的历程中，形成了一套具有中国传统特色的教育体制、管理制度和教学方法，并且受到宋以后社会各界的广泛重视与支持。书院精神和书院制度的紧密结合，使书院成为中国教育史上最具特色、最有地位的教育机构，对中国传统文化的发展作出了极其重要的贡献。

　　中国书院和以前的私学有很大的区别，表现出一种制度创新的特点，以便能更充分地体现出书院精神。书院在教学管理方面形成了一套十分完备的制度。譬如，为实现"讲学明道"的办学理念，书院可以邀请不同学术流派的学者前来讲学，会讲与讲会是最为典型的"讲学明道"制度；为了体现出价值关怀与知识追求相统一的书院精神，书院形成了一种师生之间、生徒之间问难论辩的教学制度。在这些教学活动中，生徒可以平等参与学术讨论，不仅对学者的学术研究有极大的推动作用，生徒也能在参与中得到启发与影响，继而走上学术研究与传播之路。尤其值得注意的是，为了保证教学、治学等正常学习生活的需要，大多数书院均制定了作为生活与学习准则的学规与章程，这些规章能鲜明地体现出价值关怀与知识追求统一的书院精神。

第一节　书院教学管理

制定学规、章程,规范和约束书院师生的言行举止,劝善规过,提升品位,是书院教学管理的重要内容。

一、书院学规与章程

书院学规,也作规约、学则、规式、揭示,已知最早出现的是吕祖谦的丽泽书院学规。各书院学规的内容因时因地因院而各不相同,包罗甚广,约略而言有三端:一是确立办学宗旨,宣示书院教育的方针,为诸生树立鹄的,为同仁确立目标,以期立志高远,养成正确的人生理想。二是规定进德立品、修身养性的程序和方法,多理性分析与规劝,更重日用伦常规范的建立,为学者提供更多至善达德的帮助。三是指示读书、治学的门径和方法,多为山长半生攀登书山、畅游学海经验的总结,言出肺腑,语凝心血,无论正面的引导,还是反面的戒饬,皆得视作书院教育实践经验的理论结晶。

书院章程,又作规程、学榜。南宋徐元杰的《延平郡学及书院诸学榜》是现存最早的章程,但与官学共享,相比之下,稍后的《明道书院规程》则更加纯正。与学规的远大追求不同,章程强调细密的做法和可操作性,内容涉及招生、考试、奖惩、平日功课、教材、簿书登记、祭祀仪式、讲学方法、请假、经费等,皆是具体而硬性的规定,意在从各个侧面来维系书院的正常运作。它是书院制度具体而生动的反映,也体现书院管理水平的高低。

以下择要介绍《白鹿洞书院揭示》、丽泽书院学规的情况,以便了解书院规章制度建设的情况。

1.《白鹿洞书院揭示》:理学家高扬的书院精神

《白鹿洞书院揭示》,又名《白鹿洞书院学规》《白鹿洞书院教条》《朱子教条》,由朱熹制定。淳熙七年(1180),白鹿洞书院完成重建,朱熹以南康军长官,率僚属及院中师生行开学礼,升堂讲说《中庸》首章,并取圣贤教人为学之大端,揭示于门楣之间,作为院中诸君共同遵守的学规。这就是著名的《白鹿洞书院揭示》(《宋元学案》卷四九《晦翁学案下》,以下简称《揭示》),全文如下:

父子有亲,君臣有义,夫妇有别,长幼有序,朋友有信。

右五教之目。尧舜使契为司徒,敬敷五教,即此是也。学者学此而已,而其所以学之之序,亦有五焉,其别如左:

博学之,审问之,谨思之,明辨之,笃行之。

右为学之序。学、问、思、辨四者,所以穷理也。若夫笃行之事,则自修身以至于处事接物,亦各有要,其别如左:

言忠信,行笃敬,惩忿窒欲,迁善改过。

右修身之要。

正其义不谋其利,明其道不计其功。

右处事之要。

己所不欲,勿施于人。行有不得,反求诸己。

右接物之要。

熹窃观古昔圣贤所以教人为学之意,莫非使之讲明义理,以修其身,然后推以及人,非徒欲其务记览、为辞章,以钓声名取利禄而已也。今人之为学者,则既反是矣。然圣贤所以教人之法具存于经,有志之士固当熟读深思而问辨之。苟知其理之当然而责其身以必然,则夫规矩禁防之具,岂待他人设之而后有所持循哉!近世于学有规,其待学者为已浅矣,而其为法,又未必古

> 人之意也。故今不复以施于此堂,而特取凡圣贤所以教人为学之大端,条列如右而揭之楣间。诸君其相与讲明遵守而责之于身焉,则夫思虑云为之际,其所以戒慎而恐惧者,必有严于彼者矣。其有不然,而或出于此言之所弃,则彼所谓规者必将取之,固不得而略也。诸君其亦念之哉!

《揭示》首先以儒家的"五伦"立为"五教之目",并强调"学者学此而已"。非常明显,《揭示》将传统的人伦之教作为为学的目标,是针对"务记览、为辞章,以钓声名、取利禄"这一情况提出来的,具有很强的现实性。并且《揭示》明确指出,尧舜时代之"敬敷五教",就是做此事情的。这是用《尚书》标举的施行人伦教化于民众的事迹,表明书院的教育目标不仅仅在士人个人的道德修养,还有传道而济斯民的更高诉求,它是一个由道德、伦理、济世三者组成的共同体,相对于科举学校之学来说,体现出一种很特殊的、浸透了理学家的教育理念的书院精神。

指出为学的方向之后,朱熹又提出了学、问、思、辨、行的"学之之序"。前四者皆为"穷理"之法,属于学习方法,行即是践履。这表明,理学家已经将实践也看作"学"的一项内容了。更进一步,《揭示》在学、问、思、辨之后,从修身、处事、接物三个方面分解"笃行之事",显示出强烈的道德实践的倾向。

我们可以看到,《揭示》针对当时务记览、取利禄的学风,回归传统,将"学"定义于五教五伦,并提出为学的目标和程序。经过如此重新定义,"学"就落实到了现实的人伦世界,而维持人伦世界的秩序就变成了"学"的最终目标。为达此目标,必须穷理而笃行。也就是说,穷理和笃行构成"为学"的两大部分。两大部分中,《揭示》只点到学、问、思、辨,而详述"笃行",这表明书院对蕴含经世之志的道德践履的高度重视。这是典型的理学家的教育理念,和张栻在岳麓书院提出的"岂将使子群居族谭,但为决科利禄计乎?抑岂使子习为言语文词之工而已乎?盖欲成就人才,以传斯道而济斯民也"的教育宗旨,以及体察求仁的方法、分辨天理人欲的讲求等,如出一辙。它所反映的正是他们所高扬的经世济民、传道济世或传道济民的理学精神。

《白鹿洞书院揭示》后来成为书院精神的象征。先是,绍熙五年(1194)朱熹任潭州知州重建岳麓书院,将《白鹿洞书院揭示》移录其中,史称《朱子教条》,传于湖湘。淳祐元年(1241),宋理宗视察太学,手书《白鹿洞书院学规》赐示诸生。其后,或摹写,或刻石,或模仿,遍及全国书院及地方官学。于是,一院之"揭示"遂成天下共遵之学规。而随着中国书院制度之推广,它又东传朝鲜、日本,不仅在当时被奉为学规,至今尚有高揭而作为校训者,可见其影响既深且远。

2. 丽泽书院学规:书院倡导的行为规范

吕祖谦的文集中《学规》所收五种丽泽书院"规约",记录了他6年时间内对书院制度化建设所作的贡献。第一个是《乾道四年九月规约》,提出"以孝弟、忠信为本"。第二个是《乾道五年规约》,"以讲求经旨,明理躬行为本"(《东莱吕太史集》别集卷五《学规》)。以上是学规的主体。第三个是《乾道五年十月关诸州在籍人》,是为分散在各州的在籍人士所定的通信问学、互商学行的规矩。当年十月,他离开丽泽书院,赴任严州州学教授。次年,升太学博士,曾回家乡,与诸生会讲丽泽,并订立第四个规约,即《乾道六年规约》,共七条,属补充性质,内容皆关家庭道德、士人行为举止。第五个是《乾道九年直日须知》,集中讨论吊慰、丧礼、祭钱、赙仪等问题,都是丧葬礼仪,这与第三个规约的部分议题重复,但内容更周详具体。本书谨移录前两个规约如下。

乾道四年九月规约

凡预此集者,以孝弟、忠信为本。其不顺于父母,不友于兄弟,不睦于宗族,不诚于朋友,言行相反,文过饰非者,不在此位。

既预集而或犯,同志者规之;规之不可,责之;责之不可,告于众而共勉之;终不悛者,除其籍。

凡预此集者,闻善相告,闻过相警,患难相恤,游居必以齿,相呼不以丈,不以爵,不以尔汝。

会讲之容,端而肃;群居之容,和而庄。(箕踞、跛倚、喧哗、拥并谓之不肃;狎侮、戏谑谓之不庄。)

旧所从师,岁时往来,道路相遇,无废旧礼。

毋得品藻长上优劣,訾毁外人文字。郡邑正事,乡间人物,称善不称恶。

毋得干谒、投献、请托。

毋得互相品题,高自标置,妄分清浊。

语毋衷,毋谀,毋妄,毋杂。(妄语,非特以虚为实,如期约不信、出言不情、增加张大之类,皆是;杂语,凡无益之谈皆是。)

毋狎非类。(亲戚故旧,或非士类,情礼自不可废,但不当狎昵。)

毋亲鄙事。(如赌博、斗殴、蹴鞠、笼养扑鹑、酣饮酒肆、赴试代笔及自投两副卷、阅非僻文字之类,其余自可类推。)

乾道五年规约

凡与此学者,以讲求经旨、明理躬行为本。

肄业当有常,日纪所习于簿,多寡随意。如遇有干辍业,亦书于簿。一岁无过百日。过百日者,同志共摈之。

凡有所疑,专置册记录。同志异时相会,各出所习及所疑,互相商榷,仍手书名于册后。

怠惰苟且,虽漫应课程,而全疏略无叙者,同志共摈之。

不修士检,乡论不齿者,同志共摈之。

同志迁居,移书相报。

凡"同志"而又"同学"于丽泽者,不论身在何处,或亲身预集,或通信联系,从此就变成了一个具有相同理念(同志)的团体,也就是说,书院的概念已不仅仅局限在院舍之内,以丽泽同志而可作相当大的延伸。此外,学规虽然也讲"孝弟、忠信""讲求经旨",但其落脚点在"明理躬行",强调的不是学术、学理本身,而是学术思想指导下建立的日用伦常准则,是如何身体力行去做,去实践。院中同志"闻善相告,闻过相警,患难相恤",彼此规劝,意在能实践所学。为了做到这一点,甚至不惜摈弃与开除不合格者。它所反映的是一种典型的道德实践的理学教育理念。

丽泽书院学规的特点是"范其体",与《白鹿洞书院揭示》五教之目的"事其心"相辅相成,正好可以互为补充。因此,稍后便有人将二者合而并行,称作"朱吕学规"。如《陆象山全集》卷三五《语录》中,记有陆九渊批评许昌朝集"朱吕学规"教金溪县学诸生一事,而魏了翁《跋朱吕学规》则对二规异曲同工之妙大加赞扬。正反两面的事例,正好说明上述两个"异训而同指,异调而同功"的学规在当年就产生了很大的影响。

二、书院课程内容

书院新生入学后,大多数书院都定有功课表,规定每天的学习内容和时间安排,称作"日程""日课"。与述"朱吕学规"一重精神的指引、一重行为的规范不同,徐元杰的"日习例程"则将教材、考试等落实到了每天的课程之中。南宋绍定五年(1232),徐元杰以状元之身任延平州知州,秉承"郡政以学化为先"(《楳埜集》卷一一《延平郡学及书院诸学榜》)的理念,一月一日聚于郡学或书院,"亲扣"诸生"每日所习何事,所读何书,所作何文","凡所讲习,当先就本心本身上理会",使之自觉而改不善,自知而充所觉,自爱而守所知,又提出以孝悌为务本之学,"望人以君子之归,示人以仁者之事","盖不但逐逐乎科举俗学而已"(《楳埜集》卷一一《延平郡学及书院诸学榜》)。可见,他与朱吕一样,有着大体相同的理学教育理念。所不同的是,他更加关顾日常的教学课程,将其理念具体落实到士友"所当习之业"(《楳埜集》卷一一《延平郡学及书院诸学榜》)。因此制定了一个郡学、书院诸生都要遵守的"日习例程"。谨将其全部条文移录如下:

> 早上文公"四书",轮日自为常程,先《大学》,次《论语》,次《孟子》,次《中庸》。六经之书,随其所已读,取训释与经解参看。
>
> 早饭后,编类文字,或聚会讲贯。
>
> 午后,本经、论、策,轮日自为常程。
>
> 晚读《通鉴纲目》,须每日为课程,记其所读起止。前书皆然。
>
> 每月三课,上旬本经,中旬论,下旬策。课册待索上看,佳者供赏。
>
> 学职与堂职升黜,必关守倅。

以上六条,除了一条讲学生考试,一条讲教职人员考核之外,其余皆是学习"常程",类似今日大中小学的课表,涉及教材、教法、课程安排,最能反映当年书院制度化的教学常态。这个课程表载于《延平郡学及书院诸学榜》,是制度化的产物。从中我们也可以看到书院自学为主的教学特色,以及"聚会讲贯"的课堂教学形式。文天祥为咸淳八年(1272)创建的江西兴国安湖书院作记时也有"置进学日记,(县)令躬课其业,督以无怠"(《文山集》卷九《赣州兴国县安湖书院记》)的记录。这些记录表明,宋代后期,书院实行"日课"制度已不是个别现象,而郡学与书院共用一个课程表,也透出了当年书院开始官学化的信息。

明清书院的日课已成普遍现象。日课即平时学习的考核,是通过学生登载日记、山长查看、对照检查,看其是否与所记相符这一程式来完成的,因此就出现了日课簿、日程簿、日记簿、日记册、行事日记册、读书日记册、功课本、课册等一系列名目的考课。这些簿记的内容,以学业为主,但也不排除平日言行。万历二十年(1592),吉安知府汪可受制定的《白鹭洲书院馆例》,其中一条就是"诸生各立日课簿,每日将用过工夫登簿内,或看经书若干,或读论、策、表若干,或看《通鉴》《性理》若干,或看程墨及时艺若干,或看古文若干,各随意见力量,但要日有日功,月不忘之。本府将不时抽签稽查"(刘绎《白鹭洲书院志》卷二《白鹭洲书院馆例》)。这种登记课业、不定期的随意抽查,也是一种测试形式。它既可看出生徒所学多少、好坏,起到督促作用,具有测试的激励机制,又不十分严格、机械,生徒可以优游自适,进步于无形的约束之中。"日课按学海堂规制,分句读、评校、钞录、著述四者,句读、钞录按日无缺,评校、著述一听本生,不列课程。""诸生所读之书,或有发明,或有指驳,不论当否,无妨存入日记册中,山长考课得以就正。其平日师友讲论,亦宜注记,以备遗忘。至身心微过,笔之于书,尤资悚惕,不得以日记当呈师长,遂擿而不著也。"(《清经世文续编》卷六五《礼政五》)"自书课册,每日何时起,何时寝;讲阅何经何史,自某句起某句止,心得若干条,疑义若干条;阅西学何书,自某句起某句止,已解若干条,未解若干条;阅报几纸,其是非得失若何,其利害有关于中国否;见某人讲论何事,其言可取与否,均抄为一册。五日自行呈堂评阅,月终汇齐,由监院解学宪评阅,张榜赏罚进退。"清代后期,由于课试、命题、限定篇幅、刻期交卷、扃试糊名等考课式书院的做法已走向极端,成为制约诸生修性、向学、构辞的严重弊端时,因为日记具有"积日而求之,逐事而稽之,知其所亡,无忘所能,为者不畏其难,教者得考其实,途有程也,匠有矩也"(刘光蕡《烟霞草堂文集》卷七《味经书院时务斋章程》)等优点,就受到越来越多的书院的重视。河北保定莲池书院从光绪四年(1878)黄彭年主院时起,每日即令诸生写读书日记,每旬收呈,每月"论其得失高下",优秀日记则汇集成册,每月刊印一卷,一年肄业 8 个月,计 8 卷。自光绪五年(1879)起,共刊出 32 卷。可见,日课已成为莲池书院一种重要的考试科目。

三、清代岳麓书院规章建设

熟知书院的学规、章程,即可把握书院的精神,把握书院教育制度的本质。书院一般都有自己的规矩章程,用以约束生徒,这就是书院的学规。学规规定书院的培养目标,以及修身、养性、治学、处事、接物的准则,体现出书院的教育方针、教学方法及基本教学内容。下面以清代岳麓书院为例,具体了解书院规章制度的建设情形。

清代以前,岳麓书院见于文字的学规很少。宋代张栻的《岳麓书院记》只规定岳麓书院的教育方针。书院第一个正式学规是《朱子教条》,即朱熹的《白鹿洞书院揭示》。明代则只有"程子四箴"及世宗的《敬一箴》。但这些大多侧重思想修养,很少具体条款规定,词简意赅,富有启发,易于记诵,反映了早期书院注重"无形规范"的特点。到清代,特别是康乾之世,随着官学化程度的加深,岳麓书院的学规不断增加,对修身养性、为德治学以致日常生活行动之种种规定限制,日臻严密具体。

顺治九年(1652),书院刊立"卧碑"于明伦堂。据民国《宁乡县志·先民传》载,康熙中期,宁乡程祐祉"主讲岳麓书院,撰学约授诸生,曰《经术》《品谊》《治事》《文藻》,凡四篇,又立《为学日程十二则》"。这是清代岳麓自订规约的开始。从篇目看,这是一个全面而精细的规约,既有四大方面的规范,又有为学日程安排,可惜今已散佚。康熙五十六年(1717),李文炤总结自己以往的教学经验,参考《白鹿洞书院揭示》,制订了《岳麓书院学规》八条。

乾隆十年(1745),杨锡绂就任湖南巡抚并订学规教条以规范诸生,又著成《岳麓书院学规》四条。乾隆十三年(1748),王文清制定《岳麓书院学规》十八款及《读经六法》《读史六法》,由受业学生曹盛朝等47人勒石嵌于书院讲堂。二十九年(1764)他再度受聘为岳麓书院山长,感到前订规法有缺陷,因而再以四言诗形式作《岳麓书院学箴九首》(又名《王九溪先生学箴九首》,简称《九箴》),以为补充。在《九箴》中,他提出了

"学先孝弟""士先有守"的原则,指出"力学何为,变化气质",而其"下手要术"则在于"严肃整齐"。他又规定生徒学习的主要内容是六经和廿二史,但"礼乐兵农,经天纬地。错节盘根,用无不利"(《岳麓书院续志》卷一《王九溪先生学箴九首》),因此主张广泛学习,并力购书,以求多闻广识。

在王文清两任山长之间,旷敏本与欧阳正焕先后主持岳麓教事。旷敏本拟有《六有箴》:言有教、动有法、昼有为、宵有得、息有养、瞬有存,从昼夜、瞬息、言行各方面规矩诸生。欧阳正焕则大书"整齐严肃"四字作为岳麓院训,并作《书整齐严肃四字因示诸生》诗,以"涵养在主敬""制外以养中,主静以定性""力行我为政"等训示学子。

道光七年(1827),山长欧阳厚均将"整齐严肃"四字及朱熹所书"忠孝廉节"制碑,嵌于讲堂及轩廊两侧,又作《拟张茂先励志诗九首示及门诸子》,勉励生徒立志成才,其碑今嵌讲堂左侧。咸丰、同治年间,山长丁善庆作《取友戒》一则,授以取友、成德之法。

据统计,清代岳麓书院有学规(见图4-1)、学约、学箴、戒条等13种,共92条,数量之多,是岳麓书院历史上从来没有过的,在全国也属罕见。兹择要介绍如下。

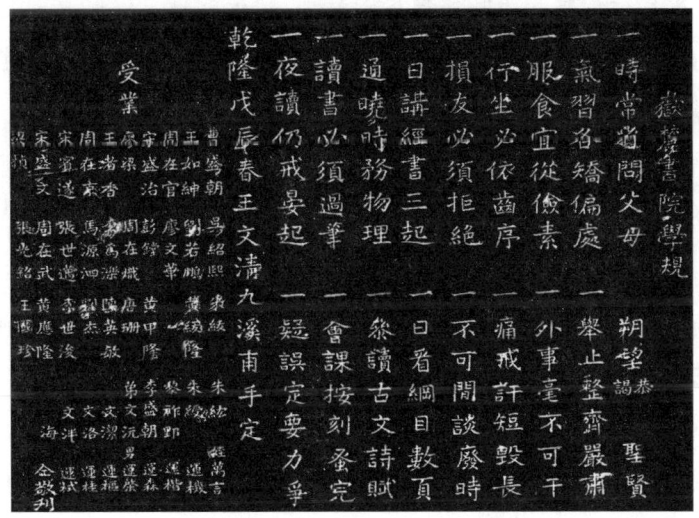

图 4-1　清乾隆年间岳麓书院学规

(一) 顺治"卧碑"

顺治九年(1652)颁立的"卧碑",作为"教条"通行全国,《岳麓书院续志·书院条规》首载其文：

生员之家,父母贤智者,子当受教;父母愚鲁或有非为者,子既读书明理,当再三恳告,使父母不陷于危亡。

生员立志,当为忠臣清官,书史所载忠清事迹,务须互相讲究,凡利国爱民之事,更宜留心。

生员居心忠厚正直,读书方有实用,出任必作良吏。若心术邪刻,读书必无成就,为官必取祸患。行害人之事,往往自杀其身,常宜思省。

生员不可干求长官,交结势要,希图进身。若果心善德全,上天知之,必加以福。

生员当爱身忍性,凡有司官衙门不可轻入,即有切己之事,只许家人代告,不许与他人词讼,他人亦不许牵连生员作证。

为学当尊敬先生,若讲说皆须诚心,听受如有未明,从容再问,勿妄行辩难。为师亦当尽心教训,勿致怠惰。

军民一切利病,不许生员上书陈言,如有一言建白,以违制论,黜革治罪。

生员不许纠党多人、立盟结社,把持官府,武断乡曲。所作文字,不许妄行刊刻。违者听提调官治罪。

应该说这是清政府强加于岳麓书院的一个渗透了封建专制主义的条规,作为省会书院,岳麓书院必须遵守。所谓"读书明理""利国爱民""尊敬先生"等,都掩盖不了剥夺生员参与政治的权利,以及限制言论、出版、结社自由等种种事实,体现了清政府的高压政策,反映出当时清廷贵族害怕明末清议朝政之风会吹燃汉族士大夫民族意识,而危及其刚刚建立的统治的不安情绪。它是政治的产物,对于发展学术和教育有百害而无一利。

(二) 李文炤《岳麓书院学规》

康熙五十六年(1717),李文炤受聘为岳麓书院山长,上任伊始,即制定了《岳麓书院学规》。李文炤(1672—1735),字元朗,号恒斋,湖南善化人。他学识博洽,多有成就,其学规基本上也就是这种精神的具体体现。学规共有八条,今抄录如下:

> 古语有之:其为人而多暇日者,必庸人也。况既以读书为业,则当惟日不足以竞分寸之阴,岂可作无益以害有益乎!或有名为读书,縻廪粟而耽棋牌者,即不敢留。至于剧钱群饮,猜令挥拳,牵引朋淫,暗工刀笔,亦皆禁止。盖鄙性拘方不能曲徇也。
>
> 诗有之:朋友攸摄,摄以威仪,无有不敬而能和者。倘或同群之中谑浪笑傲,即隙之所由生也。甚至拍肩执袂,以为投契。一言不合,怒气相加。岂复望其共相切磋,各长其仪乎!有蹈此弊者,亦不敢留。君子爱人以德,幸垂谅焉。
>
> 每日于讲堂讲经书一通。夫既对圣贤之言,则不敢亵慢。务宜各顶冠束带,端坐辨难。有不明处,反复推详。或炤所不晓者,即烦札记以待四方高明者。其相质证,不可蓄疑于胸中也。
>
> 每月各作三会。学内者,书二篇,经二篇。有余力,作性理论一篇。学外者,书二篇。有余力,作小学论一篇。炤止凭臆见丹黄,倘或未当,即携原卷相商。以求至是,更不等第其高下。伊川先生云:"学校礼仪相先之地,而月使之争殊,非教养之道。"至哉言乎!
>
> 四书为六经之精华,乃读书之本务。宜将朱子《集注》逐字玩味,然后参之以《或问》,证之以《语类》。有甚不能通者,乃看

各家之讲书可也。次则性理为宗,其《太极》《通书》《西铭》已有成说矣。至于《正蒙》,尤多奥僻,尝不揣愚陋,为之集解,然未敢示人也。诸君倘有疑处,即与之以相商焉。其程朱语录文集自为诵习可也。

圣门立教,务在身通六籍所传,六经是也。今之举业,各有专经,固难兼习,然亦当博洽而旁通之,不可画地自限。乃若于六经之内,摘其堂皇冠冕之语,汰其规切忌讳之句。自矜通儒,皆蒙师俗士之见,不可仍也。试观御纂《周易折衷》,何字何句不细心玩索,以天纵圣学而且如此,况吾辈乎。至于《周礼》,虽不列于学宫,然实周公致太平之成法,亦尝集先儒之说为传。有相质证者,不敢隐焉。

学者欲通世务,必需看史。然史书汗牛充栋,不可遍观,但以《纲目》为断。至于作文,当规仿古立宜,取贾、韩、欧、曾数家文字,熟读自得其用。制艺的以归唐大家为宗。虽大士之奇离,陶庵之雄浑,皆苍头技击之师,非龙虎鸟蛇之阵也。论诗专以少陵为则,而后可及于诸家。先律体、后古风,先五言、后七言,庶可循次渐进于风雅之林矣。

《书》言:"知之非艰,行之惟艰。"猩猩能言,不离走兽。鹦鹉能言,不离飞鸟。为士而徒以诗文自负,何以自别于凡民乎?故学问思辨,必以力行为归也。力行之事多端,惟白鹿洞揭示及蓝田吕氏乡约得其要领。他日当纂集而剞劂之,以公同好云。

李文炤是清代湖南继王夫之之后的大学问家,尊濂洛关闽之绪,而以朱子为宗,主讲岳麓,悉以修己治人为训,强调"四书",由《四书集注》到《四书或问》,再到《朱子语类》,多所讲究,还有《太极》《通书》《西铭》《正蒙》等,皆理学名著。李文炤《岳麓书院学规》具有浓厚的理学特色,此其一。其二,强调重经史,通世务,躬行实践,扶持人伦,凡"学问思辨,必以力行为归也"(《恒斋文集》卷四《学规》)。其三,注重辩难、推详、质证、切磋的教学方法,月试以书、诸经及小学,其教学训练的方式方法颇有特点。其四,主张通经而习举业,凡作文、制艺、论诗皆有讲究。需要说明的是,康熙六十一年(1722)冬,李文炤应聘次年任江西南昌豫章书院山长,因续朱子《白鹿洞揭示》与胡居仁《白鹿洞学规》之绪而作《学规》七条。后因变故而未赴任,《学规》不及实施。

(三)杨锡绂《岳麓书院学规》

乾隆十年(1745),杨锡绂就任湖南巡抚,他对岳麓书院的建设特别关心,"下车旬日,即诣书院展谒朱子、张南轩先生祠",并"进诸生申明义利之旨,晓以读书作文大意",勉励他们要"知正学,务实修,不溺于词章功利之习,而相勉于圣贤中正之途"。他认为岳麓书院"聚一省之秀肄业其中,尤为各郡标准"(杨锡绂《四知堂文集》卷二〇),必须办好才行,于是制定《岳麓书院学规》四条,规范诸生。兹摘录如下:

立志。心之所之谓之志。志,气之帅也。志在南辕者必不肯北辙,则立志要矣。后世小学之教浸失,童蒙已无养正之功,弟子稍识字义,即令学为时文,所竞者纷华靡丽,所志者利禄功名,得之则以为喜,失之则以为忧,诘以在古人中欲学何等人,终身欲作何等事业,茫无以应,岂非志之不立哉!……历观古圣先贤,未有不先立志者。矧生晚近之世,资质已不逮古人,而又不知立志,譬犹操舟而去其舵,漂泊无定,且将覆溺于波涛浩淼之中,欲其安流自在,所向必达,此必不得之数也。诸生远来肄业,口诵先儒之书,已有年所,试返此心,其果已定志于圣贤之学乎?则益加精进,益加涵养,以求至乎其极。如尚未有定志,则宜急反前日之沉迷,而力端今日之趋向。往可不谏,来犹可追。须知古来圣贤豪杰,人人可为,可惜为风云月露利禄功名之念,误了一生,致使七尺之躯,空与草木同腐。念及此,当与诸生一体通身汗下。

求仁。人生而五性具,曰仁、义、礼、智、信。而仁统四端,兼万善,尤为切要而当求。……张南轩先生作《岳麓书院记》,惓惓以求仁之旨为提揭,其嘉惠后学之心,甚为笃挚。诸生诚潜心于关、闽、濂、洛绪言,其于仁之一字,无患不明。然须是自己时时体认,方于身心有益,否则,亦口耳之学而已。……如此细心体认,加以勉强克治之功,总不肯一时放下,一事忽略,才有个见地,有个把柄,不敢在嗜欲攻取中汩没一生。诸生慎勿以为老生常谈,放其心而不知求也。

变化气质。阴阳,气也。人得之天地之气以成形。毗阴毗阳,高明沉潜,其大较也。《书》曰:"刚克柔克。"此变化之说也。士子读书,须先以变化气质为要,而变化气质却甚难……诸生肄业书院,不患不能文,所患者,不能变化气质耳。今为揭先儒两言,曰主静,曰持敬。能静则心鲜驰逐,而病痛自觉。能敬则随事捡摄,而偏私渐去。

正文体。自有制艺以来,名家林立,评选者亦指不胜屈,偶得一说,总不出古人议论之外。……今与诸生论文,亦别其为君子小人而已。夫所谓君子文者,本之经以植其根,稽之史以广其识,沉潜于宋、元、有明诸儒之绪论,以淘其渣滓,而归于纯粹。其于法律则一本先民而神明之。故其为文也,真足以阐发圣贤之精蕴,而自然不戾于绳尺。小人之文不然……同一时文,而所以为之者判若天渊,亦犹君子小人,衣冠面目未尝不类,而其居心则如水火冰炭之不相入也。愿诸生作人以君子为法,以小人为戒;作文亦力趋君子,而严绝小人。将见仁义之人,其言蔼如也,区区制艺云乎哉!

从上面两个学规中，我们可以看到顺治"卧碑"的某些强制性条文已经被冲破，如"勿妄行辩难"就被李文炤大力提倡的诸生"共相切磋"，师生"端坐辩难""反复推详""共相质证"取代。这对于岳麓书院辩难求真学风的形成产生了深刻的影响，也反映出康熙时期的书院已开始挣脱专制束缚而按其自身规律发展。但这种发展又受到"开明"的积极控制，转向于官学化道路，李氏学规中每月"三会"的形式及考课内容的规定，与官学比较，并无多少差别；杨氏学规中关于时文举业的大段论述，亦无不体现这种控制。

李氏、杨氏学规还有一个共同特点，那就是将岳麓引向朱张传统之路。李文炤不仅规定"四书"为读书"本务"，而且将《太极》《通书》《正蒙》《西铭》及程朱语录、文集等理学著作列入必学课程，而其学问思辨力行的方法则完全引用朱熹《白鹿洞书院揭示》。杨锡绂在学规引言中指出："书院之设，所以讲明正学，造就人才，处则望重于乡邦，出则泽施于人，非仅为工文藻、取科名、扬声誉已也"（邓洪波《中国书院学规集成》），这与张栻提出的教育方针如出一辙，而其求仁之旨几乎与《岳麓书院记》所提倡的完全相同。这些都反映出经过顺治压抑之后，朱张传统在岳麓书院的复活。

（四）王文清《岳麓书院学规》与《读书法》

如果说，李、杨二氏所订学规标志着岳麓书院冲破"卧碑"藩篱，从而恢复宋明传统的话，那么，乾隆十三年(1748)王文清手定《岳麓书院学规》及《读书法》，又反映出它开始受到新的学风影响，走向经史之路了。乾隆年间，朴学之风兴起，王文清受其影响，"淹贯群籍"，熟于经史，名震京师，时有"记不明，问文清"之谚，可见其功力之深。主持岳麓书院之后，他即订立规法，以其学训勉诸生。学规前九条讲忠、孝、庄、俭、和、悌、义等道德规范，后九条则规定了学习内容，提出了过笔、争疑、完课、早起等具体要求。

> **岳麓书院学规**
>
> 一、时常省问父母。　一、朔望恭谒圣贤。
> 一、气习各矫偏处。　一、举止整齐严肃。
> 一、服食宜从俭素。　一、外事毫不可干。
> 一、行坐必依齿序。　一、痛戒讦短毁长。
> 一、损友必须拒绝。　一、不可闲谈废时。
> 一、日讲经书三起。　一、日看纲目数页。
> 一、通晓时务物理。　一、参读古文诗赋。
> 一、读书必须过笔。　一、会课按刻蚤完。
> 一、夜读仍戒晏起。　一、疑误定要力争。

在宁乡《玉潭书院志》中亦可见,乾隆二十五年(1760),王文清在玉山书院任山长时,曾将《岳麓书院学规》移于玉山,所谓"始至时,同人请规条为式,予因忆曩时主讲岳麓,曾有《学规》勒石者,因录之以志于此"(《玉潭书院志》卷二)。但两相对照,发现有三点不同。一是最后多出"薄暮归舍锁门""出入禀命方行"两条,也就是说,他记忆中12年前的岳麓学规是20条,而不是18条。二是条文顺序不同,如读书与会课两条,玉山记作"会课按刻早完,读书必须过笔",次序正好相反。三是字句多有区别,如"痛戒讦短毁长"作"痛戒忌长讦短","不可闲谈废时"作"相戒闲谈废时","日讲经书三起"作"每日讲解经书","疑误定要力争"作"疑误必要力辨"。这些秩序与用词变化,显示出程度、方法的不同,相信不是记忆出了问题,而是有意作了调整。至于最后多出的"暮归"与"出入"两条,相信也是为适应玉山书院情况而作增补的可能性更大。

《读书法》是王文清治学经验的高度概括,比如读经,从正、通经义——知其然,到发现疑难,提出异议,辨明其要义——知其所以然,符合认识论的规律,实为有用的学习方法。《读书法》碑刻题作《王九溪先生手定读书法》(见图 4-2),分作《读经六法》《读史六法》两部分,同治《岳麓续志》并无总标题,而是分别题作《王九溪先生读经六法》《王九溪先生读史六法》,两相对照,内容完全一致,兹据碑刻移录如下:

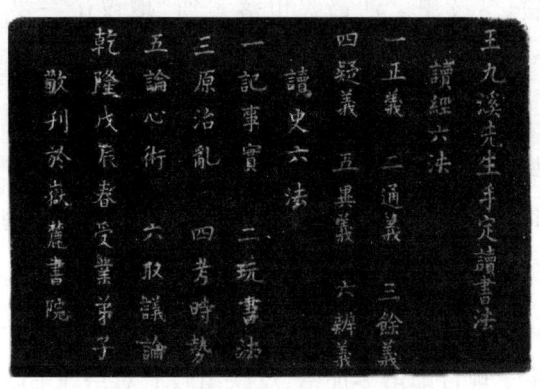

图 4-2 《王九溪先生手定读书法》

王九溪先生手定读书法

读 经 六 法

一、正义。二、通义。三、余义。四、疑义。五、异义。六、辨义。

读 史 六 法

一、记事实。二、玩书法。三、原治乱。四、考时势。五、论心术。六、取议论。

《读书法》是王文清 70 余年读书、治学经验的高度概括。以读经而言,"十三经"乃儒家两千余年裁汰积淀的产物,可谓"万世不变者",具有神圣性,遵从理解是一般的读经原则。王文清却不然,教诸生从"正义"到"通义",始得知其然,进而发现余而未尽之义,有所怀疑,提出不同看法,并辩难而形成自己的观点,此则余义—疑义—异义—辨义之逻辑顺序,由知其然而达至知其所以然,并进而跨入认识的自由王国,符合认识论的规律,此其一。其二,更重要的是追求学术自由的精神,敢于怀疑经典,正义、通义之后,犹能余义、疑义、异义、辨义,确立自己的观点,成一家之言,实属难能可贵,当可视作理解岳麓学术,乃至湖湘文化的密码。本此精神,一以贯之,读史之法最终也落实到"取议论",要有自己对历史的看法,面对治乱时势要有自己的主张。其实,王文清在乾隆二十五年(1760)任玉山书院山长时,还颁示过《读书法九则》。我们借此可以了解其一贯主张,谨摘其目如次:读书要专、读书要简、读书要极熟、读书要立志、读书要看书、读书要养精神、读书最要穷经、读书要看史鉴、读书要下笔不俗。

纵观岳麓书院的学规,它具有几个特点:一是继承发扬了朱张理学传统;二是书院学规日渐增多加密,反映出政府对岳麓书院的控制的加强和书院官学化程度的加深;三是学规总结了山长的教学经验,实为我国古代教育思想的有用遗产。另外,学规中反映的教师以身作则、教学相长、师生共商等精神,都值得我们借鉴利用,批判继承。

第二节 书院日记教学法

书院的教学管理方法多样,难以一一尽举,兹择要介绍日记教学法,以见其概要。书院日记教学法是记录学习者每天的研究成果和读书心得,之后由教师对学生日记进行考察与解疑。日记教学法将教师指导与学生自学结合起来,启发学生思维。在提倡学术自由的同时,又要求学生按规范高效率地学习。日记教学法以人为本的教学理念、尊师重教的道德规范、宽松的学术自由环境、指导与自学相结合的教学方法、高效有序的教学管理模式对现代大学教育有着重要的借鉴和启示作用。

日记教学法见于南宋。其操作方法是:设立日记册、日记簿、日课簿、日程簿等名目的簿册,发给生徒,用以记录、考查诸生每日课业。它于诸生为记录每日所做功课,于山长则可验学生勤惰、考其学业,是书院广为采用的一种教学方法。文天祥咸淳年间所作《赣州兴国县安湖书院记》中,就有"置进学日记,令躬课其业,督以无怠"(《文山集》卷九《赣州兴国县安湖书院记》)的记载。安湖书院在兴国县城东200里的衣锦乡,属于远离城镇的乡村书院。乡村小院尚且以日记来督课诸生,则此法通行于一般书院可以想见。延平郡学与书院共享的"日习例程"前四条,即其祖式,它分早上、早饭后、午后、晚上四段时间规定生徒每日功课。这种以日记的方式登记课业,不定期抽查的形式,既能督促学生学习,又给予他们充分的学习自由。

受顾炎武《日知录》的启发,清代书院更是广泛应用日记教学法。阮元的学海堂和诂经精舍就用"札记册子"的方法,成为各大书院学习榜样。书院"人置行事日记、读书笔记各一册,每日填记,逢五、十日呈请院长评论,每月十三日院课"(同治《上海县志》卷九《课规》)。上海龙门书院、江阴南菁书院更是实施日记教学法的范例。

上海龙门书院由道台丁日昌于同治四年(1865)倡办,最初目的是向太平天国运动后受西方文化冲击的上海宣扬传统儒学,兴书院以育人才。龙门书院山长刘熙载所作《龙门书院课程六则》有"重躬行""勤读书""严日课""遵规矩""循礼仪""简出入"六则。其中第三条"严日课"记载:

> 诸生宜各置行事日记册读书日记册,于行事日记册内分晨起、午前、午后、灯下四节,按时定课……虽间有参差,总以绵密无间为主,每日课程及事为按候记于行事册,读书有心得有疑义按日记于读书册。所记宜实,毋伪,宜要,毋泛,不得托故不记。逢日之五、十,呈于师前,以请业请益,师有指授,必宜月良膺。每月课文一次,岁终甄别,以验所学之浅深而进退焉。(《龙门书院课程六则》)

书院规定学生须有两个日记本：一本为行事日记册，另一本为读书日记册。行事日记每日晨起、午前、午后、灯下四个时间记录。读书日记与行事日记一起每五天上交一次。呈递日记时，山长穿戴整齐，学生按次序站于山长前，当老师示意时，方可坐下。古代书院尊师重教的精神不言而喻。刘熙载要求弟子每日记载读书、行事，并亲自批阅。刘熙载弟子胡传之子、现代著名学者胡适对日记教学法给予高度评论。

> 父亲对这位了不起的刘山长的教学方式也有所记载。他说所有在书院中受课的学生，每人每日都得写一份"日程"和一份"日记"。前者记载为学的进度；后者是记学者的心得和疑虑。为这种"日程"和"日记"的记述，该院都有特别印好的格式，按规格来加以记录。这些"日记"和"日程"父亲均保留下来。其中有趣而值得一提的，便是这印刷品的卷端都印有红字的宋儒朱熹和张载等人的语录。其中一份张载的语录便是："为学要不疑处有疑，才是进步！"这是个完全中国文明传统之内的书院精神。(《胡适口述自传》)

刘熙载的日记教学法是中国书院教育的宝贵遗产。江阴南菁书院始建于光绪八年(1882)，创办人为江苏学政黄体芳，书院建立得到两江总督左宗棠的支持。由于江阴为当时江苏学政所在地，加上黄体芳的学术声望，南菁书院成为当时的省会书院。光绪十年(1884)，黄以周继张文虎之后主讲南菁书院，因为日记教学法在上海龙门书院过去二十年间取得巨大成功，南菁书院也开始采用日记教学法。通过日记教学法，学生以自学为主，教师指导为辅。因此南菁书院始终只有讲学活动，没有在教室上课的形式。书院生徒除用日记记载个人活动和研究心得外，还须参与月课，按月分课策论、经解等文章。文章水平决定学生第二年是否继续能留校或拿奖学金。南菁书院的月课文章数量曾出现过一个短暂变化，光绪十六年(1890)年底由每月两篇变为每10天1篇。然而他们发现,如果1个月要求学生准备3篇文章,学生就没有时间来阅读和记日记,因此,光绪二十四年(1898)文章数量又减少到1月2篇。可见当时人们相当重视读书日记,并且不管如何变化,日记教学是必须保留的项目。

日记教学法的采用,使书院在旧的灵魂中注入新的血肉,让作为教学机构的书院进一步发展并活跃于文教事业中,其本身也具有鲜明的特色。

第一,日记教学法是自主研修与教师面授相结合的教育方法。朱熹曾说,"师友之功,但能示之于始而正之于终尔。若中间三十分工夫,自用吃力去做。既有以喻之于始,又自勉之于中,又其后得人商量是正之,则所益厚矣"(《朱子语类》卷八《学二》)。朱子指明教师要将教学放在"示之于始"与"正之于终"上,即将教学重心放在引学生入门和答疑解惑上。日记教学法刚好符合这一特点。学生通过行事日记册规范自己每日的个人行为。读书日记册,要求学生每天将自己课堂所思考的问题、所读书籍的心得、新的研究成果全数记载下来。老师通过行事日记册与读书日记册来了解学生每日完成的功课。以龙门书院山长刘熙载为例,刘熙载十分重视学生的日记,对日记进行详细批阅,每隔五天与学生就日记内容交谈至深夜。讲评后,学生们又开始准备下一次的日记。这种教学方法给予学生充分的自主研修时间,又提供与老师解惑交流的机会,能够锻炼学生自我学习的能力。

第二,日记教学法是检验学习与教学成果的有效手段。教师通过日记来考查学生的学习状况,日记成为评定学生成绩的依据之一。学生也可以通过查看日记发现自己的不足与进步,对自己有一个全面的认识。日记既是学生学习成果的反映,也是自我评价与教师评价的基础。日记可保留下来或者刊印成册,成为宝贵的学术财富。南菁书院早期课生赵椿年一直保存着求学南菁书院时的日记,晚年写回忆录的时候还引用过它。南菁书院曾选取学生月课优秀之作刊印成文集,如《南菁讲舍文集》《南菁札记》《南菁文钞》《南菁书院丛书》(见图4-3)等。这些月课论文的出现,是以学生学习日记为基础的。还有直接将日记刊印成书的,光绪二十二年(1896),苏州学古堂书院就出版了六册《学古堂日记》,里面记载的是学生平日对经典的注释分析,经老师修改、精选后出版。日记以高级教研成果的形式出现,提高了学生的学习兴趣和治学能力,后期又成为参考书与工具书,具有极大的历史研究价值。

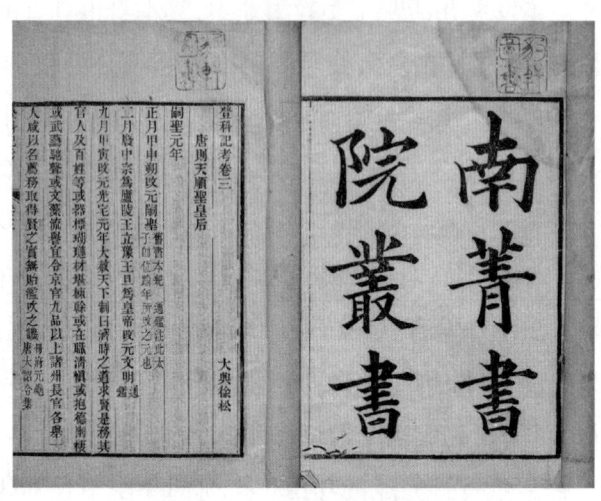

图4-3 《南菁书院丛书》

第三,培养良好和谐师生关系的催化剂。龙门书院山长刘熙载"与诸生讲习,终日不倦。每五日必一一问其所读何书,所学何事,黜华崇实,祛惑存真"(《敬孚类稿》卷一二)。他"与学子辨析辄至夜分,虽大寒暑,衣冠冲整,无惰容,历十余年如一日"(《刘熙载年谱》附录一《刘熙载传记》)。刘熙载注重躬行,以诚待人,与学生面对面地探讨日记心得。他还将自己的教学心得整理成教科书,名为《持志塾言》,进一步鼓励学生将读书心得用日记记录下来。这种平等的师生关系,有益于形成和谐的学习环境,培养深厚的师生情谊。与学生面谈日记内容,有助于教师自身能力的提高;学生主动与老师交流,学业会大有长进。如此循环,教学相长,相得益彰。

光绪二十七年(1901),光绪皇帝令书院改制为学堂,古老的书院在学习借鉴西方教学模式的情况下跨入近现代。现代的中国大学，是中西方文化冲突融合的产物。书院的传统精神和人文特质，在现代大学中得以延续。书院的日记教学法，也对现代大学教育有着重要的借鉴和启示意义。

书院日记教学法，将教师指导与学生自学结合起来，启发学生思维。在提倡学术自由的同时，又要求学生按规范高效率地学习，培养了一大批智能型的人才。日记教学法还促进师生交流，书院教师"至诚谆悉、内外殚尽"的精神获得学生的尊重。教学相长，尊师重教。这种和谐融洽的师生关系也提供良好的学习环境。我们可以从古代书院教育获得启示，书院以人为本的教学理念、尊师重教的道德规范、宽松的学术自由环境、指导与自学相结合的教学方法、高效有序的教学管理模式都值得现代大学学习。

第三节　书院专科教育

书院研究、传播以程朱理学、陆王心学、考据之学等为主的儒家学术思想、文化基础知识，以及攻习帖括时艺之学而求科举及第，这是书院教学的主题。本节则重点介绍书院进行医科教学与实践、开展军事教育、实施中国标准化语言语音教育等方面的情况，以期对书院的专科教学及由此而展示出的多姿多彩的文化功效有更多的了解，进而对书院教学制度的内涵有更深层次的认同。

一、历山书院的医科教学与实践

历山书院在山东省鄄城历山下，元人千奴创建。千奴姓玉耳别里伯牙吾台（一作伯岳吾），蒙古人。其祖忽都思，元初定居历山。其父作为和尚,随征南军攻宋,但不嗜攻杀,力免屠城,为元代的统一及建设作出了较大的贡献。千奴"笃于学问,博通古今,有经济之具",学者称"历山公"。历任武德、明威将军,江南浙西、江北淮东等道提刑按察使、肃政廉访使等,官至大都路总管,授嘉议大夫,参与中央政务。作为一个文武兼备、博学多才的官吏,他对立国之本的教育非常关心,在地方即"勤于劝学,所至必先之",总管大都则"兴工"国学,"尤尽其力",对于乡里子弟更是不能忘怀,"莅官之余,且淑于其乡"(《全元文》卷五三三《历山书院记》),于是创建了历山书院。

历山书院的创建时间,地方志语焉不详。《元史》卷一三四《千奴本传》载:"(大德)七年,授嘉议大夫,大都路总管兼大兴府尹。……未几,迁参议中书省事,赞决机务,精练明敏。"据此始知历山书院的创建时间为千奴以嘉议大夫身份参知中书省事的大德七年(1303)或稍后。

历山书院虽设于远离城市的山村,但规制完备,经费充足,藏书丰富。第一,它除了开展教学的讲堂、斋舍外,还另设专祠祀孔子,其制乃仿州县学,为当时一般书院所不备,而其习射御之场所及接待求药剂者的建筑,就更有别于其他书院了。书院有田产百亩,外加岁捐粟麦,足可以维持书院正常运行。书楼藏书万卷,已属少见,师生凭此完全可以开展学术研究,对于保证教学则更无问题。所有这些都说明它是一所条件完备的教育机构。第二,它是一所多学科、多专业的综合性书院,设文学之师与医学之师,开展文、医两科教学,学生除专业文学或医学外,还得兼习军事,进行操练。第三,主持医科教学的医师,除课堂教学外,还得接待"乡之求匕剂者",设立门诊,开展实际的医疗活动。

历山书院创办之初,千奴因在朝为官,对书院的规划与发展只能凭借书信对其昆弟及所聘请的文、医二师进行遥控指挥。延祐五年(1318),他退休归家,即亲主院事,一直到泰定二年(1325)以71岁高龄去世时止,共7年。这7年的苦心经营使历山书院在过去15年的办学基础上又获得了长足的发展。要指出的是,历山书院所取得的成就不仅仅是一般意义上的,而是它对中国书院制度及对中国医学教育的贡献。首先,到目前为止,历山书院是已知中国古代第一所也是唯一一所实行医科教学并开办门诊业务的书院,这两个"一"所构成的创造性本身,使其具有特殊的研究价值。其次,将医学研究、教学与医疗治病引入历山书院,使中医理论与实践得以与儒家学术思想的理论与实践并行共存于书院,这说明了古代书院对传统文化的涵容比我们所想象的要大,也从一个侧面反映了书院文化功效的多样性。最后,医师教学兼开门诊,将医学理论与临床疗病联系到一起,是学习医理与实践医术的范例,对传统的医学教育来说,它为教学理论与教学实践的发展作出了贡献。而其所透示出的理论与实践相结合的原则,无论对于教学教育理论,还是对于思想文化的进步与发展,都是一个永恒的主题。

二、书院的军事教育与肄武书院

一般认为,书院是中国古代文人的一种文化组织,文弱书生聚集其中,进行藏书、校书、刊书、讲书、读书、著书等文化活动。殊不知,有些书生为了求得自身的全面发展,不仅在书院习文,也在此练武,追寻文武双全之梦。尤其时当国家、民族危难之际,具有强烈社会责任感的士人更有投笔从戎的壮举,于是就有了书院的军事教育及专门培养军事人才的肄武书院。

1. 书院的军事教育

书院和军事的结合始于唐代。明嘉靖《青州府志》卷九记载:"李公书院在(临朐)县西南,唐李靖读书处。一云靖从太宗征间左,于此阅《司马兵法》。"李靖是唐初出将入相的风云人物,他于贞观二十三年(649)去世,故李公书院的创建年代最迟不会晚于此。由此可知,位于山东省临朐县的这所李公书院是见于史志记载的最早与军事发生联系的书院。这也表明,书院还处在其发展的初期阶段时,就已与军事结缘。后世因循相续，还出现了习射练武的书院和专门从事军事教育的武书院。

宋代习武的书院常见于史志记载，其中最有特色的当属福建汀州卧龙书院。该院乃绍定五年(1232)由汀州知州李华创建，祀汉武侯诸葛亮。院成，即请陈元晋作记，以记其建院缘由、书院规制及其宗旨等。时当南宋后期，蒙古灭金已成定局，其南下之势亦极明显，国家安全受到更大的威胁。李华虽处闽西山中，但对这种大势看得比较清楚，因此他希望借书院培养一批有"卧龙"之志，并且懂得军事知识，将来可以指挥作战的人才，以救亡图存，其用心可谓良苦。至于其设像祭祀，画八阵之图势，书写"王业不偏安，汉贼不两立"的标语等，意在营造一个适合军事教育的环境，说明卧龙书院的主持者已深知环境对于人有重要影响的道理。

元代从事军事教育的书院也有一些，如前述山东历山书院之"习射御，备戎行"即是一例。但此类书院的创建人或主持者，不是蒙古贵族就是色目人，没有发现汉族士人。讲兵习武，或许是游牧民族马上得天下后的一种余兴，或许是作为统治阶级的一种特权，抑或两者兼而有之，唯汉人不得参与，以防其练兵造反。

及至明代，地方官学恢复久废的"射礼"，受其影响，修射圃、习武事的书院就多起来了，常见于史志记载。如正德年间，长沙岳麓书院山长陈论即奉督学陈凤梧、张邦奇之令，与长沙卫指挥杨博"相地兴射圃，备弓矢"，"为圃为亭，储器数以待学者肄习"(《岳麓书院志》卷三《旧志射圃图说》)。万历三十二年(1604)，嘉定知县韩浚创建明德书院，占地九亩多，中立讲堂五间，左建斋舍十余楹，"右立射圃亭三楹，其的可立五十步外，以待士之习射观德者"(万历《嘉定县志》卷二十《志练川明德书院缘起》)。万历三十四年(1606)，常熟知县耿橘在《请修子游书院申》中也有"设射圃于书院之后，意者多士讲习之暇，即赴此习射，盖文武并进之术也"(孙慎行、张鼐等《虞山书院志·文移志》)的记载。

除了上述情形，明代还有以"射圃"命名的书院和专门从事军事教育的书院，这是前所未有的新情况。以射圃命名的书院在江西湖口县，据光绪《江西通志》卷八二记载："射圃书院在(湖口县)县治南。明嘉靖间，知县沈诏于射圃建观德亭，翼以号舍。崇祯十年，知县陈文德增建大堂三槛，左右学舍四十余间。"由此可见，射圃书院存在的时间较长，规模也较大。专门从事军事教育的武书院，一个是南方九江卫的肄武书院，它和射圃书院同属一个地区；另一个是北方辽东都司城的辽左习武书院，又称辽阳武书院。应该指出的是，武书院的出现，标志着书院的军事教育已经达到了一个更高的层面。

清代书院的习武之风仍盛，自清初到清末，皆可找到文献记载。康熙年间最有名的当属直隶肥乡的漳南书院。漳南书院在肥乡屯子堡，康熙十九年(1680)直隶巡抚于化龙首立义学，乡绅郝文灿等扩建为书院。康熙三十五年(1696)五月，历经三次，始聘得大儒颜元任院长。颜元抨击科举取士和理学教育之空疏无用，害人误国，提出"宁粗而实，勿妄而虚"的办学宗旨，颁行《习斋教条》，强调"实学""实事""实行""实习"的学风，在书院设文事、武备、经史、艺能、理学、帖括六斋教学。不仅如此，习读之余，颜元还领诸生在步马射圃之中举石、击拳、超距(跳高、跳远、跨越障碍)，开展体能训练。虽然，因为洪水毁院，颜元只在漳南讲学4个月，但他借书院开展军事等经世实学教育的理想及实践皆有重要意义。

清代后期，国家内忧外患，书院讲求兵法、军政的渐多。如光绪四年(1878)，将军希元本"文事者必有武备"之意，为驻防湖北江陵的八旗子弟设立辅文书院，"严立条规，聘订山长，每月官师课各一次，……并于诵读之暇，仍须兼习骑射，以仰体我国家振拔人才文武并进之至意"(《荆州驻防八旗志》卷一六《辅文书院碑记》)。二十五年(1899)，湖广总督张之洞在湖北改革书院课程，于两湖、经心、江汉三书院设置兵法课，以兵法史略学、兵法测绘学、兵法制造学教士，并附以体操，以强固身体。这里有两点值得特别注意：第一，张之洞的改革是奉慈禧太后的旨意而实施的，虽不得称当年此法在全国推行，但其波及的范围较广，绝不止一省会城之地则完全可以肯定。第二,兵法一门功课及视为兵事之基的体操,其内容已不同于中国固有的兵家理论,多系引进的外国军事技术。因此,张之洞的兵法教学即可视为中国书院实行近代军事教育的开始,亦可视为中国书院近代化的标志之一。

与上述绝大多数以文武并进或以武备而辅文事为目的,招收文人以兼习武事的书院不同,明代开始,出现了专门从事军事教育的肄武书院。

从现有的资料看,武书院始设于嘉靖年间,最先出现在南方的九江卫,名叫肄武书院。书院创办者何棐,进士出身,曾任太仆寺少卿,嘉靖五年至七年(1526—1528)任九江兵备副使。肄武书院是九江卫也即明代地方军区的附属教育机构,所招生徒为武臣子弟而不是一般的士卒或兵士子弟,可见层次不低,当以培养军事指挥后备力量为目的。其教学虽由一知文学之师也即学官所领,但学习的内容是武经与六艺。武经、六艺是当时两京及地方武学的通用教材和主要课程。因此,我们可以说九江卫肄武书院和前述以武辅文的书院不同,它之习六艺是以文助武,因而是一所完全意义上的军事学院。无独有偶,遥隔万里的北疆辽东都司城,于嘉靖七年(1528)营建了一所武书院,名叫辽阳武书院,属于辽东都司,所招学生为参加乡试获身份的武举人,而不是一般的武臣子弟,因此,其规格比九江卫肄武书院更高,属于高等军事教育,其规制也更为完备,堂舍、厅楼、门坊一应皆全,供给亦优。而其不少于30年的办学历史,严格的制度化管理,一次中式20人的办学成绩等,无一不标志着这所高等军事学府当年所拥有的辉煌。这就是400余年前中国地方高等军事学府的大略规制。

2. 书院军事教育的组织与实施

书院实施军事教育有自己的组织形式与运作方法。兹以明代虞山书院、清代养正书院为例来作特别的介绍。

虞山书院在苏州常熟,原名文学书院,元代至顺年间创建,祀孔子弟子子游。明代宣德、正统间兴复,改名学道书院。万历三十四年(1606)由知县耿橘重建，始改名虞山书院。其时与无锡东林书院相呼应，开文会、讲会于其中，诸生缙绅之外，市井、平民及僧侣、道士等亦得入院听讲或讲学，极盛一时。书院有学道堂、射圃坊、讲武厅、卧鼓门、文武泉、读书台、尚友门等建筑，其中射圃堂至卧鼓门等皆为开展军事教育而设，意在讲求文武并进之术，以为多士讲习之余练兵习武的场所。虞山习射不仅有配套的建筑设施，还置备了一全套射器，设置了习射执事人员，制定了相关的射仪、射歌，可谓相当完备。

养正书院在吉林长春厅。清光绪十年(1884)，由长春厅通判李金镛创建，有大门、考棚、讲堂、学舍、朱子祠、山长居、藏书室等建筑，规模较大，取"蒙以养正，圣功也"之意命名"养正书院"。聘请山长主讲，其资格不以是否科第出身，也不以本籍异地之人区分，只选择学识渊博、品行高尚之人，由士绅商请官府任命。每年招生员 26 名、童生 44 名肄业，其中定额住院肄业生童分别为 12、23 名，每月初十日官课，十二日斋课，初二、二十二日为上内课(山长命题)，以定诸生优劣。光绪十二年(1886)，书院又附课厅属各地武生、武童于院中，定于每年二月中旬、八月中旬举行春秋两季集训考课，先互相校射，比试武艺，然后由山长登堂讲解《武经》、兵书，进行军事理论教育。当时为了规范教学与考课诸事，制定了《兼课武生童章程》八条，实行制度化管理。

文书院之兼习武事及肄武书院的军事专业教育与训练，至少表明两种文化现象：一是文人为了寻求自身的完善与充实，具文韬而求武略，抑或为了健壮的体魄而讲武；二是武士为免赳赳之虞而习文学、研六艺，以求自身的"文化"。总之，它是中国传统社会文武之士为避己之所短而求他之所长心态的反映，所体现的是一种文化需求。因此，我们认为，书院的习武与肄武书院的出现，是中国书院这一文化组织对这种文化需求作出回应的结果，是文化发展的产物，也从一个侧面说明了这样一个事实，即书院作为中国士人的文化组织，能够满足不同人士的不同的文化需求。

三、正音书院与清代的官话运动

清代,一些少数民族书院采用本民族的语言传授儒家文化知识,实际上已经涉及语言文字的问题。这里要讨论的则是一场由清政府倡导兴起,持续数十年之久,在粤闽等较大范围之内展开的官话运动。官话是当时全国的标准化语言,当年它即由正规的语言学校——正音书院予以推广。

1. 官话运动与正音书院的设立

官话运动始于清雍正六年(1728),雍正皇帝发现在其召见的臣僚中,唯广东、福建两省人士操乡音而"不可通晓",乃大发感慨,其面对天下独尊的"朕"尚且如此,推及其为官则难传旨意、为民则不解圣训,得出了语言不通不利其统治的结论,于是下达正音上谕。此谕传部议,一班朝臣即拟定具体实施措施,下达闽粤,并通令"凡有乡音之省,一体遵行"(《学政全书》卷六五《各省事例》)。闽粤分别以建正音书院(书馆)、正音社学应令,一场正乡音而习官话的运动遂迅速开展起来。

整个官话推行运动,大体上可分为三个阶段。第一阶段自雍正六年至十三年(1728—1735),凡8年,是运动的高涨期,主要任务是创设正音机构。是期闽省各地先后"奉文"设立了正音书馆、书院120所,其中除2所建于雍正十二年之外,皆建于雍正七年,可见行动之快。至于广东推行的情况则与福建稍异,不是以书院、书馆,而是以社学、学馆作为教习官音的机构。同治《广东通志》卷一三七《学校》载:"各城乡社学,即古少(疑为小)学之制,历代所建,其义甚重。国朝雍正七年奉文饬立,以训官音,每社动支存留库项十二两,以给廪饩。旧志载南海百有十二,番禺四十七,他府州县名目尤繁。"乾隆《普宁县志》卷四载:"普邑未有社学,旧志无可考。惟雍正十三年奉部设立官学,令地方子弟入学读书,训以官音,普邑共设馆四处,一在县署前,即旧义学,一在鲤湖,一在塘边,一在贵屿,俱假民间,斋舍未有建造。"若以每县平均10所推算,广东全省当有

1 000 所以上这样的正音社学或学馆,可见普及程度之高,也显示了运动迅猛发展的势头。

正音事业在这一阶段迅速发展,得力于中央政府的两项政策。第一如上引部议所定,以 8 年为改正乡音而习官话的期限,若 8 年还不能讲官音者,举人、贡生、监生、童生等所有士人皆得暂停其科举考试,8 年之限后来放宽到 12 年。科举时代,士人唯有通过科场考试才能进入仕途,停其科试即断其入官之路,此举可谓凌急厉害,既有力又有效。第二条措施是雍正十二年(1734)发布的选派浙江、江西等地懂官话的举贡充任"额外教职",以专教官音的诏令。此乃加强师资与领导,以期化育有成。在地方,可以看到永春州委任浙江仙居县候选教谕贡生郑先行任正音教职的记录。

第二阶段自乾隆元年至九年(1736—1744),凡 9 年。乾隆元年规定,延期之后仍不会官音,则"师生皆停考试,以示明罚"(《学政全书》卷六五《各省事例》),这表明了官方积极而坚决推进官音的立场,若能认真组织实施,定有成效。旋将地方行政长官与教官主持正音的成绩好坏,与其官职升降结合起来,也表达了政府推广官话的决心。然而,行政与教职之主持正音是以撤销设立不久之正音教职为代价的,虽然撤销正音教职不是全无道理,却给人废立无常之感,严重影响了法令的严肃性与权威性,不利于政策的贯彻。而刚过逾期明罚逋一年,即以"从容之化"为由取消限期达标的规定,更有朝令夕改之虞。限期之撤,等于网开一面,无疑于将此前所说的"毋得视为具文"变为一纸空文。在实际操作中,我们尚未找到有关严厉执行限期等有力政策的记录,却能找到奉行失误文件的记载,如民国《永春县志》卷三《学校》记载:"正音书院在文公祠内,乾隆元年奉旨设正音一人,以邻省候选教谕晓官音者为之,时委浙江仙居县贡生郑先行主之,岁给廪俸。乾隆三年停止。"

第三阶段自乾隆十年始,大体上到乾隆末年结束(1745—1795),凡 50 年。闽省各地正音书院大多在乾隆十年至十六七年间被"裁汰",官话运动至此已开始走下坡路。到乾隆三十九年(1774)就走得更远了,不仅不支持地方学政积极复兴正音教育的主张,反而暗示了对这场运动本身的彻底否定,所谓"文艺优长,断无音韵聱牙之理",无异于否定了雍正皇帝当年在朝中说那些中进士、点翰林的大小臣工乡音不可通晓的观点,而由此而来的正音运动亦属多余之举。地方官僚对此也心照不宣。次年,广东即将全省正音社学的"廪项"裁撤,于是"诸社学亦废"(同治《广东通志》卷一三七),粤省正音算是画上句号。总之,就清朝中央政府而言,相当于承认了官话运动的结束。

地方的情形则有别于此。一些地方官绅仍致力于官音的推行。如上述闽省学政汪新在朝廷明令"不必勒定年限"之后30余年又自订出限期正音的规定,这至少说明汪氏是不赞成朝廷做法的。又如邵武府知府申大年,于乾隆四十二年(1777)毅然恢复被裁汰几十年的正音书院的"旧制",此举在继任知府廷毓及当地生员魏邦泰的鼎力支持下,于乾隆四十七年(1782)完成。廷毓曾作《捐助正音书院膏火记》以记之。申、廷、魏诸公之举发生在官方宣布正音运动失败之后数年,已属难能可贵。然而,一场由官府发起的运动,在得不到官府尤其是中央政府继续支持的情况下,民间包括少数地方官员再如何去努力维持,也是不能长久的。因此,我们认为,清代这场官话运动,到乾隆末年算是以失败而告终。

官话运动虽然失败了,但随它而来的正音书院及其所从事的语言、语音教育事业却不容忽视,意义重大。为了更清楚地了解书院这一前所未有的事业,下面讨论各地正音书院内部的规划与运作情形。

2. 正音书院的规制与运营

有关正音书院的文献现在能够找到的还有限,因此,对其内部的组织与运营包括院舍、学田、教师、生徒、教学内容等诸种情形,我们还只能作比较简单的介绍。

正音书院的院舍,就前述112院的情况统计,新建的有65所,改造或附设已有建筑物者 46 所,院址失考者 1 所。新建院舍超过半数,说明人们当年对正音教育的重视。46 处被利用的建筑物中,除旧察院、华山殿、青风楼各 1 处外,有属于教育系统的官学(包括明伦堂)4 处、义学 5 处、书院 9 处,计 18 处;属于宗教系统的佛教寺院 3 处、庵 6 处,道教宫观与天主教教堂各 1 处,凡 11 处;属于中国人供祀先贤的朱文公祠 5 处、闽贤与三贤祠各 1 处,凡 7 处;另有与文运、科举有关的文昌宫(祠)、奎光阁等 5 处。实则祠祀先贤、文昌、奎星等皆可归入传统的大教育范畴,它们与官学、书院、义学一起转用于正音书院,只是一种旧瓶装新酒的文化现象,脉络是相通的,不存在角色转换的根本困难。而对于宗教机构来说,情况就没有那么简单,我们注意到正音书院之于寺、庵、宫、观,是在其内或其中,而对于天主堂则是"改"(浦城县改天主堂为正音书院)。这说明儒学与佛道文化在长期的交流中相互包容,而对明清之际始东渐不久的西学却有着相斥性。书院之改天主堂而为之,而不是附于其中或设于其内,所揭示的是一种清初中西文化交流中的冲突现象,反映出这两种文化间还缺少必要的了解。

正音书院虽属专科教育,但与传统的教育相通,因此,其院舍就与一般的书院相差不大,尤其是当年还不具备语音室等设备条件,它难于显出特色。

维持正音书院运作经费的来源,因其系"奉文设立",多数是动用官银。乾隆初年,郑先行任永春正音书院教职时,即"岁给廪俸"。除官费之外,农业社会决定了其经费的一个重要来源是和一般书院一样经营的"学田"。学田来源大致有二:一是利用旧产,如永安正音书院系由县城义学改建而成,原有东门、北门等处学田即自然转户,每年书院可收租谷 20 余石,以维持师生膏火。浦城则由知县以行政命令将朱文公祠祠田拨入正音书院中。二是官绅捐献,如邵武生员魏邦泰捐产 338 石、庄屋 2 所,即属此类情形。但是,多数中央与地方官吏视正音教育为"不急之务",各正音书院的经费常常处于不济状态。因此,廷毓就有"旋举旋废,效不及于久远""皆由膏火无资"(光绪《邵武府志》卷一二《捐助正音书院膏火记》)之论。

与清代同期一般书院不同,正音书院不设院长(山长)、监院及学生斋长之类,管理权统归当地行政长官或教官。教师多数时候如清廷规定就"邻近延请官话读书"(《学政全书》卷六五《各省事例》)之人充任,强调"官话读书",而对其出身、品行等没有一般书院山长、掌教等那么严格的要求。从雍正十二年至乾隆二年(1734—1737)这一阶段设有正音教职,规定以懂官话的举贡生充任。此职官师相兼,从乾隆二年还正音之责于州县长官的部议中可知,它有主持正音教育行政之全权;从郑先行以候选教谕充永春正音书院教职的记录中,又可知其地位与主持一县教育行政的长官(教谕)相同。可见,在雍乾之际,闽省各州县有并行的两个教官,一主一般教育,一主语言专科教育。正音书院教职主管行政的同时,还得兼任教学的具体工作。另外,正音书院似乎还设有管理经费的职事。前引廷毓《捐助正音书院膏火记》有魏邦泰"请立章程,斟酌至善,期与樵川书院并垂久远"(光绪《邵武府志》卷一二《捐助正音书院膏火记》)的愿望。查光绪《邵武府志》卷一二"正音书院"条下又有"咸丰八年院毁于兵,董士曾华勋检西塔、文昌宫倾塌旧料,益以新材,建复前厅"的记载。而此院虽于嘉庆间改习制艺,但"正音"之院名一直未变。因此,我们认为咸丰年间之"董士",很有可能是乾隆年间所订章程中规定的管理正音经费的职事。

正音书院的生徒应是可以参加院试、乡试、会试的生员、贡生、监生、举人,或者如闽省学政汪新所指之"年未三十"的士人。廷毓《捐助正音书院膏火记》将正音、樵川二书院分别比为古人8岁与15岁所入之小学、大学,且对士民有"长有成于樵川书院者,幼已有造于正音"(光绪《邵武府志》卷一二《捐助正音书院膏火记》)的期望,这些又说明肄业正音书院的必是年龄在15岁以下的童子,或者是15岁左右的少年,而绝不是成年人。朝廷的目标是希望所有参加科举考试的人都通官音、讲官话,而实际的情形是参加语言语音训练的年龄越小,其效果就越好。上述记载一个是官方提出的希望,另一个是地方操作的实际情况,看似矛盾,实则正是前人已经掌握语言训练规律的反映。正音书院的生徒主要是少年,前期因有不通官音即停科考的规定,故常常有很多成年人"补课"其中。

正音书院包括正音书馆、正音社学,其任务十分明确而专一,那就是正乡音而习官话,这种单一的任务也就决定了它的主业不是研究、传播传统的学术文化与知识,而是专科的语言语音研究与教学,而且首先是组织教学。

复习思考题

1. 试述《白鹿洞书院揭示》对书院教育的影响。
2. 试述清代岳麓书院学规的特点。
3. 试述书院日记教学法对现代大学教育的启示。
4. 试述历山书院开展医科教学的意义。

延伸阅读

1. 邓洪波:《中国书院学规集成》(3卷本),上海:中西书局,2011。
2. 朱汉民、邓洪波:《岳麓书院史》,长沙:湖南教育出版社,2013。
3. 陈仙、邓洪波:《古代书院日记教学法及其对现代大学教育的启示》,《现代大学教育》2014年第6期。

第五章　书院讲会制度

[**本章导读**]

　　会讲与讲会最早出现于南宋,是理学与书院相互结合的重要表现。以朱熹、张栻、吕祖谦、陆九渊为代表的南宋理学家对书院办学理念、教学形式、学规章程的创设,铸造了它有别于官学、私塾等教育组织的精神品格,讲会即是理学家在借助书院传播其学术思想的过程中逐渐形成的一种新的讲学组织形式。书院在南宋成为一种独具特色的文化教育组织,南宋书院的成熟主要得益于与理学的深度融合。书院、理学的一体化是在南宋时期完成的,理学思潮的高涨、理学学派的产生、理学学术成果的形成、理学思想的传播等,皆以书院为基地。同样,书院独特的教育宗旨、教育内容、教学方法,又是以理学思想为指导而形成的。以朱熹、陆九渊、吕祖谦、张栻为代表的理学家在书院教学过程中非常重视与生徒群居共学,相互研讨、辨析理学核心话题,质疑问难的风气十分浓厚。书院有别于官学与私塾的相聚讲学式教学活动,具有较强的自由性,非常有利于理学思想的创发与传播,讲会即在此情形中产生。朱熹在白鹿洞书院讲学期间就经常采取这种聚徒会讲、注重论辩启发的教学组织形式。

　　南宋时期的讲会属于一种非经常性学术聚会,书院虽已成为举办讲会的重要场所,但仍有不少在寺庙、道观、家庙举办的讲会,理学家多是临时出席,还未就会期、地点、组织、纪律等形成细密规章。讲会的会所一般是固定的,也有不固定的,至于临时邀约的会讲活动,其随意性更大。乾道三年(1167),朱熹与张栻举行岳麓书院会讲;淳熙二年(1175),吕祖谦与朱熹、陆九渊共同开展鹅湖之会;淳熙八年(1181),朱熹邀请陆九渊在白鹿洞书院会讲"义利之辨"。这些都是著名的会讲活动,但未见专门为规范讲会组织形式而出现的会约、会规等制度性文献。明正德、嘉靖年间,王阳明立派讲学,后因王门后学竭力倡导,讲会组织几乎遍布大江南北,出现了讲会式书院与聚徒式书院并驾齐驱的局面。

讲会的兴盛与制度化出现在明中后期,与阳明心学的兴起密切相关。陈时龙在《明代中晚期讲学运动(1522—1626)》中对明代讲会进行了界定:活跃于明代中后期、伴随着阳明学的发展而发展起来的,以理学家为领袖,以诸生为主体,以培植学问和道德修养为目的,以四书五经为内容,依托于书院、会馆、精舍、宗祠等场所而举行的定期或不定期的学术集会。讲会在明中后期士人阶层中非常普遍,"缙绅之士,遗侠之老,联讲会,立书院,相望于远近"(《明史》卷二三一赞语),其影响还深入乡里百姓,"穷乡邃谷,虽田夫野老皆知有会"(康熙《安福县志》卷八《惜阴会语略》)。很多讲会在发展过程中形成了完整的规约,出现"凡学必有约,凡会必有规"的情形。讲会因灵活方便、简单易行等特点深受明代讲学士人钟爱。讲会依据其主导学术思想的不同又可划分为多种类型,诸如阳明学讲会、甘泉学讲会、朱子学讲会等,其中声势最大、影响最深的首推阳明学讲会。阳明学在理论上强调儒者的内在领悟,尤重相互间的启发、辩难,举行讲会就成为其学派构建的必要途径。明代讲会的流行与阳明学的传播密切相连,其制度化历程即由王阳明首先开启,全面普及更得益于阳明后学发起的"联讲会,立书院"风潮。

伴随阳明学派士人的增多、讲会规模的扩展,当原有场所难以满足需求时,往往产生兴建书院、在书院举办讲会、使讲学活动长期稳定开展的诉求。讲会在发展过程中往往呈现出一种从联友共学、随地举会,到归之书院的发展趋势。明代书院讲会,依据其讲学所涉学术程度的深浅,大体上可以分成学术、教学、教化三种类型,它们大致指向学人、学生、平民三种不同人群,是书院创造、传播、普及文化功能在明代的一种具体体现。

第一节　书院学术型讲会

明代中期,王守仁、湛若水及其后学以讲为学、以会证学,使书院和学术一体繁荣,共成盛局。书院之会可谓繁富,既有会文、文会、诗文、酒会、茶会、舫会、舫课、面会、遥会、会课、会考、社会、盟会、学会、会学、会讲、讲会等之名,又有考课、课文、考业、考试、作文、作古文、作时文、经学会、史学会、理学会、古文词会、昭代典故会等之目,甚至还有放生会、同寿会、同善会等,涉及教育、学术、文化、社会、政治等诸多层面,情况复杂,难以尽述。

原则上说,书院的学术事业主要靠学者的讲学来维系,而讲学按照其所涉学术程度的深浅,大致又可以分成三个层次。第一层次的讲学,由各学派的大师率高足主持,或大师自讲,或大师与同谊会讲,或大师与论敌开讲会辩难质疑。其特点是阐发儒家经义,创建学派理论体系。第二个层次的讲学,属于学理传播性讲学,由大师的弟子、再传弟子们主持,其主要目的在于传播大师的学说,发挥本学派的精义,尽量使学派的发展空间扩大、时间延长,着眼点在培植学术种子、壮大学者队伍。需要指出的是,这个层次的讲学有信守师说与创发新义之别,前者有不变而死之险,后者有流变至末之虞,互有短长,而理想的景况则是各派后学兼取别家之长,另辟新绪,再开盛局。第三个层次的讲学,属于学术普及性讲学,由懂得儒家理论的学者主持,听众则为初学之人或平民百姓,讲学词多平实,浅显易懂,所重不在理论阐发,而是课之以实践,将先贤的理念、大师的观点具体化作一般民众可以理解的日常行为准则,并使之成为一种生活习俗。这实际上是一种宣传教化活动,目的是将学术普及于广大的民众。然而,现实生活中,各书院之会的学术层面常常纠结混合,实际上难以分清:传播性讲学中多有创造性发挥,普及性讲学既针对初学之士,以教学授受为目标,也针对平民百姓,以移风化俗为指向,且学术传播的传统主流方式还是讲堂之上的教学讲授。有鉴于此,我们将根据书院之会关涉书院学术创新、传播、普及的程度,大致将其分成学术型讲会、教学型讲会、教化型讲会三大类型。

一、会讲与讲会:活动与组织之间

会讲与讲会,是明代讲学运动中使用频率较高,也是当今学术界聚讼较多的两个词语。书院史学者李才栋认为,二者始见于南宋,皆与朱熹有关,但意涵不同,会讲是学术聚会、学术讨论或会同讲学的活动,而讲会则是学术组织、学术团体,活动与组织不能混淆。哲学史学者陈来研究明代阳明知识人的会讲活动,"以会讲作动名词",指其为"聚会讲学的活动";"以讲会作名词",指其为"会聚讲学的组织"。但这些学者的观点受到了挑战,质疑点主要是针对讲会"组织"说。吴宣德在研究江右王学讲会后认为,"在讲会和会讲之间,并没有一个明确的界线",主张讲会是"讲而会之"之义,它指一种活动,而不是一种组织,且其词源出于南北朝的佛教讲经。吕妙芬以阳明学士人社群为研究对象,认为"讲会就是讲学的聚会",但鉴于明代讲学聚会有"书院中的日常讲学,朋友们不定期地交游、相晤问学的聚会,教化地方大众、类似乡约的社会讲学,以及地方缙绅士子们组成的定期讲学活动等"多种形式,情况复杂,"要明确地界定讲会的形式内容并不容易,也没有必要"。因此她将讲会定义为"由地方缙绅士子们组成,定期举行的集会讲学活动。即是已稍具组织规模却又未必隶属于书院机构内的讲学活动",在主张讲会是"活动"的同时,强调不能将讲会仅仅看作书院的内部活动(吕妙芬《阳明学士人社群:历史、思想与实践》)。吴震研究阳明后学,认为即便是惜阴会这样声名颇大的讲会,也"不是严密意义上的学术组织",因为它"既没有严格的人数限制,也没有对参加者的身份地位作具体规定"(吴震《明代知识界讲学活动系年:1522—1602》)。陈时龙研究明代中晚期讲学运动,也认为"讲会组织说"需要进一步讨论。他在框定讲会即讲学之会的同时,强调发扬阳明后学、倡扬友道才是讲会内涵的核心。他认为"尽管宋元两代已经有讲会出现,清初亦复延续明代讲会风潮而有讲会之举,但就其大势而言,讲会是明代的讲会","讲会是属于阳明学的"(陈时龙《明代中晚期讲学运动(1522—1626)》)。

在进一步参阅史料的前提下,我们就此提出自己的一些看法:(1)"会讲"作为儒家的讲学活动始于唐代,宋代引入官学、书院后,随即成为历代教学活动的一种常态;会讲不仅是一种教学、讲学活动,有时还是组织讲学的一种职事,它的词性在动名词和名词间游移,不应只有一个义项。(2)"讲会"在大多数时候作为"会讲"的互文出现,也是动名词,其意涵与会讲交叉重叠,指向活动;讲会有时又作为泛称出现,确实是一个名词,其意涵指向组织或组织形式,所谓"讲会组织说"自有其道理;讲会友道、师道并举,不仅是明代阳明学的讲会,也是宋元明清历代的朱子学的讲会。(3) 会讲、讲会互有交叉重叠,其义介乎活动与组织之间,与学会、会学、讲学会、开讲之会等一起,皆属书院讲学之会。

会讲即聚会讲学。以往的观点认为,会讲始见于宋代,其实早在唐代就有国子监每日会讲的记录,"韩愈拜国子祭酒,奏儒生为学官,日使会讲,生徒奔走听闻,皆相喜曰,韩公来为祭酒,国子监不寂寞矣"(《御定渊鉴类函》卷九五《国子祭酒二》)。由此可见,"会讲"是唐代国子监每日集中诸生讲课的教学活动。值得注意的是,这种活动也可以从"得接西园会,多因野性同"(《全唐文》卷二七八《同耿拾遗春中题第四郎新修书院》),"相期只为话篇章,踏雪曾来宿此房"(《全唐文》卷八四四《宿沈彬进士书院》)等有关书院的唐诗中察知踪影。

到宋代,会讲多见于官学、书院。如安仁县学,"月旦会讲,率诸生以听。由是士知劝慕,中第者相属"(《真西山集》卷四六《湖南运判刘公墓志铭》)。乾道三年(1167),岳麓书院中张栻、朱熹会讲3个月,听众千人,史称朱张会讲(见图5-1)。嘉定十一年(1218),庐山白鹿洞书院中张洽与"江西张琚、罗思、姚鹿卿、闽张绍燕、潘柄、郡人李燔、胡泳、缪惟一会讲洞学毕,相与歌文公之赋"(《白鹿书院志》卷三《沿革》)。景定元年(1260),白鹿洞"会讲","预者"有郡守陈淳祖、山长林栋及堂长、洞正、主祠、讲书、掌书、直学、学谕与诸生近百人。开庆元年(1259),建康明道书院中知府马光祖"与部使者率僚属会讲于春风堂,听讲之士数百,乃属山长修程子书,刻梓以授诸生,给田以增廪,而教养之事备焉"。春风堂和作为"会食、会茶之所"的主敬堂皆在中轴线上,其规模很大,有"七间,广十丈,深五丈,盖会讲之所也","中设讲座,四围设听讲位,临阶垂帘,前筑一台,植以四桂"(景定《建康志》卷二九《儒学志二》)。

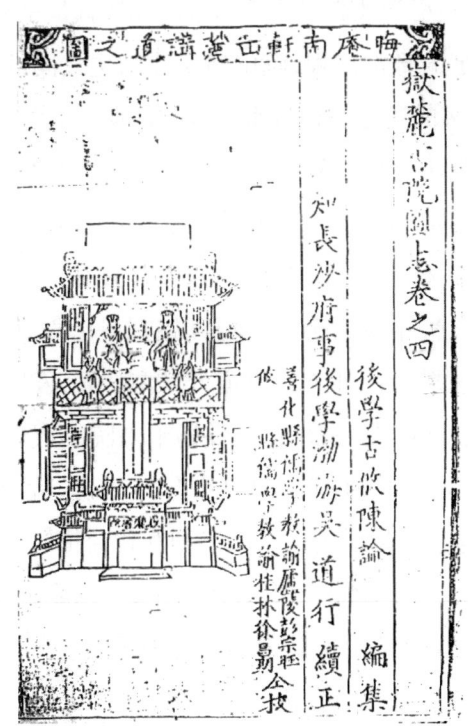

图 5-1　明刊宋代岳麓书院朱张会讲图

从以上白鹿洞近百人、明道数百人、岳麓近千人的记述中，可以看到，宋代书院的聚会讲学已经达至相当规模，而面积较大、中设讲座、四周围以听讲位，且临阶垂帘的春风堂，作为专门的"会讲之所"，也显示出会讲已经成了书院比较常见的一种教学组织形态，听讲其中，如沐春风，非常享受。元代的情形仍然如此，官学、书院多建有"会讲之堂"，会讲活动常见诸文献记载。

及至明代，阳明后学随地举会，所举之会虽不专属于书院而又归之于书院。会讲作为会之一种甚为流行，其属教学、讲学活动，兹举一二，以见其概。

陕西弘道书院于弘治年间所订《学规》第四条为"讲解"，规定："间日午后升堂会讲，依分定书程，前期观玩寻讨，若有疑难，且在朋辈商榷会讲之际，诣师席质问，必求得夫圣贤立言之意。若穿凿附会便不是"（《弘道书院学规》），可见弘道书院之间日午后会讲，就是平时的讲说或解说，是一种按书程规定的日常课程，院中诸生或师生之间的商讨、质疑，虽不无学术气氛，但更多的还是一种日常的教学活动。

福州共学书院作为福建省会书院，会讲、会课并举，排场仪式比弘道书院更为讲究，会讲活动组织严密周全，其《会规》规定："会约，每岁春秋二大会，春以三月三日，至初五日止，秋以九月九日，至十一日止。每月小会，除冬夏初寒酷暑，相应辍会外，每月以初二、十六日为期。"大会设主教一人，"先一月礼聘境内外方闻有道者来主教席，发明宗旨，动支官银，用纱币二端，代程四两，夫马敦请，至日仍于书院中饯送。道府郡县共代席仪四两，不得过厚，以伤雅道。"每月小会，"会讲，听各生自拈四书五经中一义，至三章而止，再举儒先语录一二则互相商榷"。会中置纪名、纪言二簿，设司簿二人，"一以籍记入会姓氏齿里，一以籍记在会讲义、语录"，是为"会纪"，反映会讲情况。其中纪言簿所记，包括"会中论说，众所心服者，即奉简求纪，次日录载籍内，以备商略"。无论大小会，"会讲戒刺时政，戒暴扬人过恶，戒言势利琐屑事，戒浮动浮争，戒谑渝者，会长举正之",说明会讲仍有禁忌,"戒刺时政"牵涉政治,其他则有关人品修养。每遇会讲,由闽侯二县礼房备办饭食茶水,"大会,巳刻茶饼一次,午刻饭一次,申刻茶饼一次""小会止用茶饼"。每会由福州府学、闽侯二县学之教职"举娴习礼仪十二生"(《共学书院会规》),分任知宾、司赞、司钟磬、司簿、司鼓、供书案等执事,负责会务与司仪。每次会讲,皆按照固定仪式举行。由上可知,共学书院会讲有每月小会、每年大会之别。小会由院中师生各讲经中一义,并举先儒语录相互质证、商榷。大会始有远方缙绅、孝廉、名士等"理学素优"者赴会,并请有道名家为主教,发明学术宗旨。大小会比较,前者倾向学术研讨,重在讲学,后者则教学意味更浓。合而言之,则共学会讲仍是讲学、教学并重。

会讲除了指称书院的教学、讲学活动,在明代还曾经是组织和主持会讲活动的职事名称。此事仅见于刘宗周为其证人书院所制定的《证人社会仪》,确定会期、会礼、会讲、会费、会录、会戒等,后有附记性文字一段。兹将会讲及附记文字抄录如下:

> 会讲:诸友就座,司会者进书案,特于诸缙绅下设虚位二席,待讲友及载笔者。另设一案于堂中,以待质疑者。司赞传云板三声,命童子歌诗。歌毕,复传云板三声,请开讲。在座者静听,其有疑义,欲更端者,俱俟讲毕出位,拱而立,互相印证,不得哗然并举,亦不得接耳私谈。犯者,司约传板一声纠之。讲毕,命童子复歌诗,乃起。
>
> 既会友,立会讲一人,会史一人,毋专属,临时选择而使之。会约二人,会赞二人,皆有专属。司会四人,在籍者轮值,周而复始。讲以阐道,史以记事,约以纠仪,赞以襄礼。司会者供给诸事,各相协力,以期永贞。

在证人书院,会讲之时,"讲以阐道"之人就叫会讲。会讲之讲学明道之言及其会中与会友之语言问答,皆由会史记录,经会讲等"主位者""以订可否"之后,始得刊刻成书,是为会录。"会讲"一词二义,既指讲学活动,又指登堂主讲之人。既是活动,又是活动组织参与者之"会讲",虽然仅见于证人一院,但如此游走于活动与组织之间的事实,却如实地反映出当年书院会讲的复杂性与多样性,值得引起特别注意。

讲会一词,从现有文献来看,先为佛教用语。南北朝梁高祖武皇帝时期,就有"宝刹相望,讲会传经,德音盈耳"之说。高齐初年,"相州城东彼岸寺鉴禅师讲会,各各居义,有一后生聪俊,难问词音锋起,殊为可观"(《太平广记》卷九九)。《旧唐书》卷一七二中,也有"陛下留神天竺,属意桑门,内设道场,中开讲会,或手录梵策,或口扬佛音"的记载。一般而言,佛教讲会乃其讲经弘法的活动,质疑问难属于题中之义。讲堂之上,主讲者若无高深学问和足够智慧,则难以应对"词音锋起"的质难。

到北宋,儒家学者也开讲会传播其学说。邵雍之子邵伯温就记有太学博士姜愚开讲会得钱数百千,以为朋友娶妻的纪实故事:

> 太学博士姜愚字子发,京师人,长康节先公一岁,从康节学,称门生。……子发本京师富家,气豪乐施,登进士第,月分半俸奉康节。……乐道未遇时,与子发交游甚善。乐道苦贫,教小学京师,居州西,子发居州东,相去远。一日大雪,子发念乐道与其母寒饥,自荷一杖,践雪以行。至乐道之居,扣门,久之方应。乐道同母冻坐,日已过高,未饭。子发恻然,亟出买酒肉薪炭往,复同乐道母子附火饮食。乐道觉子发衣单,问之,以棉衣质钱买饭食也。子发说《论语》,士人乐听之,为一讲会,得钱数百千,为乐道娶妻。乐道登第,调睦州判官。(《闻见录》卷一八)

故事的主人公姜愚,与作者的父亲大学者邵雍虽名为师生,但年岁相当,交情深厚,师友之间实有通家之谊。因此,姜愚开讲会挣钱给朋友娶妻之事,当属真实可靠。而讲《论语》的一次讲会能够"得钱数百千",则至少说明,在邵雍、姜愚所处的北宋中后期,儒家学者已经可以娴熟地运用讲会这一讲学形式来宣讲自己的经典,讲会已不为佛家所独有,而且这种讲学活动很受士人追捧、欢迎,以至于历来号称贫寒的他们也肯出钱赴会听讲。

南宋开始,讲会之风渐盛,宫中、官学、书院皆举讲会。不仅朱熹开讲会于白鹿洞书院,留有人所共知的《白鹿讲会次卜丈韵》之诗,他给朋友的信中也曾不止一次提到讲会。而且,上自朝廷,下至郡县,都有讲会之举。宫中经筵,绍兴四年(1134)、三十二年(1162)有"开讲会""朝廷讲会""讲会学士院"等记录。在地方,南安郡学于宝庆二年(1226)重建进学、近思、贯道、尚德、时升、上达六斋,集师友讲会其中。隆州井研人黄济叔,在理宗时,"岁率以夏秋之间为讲会,坐皋比者皆宿学大师,士不惮裹粮竞往听,先生持所见与之相叩击,连桂五鹿君,会下竦服"(《牟氏陵阳集》卷二四《黄提干行状》)。朱上舍、赵监镇为之倡"黄石讲会",乡先生林㲄磻赴会,王迈为之作诗相送,内有"岁暮何时更远游,刘蕡下第我色羞。阳春自古难为和,明月如今肯暗投"(《宋元学案补遗》卷八一《县尉林先生磻》)之句。喻良能诗中也有"八郡经生满鳣堂,那能斗酒博西凉。晚年刻意玄虚讲,蚤岁留心翰墨场"(《香山集》卷九),"讲会甚盛"的记录。

元承宋制,赓续讲会。学者同恕有"论交久已心相许,讲会应怜迹独赊"(《榘庵集》卷一二《登义谷有怀郝复礼雷季正》)之诗。毛长官则有屏居长坂别业,"集宾友为讲会"(《榘庵集》卷六《毛长官墓志铭》)之举。江阴澄江书院更建德义堂以为讲会之所,而"德义堂者,江阴州澄江书院讲会之堂也。书院盖州人蔡君某所建,谓其先宗闽人西山先生季通及其子仲默,皆师友考亭朱夫子者,而尝讲学于此,故祠事之。经曰:陈之以德义而民兴行,因以为扁。……君子之于学也,在于知德,知德则知义矣。苟不知德义之则,亦将安所履践哉。今蔡君既能开创于前,而若子若孙又能继述于后,其州人子弟讲肄于是而有所兴起也者必多矣"(《俟庵集》卷二一《德义堂铭》)。由此可知,元代澄江书院的讲会,实与讲肄无异,皆就德义二者讲而会之,肄而习之。

明代讲会大盛,且与书院关系紧密,诚如《明史》卷二三一所称:"正嘉之际,王守仁聚徒于军旅之中,徐阶讲学于端揆之日,流风所被,倾动朝野,于是缙绅之士、遗佚之老,联讲会,立书院,相望于远近。"由"联讲会,立书院"而认定讲会与书院词性一样,将其一同视作学术组织或团体,诚然不错,尤其是引证清人所撰《明史》《明儒学案》等著作,更能强化这样的认识,但采引明代学者留下的文献资料,我们发现,在很多时候讲会就是会讲的互文,意即聚会讲学、讲而会之,只能被看作一种活动,而不能视为组织。为了更好地说明问题,我们谨以《明史》、《明儒学案》(以下简称《学案》)、《阳明年谱附录》(以下简称《年谱》)三书为对象,将有关讲会的条文辑录,合计有 29 例讲会资料,谨考其性质,大致可分为侧重讲学活动、侧重讲学组织,以及指向讲学活动或讲学组织,合并列表,统计如表 5-1 所示。

表 5-1　明代讲会一词属性统计表

资料出处	侧重讲学组织	侧重讲学活动	指向讲学活动或讲学组织
《明史》	例一、二、三、四、五		
《明儒学案》	例一、三、四、五、八、九、十一、十三、	例二、六、十	例七、十四
《阳明年谱附录》	例九、十一	例一、二、三、四、五、六、七、八、十	
合计	15 例	12 例	2 例

需要指出的是,其一,对上引各讲会作词性区别并非易事,很多意涵在讲学活动与讲学组织之间游移纠结,重叠中似有区分,多数情况下是难解难分。勉为其难,我们只能看它是侧重组织,抑或侧重活动。其二,讲会词性的统计数据表明,它应该标立为两个义项:一是讲学组

织,二是讲学活动。这样,无论组织还是活动,都不能独立表述讲会的定义,讲会就只能在组织与活动间游移。其三,《明史》《学案》之讲会全部或绝大部分指向组织,《年谱》则绝大部分指向活动。造成这种区别,当与作者的主观意识有关。前两书成于清代,作者以讲会的旁观者身份,赋予讲会更多的学术组织的成分,而《年谱》出自阳明门人之手,作为讲会的当事人,他们更愿将讲会当作一种学术活动来看待。距离影响视角,时间带来差别,或许在当年的举会之人那里,凡聚会讲学、会聚讲说、聚会讲论、聚会讲习等会而讲之的讲学之会,都可以称为讲会。组织与活动的刻意区别,只是后人出于各自的需要而作的附加。若能去掉这种附加,还原讲会在讲学活动和讲学组织之间移游纠结的本来面目,恢复其原本就有的较为宽泛的意涵空间,未尝不是一件有意义的事情。

综上所述,会讲作为一种讲学活动,历来皆无异议,而新发现的它作为讲学活动中的职事名称的事实,则赋予了它活动的组织因素。而讲会作为讲学活动这一义项的揭示,更揭示出很多时候讲会和会讲之间的训释互通,作为互文,它们可以替换代用。有鉴于此,我们认为,讲会与会讲之间,同样有着讲学活动与讲学组织这一宽广的空间可以探索。因此,本书以下所用"讲会"一词,除特别标明意有专指之外,一律属于既是"会讲",又是"讲会"之"讲会",是一种既指学术组织,又指学术活动的模糊、宽泛用法,可以泛指所有书院所举、所组之会。

二、学会、会学及其他

学会即讲学之会。嘉靖末年,江右吉水县王门后学胡直自蜀中辞官返乡,"缙绅青衿、耆旧英髦敦为学会,动至数百",但"无憩所",直至万历五年(1577),始"起崇构,危堂奥室,杰阁嵘嵘"(《衡庐精舍藏稿》续稿卷五《仁社三逸图赞》),题曰求仁书社(又作求仁书院),以为会所。

这是由学会而兴书院的记录,亦可旁证前述举会而归之书院的观点。万历二十二年(1594),江右王门后学海南岛文昌知县贺沚(号定斋)建玉阳书院,订《玉阳会条》《体仁会约》,倡白沙与南塘之学于南海之中。于是,县中书院志遂有"吾邑未有学会也,学会自吾师定斋先生始"(《蔚文书院全志》卷一《玉阳崇祀部·陈王二先生合祀记》)的记载。此处之学会,则指玉阳书院体仁会。天启年间,魏忠贤"拆天下书院,以学为讳",河南新安人吕维祺则与张抱初"讲于芝泉书院,几中危机"(《明儒学案》卷五四《忠节吕豫石先生维祺》),"归又立伊洛社,修复孟云浦讲会,中州学者多从之"(《浙江采集遗书总录存》乙集《存古约言六卷》)。在与友人的《论学书》中,他对自己冒险讲会之举作出了解释,其称"讲学之家,多分畛域,亦自有说,吾只见得吾身,非此无以为人,安身立命,的的在此。世自有世之讲学,吾自有吾之讲学,所谓天渊悬隔者也。今天下禁讲学,而学会日盛,学会虽盛,而真实在此间做者甚少,弟之修复孟先生会,原自修复,不沾带世间一尘。近日敝邑及邻邑远近之士,觉彬彬兴起"(《明儒学案》卷五四《诸儒学案下二》)。由此可见,在吕维祺心中,其与张先生在芝泉书院之会而讲学,以及原有孟先生之讲会,皆得泛称为学会。曹于汴在家乡弘道书院讲学时,得知宦游之地旧所创建的志道书院重修,且置田五十顷以"供会之需",十分高兴,遂有"枌社之乡、旧游之处,学会并起,南北应求"(《仰节堂集》卷四《重修志道书院置田供赡碑记》)的记录。其他如《关中书院会约》规定,至亲旧友相见之礼,"不因学会相与者随便";《还古书院会规》中有"扩清讲坛,洗除正嘉以来致良知之宗旨,以为新安学会,肇自文公会讲天宁山房,今书院会规不遵紫阳,可乎?"的议论。凡此种种,以及白鹭洲书院《依仁会纪》所载吉安"学会如家常饭,无地不有,无岁不行"等文献资料表明,学会就是讲学之会的别称。

书院当年的学会情形,鲜有文献详载。兹有明代燕人韩位(号参夫)羡慕南方讲会论学,自真定南下东林书院,在高攀龙指导之下，体验学会生活一年多，高氏"奉为畏友"。谨将高氏所记引录如下。

> 余穷居东林，有韩参夫者，俨然就余论学焉。问其人，曰燕人。问其名，曰位。问其来，挈家而来也。问其何以来，曰以学。燕人无论学者，吾慕南方所在，讲坛、学会、饮食、衣被于学也，心乐而慕焉。曰吾生也有涯，吾学也无涯，以有涯穷无涯，吾其晚矣。敢惮劳乎！敢以年岁计乎！愿家于南，学于南，庶有几于道也。余心异之，假馆于东林之旁舍居焉。参夫与其内子行古之道，内外肃睦，祭祀斋虔，昼则杜门读书，夜间则弹琴歌诗，从容乎乐也。（《高子遗书》卷一〇《韩氏七世祖传》）

以上所记，就师而问答论学、祭祀斋虔、杜门读书、弹琴歌诗，一派从容淡定的雅乐景象，与风声雨声的东林固有形象全然不同。但无疑这是东林学会生活的真实记录。或许，只有将两个侧面合一，才能展示东林书院讲学之会的全貌。

会学一词，见于前已涉及之海南岛文昌玉阳书院。《玉阳书院纪略》载："吾邑前此未知学也，自贺侯之莅也，而学兴焉。……于是，建会堂以为之聚，捐义田以为之资，则吾侪所为图不朽也，命之曰玉阳书院。……以望后一日课文，二日会学。其会也，敛容端肃，默识本来，或据自得而示真宗，或因问难而析疑义，要以自识本心为功，而支离汗漫一切黜焉。学者翕然从之。……一时观感，四方风兴，咸曰自建邑以来，此为胜会，文昌之名，今乃不虚。"就字义而言，"会学"即会而学之，似不能和"学会"互文通释，但据"其会也"云云，问难析疑，仍是学会核心，则会学仍然是讲学之会的一种。王栋的说法，似能印证这样的观点，他在《明儒王一庵先生集·会语续集》中称，"定期会学，古未有之。无日不学，无日不会也。后人者学术太轻，往往以职业相妨，不遑暇及，不得已与约立会，期以救离群索居之失，因已一曝十寒，去古人之志远矣"（转引自陈时龙《明代中晚期讲学运动（1522—1626）》）。

讲学之会，有时又表述为开讲之会。讲学名家王畿在致朋友的信中曾说，"不肖浪迹，求友东南，访匡庐，历鹅湖，道出信州，过承教款，承询孔门可与共学之旨，往复商究，若有契于中者。……迩者属下士友方兴开讲之会，首揭先师《立志说》《拔本塞源论》，以为学的。鹅湖之后，此风寥寥，今日之举，岂必人人皆有真志？淘金于沙，亦为之兆焉耳"（《与林益轩》）。此处所称"开讲之会"，实即广信府闻讲书院之会。据《闻讲书院会语》记载，王畿在嘉靖三十三年（1554）春"赴江右之约，秋入武夷，历鹅湖，返棹广信。郡中有闻讲书院之会，吉阳何子请先生往莅之。《会约》首揭阳明夫子《立志说》《拔本塞源》一体论，以示学的。每会轮一人讲'四书'一篇，以为相互体究之资，时讲《孟子·道在迩而求诸远》一章"（《闻讲书院会语》）。由此可知，前引士友开讲之会，即嘉靖年间广信府知府何吉阳主持之闻讲书院之会。王畿作为主讲嘉宾，由院中讲义中之"性外无道，道外无性"切入，针对诸生所问"立志""一体"之说，大谈良知主宰，且自比朱陆鹅湖之会，认为"鹅湖之会在辨真伪，今日之会在辨内外，内外辨则真伪决矣"（《闻讲书院会语》）。

讲学会见于冯从吾《愧轩吕先生》，吕潜"为邑诸生试，每倾曹偶，学使者重其文行，拔入正学书院，以风多士。嘉靖丙午，以《诗》荐乡书，卒业成均，友天下士，而名日起。时朝绅中有讲学会，每闻先生偕计至，亟延之讲"（《关学编（附续编）》卷四）。此处之朝绅讲学会，即前引《明儒学案》例一之朝绅讲会。由此可知，讲学会即讲学之会的又一别称。

京师之朝绅讲学会，颇受关注，《明史》中有2例：卷二二七作"徐阶当国，为讲学会"；卷二四三作"臣（指冯从吾）壮岁登朝，即与杨起元、孟化鲤、陶望龄辈立讲学会。自臣告归，乃废京师讲学"。王门讲学领袖王畿对此也很重视，在给朋友的书信中曾数度提及。其《与耿楚侗》称："闻京师已复同志大会，乃吾丈与一二同志倡之，浣慰可知"（《龙溪语录钞》卷五)。欣喜之色,溢于言表。而《与曾见台》则将讲学上升到世道、人心、学术的高度,其称"闻京师已复同志之会,吾丈与楚侗二三兄实倡之。此会实系世道之盛衰,人心向背、学术邪正之机,皆在于此"(《王畿集》卷一二)。《与沈宗颜》称:"京师旧有同志月会,相传已久。近因时好差池,渐成避忌。消息盈虚,时乃天道,不足为异。但吾人此生发心,原为自己性命,自性自修,自命自立,无所待于外。若以时之向背为从违,所学何事?非望于豪杰也。……所云月会之议,还望终始自信,约三五同志续而举之。此件事不论在朝在野,原是一体同善,不容已之心,非强饰门户,求以矫抗于时也"(《龙溪语录钞》卷六)。这时展示的是一个讲学领袖在京师讲学之会受到政府禁废之时的坚毅不移。如此豪杰,如此自信,则当年王学风潮之所以能够倾动朝野,就很好理解了。而需要指出的是,王畿以同志之会、同志大会、同志月会三个词指称京师朝绅讲学会这一现象,在这里,同志之会是核心,"月"与"大"作为"会"的修饰词并不重要,而"会,所以讲学明道,非徒崇党与立门户而已也"。也就是说,会的重点在讲学以明道,所谓会者,讲学之谓,明道之谓也。

事实上,当年随地举会、随缘结会的讲学之人,更习惯于用"会"这一单字词来指称有关聚会讲学的活动与组织。与会讲、讲会、学会、会学相比,"会"是一个使用频率最高的词。以杨起元为其师罗汝芳所作的《墓志铭》为例,它记录了罗氏一生立会讲学事迹,大会一词出现 12 次,会 9 次,讲会、留会各 2 次,集会、定会各 1 次。又如邹守益在《泰和、万安会语》中说:"往岁癸巳,九邑同志胥会于青原,以无忘先师惜阴之训,耄倪欣欣也。泰和、万安之交,连属为一会,凡二十余年,会于梅陂,会于先天阁,会于云津,会于古城,会于智海,每速予临之,有三至五至者焉。"(《邹守益集》卷一六)一口气连用了 7 个"会"字。如此看来,明人更喜欢用既有聚合、会面、相见之本义,又可引申为领悟、理解之单字词"会"来指称讲学之会似可成立。这样简单明了,与当年随举会于各地的大环境相合。而当讲学进入正规、持续发展的阶段,以"会"为基本元素创造新词也是自然之事。一般构词如水西会、青原会,以表明地望为主;新安六邑会、江浙同志会,以表规模为主;江右惜阴会,白鹭洲书院之正学会、依仁会,以表意为主,重在归纳分类;而会讲、会学又重在描述状态。凡此种种,不胜枚举,都能从各个侧面彰显书院学术型讲会的繁盛。

第二节 书院教化型讲会

教化型讲会是书院面向下层民众的讲会。它与前述针对士人官绅阶层的书院之会既有联系,又有区别。在整个书院讲学链中,它既上承讲学、教学之会向下自然延伸于百姓之中,又以其拥有广大的会众而成为托举教学、讲学之会的坚实基础。教化之会导源于正德年间王守仁在赣州创办义泉、正蒙、富安、镇宁、龙池共5所社学性质的书院,开展教民化俗的活动。它以家族、乡村书院为主要会所。有时,一些位于中心城市的府州县级大书院,也为平民百姓开设宣讲《乡约》的专场讲会,因而它在城镇也有较大的影响。教化型讲会以市民百姓为主要会众,以讲德修睦、劝善规过、移风易俗为主要目标。在当年,它受到了深信人人可以成圣贤的阳明学者的追捧,蔚然成风,形成了持续百余年的书院与儒学平民化的倾向性特征。本节将围绕教化之会这一层面的讲学活动,结合书院的发展方向和教学方法,探讨书院与儒学诠释的平民化,以及由此而带来的文化与学术下移的问题。

一、面向平民:书院发展的新动向

沉寂近百年之后,明代书院重兴,面向平民成为其发展的一个重要特点。首先,城镇官府书院向平民百姓开放,山林布衣、乡村长者、普通百姓、佛教僧侣都可以进院听讲,甚至登堂讲说。这是宋元时期所罕见的现象。

作为府州县各级政府之教育中心与学术中心,官府书院建于各级官衙驻地的中心城镇,出入其间者,非官师缙绅,即士夫儒生,一般皆属中上层人士,是为当时通例。及至明代中期,随着平民儒者的出现和平民教育的开展,民众的身影出现于书院讲堂,森森学府之门得向市井布衣开放,书院的发展史上出现了值得引起注意的,满足平民教育需求的积极倾向。兹以仁文、虞山两所地处江浙文化发达教育水平较高地区的书院为例,说明这种倾向。

仁文书院在嘉兴府城。万历三十一年(1603),知府车大任以"今天下无一郡无书院者",嘉兴以"首藩名郡独兹缺典"(崇祯《嘉兴县志》卷二二《嘉兴县创建仁文书院记》),力主嘉兴知县郑振先创建,以为府属各县共有之最高学府。有仁文堂以为讲会课文之所,崇贤堂祀薛瑄、陈献章、胡居仁、王守仁四先生,集乡绅生徒讲学其中。次年,又与提学副使岳元声等大开讲会,订立《讲规》,分肃讲仪、酌期会、严磨砺、广与进等四条,规范其讲学行为。又捐置田亩,并批准府学生员蒋道厚等人公呈,执行创置田、收院租、清稽查、明支给、酌支数、清册户、重主典、定礼祀、谨修理、慎请给、严看守之《条理院田事宜》,从经济上保障其讲学讲会活动的正常运行。万历三十三年(1605),提学副使岳元声等刊《仁文书院志》11卷,以纪其建院讲学之事。

按规定,书院讲学、讲会皆按程式进行。其具体情形如下:

> 议定每入谒,必盥沐而进,齐集于仁文堂。每会,巳时,鸣钟五声,院赞二生导引齐入,肃仪澄虑,诣四先生神位前,唱:"排班,班齐揖,平身。"如是揖者四,礼毕。初入会,谒者另出四拜。复导引出至仁文堂,东西分立,击鼓三声,各就班位,肃揖就座。默坐少顷,院长先捧晦翁先生院规、象山先生喻义利章,或朗诵一过,或讨论一番,在座者肃然倾听。复少顷,师友各随己意,以六经疑义互相问难。过未,击鼓七声,执事者进茶饼。毕,一揖乃退。(《仁文书院志》卷四《讲规·肃讲仪》)

至于讲学与会之人,仁文书院采取"广与进"的态度,欢迎一切求学、听讲之人,其《讲规·广与进》称:

> 真修实践之士,往往出于布素,如吴聘君、王心斋其人者,故不尽由黉序中出。若必择其方类而取之,恐长林丰草间不免有遗贤,而亦何以风励庶人之以修身为本者。是故,会讲之日,如或山林布衣,力行好修,但愿听讲,不妨与进。其怀私负戾,藉名干进者,一切摈斥之,无取焉。(《仁文书院志》卷四《讲规·广与进》)

虞山书院(见图5-2)在苏州常熟城。原名文学书院,又名学道书院。元至顺二年(1331),由邑人曹善诚创建,中祀孔子弟子里人言偃(子游),辟讲堂,列斋舍。有司上其事,设山长为学官主持院政。至正末年毁。明宣德年间改建,改名"学道",寻又圮。嘉靖四十三年(1564),改建于虞山,仍名"文学"。万历初年,张居正毁天下书院,仅存言子祠。三十四年(1606),常熟知县耿橘重建,改名"虞山"。辟有大门、经正门、规矩门、准绳门、得门、斯受门、观德门、尚友门、莞尔门、富美门、游艺门、乐寿门、卧鼓门、学道堂、体圣堂、智圣堂、有本室、弦歌楼、讲武厅、射圃、养贤仓、言子祠、杨公祠、王公祠、厨房、浴房、茶寮,以及友周、友邵、友程、友张、友朱、友陆、友薛、友陈、友胡、友王十精舍,易、书、诗、春秋、礼、乐六经房,规模宏大。不设院长,教主、会主之外,设"三纲"协同管理院务,其中,教主主教事而阐发精义,会主掌持会讲会文,"文纲以督文词""学纲以研道妙""会纲以定众志"。平常每月初三日诸生会文,初六日孝廉会文,初九日讲学于学道堂,每年三月初三日、九月初九日,则"大会四方同志三日"。以"虚心求益"为"会讲第一要义",以"真实求明"为讲学先机,提倡"讲求圣人当日之学,以开今人学圣之路"(《虞山书院志》卷四《院规》),其学术与无锡东林书院相呼应,曾邀顾宪成、高攀龙等讲学院中,实可视为东林书院之外围。

图5-2　虞山书院总图

虞山书院向民众的开放，比之仁文书院，力度更大，兹将《虞山书院会约》有关条文抄录如下：

> 每月初九日讲书于学道堂，本县辍政半日往听焉。佐领、儒学各官，乡荐绅、孝廉、生童、孝子、善人悉会听讲。讲时不掣签，不命书，不拘生童，随有志有见者讲论三五章，以发其端。本县知识庸下，无足商榷，随时聘请教主阐发精义。
>
> 孝子、顺孙、义夫、善士、寿官人等曾经表扬者，及山林隐逸，众所推服者，俱许依诸生列坐而听讲，俱登名宾簿。其有真正孝义高品逸民，仍当推上上首，以示激劝。然不许好名无耻之徒乘机溷进溷坐，致辱堂规。查实究处。
>
> 百姓无论远近，其年高者，或年虽少而颇知义理者，如有志听讲，俱先一日，或本日早报名会簿，吏书领至月台上，望圣叩头，就台上东西相向坐于地。人众，则后至者坐于庭前地。俱要静默，不许喧哗。候堂上行四拜礼时，各向圣叩四头。讲毕，叩头先散。若百姓来会者众，即先讲《乡约》，讲毕先散。
>
> 释子、羽流虽非吾类，然中间不无悔悟而来归者，此入笠之一机也。即使自负自高，亦不妨姑令听讲，许坐于百姓之列。若有所讲说，许上堂立论。若果有见，许坐于诸生之后。

> 高皇帝《乡约》,就是一个好方子,莫说专教小人,吾辈终日所言,何尝出于六谕之外。(《虞山书院志》卷四《虞山书院会约》)

由以上条文可知,书院向平民开放是有制度保障的,平民也分层次,高者如孝子、善人、山林隐逸者可列诸生坐,登名宾簿,低者如老少百姓,席地而坐,列名会簿。会簿前有知县耿橘所作引言,对平民百姓进入书院听讲、讲学及其缘由都有交代。兹全文抄录如下,以见其详:

> 虞山会讲,来者不拒。人皆可以为尧舜,何论其类哉!凡我百姓,年齿高者,与年少而知义理者,无分乡约、公正、粮里、市井、农夫,无分僧、道、游人,无分本境他方,但愿听讲,许先一日或本日早报名会簿,俟堂上宾主齐,该吏书领入,照规矩行礼。果胸中有见者,许自己上堂讲说。昔王心斋不过泰州一盐灶,寒山、拾得俱为乞儿,张平叔乃一皂隶,本县何敢以皮目待天下士哉?但不许不通名姓,乘机溷入,不守规矩,紊乱喧哗,致失会礼,本县亦不能尔贷也。(《虞山书院志》卷四《会簿引》)

非常明显,让下层平民百姓进入书院,登堂听讲,甚至上堂讲说,是有理论依据的,那就是"人皆可以为尧舜"的儒家古训,也有当时以王心斋为代表的泰州一派学者的佐证。盐灶、乞儿、皂隶皆能讲学,又何论我百姓之市井、农夫哉?书院开放的气度和对百姓皆成尧舜的自信,由此可见一斑。此则正是明代书院平民化的理论依据和其从事平民教育的原因所在,可见我们的先人致力于民众精神文明建设的可贵与崇高。

在城镇官府书院向下层民众开放的同时,本来就处于乡村的家族、村社书院也开始了职能的转变,服务对象不再局限于子弟,而扩至族人乡党,即由童子而扩及其成年的父兄一辈,院中之事业不仅仅是读书识字,习礼成俗、讲学化民也成了日课常功。兹举安徽、江西两地书院的情况来作说明。

安徽以泾县为例。"自姚江之学盛于水西(书院),而吾泾各乡慕而兴起,莫不各建书屋,以为延纳友朋,启迪族党之所,其在台泉则有云龙书屋,麻溪则有考溪书屋,赤山则有赤麓书院,蓝岭则有蓝山书院。一时讲学水西诸前辈会讲之暇,地主延之,更互往来,聚族开讲。故合则考德而问业,孜孜以性命为事,散则传语而述教,拳拳以善俗为心"(《赤山会约跋》,嘉庆《泾川丛书》本)。这类书院,有"考德而问业,孜孜以性命为事",即关注学术阐发、学派建设者,有"传语而述教,拳拳以善俗为心",即传播推广学说,将其落实为民俗者。一般情况下,它们对以学术而化民成俗的关顾可能更多些。如赤麓书院的《赤山会约》,开列遵谕、四礼、营葬、睦族、节俭、正分、广仁、积德、慎言、忍气、崇宽、勤业、止讼、禁赌、备赈、防盗、举行、黜邪、戒党、置产、恤下、闲家、端本 23 条,皆"吾儒实学"之事,要求赤山一乡与会诸友"以此意劝勉各家",以期达到"维风范俗"的目的,从而提升地方文明水平。

江西以安福为例。安福是江右王门重镇,随从王守仁请益问学者前后有邹守益、刘晓、刘邦采、刘文敏、刘阳等十余人。明嘉靖五年(1526),刘邦采、刘晓等倡建惜阴会,逢双月望日,大会四乡同志五日,互相切磋,倡导师说。十五年(1536),邹守益与知县程文德建复古书院于县城,以为讲会之所,聂豹作记,其称:闻良知之学而兴起者,"时惟江西为盛,江西之盛惟吉安,吉安之盛惟安福,故书院之建惟安福有之,题曰复古者,期有事于古之学而学焉者也"(光绪《江西通志》卷八一《建置略》)。三十二年(1553),邹守益与刘阳在县北桑田建连山书院(又称连山书屋)。三十七年(1558),邹守益首倡,与刘邦采、尹一仁等在县南洲湖建复真书院(又作复贞书院)。其后,县西建有复礼书院(隆庆六年,

1572)、识仁书院(万历十九年,1591),县东建有道东书院(万历二十一年,1593)。这样,以县城复古书院为中心,东西南北四乡皆有书院作为讲会之所。安福成为江右最富生气的王学重镇,诚如钱德洪在《惜阴会语》中所称"穷乡邃谷,田夫野老皆知有会,莫不敬业而安之"(光绪《江西通志》卷一七七《寓贤》)。

除上述6所分布于县城与四乡的讲会式书院之外,安福县在嘉靖、万历年间,还有不少称名书院、书屋、山房、会馆的讲学场所散处四乡村落之间,兹将其开列如下:

前溪书院,嘉靖年间,邑人刘教创建。

天香会馆,嘉靖年间,邑人赵新创建。

石屋山房,嘉靖年间,邑人彭簪创建。

梅源书屋,嘉靖年间,邑人刘晓创建。

近圣会馆,嘉靖年间,邑人朱淑(一作叔)相创建。

中道书院(会馆),万历三十年(1602),邑人刘元卿等创建。

中南书院,万历年间,邑人朱元穗创建。

安福书院可谓盛矣。这些书院,多组织联讲会,倡良知,津津于王学的传播。会中之人,同怀拳拳复古、复礼、复真、识仁之心,皆称同志,甚至有年逾古稀,除夕之夜仍在书院集合而各自"考成"者。据记载,复真书院于嘉靖四十三年甲子除夕大会,除安福本县同志之外,还有来自庐陵、吉水、永新、泾县、太平、婺源、广德、青阳、金溪、昆山、祁门等地的学者23人。元旦之明日,永新著名学者颜钧又携子来作"披雪之访",真可谓讲坛盛事。除夕是中国人最看重的团圆之夜,众多同志因为学问讲会而别离家人,汇聚书院,可知学术之力已远敌于人间亲情,非全身心投入则难达此境界。

复真书院作为南里一乡之讲院,虽不能媲美鹅湖、鹿洞,但自嘉靖至万历年间,邹守益、刘文敏、刘邦采、刘阳、尹一仁、朱调、王剑、王铸、朱叔相、王时槐等先后主盟会讲,以真心性、真气骨、真学术、真事功陶冶德性,

"岁集乡人聚讲其中",即所谓"贤哲资其型",又远非仅以一乡之名区视之。它作为安福各乡村书院的典型,具有比较广泛的代表性。它传吾儒斯道之志,立阐幽发微之言,体现的是一种居乡儒者追求学术的理想;其人文之联翩,习俗之醇美,则昭示着乡村书院致力于聚众宣教所取得的成果,所谓"霞起云蒸",实为"吾村之奇观"。乡村书院及讲会其中的学者,以执着和热情,将儒家的学术理念传于民众,并范化成风俗与伦常观念,维系并提升着乡村的道德与文明水准。这方面的事例很多,兹仍举与复真书院密切相关的王时槐为例来作说明。

王时槐(1522—1605),字子植,号塘南,安福县金田人。隆庆五年(1571),官至陕西参政,时年五十,即告退讲学。万历年间,主讲复真,崇祀刘阳、刘文敏于聚奎楼,有《复真会语》传世,讨论圣人与性的关系问题。又订《复真书院会规》十七条,倡导"学以求仁为宗""学必见于躬行""学贵潜心"等,《复真书院志》为之立传,称:

> 本郡故儒所渊聚,乡有社,讲有堂,而登坛者必推公。西原、复古,其洙泗也;青原,其洛社也。公每振衣高坐,因问发义。上士悟,下士笑,鄙吝者消其蓬心,执拗者融其习见,野叟不解而第首肯,童子无心而自为舞蹈,此非独以言感也,公固有不言而躬行者矣。御史吴公首尊其说,藩臬王公、丁公、钱公、黄公、龚公、何公相与阐明之。其他若复真,若复礼,若道东、龙华、玄潭、萃和、云兴、明新、明学诸书院,岁一再过,随地异施,合则时雨之善润,分则造物之因材,故九邑而邹鲁,公大有造也。……年八十一,犹驾小舟抵樟镇、金溪问友焉。年八十四,讲学于西原。(《复真书院志》卷三《王塘南先生列传》)

王时槐居家讲学30余年,除在复古等城镇书院讲学之外,其他如复真、复礼、道东、龙华、玄潭、萃和、云兴、明新、明学等各乡村书院,也"岁一再过",时雨之善润,遍及郡邑之城镇与乡村。讲学对象除御史、藩臬等官宦缙绅之外,也有上士、下士、野叟、童子,具有明显的面向平民百姓的倾向。因材造物,终成九邑邹鲁之正果。王时槐去世后,安福县城之复古书院、吉安府城之西原会,都建有专祠奉祀。

综上所述,本书认为明代书院已经具有平民化倾向,开始成为实施平民教育的场所,这是书院历史上前所未有的现象。

二、王守仁、湛若水首开儒学平民化之先机

书院教化之会的主要目标就是要将儒学平民化,这是明代书院讲学的新特点。出现儒学的平民化诠释,大致有三个原因。第一,王湛之学,尤其是王学,是在平定叛乱和镇压农民起义之中,以及之后的社会秩序重建的工作中发展、兴盛起来的,即由所谓"破山中贼"而"破心中贼",解决民众问题是其重要的诉求,面向民众讲学是一种现实要求。第二,"六经注我"的学术热情,可以充分发挥人的主观能动性,使得向不懂高深理论甚至不识字的民众讲学,也即王湛学说的平民化诠释成为可能。第三,平民书院的出现,提供了理想的平台,可以使儒家经典的平民化诠释得以实现。

应该说,无论平民书院还是平民教育,其所讲之学仍然是儒学,只是它的重点不是高深的理论,而是"百姓日用之道",亦即"百姓日用之学",侧重点在日用伦常与民俗风情的培植,在平民百姓中形成合乎儒家理论体系的价值理念是其主要的任务,其教育对象不同于经生文士,而往往是山林布衣、田夫野老,甚至是一字不识的"愚夫愚妇"。因此,讲学必须用浅显易懂的语言来进行,不能满堂皆是之乎者也,而要尽量口语化,使人易记易行,是之谓儒学的平民化诠释。在当时,操平民化语言为百姓讲授儒学的人较多,它与面向平民的书院的发展相适应,成为一种新的时尚的讲学特点。

第二节　书院教化型讲会

考其原始，明代平民化儒学诠释的工作，则由王守仁、湛若水等大师开其先机，这从他们的书院教育实践中可以得到验证。还在贵州龙冈书院期间（见图5-3），王守仁与"夷人"讲学，就有进行平民化诠释之端倪。正德十三年（1518），平赣州之"寇乱"，即所谓"破山中贼"之后，他又接连发布《兴举社学牌》《社学教条》《南赣乡约》，恢复赣州濂溪书院讲学，其意皆在破除民众的"心中贼"。其中《社学教条》规定，教师要"以启迪为家事，不但训饬其子弟，亦复化喻其父兄。不但勤劳于诗礼章句之间，尤在致力于德行心术之本，务使礼让日新，风俗日美"（《王阳明全集》卷一七《南赣乡约》）。《南赣乡约》共15条，涉及生老疾病、礼仪习俗、亲族乡邻、收租放债、约期约仪等，化民成俗之意甚明。据钱德洪《阳明年谱附录》记载，兴社学令颁发后，赣州城中建有五处社学，"东曰义泉书院，南曰正蒙书院，西曰富安书院，又西曰镇宁书院，北曰龙池书院。选生儒行义表俗者，立为教读。选子弟秀颖者，分入书院，教之诗歌习礼，申以孝

图5-3　贵州龙冈书院王文成公祠

悌，导之礼让。未期月而民心丕变，革奸宄而化善良。市廛之民皆知服长衣，叉手拱揖，而歌诵之声溢于委巷，浸浸乎三代之遗风矣"（《王阳明全集》卷三六《年谱附录一》）。《阳明年谱》正德十三年四月班师立社学条下也载：

> 先生谓民风不善，由于教化未明。今幸盗贼稍平，民困渐息，一应移风易俗之事，虽未能尽举，姑且就其浅近易行者，开导训诲。即行告谕，发南赣所属各县父老子弟，互相诫勉，兴立社学，延师教子，歌诗习礼。……久之，市民亦知冠服，朝夕歌声，达于委巷，雍雍然渐成礼让之俗矣。（《王阳明全集》卷三三《年谱一》）

可见，书院诗歌之诵、孝悌之讲、礼让之导是成效速见而且大显的。

在动乱始平，且经济落后的赣南山区，王守仁的书院讲学，何以能"期月"而速见成效呢？这与他所推行的"浅近易行"教学方法关系甚大。他认为："今教童子者，当以孝悌、忠信、义礼、廉耻为专，务其培植涵养之方，则宜诱之歌诗，以发其志意；导之习礼，以肃其威仪；讽之读书，以开其知觉。今人往往以歌诗习礼为不切时务，此皆末俗庸鄙之见，乌足以知古人立教之意哉？"（《王阳明全集》卷三六《年谱附录一》）因此，他制定了《教约》以实施其教学方法，这种教学方法，从爱亲敬长入手，习见而易行：歌诗可以"发其志意"，配以"泄其跳号呼啸"的动作，以"宣其幽抑结滞于音节"；习礼则"肃其威仪"，"以周旋揖让而动荡其血脉，拜起屈伸而固束其筋骸"（《王阳明全集》卷三三《年谱一》）。王阳明的教学方法完全适合儿童的生理与心理习性，可以乐见、乐闻、乐行，以至于速成。而由"训饬其子弟"，推广到"亦复化喻其父兄"，此则将浅近易行之法移植于大众百姓，爱亲敬长、忠信笃敬等儒学概念的诠释，也就具有了浓厚的平民化成分。湛若水于正德十五年（1520）在大科书院制定的《大科训规》，分《叙规》《训规图》《大科书堂训》三部分,凡数十条,占其《文集》一卷的篇幅,由寻常日用之事而讲义利之辨,简明易懂,操作易行,亦可见其儒学平民化的影像。

三、泰州学派的"百姓日用之学"

谈到儒学诠释的平民化,我们不能不提到高扬平民儒学旗帜的泰州学派及其据以讲学的书院,这是一支对儒学进行平民化诠释的主力军。其实,书院的平民化就或多或少受泰州学派的启导,前文所引仁文、虞山两书院的文献中都曾提到过的王心斋,就是泰州学派的开山祖师王艮。

王艮(1483—1541),字汝止,号心斋,泰州安丰场(今江苏东台)人。王艮出生于一个世代产盐的灶户人家,明人凌儒称:"先生本农家子,生长灶间,年三十才可识字。"李贽也说:"心斋本一灶丁也,目不识丁。"王艮因为经商、行医而致富,并在这个过程中奋然兴任道之志,日诵《孝经》《论语》《大学》,"逢人质义",通过十年自学,粗识儒家经典。后师从王守仁8年(1520—1528),接受良知之学,终成大有名于时的平民儒学家。其思想最富特色的部分是"百姓日用之学",又作"百姓日用之道""百姓日用即道",其核心有三:一是以"愚夫愚妇"、士农工商等"百姓"为本,认为"圣人之道"以"百姓日用"为旨归,只有合乎平民百姓日常生活的思想学说,才是真正的"圣道"。二是"百姓日用之道"既有道德精神的内涵,也包括最起码的物质生活要求。三是提倡平民教育,认为"愚夫愚妇皆知所以为学",不论老幼贵贱贤愚,凡有志愿学者,皆传之教之。(以上观点转引自侯外庐等《宋明理学史》下卷)王艮自粗识儒家经典即从事平民教育,其典型的形象是驾一小"蒲车","周流天下","沿途聚讲","入山村求会隐逸,过市井启发愚蒙"(《重镌心斋王先生全集》卷二《年谱》)。此外,他还在会稽阳明、广德复初、泾县水西、金陵新泉、安福复古、吉安青原等数十所书院与讲会登堂讲说,使得"天下之士,率翕然从之,风动宇内"。其教学效果之所以如此显著,是因为他既讲"百姓日用之

学",又善用平民诠释之法。如他在《次先师》(《明儒学案》卷三二《泰州学案一》)中就曾用浅近的语言阐释高深的"良知":

知得良知却是谁?良知原有不须知。
而今只有良知在,没有良知之外知。

据记载,他"讲议经书","不泥传注",而"多发明自得","邈焉希如圣贤人,信口谈解",很有特色。非常明显,他是要用自己的思想、自己的语言来解释儒家经典,这和他"以经证悟,以悟释经"(以上本段引文皆转引自侯外庐等《宋明理学史》下卷)的主张是一致的。

王艮以一介平民奋然崛起于草莽鱼盐之中,以道统自任,开创了影响甚大的泰州学派,不仅当时风动宇内,而且绵延数百年不绝。据袁承业《明儒王心斋先生师承弟子表》统计,其学五传而有弟子487人,由师保公卿、疆臣牧令,而至士庶樵陶农吏,但以下层民众为主,分布则遍及今江西、安徽、湖北、浙江、福建、湖南、山东、四川、河北、河南、陕西、广东等地,而以江苏尤其是泰州为多。他的弟子们大多能继承平民教育的传统,注意向下层民众传授知识与学问。如布政使徐樾收不怎么识字的颜钧为弟子,状元焦竑向田夫夏廷美授学,樵夫朱恕、陶匠韩贞则毕生从事乡间教育等,其皆有名于时者。在平民教育的实践中,他们各有诠释儒学的高招,兹择韩贞、颜钧二人为例叙述,以见其平民化之概貌。

韩贞(1509—1585),字以贞,号乐吾,江苏兴化人。世代业陶,跟从樵夫朱恕学《孝经》,后拜王艮为师。"生成难并衣冠客,相泮渔樵乐圣贤",韩贞本身就是一个典型的平民儒者。他一生"以化俗为任,随机指点农工商贾,从之游者千余。秋成农隙,则聚徒讲学,一村既毕,又之一村,前歌后答,弦诵之声,洋洋然也"(《明儒学案》卷三二《泰州学案一》)。这是黄宗羲为我们所描述的韩贞的讲学形象。除乡间讲学外,韩贞曾讲学武林阳明书院。韩贞善于用浅显易记的韵文诠释儒学,其所著《勉朱平

夫》是经典性的,讲日用而固知野老能成圣贤,常常为学者引用:

一条直路与天通,只在寻常日用中。
静坐观空空亦物,无心应物物还空。
固知野老能成圣,谁道江鱼不化龙。
自是不修修便得,愚夫尧舜本来同。
(《颜钧集》,《韩贞集·七言律诗》)

《崇正学》扬儒辟佛,宣扬孝道,教化乡民:

孔颜尧舜道为尊,只在寻常孝弟中。
宇宙灭伦皆佛教,乾坤建极几贤人。
异言邪说何时息,正学中行甚日新。
地狱天堂皆自误,恐遗身后误儿孙。
(《颜钧集》,《韩贞集·七言律诗》)

史载韩贞讲学泰州,"从者千余家",内有持白莲左道即信奉佛教者,遂作此诗劝喻。于是信佛者"各焚彼道经册,数年之内,男女有别,人皆向正,号为'海边夫子'"(《颜钧集》,《韩贞集·七言律诗》)。

《喻灾民》宣传儒家纲常而化解民变,这是一般书生难以做到的:

养生活计细商量,切莫粗心错主张。
鱼不忍饥钩上死,鸟因贪食网中亡。
安贫颜子声名远,饿死夷齐姓字香。
去食去兵留信在,男儿到此立纲常。
(《颜钧集》,《韩贞集·七言律诗》)

此诗作于隆庆三年(1569),当时兴化遭遇大洪水,"田庐俱灭,人心汹汹思乱"。知县请其化解,韩贞遂率门人,驾小舟遍历村落,以此诗挨户劝喻。史称"民为之感动,故虽卖妻鬻子,而邑中无萑符之警"(《颜钧集》、《韩贞集·七言律诗》)。一场即将随天灾而至的人祸,韩贞就这样以诗化的儒家纲常化解了。

《乐吾韩先生遗事》载有其向一野老讲"良心"为何物之事,更能体现其平民性,其称:

> 有一野老问先生曰:"先生日讲良心,不知良心是何物?"先生曰:"吾欲向汝晰言,恐终难晓,汝试解汝衣,可乎?"于是野老先脱袄袯,再脱裳至裤,不觉自惭,曰:"予愧不能脱矣。"先生曰:"即此就是良心。"(《颜钧集》、《韩贞集·七言律诗》)

颜钧(1504—1596),字山农,因避万历帝讳,改名铎,江西吉安永新人。黄宗羲将其列入泰州学派"赤手搏龙蛇"一系,颜钧一生游侠仗义,讲学民间,各地书院讲会皆有其踪迹。会讲扬州邗江书院时,曾作《扬城同志会约》。其学"纯任自然",取《大学》《中庸》而"心造"出"大中学",即易知易行的"大中学庸"的专门学问。其讲学对象则不分贵贱贤愚,但主要是市童、野叟、壮丁、仆人、农夫、樵者、陶匠,乃至僧、道、庵人等下层民众,常常是数百上千人。其著作始刊于战乱中的清咸丰六年(1856),旋即失传,至1996年才由黄宣民先生点校问世。其中多有充满平民色彩的释经授学之作,兹录数条,以见其概。

颜钧作《箴言六章》,阐发《圣谕六条》,其言浅近,其语押韵。如《和睦乡里》有"鸟雀失群,飞跃呼寻。人生处世,和乡睦群。居住一乡,事同一体。一体相关,是非不起"之句,朗朗上口,易记易行。每条之后皆附诗二首,进一步阐释儒家的基本伦常观念,如《孝顺父母》诗曰:

孝顺父母好到老,孝顺父母神鬼保。
孝顺父母寿命长,孝顺父母穷也好。
父母贫穷莫怨嗟,儿孙命好自成家。
勤求不遂大家命,孝顺父母福禄加。

颜钧作《尊敬长上》诗曰:

伯叔姑姊伯叔公,常循礼义要谦恭。
有些言气休嗔较,原是同根共祖宗。
更劝人家弟与兄,相恭相友莫相争。
譬如树大分枝叶,当念同根共本生。

颜钧作《各安生理》诗云:

生理随时只要勤,有何大小富豪贫。
人凭信行当钱使,无本皆因无信人。
劝君勤俭度年华,谨慎长情莫谎奢。
须信家由勤俭起,莫言勤俭不肥家。
(《颜钧集》)

《劝忠歌》《劝孝歌》用五言诗演绎儒学最基本的观念,使"古人忠与孝,开卷即在目",极言"天网虽恢恢,难容不忠族。明则有王诛,幽则有鬼戮",劝世人"勿以不孝头,枉戴人间屋。勿以不孝身,枉着人衣服。勿以不孝口,枉食人五谷"。尤其是《劝孝歌》:"儿行十里程,母心千里逐。一娶得好妻,鱼水情如睦。看母面如土,观妻颜如玉。母若责一言,含嗔怒双目。妻若骂百句,陪笑不为辱。……人不孝其亲,不如禽与畜。乌鸦尚反哺,羔羊犹跪足。劝尔为人子,经书需诵读。"(《颜钧集》)。其言也谆谆,在如同慈父般的诉说中,儒家最重要的忠孝理念得以阐释清楚,并愉悦地灌输于民众心田。

不仅忠孝因为事涉世事人情可以平民化之,对于相对抽象的心性,颜钧也能神奇生动地加以描绘。如《心字吟》诗云:

> 仰观心字笑呵呵,下笔功夫不用多。
> 横画一勾还向上,傍书两点有偏颇。
> 做驴做马皆因此,成佛成仙也是他。
> 奉劝四方君子道,中间一点是弥陀。
> (《颜钧集》)

在笑呵呵中,教人认字写字,体认人心,仰观心性,接受君子之道,明了做人的方向。颜钧的教学欢愉、轻松、生动、浅显、易懂,适合平民百姓的口味与理解水平,儒学的基本理论与基本操守经过如此诠释之后,遂得在"愚夫愚妇"中传播,并根植于人心。它能造就出民间不识一字的"儒夫儒妇",使历代贤哲有机会重复着"礼失而求诸野"的神圣。

四、其他书院的平民化讲学

上文以泰州学派的学者为例,结合其书院的教学活动,介绍了儒学诠释的平民化。下面则以其他书院为例,结合主教会讲其中的学者,对其再予阐述,事涉其他学派,意在说明平民化诠释儒学不为泰州一派专美而称独善,亦为当年诸多书院所习用而乐见。

问津书院(见图5-4)在湖北黄冈孔子山下。相传孔子自陈蔡去楚过此,使子路问津于此。元代,龙仁夫筑室讲学于此。明隆庆元年(1567),

重建孔子山庙,会讲其中。万历四十三年(1615),扩建为问津书院。四十八年(1620),建分院于河南商城之汤池。"一时从游之士云集景附,项背相望者数十年,书院讲学至此,号为极盛。院中诸儒,或主王湛,或主高顾,诸派俱备"(《问津院志》卷四《讲学·源流》)。其中耿定理、耿定向、焦竑为泰州学派干将。萧继忠主院数十年并兼商城分院主讲,影响至大且远。诸儒讲学,多涉平常日用之事,不乏平民化诠释之举,如萧继忠(号康侯)教屠者、耿定向(号天台)谕兄弟争产就很典型,兹录如下:

新庙图 - 王会厘《问津书院志》卷首 - 《中国历代书院志》第3册669页

图 5-4　问津书院新庙图

> 萧先生自麻邑避雨屠者门。问曰:"萧先生乎?近来所讲何学?"曰:"不过平常日用事。"曰:"所讲某等亦可为否?"曰:"何不可。即如尔业屠,戥称如制即是圣贤事。"适其子侍,指曰:"此子亦可(何)为乎?"曰:"此子立,而我与尔坐,即父子礼。何不可为?"又曰:"吾妻亦可为乎?"先生曰:"今某在此,君内不待教而自传茶,此即宾客礼也。礼在即道在,不学而合,禀于性,命于天。今教尔每事只要问此心安否,心不安处便

> 不做,便是圣贤学问。"屠者恍然有顷,曰:"谨受教。"后悉改向所为。
>
> 　　黄邑有两弟争兄产。时,天台耿先生率门弟子刘拙斋、萧康侯诸公讲学问津书院,两人前赴质。天台曰:"尔所争是尔兄所遗否?"曰:"然。"先生曰:"兄产仍如前否?"曰:"兄时已卖半。"先生曰:"卖产时尔涕泣否?"曰:"产为兄卖,何至涕泣。"先生曰:"尔兄殁时,尔涕泣否?"曰:"兄弟至性,那得不泣。"先生曰:"尔兄卖产不泣,兄殁而泣,可见产不重于兄弟。今以争产伤兄弟之情,何待死者厚而待生者薄乎?"两人泫然不忍复言。
> (《问津院志》卷四《记萧康侯逸事》)

　　前引安徽泾县水西、云龙、考溪、赤麓、蓝山、喻义各书院,于嘉靖年间,有邹守益、钱德洪、王畿等王门高弟迭主讲席,万历之世则翟台、查铎、萧雍、徐榜、萧良干诸先生相继登坛,终使"水西之学名天下"。各院讲会,既务虚而讲本体心性良知,也唯实而列应遵应行事宜,更互往来,聚族开讲,合则考德问业,孜孜以性命为事,散则传语述教、拳拳以善俗为心。兹以萧雍为例来作说明。

　　萧雍字慕渠,泾县人,官至副使。《明儒学案·南中王门》只列其兄萧彦而不载其名,《明史》则称"先生学过其兄"。讲学赤麓书院,以启迪族人及会中同志之语而成《赤山会语》一卷。萧雍学崇阳明而不妄议程朱,认为上圣与途人同心,人皆可以为学。因而,其讲学不只面对会中同志,更时时关注普通民众与族人,所作《赤山会约》分遵谕、四礼、营葬、睦族、节俭、正分、广仁、积德、慎言、忍气、崇宽、勤业、止讼、禁赌、备赈、防盗、举行、黜邪、戒党、置产、恤下、闲家、端本共23条。其自序称,"独计地方风俗,浸失其初,及今不返,后何底止。今将一二应遵事宜胪列如左,期与诸友以此意劝勉各家"(《赤山会约·自序》)。以期"维风范俗",而成"吾儒实学"，达到"挽浇靡而归之淳质"的目的。兹录四礼、睦族、积德、禁赌四条如下，以见其概。

"四礼"讲冠礼、婚礼、丧礼、祭礼，涉及一个人从成年到死后之礼仪，其中谈婚礼者曰：

> 婚姻，人道之始，礼仪岂可简略？古礼，婿往女家亲迎。今以亲客代之，已为简礼。奈何女家惮治具之劳，并此而废之也。遣嫁重事，男家以仆人来迎，女家以仆人往送，何轻亵之甚！吾乡嫁女之家，听男家亲客来迎，方为成礼，此非细故，毋曰："从便。"婚嫁各随力量，女家度自己薄往，不可责男家厚来，日后有言，女何以堪？娶妇妆奁，悉凭女家，争长说短，妇何以堪？(《赤山会约·遵谕》，清嘉庆《泾川丛书》本)

反对索要厚礼，提倡新郎，至少是男家亲客迎亲，以重婚姻礼仪，是其主张。

"睦族"讲族人团结，征引诗书，强调亲情，培植敦尚厚道的民风，提倡恤贫、尊长的精神：

> 《书》称"以亲九族"，《诗》歌"行苇既醉"，重一本也。世族瓜瓞绵远，本支蕃盛，或同居，或析爨，其初，一人之身耳。譬之于树，千枝万叶而根同；譬之于水，九河百川而源同。云同矣，可秦越异视乎？奈何世人不知此理，傲慢同姓，疏薄骨肉，恃强凌弱，恃众暴寡，恃富压贫，恃壮欺老。遇异姓强自忍耐，遇同室偏加凌侮，是何心肠也？愿吾乡族敦尚厚道，培养元气，矜孤寡，恤贫穷，解争竞，息忿怒，毋设诈，毋斗巧，毋倾陷，毋挑衅，毋谈人长短，毋起人是非，老老幼幼，尊尊卑卑，贤贤亲亲。祖宗一脉根源，培植得厚，灌溉得深，自然枝叶畅茂。川河贯注，何患家道不昌？即《诗》《书》所称，胡以加焉。(《赤山会约·睦族》，清嘉庆《泾川丛书》本)

"积德"劝善戒恶,提倡利人而行方便,既戒夺财、害命、占田之大恶,尤防口毒、笔毒、心毒之流行,正反并举,引用经书,意在善俗:

> 所谓阴德者,阴行其德,不令人知之谓也。积者,如积金积谷之类,积愈厚则发愈大,惟恶亦然,积愈毒则发愈暴。故曰"善不积不足以成名,恶不积不足以灭身"。炯戒昭然,人奈何不为善而为恶也?且为善亦甚易矣!非必尽捐己之所有,但随力量所能,到处与人行方便,即是利人。利不在多,渴时一杯水,饥时一盂饭,亦是恩惠。举念即是,何难之有?恶者非必攘夺人财物,戕害人性命,白占人田地。只背地好谈人长短,是为口毒;暗帖谤人,是为笔毒;阴险起灭,是为心毒,凡此皆恶也。一念之善,勿谓无益,积小成大,后祚必昌;一念之恶,勿谓无伤,积微成著,贻祸匪细。《书》曰:"作善降祥,作恶降殃,近在其身,远在子孙,历观往古,报应不爽。"得不凛凛惧乎!(《赤山会约·积德》,清嘉庆《泾川丛书》本)

"禁赌"晓之以义,劝之以亲,禁之以法:

> 民间大害,无过赌博。赌博之害,罪在开场。本是戏事,大张骗局,一入其网,不尽不止。大抵赌博之人,初皆起于利心。父母不肯苦戒,亦皆起于利心。投掷甚易,取利甚捷,冀其赢也,而姑纵之。既而输钱于甲也,取赢于乙以偿之,幸而偿也,又思益之。亡论投子、纸牌,权不由我,胜负难必。纵赢得钱来,不由勤苦,谁肯爱惜,任意花费,缘手立尽,倒囊空归。东荡西走,田地荒芜,不问父母缺养,不顾室无片椽,家无寸土。债主逼取,借贷无门。力耕不能,饥寒难熬,则有聚而为盗耳。小则窃,大则

> 强,身以盗亡,盗由赌至,悔无及矣。可哀也!官府法禁虽严,安能尽人而绳之。是在各家父兄捐去利心,严戒,轻而家法处治,重则送官刑罪。彼亦人耳,肯以其身为戮辱乎?此风衰息,而家道日见殷富矣。(《赤山会约·禁赌》,清嘉庆《泾川丛书》本)

水西各书院讲学化民,在当年是取得了实际成效的,万历年间经营水西、蓝山、赤麓书院的徐榜,在其语录《白水质问》中就曾纪录过这些与芝兰俱化的事迹:

> 或问:"邑故有水西会,今吾里有蓝山、赤山会馆,毋乃赘而期不几烦乎?"徐子曰:"离群索居,前贤患之。事贤友仁,为仁之利器也。一日暴十日寒,如有萌焉,何哉。故夫馆不越里,会不择期,庶几日渐月摩,入芝兰之室,与之俱化而不自知也。"
>
> 或曰:"闻星源有项姓者,与弟共产,分时私田十亩,弟不知,邑人亦不知也。十年后入会中,辄勃勃内不自安,鸣之同志,必捐田十亩与弟而后已。若品何如?"徐子曰:"是之谓慎独不欺,是之谓改过不吝。若讲学者尽然,将人有君子之行,户成可封之俗矣。"(《白水质问》,清嘉庆《泾川丛书》本)

星源项氏改过从善,既是书院讲会化俗的成果,又是书院对"慎独"这一儒学概念进行平民化诠释的生动例证。相信再高深难懂的理论,经过如此诠释,必将为讲会同志所乐闻而铭记于心,并随会众而流传民间,变成乡民厚道之俗。人而君子,户则可封,此则正是儒学平民化诠释的理想所在。

第三节　明代书院讲会的特点

明代书院讲会特点，可以从形上、形下两个方面来进行总结。形而上者，其大要不外有二：一是讲会友伦、师道并重，进而讲究吾党同志，形成同质性，使其持续发展，结成社团、由学术转向政治等皆得以成为可能；二是讲席虽然轮换，讲会则所共尊，无论由朱转王，还是由王转朱，明代学术谱系之流变，皆在立书院、联讲会中得以完成。相关情形以上几节已有介绍，以下谨就属于形而下者之讲学方式、组织形式两个方面予以申论。

一、以讲为学，以会为学

聚徒会众，以讲为学，是明代书院讲学的一大特色。但查考明人文献，谈到"以讲为学"，则多批评之词。魏校（号庄渠）在给邹守益（号谦之）的信中既以讲学为喜，更以"讲而不学""以讲为学"为忧，批评之意甚明，并以讷言敏行相规劝。邹守益在回信中虽对魏之规劝厚爱表示感谢，但对交砥互砺的讲学津津乐道，更表明他其实并不认为"以讲为学"就是"讲而不学"。其回信称：

> 凛凛然敏事讷言之规，敢不祗服，以无负厚爱！今伯载聚处里闬，洪甫复来枋郡教，斯文之兴，其几先兆矣。愿时加汲引，交砥互砺，以为来学标的。道，天下之达道也，古今人共由之。有所错误，有所偏颇，则相与指示，期趋于中行。古人舍己从人，乐取诸人以为善，意正如此。（《邹守益集》卷一〇《复魏庄渠》）

魏校字子材，号庄渠，昆山人，弘治朝进士。正德、嘉靖之际，任广东提学副使,改道观佛寺为濂溪、明道、伊川、晦庵、崇正、五羊诸书院,"广之诸生来讲者,使散居各书院","相与讲明正学"(《庄渠遗书》卷九《为崇正学以辟异端事》《为作兴人才事》)。历官至太常寺卿、国子祭酒。其学私淑胡居仁,《明儒学案》列名《崇仁学案》,算老一辈书院讲学名家。其"貌朴讷简重,言动以礼"(雍正《江南通志》卷一三八),宜乎以敏行讷言而劝到处讲良知之学的邹守益。这是嘉靖初年的情形,但王阳明的高足们不以为然,随地举会、以讲为学、以会证学等正逢其盛而未有止时。

及至万历二十六年(1598),"以讲为学"被再度作为问题提了出来,但这次已不是师友间的规劝,而将其与泰州学派讲学名家罗汝芳过往在宁国府、云南等地书院讲学传道扯到一起,上报朝廷,并最终引出了驱逐学人而禁立书院的事件,闹得很大。其始作俑者是南京通政使杨时乔,据《明史》记载,杨时乔"最不喜王守仁之学,辟之甚力,尤恶罗汝芳,官通政时,具疏斥之"(《明史》卷二二四《杨时乔传》)。杨疏"大意在维世道正人心,而所指清本澄源者在辟邪说,所指为邪说之魁者,则原任参政罗汝芳也",疏中罗列罗氏在宁国、云南等地"日集诸生文会讲学",传其邪说,并称:"数年来,始有直以释老之说为孔子之说,又以禅老在孔子上,直搀入于文章如科举文字者,又以传注为支离,而其言惟以讲为学,会众聚徒,即是不事修为阶级,以知为道,血气心知,即是不事躬行循理。一切皆归于禅老,后学皆不以经书为本领,内则心无所主,外则其言不归于禅老,则归于庄列,子史文体遂坏矣"(《淡然轩集》卷二《复杨止庵疏》)。其时,罗汝芳已去世十年,秋后算账,似不厚道。但礼部左侍郎摄部事余继登仍借"疏中辟邪崇正之论","移文都察院,转行直隶提学御史及各该巡按,遍行各提学官,地方中但有罢闲官员、山人方士、学佛学仙者,听其于山林空寂之处各修其业,有于通都大邑中聚徒至数十人者,即行驱逐。其不由抚按具题擅立书院、祠宇者,即行禁约,并禁坊间所刻离经叛道新说诸书,不许鬻卖。士子行文,务依二祖所颁示《集注》《大全》为主,而参以《蒙引》《存疑》诸书,各阐理道,勿杂禅机。提学校文,务取不背经义纯正典雅者,童儒仍用新说者不准入学,生员仍用新说者径自黜革。至于乡试、会试行文,知会一体遵行。有仍前不遵者,容臣部及该科指实参治。庶异说渐熄,圣学自明"(《淡然轩集》卷二《复杨止庵疏》)。如此驱逐学人、禁刊新书、禁立书院,可谓凌厉。但从《明史》"前尚书余继登奏请约禁,然习尚如故"的记载来看,"士大夫多崇释氏,教士作文每窃其绪言,鄙弃传注"(《明史》卷二一六《冯琦传》)的局面并没有真正改变,立书院、联讲会、会众聚徒、以讲为学仍然是当时的主流。数年之后,顾宪成等重建东林书院,更将书院讲学推至另一个层面。

应该说,上述魏校的观点代表讲学者内部不同的声音,而杨时乔、余继登等人的意见,则表达的是"最恶"级的王学反对派的立场,尽管他们的切入点、关注点不尽相同,但对书院以讲为学的批评是共同的。一方面在反对者看来,从正嘉到隆万,数十年间,聚众会徒、以讲为学始终是一个悬而未决的问题。另一方面,就阳明后学而言,以讲为学则是一个持续了数十年的讲学传统。需要指出的是,魏、杨、余等人的反对基本上还是在学术层面的交锋,虽然余氏之驱人禁院之议,几乎可以视作嘉靖、万历禁毁书院之后续动作,抑或看成天启之毁的前奏,但终究还没有包藏明显的祸心,离政治之险恶尚有足够安全的距离。正因如此,在经历东林书院—东林学派—东林党的惨案,以及改朝换代的巨变之后,清代康熙晚期的学人胡煦可以留下比较中肯的评说文字:"朱子之学以学为学,后儒之学以讲为学。子曰:君子欲讷于言而敏于行。有借朱子而指摘阳明者。圣人之门,贵行而不贵言,使朱子而居阳明之时,不识能逮阳明之事功否?"(《周易函书别集》卷一二《篝灯约旨·朱子》)胡煦为康熙五十一年(1712)进士,官至礼部侍郎,已身处18世纪初而远离晚明当年的是非场景,所言属公平之论。因而,我们认同并赞赏其由"以学为学""以讲为学"分别朱子之学、阳明之学的观点,并进而主张朱王之学互为参照,可以得出"以讲为学"是明代阳明学人书院讲学的一大特点的结论。

何以阳明学者要不同于"以学为学"的程朱理学传统,而高扬"以讲为学"的旗帜呢？这与阳明后学秉持"讲学须得与人人面授""须口口相传"的师训不无关系。《王阳明全集》附录钱德洪《刻文录叙说》一文称：

> 先生读《文录》，谓学者曰："此编以年月为次，使后世学者，知吾所学前后进诣不同。"又曰："某此意思赖诸贤信而不疑，须口口相传，广布同志，庶几不坠。若笔之于书，乃是异日事，必不得已，然后为此耳！"又曰："讲学须得与人人面授，然后得其所疑，时其浅深而语之。才涉纸笔，便十不能尽一二。"（《王阳明全集》卷四一）

由此可知，王阳明对"面授"和"口口相传"的讲学方式情有独钟，因为只有这样才能知受教者学之浅深，相机而授，广布其学于天下同志。至于"笔之于书"，和口传、面授相比，其力"十不尽一二"，相差太远，不被王阳明看好。先师既有如此圣训，阳明后学形成"以讲为学"远胜"以学为学"的普遍共识也就不足为奇了，因为以面授和口口相传为主的"以讲为学"，比之以读书和穷尽经史为主的"以学为学"，要优越、快速、有效得多。更何况孔圣人早就慨叹"学之不讲，是吾忧也"，而学不讲不明，理不辩不明，本来就是古之明训。正是在这种情势之下，阳明学人奉"以讲为学"为利器，立书院，联讲会，鼓荡起百余年的心学思潮。

与"以讲为学"相近的表述还有"以会为学"。"以会为学"见王畿《与汪国潭》，其中的"以会为学"和"以学为会"相对应，是王畿使用的一个谦词，意在表明他期赴青原会、白鹿洞书院讲会等这类江右著名讲会的心情。其实无论"以会为学"，还是"以学为会"，仅是一体两面，只有将两者合而观之，才可获得完全之义。而"会所以讲学明道，非徒崇党与立门户而已也"（《王畿集》卷二《约会同志疏》）。会之核心在讲学，在明道，讲学者既可以"以会为学"，又何尝不可以"以学为会"呢？事实上，如前所述,王畿一生赴会无数,会之于他,讲之于他,已经成为生命不可或缺的组成部分,会而讲之,年逾八十而不止,实乃纯乎天性,自然而然。同时代,像王畿这样的人如邹守益、钱德洪、王艮等有很多,而学习仿效他们的后学则更多。代代相传,相生相衍,于是以讲为学,随地举会,随缘结会,以会为学,以会证学,赴会订学,凡此种种,不胜枚举,自然演变成明代书院讲学的一个持久而特色鲜明的传统。

以讲为学、以会为学、以会证学,其核心都是讲学,而一旦讲得过多,流而成弊,其结果也就难逃魏校所指之"讲而不学"。这是一个显而易见的弊端。因此,自王阳明开始,就提出了诸多防范,将讲学划为"讲之以口耳""讲之以身心"两类,主张轻口耳而重身心,轻讲说言词而重躬行实践,并将其上升为源自孔门之学的一个重要原则。王阳明曾说,"世之讲学者有二:有讲之以身心者,有讲之以口耳者。讲之以口耳,揣摸测度,求之影响者也;讲之以身心,行著习察,实有诸己者也。知此,则知孔门之学矣"(《传习录》(中)《答罗整庵少宰书》)。40余年之后的万历初年,王畿在赴张元忭云门之会时,仍在强调老师的观点,"夫学必讲而后明,务为空言而实不继,则亦徒讲而已。……故曰讲学有二,有以口耳者,有以身心者。入耳出口,游谈无根,所谓口说也;行著习察,求以自得,所谓躬行也"(《书同心册后语》,《王畿集》附录二《龙溪会语》卷六)。凡此种种,无非都是区别讲学的原则,可以存而不论。这里我们引王门安福弟子刘晓另一版本的言说,看看在同一原则指导之下,乡村书院的讲会又是如何讲学的:

> 讲学不能废词说。词说似胜,躬行则寡。讲说亦不必别求,"五经""四书"切于身心者甚多。先师天启,倡道东南,辩论考索,至当归一,直与洙泗血脉贯通。吾辈今日只宜探讨体验,优游实践,尊其所闻,行其所知。其于圣人之言有所未透,则当研究以求融会,其于贤儒之论有所未合,不妨放过以阙疑。殆

> 究而言之，皆是糟粕，惟在咀嚼真味，以完精神，更不必索隐探玄，以惑后学。(《复真书院志》卷四《刘梅源先生语录》)

刘晓强调体验实践，强调尊闻行知，反对索隐探玄，意在躬行，讲求的是身心真味，反对的是言之糟粕。刘晓主张以研究融会而释未透，以阙疑而放过未合，以"四书""五经"而切身心，意在防止讲词言说之胜而寡躬行。如此这般，可谓用心良苦。

正是内部讲学原则的建立，以及诸多用心良苦的、持续的防范、约束，再加上来自反对派的夹持、打击，王门书院讲会之以讲为学、以会为学得以长期在身心躬行的正确轨道上前行，悠然而成特色。但是，以讲为学、以会为学似乎也有一种滑入口耳之学、讲而不学的宿命。随着王门后学第一代门生相继去世，王学末流失去把持，很多书院讲会终于还是坠入原本就刻意防范的空谈性命，甚至由儒入禅的歧途。所幸东林学派由王转朱，东林书院由辨无善无恶而惩王学末流之弊，东林讲会挽口耳而归之身心，使以讲为学、以会为学的讲学模式又回归到正确的发展路径。

二、轮会与联属大会

在一乡、一邑、一郡等一定的区域范围之内，通过一定的机制，轮流作东举办讲会，甚而跨越县州府省地界，联属而举大会，是明代书院讲学在组织形式上的最大特点。如前所述，会讲、讲会等在宋元时期就已经成为书院讲学的常态，但联属而动、轮流举会，则到明代才蔚然风行，影响甚大。它是随地举会，以讲为学、以会为学、以会证学、以会订学等种种行为制度化的成果，是讲会走向成熟与辉煌的标志。

轮会有几种不同的表现形式。一会之内因为分工形成的轮值当班主事，是较低级别的轮会。王时槐万历年间为安福县东山会作《东山会田

记》,称:

> 昔邹文庄公亲受学于越中王先生之门,归而以所闻示邑之士绅耆旧,诸文学后进咸翕然兴起者,发韬启扃,而人睹日月之重辉也。于是,联诸同志会集于东山塔院,已而门人于塔院之后,特建讲堂,月举二会,轮直具膳以为常。公没,令子若孙太常宪金迄今太史侍御,世遵行之弗替也。盖嘉靖壬寅,既历六十有余年矣。(《塘南王先生友庆堂合稿》卷三)

应该说,东山会中诸同志之举会、具膳,初始只是一种自发之举,等到规定月举二会,且"轮直具膳以为常"之后,就是一种自觉的行为,是一种制度化的结果了。正是因为这种制度化的轮值,才使得东山之会可以坚持60余年之久。安福县城复古书院也订有会中同志轮年主会之约,邹守益曾作《书复古精舍轮年约》,以"志量充满,弗伪弗废""亦临亦保,亦式亦入""维持充拓"相期(《邹守益集》卷一七《书复古精舍轮年约》)。由此可知,由会中同志轮值供膳、轮年主会是安福讲会的一种重要举措,或许这种制度化的轮会,正是安福讲会之所以能够超越他邑而为赣省之冠的重要原因之一。

与安福县的月举二会、轮值供膳、轮年主会类似,福州共学书院的会长直季,也是书院内部的一种轮会制度。共学会长为诸生领袖,负责"公举"院长、稽查各社诸生、统计会课会讲人数、支领经费等事。《共学书院会规》:"会课分为云、龙、风、虎、明、照、类、求八社,各立会长,每月以初三、十三、二十三日为期。""会长八人,每季供给银壹两,年计银肆两,按季给之。如有他出不任会事者,自行呈明,毋得滥受,以滋议端"(《共学书院志》卷上)。《共学书院善后》称:"凡馆席以宪禁为据,一切禁戒,详具票中,分款职管,各当遵守。如云字号会长,掌云字号舍凡若干间,龙字号会长,掌龙字号舍若干间,听其稽查。中有习读暂归者,送锁钥与本号会长封识，本生与会长俱不得转让他人，以市私恩，俟复业时，仍付锁钥居之。如有败群致犯宪规者，会众听会长检举，会长听八社公检，一衷以主铎者，毋得徇私容隐，致干物议。""凡遇会讲、会课之期，直季会长总计人数，应用领若干，开单付看院门子，于乡绅处支给。会毕，直季者即同院会长查实，开注在簿，以凭季终送福州府及两县正官覆核印钤。如本日用有羡余，随即缴贮，有不足，不妨补领"（《共学书院志》卷下）。可见，共学会长虽然也是诸生领袖，但他不凭成绩优异而自动当选，需得接受八社会众"公检"，其责已转向稽查、管理，而且因为按季轮值，又有"直季会长"之称。

在一定的区域之内，由著名学者定期轮值主会是书院轮会的又一种形式。最典型的例证是王畿、钱德洪二人迭主宁国府的水西会。如前所述，水西会是宁国府属宣城、泾县、南陵、宁国、太平、旌德六邑大会，其创办与王、钱二人在嘉靖二十七年（1548）率宁国、徽州士人赴江右复古书院等讲会有关，并且从一开始就确定了由二人迭主讲席。对此，邹守益称，"岁戊申，绪山钱君、龙溪王君赴会青原，诸生追随于匡庐、复古之间，议借泾邑水西三寺，以订六邑大会，延二君迭主讲席"（《邹守益集》卷七《水西精舍记》）。王畿的记载略有不同：

> 戊申春仲，余因江右诸君子之期之青原，道经于泾，诸友闻余至，相与扳聚，信宿而别，讽讽若有所兴起。诸君惧其久而或变，复相与图会于水西，岁以春秋为期，蕲余与绪山子迭至，以求相观之益。余时心许之。（《龙溪会语》卷一《水西会约题词》，见《王畿集》附录二）

由此可知，宁国六邑参考江右青原、复古会制，从一开始就请王畿与钱德洪轮值主会。嘉靖二十八年（1549），首次宁国六邑大会，因故改在夏季，王畿主会，会众除宁国府之外，有"旁郡闻风而至者，凡二百三十人有奇",会期10天,"晨夕会于法堂,究订旧学,共证新功,泂泂益有所兴起"(《龙溪会语》卷一《水西会约题词》,见《王畿集》附录二)。次年,"绪山钱子、龙溪王子皆迎以主会",邹守益亦应邀率众参加,到水西崇庆寺时,"则积雪载途矣"。会期7天,会众"几二百人"(《邹守益集》卷一五《书水西同志聚讲会约》)。其后,王畿、钱德洪轮流主持水西讲席,岁值赴会。如在《水西同志会籍》中,王畿有"嘉靖丁巳,岁值予赴会之期",会期自四月朔至十三日,会众"百余人,晨夕聚处,显论微言,随所证悟,充然各自以为有得"(《王畿集》卷二)。在《宛陵会语》中,王畿也有"予以常期赴会宛陵,侯大集六邑之士友长幼千余人"(《王畿集》卷二)讲会的记录。按丁巳、甲子分别为嘉靖三十六、四十三年,宛陵则为宁国的别称。王既自称"岁值"赴会,"常期赴会",则王、钱二先生轮主宁国六邑大会之制,至少坚持了15年,实属难能可贵,难怪他曾说,"我一生精力在讲学,而尤属望于宁国者深矣"(《纪龙溪先生终事》,见《王畿集》附录四)。事实上,经王、钱等人多年培植,水西书院之会成为南直隶最具活力的王学重镇,史有"水西之学名天下"之说。

一府之内,各县轮举大会,周而复始,长年坚持,是书院轮会的一种高级表现形式,典型的例证是徽州六邑大会。徽州古称新安,故又作新安六邑大会。六邑则指所辖歙县、休宁、婺源、祁门、黟县、绩溪六县。大会创始与王畿、钱德洪轮值赴会有关,且与前述宁国府六邑大会之水西会同时,在嘉靖二十九年(1550)。王畿在《建初山房会籍申约》中曾谈到此事:

新安旧有六邑同志之会,予与绪山钱子更年莅会,以致交修之益。初会斗山,后因众不能容,改会于福田。今年秋仲,属休宁邵生汝任辈为会主,驰报让溪、觉山、周潭诸公及六邑之友,相期十月初九日会于建初山房。(《王畿集》卷二)

此条材料有三点值得注意:一是新安六邑大会之创始与王、钱二先生有关。二是大会初举于斗山(书院),后改会于福田(寺)。三是会期在十月。查资料可知邹守益嘉靖二十九年(1550)与王、钱二人共赴水西、斗山之会,其《斗山书院题六邑会簿》称:新安"六邑同志咸集","出六邑大会簿,订轮年之约,以征言。首祁门,次歙,次婺源,次休宁,周而复始,期以共明斯学,毋愧于先哲"(《邹守益集》卷一五)。由此可知,新安六邑轮举大会之事始于斗山书院,时在嘉靖二十九(1550)年,其创始与浙中、江右王学领袖关系密切。但后世朱学之人,或以新安为紫阳学术根本之地,不太愿意承认此事,而指大会始于陈白沙(弘治年间)或熊桂(正德十年)二人之紫阳书院讲会。

新安六邑大会之制,自嘉靖历隆庆以至天启、崇祯,跨越四朝,经受明季三毁书院的考验,至少坚持了90年,可谓长久。而其轮年举会之法,六县共订"轮年之约"是一个基本原则,但具体实施则有一个完善的过程。其始如邹守益所言,只有祁门、歙、婺源、休宁四县轮值,黟县、绩溪二县则附修会事,未能独力承担。到万历二十三年(1595),绩溪县"独当一面",首次承办六邑大会之后,六县轮年举会之制才最终排定:黟县子、午年,绩溪丑、未年,歙县寅、申年,休宁卯、酉年,祁门辰、戌年,婺源巳、亥年。在《还古书院志》卷一一中,可以看到自万历二十五年至崇祯十二年(1597—1639),还古书院轮举新安六邑大会的完整会纪资料,除天启七年(1627)因书院被魏忠贤毁坏而停会1次之外,7次大会,逢卯、酉之年必举,6年1次,丝毫不差。兹将会纪情况制作成表5-2,以供参考。

表 5-2　明代新安六邑大会还古书院会纪一览表

讲会时间	会期	主教	主会/临会	到会人数	赴会	司会
万历二十五年(1597)丁酉十月	10天	余一龙	知县祝世禄	数百人	不详	不详
万历三十一年(1603)癸卯十月	10天	焦竑	知县李乔岱	近千人	谢汝栋等	查云洲14人

续表

讲会时间	会期	主教	主会/临会	到会人数	赴会	司会
万历三十七年（1609）己酉十月	10天	余鲁源	不详	不详	不详	程熙明等19人
万历四十三年（1615）乙卯九月	10天	金凤仪	知县张汝懋	各邑150余人	外府外省30余人	程熙明等27人
天启元年（1621）辛酉十月	10天	高攀龙	程参寰	各邑138人	外郡27人	汪秉之等35人
天启七年（1627）丁卯	书院毁于魏忠贤之禁，停会一次					
崇祯六年（1633）癸酉十月	10天	万尚烈 吴士	知县王佐	不详	吴芝芳等13人	王致吾等18人
崇祯十二年（1639）己卯十月	10天	汪有源 翟文种	不详	不详	汪调阳等6人	王应祥等12人

新安六邑大会之所以能够坚持近百年，有两点值得引起特别注意。

一是会所固定。虽然"往往于歙则斗山（书院）、汪村、崇文、向杲寺、等觉寺、福田寺，于休则天泉（书院）、建初、汶溪、落石、山斗、还古（书院）、白岳，于婺则福山（书院）、虹东（书院）、雪源、善济寺、天仙观、三贤寺、黄连山房，于黟则中天（书院）、延庆，于祁则东山（书院）、十王山、洞元观、谢氏方氏马氏诸宗祠，于绩则太平山房、许氏家祠"（《紫阳书院志》卷一六《会纪》）。可谓佛寺、道观、家祠、山房、书院，到处举会，但书院仍是主体，尤其是始会于斗山书院，还古书院的创建及其自建成后一直作为固定会所长期存在，都表明会归书院是大势所趋。

二是有一个由主会、司会、主教三者合一的制度化运作模式。主会主要由地方行政长官出任，代表官府，其职责是召集会众，聘请名家担任主教，并出面邀请外地著名士绅以"赴会"身份参加大会。司会则由本县热心讲学、办事干练的士绅出任，是一个团队。还古书院的经验是，司会者来自城中、东牧、西牧、南牧四区，皆一时之选，代表民间力量，维持讲会正常运作,甚至当官府出现问题而缺席时,也能保证学会如期举行。主教则由著名学者担任,意在保证大会的学术水准。还古书院所聘六邑大会的主教多为海内一流名家,如焦竑是状元出身的讲学名家,师事耿定向、罗汝芳,布道南京。高攀龙则为东林领袖,虽然人未亲临讲坛,但书面讲义之教言十五条却一举改变了大会"非良知莫宗"的局面,新安之学从此由王转朱。

联属而举大会,一般先在较小的范围之内进行,等到影响较大、条件成熟之后,再逐渐扩大地域空间,由乡而县,由县而府,由府而省,甚至联省而动。上述江右惜阴会由安福县南乡而起,进而县境四乡、县城复古书院大会、白鹭洲书院吉安九邑大会、青原五郡大会等,是联属举会的成功先例。而宁国府六邑大会以水西书院为中心,新安六邑大会轮举于各邑,虽是两种表现形式,则同属联属举会的典型。而更大范围的举会,见于记载的还有约略包括徽州、宁国、池州、饶州、广德、滁州在内的青阳阳明书院六郡大会,环太湖地区以东林、明道诸书院联合举办之丽泽大会等。其他徽宁广三郡大会、徽宁池饶四府大会、联省的江浙大会等则值得记述如下。

徽宁广三郡大会由宁国府知府罗汝芳主持,在水西书院举办,其事见曹胤儒《罗近溪师行实》,"甲子,修水西书院,联徽、宁、广德之士大夫讲会其间,理学丕振"(《罗汝芳集》附录)。与徽州府、宁国府、广德州三郡大会同时的,还有徽州、宁国、池州、饶州四府大会。值得注意的是,四府中的饶州府属江西省。与三郡大会不同,四府大会实际上就是江左、江右两省联会了。可见,王学之会以同志联属,并不一定受行政区划的限制。四府大会创自罗汝芳、王畿,其事见周绅《颍滨书院讲学会序》,"近代讲学,创自陈白沙,躬诣紫阳(书院),聚六邑人士,每岁一会,定有规条。后龙溪、近溪两先生扩而广之,为四府大会,各县轮司,罔敢逾期"(乾隆《绩溪县志》卷三)。罗汝芳作为宁国知府,既创徽宁广三郡大会,则四府大会由其联络频主宁国、徽州六邑各书院讲会的王畿共同发起,自属题中之义。甚至可以进而推定,江左地区的跨郡大会,先由三郡大会开其端,进而推广到江右地区,发展成为跨越两省的四府大会,而其灵魂人物是罗汝芳、王畿,核心则是宁国、徽州二府各自的六邑大会。受其影响,罗、王后学则将这种联郡大会推广于南直隶地区,以刘织为主的阳明书院六郡大会,汪有源在扬州所举的十州县大会,施宏猷、汪有源共举的南都十四郡大会等都有名于时。

联郡大会与邑会、郡会联动而举,是书院讲会链中的一个环节,整体运作。如四府大会,就是"邑会季举,郡会岁举,徽、宁、池、饶四郡大会,于每岁暮春举于四郡之中"(道光《徽州府志》卷一一《人物志》),会中讲学论辩,机锋逼人,其以讲为学的特点十分明显,辩难之中甚至有致人"愤泣"者。创于嘉靖中期的四府大会,传至万历中期,差不多半个世纪,还是活力依然,有着很强的生命力。可惜如此生动传神的讲会记录,只能在《还古书院志》中见其依稀之迹。

联合省辖各郡而举一省大会,是阳明学者努力的方向。前述南都十四郡大会已经接近目标,但南都所辖共十八郡,毕竟难说圆满。目前可知成功举办一省大会的唯有江西。其发起主盟者是罗汝芳,承办者为永丰县聂静(号泉崖),罗氏门人黄思孔刻《江省大会录》,以记其讲会内容。可惜此录今已不传,我们仅能从罗氏当年的邀请函中了解大会的概况:"江右名区,赖诸先达讲学立会,在诸郡邑兴起,已非一日矣。所少者,通省合并一会。"因此,他先请得"宗师岩泉徐公"支持,并与省会诸绅共议,将会所定在南昌塔寺。但此议为吉安府诸缙绅反对,"咸谓省中事体未便,惟永丰地僻路均,且聂泉崖兄力任供应",因而改定永丰作为通省大会之所,并"敬报"全省,"凡缙绅士夫及高尚隐逸,俱以来年二月中旬为始,悉赴永丰,共成合省大会"(《罗明德公文集》卷五《柬合省同志》,见《罗汝芳集》)。省城官绅之议,因为吉安缙绅的反对而改变,由此可见吉安地方势力之强大,"理学惟吉安为盛",此之谓也。学术权威超迈官府,使大会得以成功举办于永丰。或许也正因为如此,大会仅此一见而无以为继,其会录虽刊刻也难以传世。官绅势力之消长,及其对于学术之影响,于此实可深味。然而,有着极大学术热情的吉安阳明学人,对此似乎不加体会,他们发起并成功举办了更大范围的江西、浙江两省王学大会——江浙同志大会。

江浙同志大会,又作江浙大会,因为举行的地点不同,又有冲玄之会、怀玉书院之会、闻讲书院之会之别。冲玄之会倡议于嘉靖二十七年(1548)六月至七月的吉安青原惜阴大会,核心人物是罗洪先、邹守益、刘魁、刘邦采、钱德洪、王畿。初议会址为道教圣地龙虎山,至八月罗、王等人实地考察后定在冲玄观。冲玄观墙上的会约文字由罗洪先题写:

> 嘉靖戊申中秋,山阴龙溪王畿,宣城贡安国、王汝舟,新淦云泉吴逵,吉州念庵罗洪先、王托,洪都王缉,安仁桂軏同游仙岩,入龙虎山,冒雨过冲玄观,登爱山楼。凭栏四顾,万木萧森。感年华之不留,慨朋簪之难盍。日者,青原之会,绪山钱德洪、晴川刘魁、东廓邹守益、狮泉刘邦采诸君子,相期选胜名山,论心晏岁,偶逢兹境,良副夙怀。且楚越道理适均,而朱陆异同可合。鹅湖地近,再求续于荒盟;剡曲舟来,永言归于新好。共勤远志,无负斯文。吉水周充以病留上清。(《罗洪先集》卷三《夏游记》)

罗洪先状元出身,且有书壁之约,因而被尊为冲玄之会的盟主。嘉靖二十八年(1549)九月,冲玄之会如约举行,但盟主罗洪先以外父之葬未能赴会。会期"旬余",赴会者江西方面有邹守益、聂豹、刘邦采、陈九川(明水)等,浙江方面有王畿、钱德洪等,另有南直隶方面的洪觉山、谢惟仁、汪希文等,实际上是三省大会,会众70余人,几乎包括了当年全部的王学精英。讲会成果有王畿的《冲玄会纪》、邹守益的《冲玄录》传世,盟主罗洪先除为重刻的《冲玄录》作序以抒己见之外,还特意补作《夏游记》,以纪赴会青原、约会冲玄之事，并就邹、王诸人会中之主要议题作了回应。讲会议题，诚如陈来所说，涉及寂感、心体自然、大学诸条目、辨志去私、规矩方圆、格致内外、真性太极、不睹不闻、著善掩恶、释道二氏、闲思杂念、忧患、良知意见、戒惧慎独等，相当广泛。

　　冲玄之会原本"定为每岁江浙大会之约"，但第二次江浙大会要等到十年之后才在怀玉书院举行。怀玉书院在广信府玉山县，地处江浙两省交界处，本为宋元旧院，明代成化、正德皆曾修复，但屡被僧人侵占。嘉靖三十五年(1556)，提学王宗沐报请巡抚马森、巡按徐绅，再改寺院为书院。历经吉阳何迁、东泉郑本立暨方伯张元冲、副使翁大立、陆稳、郡守林光祖、周俶合志赞襄，鄱阳知县沈桂、铅山知县陈垣董其事，至三十七年(1558)，新院舍始落成。在官方布局中，嘉靖重建怀玉书院，是要将其建成为鄱阳湖以东的王学基地，以与省会正学书院相呼应。刘宗周在张元冲的墓志中就说，张为阳明高弟，其"宦辙前后在江西最久，政事之暇，日与东郭、念庵、洛村、枫潭诸公联讲会，以订证文成之学，因辟正学书院于省会，群彦士而修业焉。先生岁时进考，其成喁喁如也，异时名世巨儒多出其中已。又建怀玉书院于信州，以处湖东诸郡士，且特迎龙溪、绪山两先生递主讲席，江右宗风丕振。遂留绪山卒文成《年谱》之役，相与上下其议论，逾年而竣。先生之有功于师门如此"。既迎王畿、钱德洪递主讲席，又在院中修成《王阳明年谱》，可见官方对其建设极为重视。因而其规模宏敞，自属情理之中，院中规制已如前述，此不赘言。唯邹守益曾谓："予谒书院多矣，白鹿幽而境未爽，石鼓奇而基未弘，岳麓壮而局未端，兼之者，其怀玉乎！"(《邹守益集》卷四《怀玉书院志序》)由此其幽奇壮丽之境，于此可见端倪，作为江浙同志大会之所，实在是宜乎其选。

　　怀玉书院之江浙大会，在邹守益的记忆中，是冲玄之会十年之后的事，他在《怀玉书院志序》中说，"嘉靖庚戌，念庵子约江浙同志会于冲玄，凡十年矣。庚申之春，绪山子复约于怀玉，同志自远而集，凡百余人"(《邹守益集》卷四)。但冲玄之会举于己酉而不是庚戌，其《广信讲语》亦云,"先师云亡,浙、江为大会以振微言。己酉会于冲玄,庚申复会于怀玉"(《邹守益集》卷一五)。由此可知,邹守益记忆稍误。其实怀玉之会举于冲玄会后十年并未错,但时间是己未,而庚申之会则是怀玉书院举行的第二次江浙大会。

嘉靖三十八年(1559,己未),怀玉书院首举江浙大会,主盟钱德洪,会众百十人。有关大会记录,见参会者夏浚所作《易简堂记》,其称:

> 嘉靖戊午,怀玉书院工成。……初,山长绪山钱子应聘入山,既正皋比之席,乃驰疏约会,山长巾石吕子(怀)赴焉,吉阳胡子、近庵桂子、学愚吴子暨予小子浚偕往。时己未四月己卯也。盍簪之朋凡百十人,相与印证此学,期于大同,其聚甚乐,偲偲如,于于如也,视诸鹅湖盟会有光焉。(《易简堂记》,见《玉山县怀玉草堂斗山端明书院志》,又见《月川类草》卷六)

怀玉书院设置两位山长,在明代实属罕见。但从钱德洪疏约吕怀这一细节,似乎又可看出,钱德洪的地位要略高于吕怀。钱、吕二人同聘于提督学政,其地位高下如何,可以存而不论,重要的是,他们二位同为山长,同为主盟,一起主持了怀玉书院第一次江浙同志大会。

次年(1560,庚申),怀玉书院再举江浙大会,钱德洪以书院山长和《王阳明年谱》主修的双重身份,再任大会主盟,邹守益、刘邦采、夏浚等与会,会众百余人。王畿有《怀玉书院会语》传世,内容以去善恶杂用而扫除私欲为主,但不纪所讲年月。夏浚在给邹守益的信中曾说,"某不自意得缘怀玉之会,获领教言之详,若积善为祈天之本,寡欲兆多男之祥,当终身诵之服之"(《月川类草》卷一○《简东廓先生二》)。可见,扫除私欲之外,积善、寡欲等也是讲会主题之一,与会之人从讲学中受益匪浅,可以终身诵之服之。

闻讲书院之会接续庚申怀玉书院之会举办,主会者为邹守益,会众主要是畏"高邃"未赴怀玉大会的江西、浙江、南直隶三省讲学同志。吕怀在同一年的端午节前二日作《东廓邹先生文集序》时,对此会缘由及与会主要人物、讲会主题等作过交代:"庚申,怀以南仆少卿致政家食,先生赴绪山钱丈怀玉之约,偕刘狮泉、陈明水、管南屏、濮回堂、况郭山诸丈会信,合诸友论致良知之学于信之闻讲堂。"所讲以心之真知为良知云云,"虽因人造就,一言一药,然要其宣和脉理,直是一贯,真应时起死易简之良方也"(《邹守益集》卷二七《东廓邹先生文集序》)。邹守益自己也说,怀玉大会时,因为"怀玉高邃,无力者不能往,乃会徽、宁、苏、湖、广德同志,以聚于广信"(《邹守益集》卷一五《广信讲语》)。所讲为《论语·鸡鸣而起》一章,著为《广信讲语》传世。

与冲玄之会不同,闻讲书院之会和两次怀玉书院之会,除了民间著名学者的身影,还有来自官方的支持。提学副使王宗沐《怀玉书院碑》称,"明年己未,余再至。……复定规条,申厉约束,厘夫马供亿烦费,益以东岳庙与永丰县博山寺租,以给诸生,规制又稍稍备。复请于巡抚何公迁、巡按郑公本立,聘余姚郎中钱公德洪、永丰少卿吕公怀主教事"(《敬所王先生文集》卷一六《怀玉书院碑》)。邹守益也说,"是役也,敬所、苍溪二督学主其议,吉阳、浮峰二中丞协其绩,而东泉柱史既藩臬赞其成,巾石大仆、绪山秋卿、南屏冬官莅其教"(《邹守益集》卷四《怀玉书院志序》)。由此可见,建楼像祀、划拨外县田租以为经费、请求巡抚聘请山长主教等,规制区划,皆由官府。两相对照即可明了,民间的王学领袖可以发动联省师门大会,但无力为继,尽此而已,虽有每岁之约,而冲玄之会却一举不再。十年之后,怀玉、闻讲之会连岁三举,实则得力于省、府、县各级官府"主其议""协其绩""赞其成"。由此可知,官府的支持对于书院讲会的存废兴举有着极大的影响。

应该说,民间的王学领袖可以在乡邑等较小的范围之内,以一己或众人之力而成"立书院、联讲会"之势,但要跨府联省,在更大的范围之内数举大会,就有些力不从心了。这时,官府的协调、支持就显得必要而且重要了。诚然,王学有在朝、在野之分。官府衙门、庙堂之上的王门子弟及其后学,可以动用官府的力量,适时支援。提学王宗沐"像先师"一语,中丞张元冲"有功于师门"之说,凡此种种,即透露出其王门子弟的身份,正是他们代表官府的支持,才有联省大会连年的成功举行。在朝、在野王门弟子及其后学的合力推动,才是"立书院、联讲会"可以相望于远近,甚至倾动朝野的原因所在。

复习思考题

1. 试述会讲与讲会之间的关系。
2. 试述学术性讲会的三种类型及其主要职能。
3. 试述明代书院讲会向平民开放的表现。
4. 试述书院儒学诠释平民化的内涵。

延伸阅读

1. 邓洪波:《明代书院讲会研究》,湖南大学博士学位论文,2007。

2. 吕妙芬:《阳明学士人社群:历史、思想与实践》,北京:新星出版社,2006。

3. 陈时龙:《明代中晚期讲学运动(1522—1626)》,上海:复旦大学出版,2007。

4. 张艺曦:《阳明学的乡里实践:以明中晚期江西吉水、安福两县为例》,北京:北京师范大学出版社,2013。

5. 兰军:《联讲会,立书院:浙江阳明学讲会研究》,湖南大学博士学位论文,2017。

第六章 书院考试制度

[本章导读]

考试是书院用以对学生进行德行与学业考核，评定优劣，确定升降，给予奖惩的一种制度。它源于传统的举察考选制度，吸取了唐宋以来官学考试与科举考试的诸多优点，在长期的发展中形成了自己的特色，成为中国古代考试制度的一个重要组成部分。

书院考试制度渊源于唐宋，但其时考试皆未成为书院主导性建制。清初书院制度沿袭了晚明书院讲学之遗风，然而随着内在的学术理路及外在的政治社会环境等的变迁，书院的主导性制度逐渐由讲学向考试转变，加之清代科举制度的逐渐定型，特别是"八股取士"风气的形成，至乾隆中后期，清代书院形成了以八股试帖为肄习内容、以考试为主导性制度、以考课式书院为主流形式的基本特征。从制度来看，书院考试制度的基本类型包括甄别课、官课、师课、月课、季课、内课、外课、小课、加课、特课、孝廉课、观风课、决科等，其制度的基本规程则包括肄业资格、规模、扃试、散卷、课卷、课艺、待遇及奖惩等。从书院与学术变迁的关系而言，在嘉道以来汉学之风的兴起及晚清西学新学之风的兴起中，书院考试都充当了重要的制度条件。嘉道年间，由阮元创设诂经精舍、学海堂等为倡导，以专课经古及兼课经古为基点，经古学以书院为阵地迅速发展起来，虽然书院制度的基本形式未发生改变，但肄习内容的改变重新恢复了书院的学术功能。时至晚清，书院课试之经古学中，辞章之学日益淡化，掌故、算学、时务等愈益凸显，分斋课士之制渐次推广，最终演进为西学新学占据书院课士内容之主导地位。此阶段之中,如上海求志书院、宁波辨志书院等,虽为考课式书院,但通过采用分斋课士之制,并且利用报刊等新式传播媒介,推动了大量士子接触西学新学知识,成为晚清制造社会舆论、促进学术风气转移,以及培养新式人才的重要机制。在书院以考试为主导性制度、以考课式书院为主流形式的情形下,书院山长仅负责考课之命题判卷,士子肄业书院大抵亦仅为参加考课而已,师生之间并无授受,且书院各类弊窦充斥,此种情形,自然难以满足晚清时代迫切的新式人才需求。救弊之需及西式学堂制度的典范作用,使得书院制度中考试之主导性地位逐渐转变,越来越多的书院强调住院肄业,书院教学法也逐渐丰富,日记札记法、日程法、讲授法占据愈益重要之地位,伴随此种转变,传统书院山长之职掌也经历从考试为主到以教学为主、从遥领到住院、从主导书院到仅负责书院教育等诸多方面的变迁,呈现出向现代教师的转型。书院制度及肄习内容的转变,为书院制度向学堂制度的转型提供了基本前提。

第一节　书院考试制度的形成与演变

书院是中国士人的文化组织,是一个公众活动的场所。对书院的管理者来说,无论对校勘经籍、刊辑图书的士人,还是对读书讲学、著书立说的学者,都有一个如何调动他们的积极性以极大地提高效率的问题。因此,实行考试,分出优劣高下,给予奖惩,形成激励竞争机制就势在必行。

一、书院考试的起源与制度化

中国书院起于唐代,书院的考试也起于唐代。《唐六典》规定,集贤殿书院的学士、直学士、侍讲学士、修撰官、校理官、知书官等,不管"刊辑古今之经籍",还是"辨明邦国之大典而备顾问应对"的,不论"征求"遗逸贤才,还是"撰集文章,校理经籍"的,每个人都得参加考试,"月终则进课于内,岁终则考最于外"(《唐六典》卷九《中书省》)。这是关于中国书院考试的最早记载。

  考试成为书院的一种制度,则是宋代的事情。有关书院考试的记录,常见于史志文集之中,如江西新余蒙山书院,它由宋代国子监司业黎立武创建,院中"仿嘉眉故事,礼先达以主试,月讲季课,春秋行释菜礼,四方学者云集"(光绪《江西通志》卷八一)。这是请有名望的学者为已入院的学生讲学并进行考试。不仅如此,有些书院还实行招生入学考试,并有学业考课、德业考查的规定。如建康的明道书院,其《明道书院规程》共11条,其中有3条涉及考试,"士之有志于学者,不拘远近,诣山长入状帘,引疑义一篇,文理通明者请入书院,以杜其泛";"每月三课,上旬经疑,中旬史疑,下旬举止。文理优者,传斋书德业簿";"诸生德业修否,置簿书之,掌于直学,参考黜陟"(景定《建康志》卷二九)。第一条说明有招生考试,虽然不很严格,但也要合格才能入院肄业。第二条是平时制度化的学业考试,不仅有时间、内容,还有评选与记录的办法与规定,可见其严谨。第三条是考核德行道义的部分,属于今天"德育"的范畴,考核的结果成为"黜陟"即奖惩生徒的重要依据。宋人徐元杰《延平郡学及书院诸学榜》中也有"每月三课,上旬本经,中旬论,下旬策,课册得索上看,佳者供赏"(《梅野集》卷一一)的记载。上引材料告诉我们,考试在宋代书院中已成为一种由《规程》《学榜》公布并确定下来的制度。由此来看,强调南宋书院只重大师的影响,提倡学生自学,而不用考课办法的观点是欠根据的。

  宋代书院实行考试的另一个典型例证见于《宋史·尹谷传》:"初,潭士以居学肄业为重,州学生月试积分高等,升湘西岳麓书院生;又积分高等,升岳麓精舍生,潭人号为三学生。兵兴时,三学生聚居州学,犹不废业。"文中的湘西岳麓书院为北宋咸平四年(1001)建于湘江西岸岳麓山下的湘西书院,岳麓精舍即岳麓书院,二者与潭州州学组成的"潭州三学"是潭州推行太学三舍法的产物。这种州学与书院相关联、每月考试、按积分多少决定升学的办法与北宋时期王安石在中央太学和地方州县学推行的"三舍制"相比较,可以发现两者之间颇有渊源。这种渊源透示出宋代书院考试制度的确立在一定程度上受到了学校考试制度的影响,而在大兴官学的北宋后期,岳麓、湘西两院却高居于州学之上的这一事实,又反衬出书院在吸取官学影响、形成自己的特色之后所具有的强大生命力和影响力。

宋代书院考试的一个重要内容是推出一套有关德行品性的标准,来检查和考核生徒。如徐元杰在《延平郡学及书院诸学榜》中要求郡学教官和书院堂长,"凡所讲习,当先就本心本身上理会,使之鞭辟入里。有不善,自觉而改可也;有所觉,自知而充可也;有所知,自爱而守可也"。拳拳于诸生的是如何使他们变成自善、自觉、自知、自爱、有道德、有情操的"仁者""君子""孝悌务本者"(《梅野集》卷一一)。这方面更典型的是朱熹制定的《白鹿洞书院揭示》和由他写跋推荐的《程(端蒙)董(铢)二先生学则》。二者都从正面向书院生徒揭示追求圣贤品性修养的目标,让生徒自己"相与讲明遵守,而责之于身"(《朱文公文集》卷七四)。这是以人伦纲常之道的目标让书院生徒自我考核,自我检查。也有提出硬性规定的,如吕祖谦在丽泽书院讲学时,除揭出以"孝、悌、忠、信"为讲学宗旨外,还规定了退学条例,生徒如有下列行为之一者,就要勒令退学:亲在别居、亲殁不葬、因丧婚娶、宗族讼财、侵扰公私、喧噪场屋、游荡不检。这是一种严厉的考核,凡不合格者就要被开除,从反面着力,与朱熹的《白鹿洞书院揭示》有异曲同工之效。

总结以上论述,可知以德行、学业两大考试内容,以招生入学和平时考课两大考试形式为主要标志的宋代书院考试制度已确立。

元人程端礼所订《读书分年日程》,最后三年是为科举考试做准备,教诸生练习与应付科举考试的。虽然这个《日程》最初只是为程氏家塾所订,但它一出台即遇元代开科取士,因而受到欢迎,很多书院都予采纳。到清乾隆年间,皇帝诏令将其与朱熹的《白鹿洞书院学规》一起颁行全国书院,影响甚大。因此,像宋代书院一样,元代部分书院为应付科举而进行考试是完全可能的,但留下来的文献对此项记载却很少。

二、明清书院考试制度的变革

明代书院随王阳明、湛若水之学的兴起而兴盛,各地联讲会,搞会讲,考课受冷落。考课的目的在于使生徒发现自身的缺点,明白自己进德修业所达到的"次第",以便"鞭策"自己在"修业上着力",而不是与别人争名次,比胜负。考课提倡的是传统的"为己之学",即学习考试都是为了自身的修养。这是当时的大儒所倡导的一种考试,重在"德育",它在王、湛之学大昌的书院(即讲求与倡导学术的书院)比较流行。其流风遗意可见于明后期兴讲会的东林书院。顾宪成制定的《东林会约》载,"每会须设门籍,一以稽赴会之疏密,验现在之勤惰;一以稽赴会之人,他日何所究竟,作将来之法戒也"(光绪重刊本《东林书院》卷一《院规》)。这里"门籍"就成为东林书院考查与会同仁的一种形式。

对"智育"方面的考试,明代书院仍然执行。如沧州天门书院,万历二十七年(1599)由转运使创建,当时规定,"凡附近州县生员,不拘民竈,但系学院考试优等,申请入院,候盐院(主管盐务的官吏)按临,一为品骘"(康熙《沧州志》卷三《学校》)。不但月课季考者有之,有些书院还颁行"日课簿"。规定生徒每日学业,然后抽查稽考。万历二十年(1592)吉安知府汪可受制定的《白鹭洲书院馆例十二则》,其中一条就是"诸生各立日课簿,每日将用过工夫登簿内,或看经书若干,或读论、策、表若干,或看《通鉴》《性理》若干,或看程墨及时艺若干,或看古文若干,各随意见力量,但要日有日功,月不忘之。本府将不时抽签稽查"(《白鹭洲书院志》卷二)。这种登记课业,不定期地随意抽查,即是一种考试形式。它既可看出生徒所学多少、好坏,起到督促作用,具有考试的激励机制,又不十分严格、机械,生徒可以优游自适,进步于无形的约束之中。另外,乡邑私市的一些小书院,因经费较少,难以长年养士,"既无掌教,亦乏膏火,却有月课之制"(转引自刘伯冀《广东书院制度》),每月定期聚士会课,作文作诗,评定甲乙,优者给予奖金。广东英德的龙山书院(嘉靖三十年创建)、翁源的翁山书院(崇祯十一年创建)就是这样。这种形式的考试,随着科举制度的不断深入发展,会课应举式书院不断增加,越来越受到重视,到清代发展成为书院考试的主流。

清代书院考试的一个主要特点是考课成为主流,考课是大多数书院所采用的考试方法。虽然其中不少书院的章程强调"举业代圣贤立言,必心和气平,见解宏通,自纲常名教,以及细微曲折之理,万有必备,然后随题抒写"(《台湾省通志·教育志·海东书院学规》),才合设科取士之本意,竭力做到不要为科举而考课。但事实上,科举时代的书院极难做到这一点,从而不可避免地沦为科举的附庸,尤其是经济势力较弱、没有学术大师主持的书院,更是如此。这部分书院以科举为目的是一种客观存在的事实,它们把考课视为登科入仕的必要准备与训练。由于众多的书院和众多的人都关心这种考试,因此它也日臻成熟,形成了官课、师课、堂课、馆课、斋课、大课、小课、日课、月课、季课、诗课、字课、经古课、加课、会课、轮课等诸多名目,定有课期,立有课程,设有监课,形成了从命题、考课、阅卷到公布结果、实施奖惩等各个环节严密配合的一整套制度。考课不是清代书院唯一的考试方法,也不是所有书院都考课,就是考课本身也有课期疏密、课题异同、当日完卷与数日完卷等诸多区别。

进入近代以后,西学东渐,书院的教学内容发生了变化,其考试制度也随之而变。光绪二十一年(1895)所订《格致书院会讲西学章程》载:书院开设矿务、电务、测绘、工程、汽机、制造 6 门功课,每课又分全课和专课两种。每月进行一次考试,"凡学者可如期到院面试,果觉纯熟,则给课凭后再转新课,不熟者仍需温习前课""凡习熟一学全课,或一门专课,考试中式,则发给本书院课凭,指明其人已精此门学业,足为行用"(陈学洵《中国近代教育史教学参考资料》上册)。格致书院的课艺内容如图6-1所示。组织考试并发给课凭,已接近近代学校"结业证"之制。张之洞于光绪二十三年(1897)所订《两湖书院学规课程》规定书院设经学、史学、地图、算学四门功课,有"必须应科岁两考者,勿庸来院",在院诸生也不准到考试时文举业的其他书院应课,"以免分心"的规定。每天"须考分数","每一门各作一分,或足数或不足数,分数旬终记之,四门合作四十分。监督月终记之,以为甲乙进退。分数多者有奖。""书院以五年为满,本部堂大课一次,堂上面考,上等咨送总署录用,中等外省酌给差委,下等呈遣。以后另招新生入院。"(《中国近代学制史料》第一辑下册)每门功课的考试评分和限时结业,以及结业时的部院堂大课,已相当于学分制、毕业考试等近代学校考试制度的内容。上述这些说明,中国的书院考试已开始其近代化进程。

图 6-1　清光绪二十四年格致书院课艺

　　从书院考试制度的确立、成熟与近代化这一历史进程中,我们可以看到这样一个事实,即书院考试的制度化与学校教育尤其是科举考试的影响密切相关,而其近代化进程正是它摆脱科举影响的过程。

第二节　书院考试的类别与流程

根据考试内容、主考者身份、考试时间的不同,书院考试可以分为不同的类别。

一、书院的德业考核与学业考课

从考试的内容上看,书院考试可以分为德行考核和学业考课两大类型。德行考核是对学生一贯的道德品性、日常的行为举止进行检查,看是否符合既定的标准。为了做到有据可考,有的书院还实行簿书登记制度,设立德业簿、劝善规过簿等。如光绪二十四年(1898),河南开封明道书院订立《劝善规过条约》共57条,并"置一劝善规过簿,详列其目,简而不略,要而易遵,监院掌之,各斋之长纠察众友之善过而登记之,以每月朔望会讲之期呈之院长,面加劝警焉"(《求实书院学规续钞》)。考核标准因时因地因人而各有差别。一般来讲,学术大师主持院务时,所定标准侧重对先贤先圣的理性追求,指标远大,而对日常起居的行为准则谈得较少,以疏大可塑,不带硬性规定,提倡自觉自励为其特点,朱熹的《白鹿洞书院揭示》、湛若水的《大科书院训规》基本属于这种类型。而普通书院则从实用出发,多是儒家伦常的具体化规定,以要怎样做和不能怎样做来表明其强制性。考核标准的不同,决定了考核形式的不同,前者比较模糊,难以具体操作,其考核结果往往只能作为奖励或惩罚的参考系数;后者清晰,有很强的操作性,诸生违犯了哪一条,比如不尊敬师长、不孝敬父母等,就有被"除名""驱出"等明了的处理结果。因此,一方面,德行的考核,条条定得越大越疏越没有约束力,定得越具体越清楚越能发挥奖惩激励的作用。然而,从另一方面来讲,疏大的规定可供诸生自觉地优游修养,成就修身养性之事,而细密的框框则有可能扼杀学生的天性,达不到养成良好德行的目标。正因为这样,一种疏密适度的德行考核制度的建立与完善,就成了历代书院教育工作者所追求的目标。

学业考课主要是对属于"智育"方面的学业水平的测试与考试。这种考试,在盛行考课的清代,一般被称为"作课""会课",如道光《南宫县志》卷三《东阳书院新定规程》载:"会课每月两期,官课定于初二日,斋课定于十六日,均试以制艺、排律。会课辰刻封门,逾时不到者,虽属高才,不难补进;酉刻交卷,给烛继晷者,虽有佳构,不列前茅。"考试结果出来之后,要张榜公布,名曰"课榜"。广州学海堂就有这种制度,规定"课卷发出,即着司堂抄存取录名册,又抄榜一张,并原榜一齐粘贴"(《学海堂志·事宜》),以便周知。记录历次考试成绩簿册的名目很多,学海堂叫"取录名册",福州鳌峰书院则叫"生童考列等第循环簿"(《鳌峰书院纪略·章程》)。其作用在于作为发放膏火奖赏、确定升降的根据。这些都反映出当年书院考试制度的成熟。

书院的学业考课依其考试内容又可分为经古课、诗课、字课、小课、散课等名目。经古课在讲经史之学的书院比较多见,如湖南浏阳洞溪书院,规定要每月十八日考经古课,"院长兼出四书题,但时文不给赏,古学、经学、史学、算学卷,内外前课照逢三课奖赏,内不列超等,外不列上卷,均不给奖"(《浏东洞溪书院志·课式膏奖章程》)。清光绪年间,湖南岳州府岳阳、慎修两书院曾有诗课,其章程称"另立诗课,原以郑重其事,倘应课者有文无诗,文虽佳不列前茅,若诗课连旷两次,亦酌扣膏火示惩"(《岳阳慎修两书院合志·新定岳阳慎修两书院住斋生童章程》)。字课专考诸生写字,见于清代云南一些书院,如昆明五华书院、新平桂香书院,可见当地对传统书法技艺的重视。清代书院多沦为科举附庸,以课试举业为正途,每周官师考试,例试四书文一篇、试律一首,而另外加课一些别的内容,以其不为常例,而名之曰"小课""散课",如同治年间江苏江都的梅花、安定二书院,光绪年间的广陵书院,都称加试诗赋、经解、策论为小课。小课、散课的命名，从一个侧面反映出科举已在一部分书院中确立了统治地位。

从主持考试者身份来分析，书院的学业考试课又可分为官课、师课两大类。官课即由官府主持的考试，一般来讲，命题、评卷（见图6-2）、奖赏都由官府负责。以官府衙门的不同，官课又分为县课、州课、府课、道课、学院课、部院课等名目。如果书院所在地同时有几个衙门，官课则由各官轮流主持，这种制度称作"轮课"。官课又有"大课"之称，如嘉庆七年（1802）所订山东章丘《绣江书院条规》规定，每月大课一次，由知县命题、捐资奖赏；每月小课二次，由山长出题。

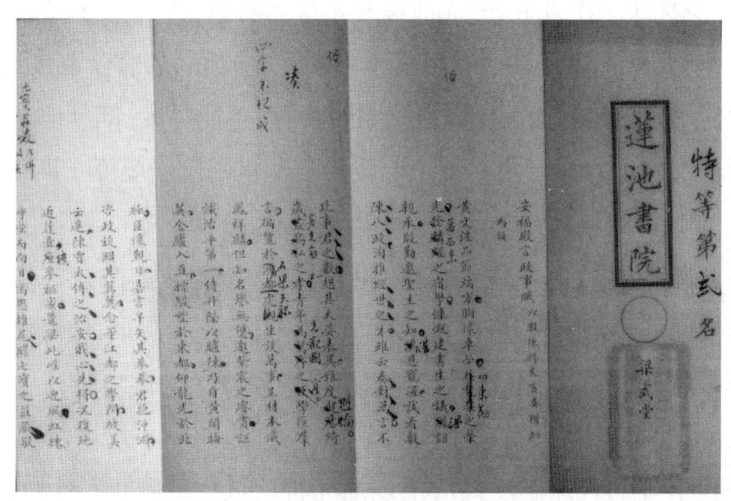

图6-2　莲池书院考卷

官课之主持者多为书院主政官，大体包括总督、巡抚、学政、藩司、臬司、漕帅、运司、道府州县官及各级学师等。书院官课的数量、级别，往往取决于主政官员之级别，以及书院所处地方官衙的设置状况等因素，亦与书院历史渊源有关。湖州归安县龙湖书院虽为县级书院，但例有省级大吏官课，"省中各大宪课期定于三、九月，监院赴省请题"（朱炳熊《增改龙湖书院章程》）。龙湖书院建于道光二十九年（1849），后因战乱而废弃。同治三年（1864），时任浙江布政使蒋益澧驻军于菱湖镇，当地官绅请以兴复龙湖书院,得其允准,"于丝捐善后项内,每包扣洋银壹元,亟将院宇重加葺"。然经费仍有不足,乃请于继任浙江布政使杨昌浚,允准续捐复额。遂请时任浙抚马新贻命题开课,"乃自中丞以至郡邑尊每岁轮课一次,永著定章,加给花红以资鼓励"(光绪《菱湖镇志》卷一六《菱镇龙湖书院碑记》),俞樾称龙湖书院"延山长以课士,省垣大吏,自巡抚藩臬以下,按月行课,与省中三书院等,其规模之大,虽外府县书院不及焉"(《春在堂杂文》,《俞樾全集》第十三册)。

书院课士之法源于官学课士之制。清代地方官学课士,"教官考校之法,有月课、季考,四书文外,兼试策论。……除丁忧、患病、游学、有事故外,不应月课三次者戒饬,无故终年不应者黜革"(《清史稿》卷一〇六《选举一》)。尽管清廷多次重申官学考课之制,但随着官学制度废弛,课士之地向书院转移。而官学课士之名目尚存,不能尽废,部分地区于是将官学课与书院课并而行之。如山西陵川县望洛书院于乾隆十四年(1749)定规,"查晋阳书院奉颁规条,每月就课二次,分课二次。但陵邑生童居乡者多,今应仿照定为二次,每月朔望课文二次,馆师主之,余二次归于儒学定期校课。""至儒学月课,文武生员现奉宪行按季造报,仍令肄业与课各生照常就课,听受约束等因"(《望洛书院条规》)。此可被视为清代课士之地由官学向书院转移之中间状态。

清代书院的官课制度经历了逐渐完善的过程。雍正二年(1724),两江总督查弼纳于江宁创设钟山书院,定书院官课之制,由两江总督及江苏和安徽巡抚、藩司、臬司等主持。然其时官课尚无明确定期,随时举行而已;其课奖亦无定数。雍正十一年(1733),雍正皇帝令各省建立省会书院,命督抚"预为筹划,资其膏火"(《清朝续文献通考》卷七〇),省会书院包括考课制度在内的各项制度得到明确。以豫章书院为例,乾隆十年(1745),陈宏谋订《豫章书院节仪十条》规定,"每月三次,以初八、十八、念八日为期,每月先生一课,其余两课,本部院、藩司、臬司、粮道、盐道轮流出题课试,周而复始。凡各衙门课期,课卷先生披阅,第其甲乙,分为三等,一、二等分别奖赏,各衙门捐俸,不动公项"(《豫章书院节仪十条》)。即豫章书院官课的时间固定化,由巡抚、藩司、臬司、粮道、盐道轮课,课卷由山长批阅,奖赏则由各衙门捐廉。此制度因陈宏谋历任多地而推行于各处,如苏州紫阳书院、湖南岳麓书院等。

此后,书院官课之制愈益完善。如广东粤秀书院于嘉庆十四年(1809)定规:"每月课期,初三定为官课,十三、二十三定为馆课。两院于四季孟月轮课,司道仲季两月轮课,院长每月两课。""每课四书文一篇,试帖诗一首。"并且明定了官课课期及奖赏,"督宪正、七月初三日课期。藩宪二、八月初三日课期。粮宪三、九月初三日课期。抚宪四、十月初三日课期。臬宪五、十一月初三日课期。运宪六月初三日课期"(《粤秀书院须知十四条》)。由此可知,官师课分等第给予奖赏。

师课是由书院山长主持的考试。考试的内容一般与官课相同,但也有另外改变题型的。其命题、阅卷、讲评都由山长或山长委托学长、分教习等负责,奖金则由书院公项基金内支付,但大多数不发奖金。由于山长又称院长、掌教、馆师等,书院师课习惯上又称作院课、馆课。院长主持的考试不像官课那样有可能将学生召至官署举行,都在书院的讲堂或斋舍进行,即所谓当堂面试,故又有堂课、斋课之称。

师课制度由来已久,几乎与山长制度的发展相始终。清代书院师课多为每月一次至两次,命题一般围绕科举考试的内容展开,如岳麓书院规定"每课四书文一篇,或经文、或策、或论一篇,诗一首。策则古事、时务,论则论列史事古人,或《小学》《性理》《孝经》。间于四书文一首之外,出经解一首,或长章几节,或经中疑义,每首约三百字以上"(《申明书院条规以励实学示》)。有学者在书院科举化的大潮中试图改革师课,扭转风气。乾隆十七年(1752),全祖望应邀主讲肇庆端溪书院。全祖望(1705—1755),字绍衣,号谢山,浙江鄞县人,乾隆元年进士,为浙东学派代表人物。全祖望不满于端溪诸生驰骛场屋科举之文的现象,"稍以经史之学导之",改革师课制度,"于师课添试古学,具策问、诗赋、表论诸题,后惟冬季闲课诗赋"(《端溪书院志》)。经过他的教导,诸生"相约不为世俗之文,而曾未几时,其文果为之一变",全祖望将师课之文裒而辑之,为《帖经小课》。

省级书院由于得到朝廷及各省的鼎力扶持,其官课、师课制度快速趋于健全。其后,省级书院的考课模式以其示范带头效应而推行于各级书院之中。

相较而言,官课的地位往往高于师课,居书院考课制度的中心地位。如浙江敷文书院于道光十六年(1836)设孝廉月课,每年共十课,"以二、三、四、六、七、八、十、十一月,禀请宪台暨藩、臬、运、粮、杭道轮课;五、九两月请山长课试"(《敷文书院增设孝廉月课章程》),十课之中,师课仅占其二。官课的地位盖过师课,与书院的膏奖制度密切相关。起初,书院生徒所得膏火以甄别考试为断,生徒一经甄别,即确定等第及膏火待遇,这导致书院生徒仅重视甄别,而其常课趋于废弛。其后,越来越多的书院采取随课甄别(亦称随课升降)之制,即生徒膏火每月升降,由官课而定。随课升降以官课为定,师课成绩之优劣无关膏火之得失,最多仅能决定师课之奖赏。而师课奖赏往往少于官课,如福州鳌峰书院旧例,"官课每次十两,馆课每次四两",因此出现诸生不重师课的现象,"文字草率者甚多"(《鳌峰书院志》)。师课渐成官课之陪衬,甚至士子不应师课的状况也颇为常见。

此后,渐有书院通过提高师课奖赏的方式来激发士子应课的积极性。鳌峰书院就将其官、师课奖统一改为六两,以消除差别。亦有书院针对不应师课的现象制定了严厉的惩罚措施,如山西徐沟梗阳书院于同治三年定规:"山长于每月中旬、下旬内公课两次,一次无故不到者,无论生、童,扣除膏火一半,二次无故不到者,全行扣除"(《详定书院章程八条》)。然此举仅能保证肄业生徒参与师课,并不能保证其用心尽力于师课,往往敷衍潦草为之,故而多有书院逐渐取消书院膏火由官课为定之制。河南开封彝山书院于道光二十二年(1842)规定,通过甄别、复试两场，取定正课、随课，"官、斋课不到者，扣膏火。每月膏火按四停均分，一次不到，扣四停之一；两次不到者，扣一半；一连三次不到者，正课降副课，副课降随课，所扣膏火留作写经奖励"，又规定"正、副课初二、十六日官课，初九日、二十四日斋课，相连考后二十名者，正课降副课，副课降随课。其额以副、随课连考前列者，按次拔补"（《彝山书院重定章程》）。即书院膏火之归属及生徒等第之升降，由官、师课共同决定，通过此制度保证书院生徒于官、师课皆能用其心力。

生徒重官课而轻师课的现象，有来自书院制度设计层面的原因。清代的有识之士对此进行了批评，并提出改良方案。同治七年（1868）冬，广东布政使王凯泰创设应元书院，将所拟章程寄给俞樾请其斟酌，俞樾认为书院膏火之制经历了以甄别为断到以每月官课为断、随课升降之变迁，此种变化造成了士子敷衍师课的情形。为除此流弊，江浙书院于中兴之后趋于采取官师一律之制，即书院膏火分为两份，官、师课各占一份。王凯泰所定《应元书院章程》，"每月膏火以官课为定"，而师课无相应奖惩机制，因此俞樾认为应当进行修改。

然而，部分书院受困于经费，无法对师课予以有力支持，导致师课制度虚应故事。光绪五年（1879），《申报》载文称，金陵钟山、尊经书院"十六日师课因无膏火，而请假者几不止于一半人数，其应考者又多率意无卷绝无佳文"。时任总督沈葆桢"久拟重新整顿，又以本年系大比之年，遂筹添一半膏火，为十六日师课所取者发给"（《书院改章》，《申报》1879年3月29日）。

官课占据书院考课中心地位，以及官课强烈的科举取向，决定了清代书院"科举之附属""科举之预备"的性质，绝大多数书院都难例外。相较而言，师课则略少受功令束缚，除八股试帖外，山长能根据自身学术取向，课试经解、诗赋、论策等诸多文体，从而激荡士风，养成士子。

以考试的时间来分,书院的学业考试又有招生时的甄别、日课、月课、季考、春课、秋课,以及加课、会课等名目。入学甄别类似现代的招生考试,主要是通过考试来确定学生的入院肄业资格。学术大师主持的书院,一些私人创办"以待四方学者"的书院,没有此种考试。但如前所述,这种考试在宋代就已出现,而且随着考课的盛行,则被多数书院所采用。甄别的时间一般定在当年正月、二月,由主管的官府衙门主持考试。甄别考试之前,都要由主考官府发布考期公告,遍贴城乡,使所有考生知道以做应试准备。有的书院还将考期定在前一年年末,如湖南凤凰敬修书院规定,"每年十一月,本道悬牌示期考录厅属生童,取定正课,附课"(道光《凤凰厅志》卷六《敬修书院条规》)。有些设在乡村的书院,由书院自己组织学生报名造册,然后禀告官府,请示考试日期并出题另外考录。湖南益阳箴言书院就是在每年十一月上旬,由愿入院肄业者"各具姓名、年貌、三代籍贯、居地,告于监院。监院黜其素不安分者,而缮其余于册,以告于县尊,请示期接连龙洲书院(县城书院)甄别课期,考试生童,以定去取"(《箴言书院志》)。招生是控制学生的重要一环,这种权力在清代已由官府牢牢把握,从一个侧面反映出其官学化的特性。

大多数书院甄别录取时即将学生定为正、附、副、随课生等名目,然后出榜招其入院肄业。有些书院甄别则仅仅是生徒获得入院肄业资格的一种考试,录取后确定其正、随、附课等级,则要经过复试,看其成绩才能确定,河南开封彝山书院就是这样。清人史致昌《彝山书院志·重定章程》载:"书院甄别,取定肄业诸生名数","复试分两场,取定正展、随课"。清代后期,由于课试、命题、限定篇幅、刻期交卷、扃试糊名等考课式书院的做法已走向极端,成为制约诸生修性、向学、构辞的严重弊端,因为日记具有"积日而求之,逐事而稽之,知其所亡,无忘所能,为者不畏其难,教者得考其实,途有程也,匠有矩也"(《陶楼文钞》卷九《莲池书院日记序》)等优点,受到越来越多书院的重视。

月课亦作月试,是书院每月定期举行的考试。每月课试次数从一次到数次不等,一般为三次,多至五六次。考试由官府与山长轮流主持,以山长主持者居多。考试内容涉及经史、词章、西学、时务等,但以举业为主。其成绩则作为诸生等第升降与领取膏火、奖金的依据。受科举考试的影响,月课多仿科场成例,成为科场的预演,又加膏奖引诱,于是在清代后期便显出多种弊端,好些人仅为微薄之利而应课。有识之士起而改之,或者重优游日课而不给奖金,如保定莲池书院,或者减少考试次数,如广州学海堂的季课。

季课之制,见于宋代。清嘉庆、道光年间,学海堂实行季课则是惩月课之弊的一项考试制度改革,意在将学生从没完没了的考试中解放出来。当时规定每年分为四课,由八学长"公商","出经解文笔、古今诗题,限日截卷,评定甲乙,分别散给膏火"(《学海堂志·章程》)。

春课与秋课是一种行政长官观风视察时举行的考试,仅见于清代湖南桂阳龙潭书院,其学规称,"州尊观风定为春秋二课,春课以二月十八日,秋课以八月十八日,先期由董事禀请州尊命题,一四书文、一试帖诗、一赋、一古近体诗、一策论,限三日交卷,毋得过期"(湖南省档案馆,全宗59-4:卷83号)。

加课、会课也是一种特例,仅见于杭州求是书院。光绪二十三年(1897),求是书院制定的章程有考校一条,称"考校以讲求实际为主,每月朔日课西学,是为月课,由教习分别等第。每月望日考汉文,或经义,或史论,或时务策,不定篇数,是为加课,由总办分别等第。每年冬间,由抚院督同总办、监院、教习通校各艺,分别等第,是为会课"(《求是书院章程》)。在这里,冬间会课与今天的年终考试没有多少差别。

以上是从考试内容、主持考试者身份及考试时间来区分书院考试的类别,名目繁多,足见其发展的成熟性。除此之外,还有一种叫作"舫课"的考试,它以诸生在船舫中做题应课而得名。明清杭州部分书院的考试,不锁闭于号舍斋房之中,而荡桨于西子湖上,诗情画意,别开生面,文人风骚于此可见一斑。

二、书院考试的组织与实施

书院的考试程式,大体可分为考前准备、考试、评阅试卷、张榜奖惩四个大的阶段,其组织实施则因时、因地、因院而各有差别,具体情况分述如下。

考前的准备工作很多也很芜杂,约略言之,主要是确定录取名额,定出考试日期与考试类别、报名备卷、准备试题,即课额。课额的确定,主要是为了限制肄业人数。书院的经费有一定的限度,不能无限制地招生,因此各院根据其经济实力而定有自己的课额总数。如岳麓书院在南宋乾道年间定额招生 20 名,绍熙年间,朱熹以湖南安抚使身份兴复岳麓,又扩招额外生 10 名。明清书院在确定总额以后,又分有正课、副课、附课、随课、内课、外课等课额名目。各类课额是根据甄别考试或复试的成绩高下而确定,成绩最好的定为正课或内课,稍次者为其他名目。如果正课生平时考试成绩不能保持在前列,则有可能被降为附课生;附课生每考前列,则又会升为正课生。如此升降,以成绩而定,体现了考试的激励与奖惩机制。

课期有一年之期与一月之期的区别,一般都是事先商定并载于规章的。一年之期是规定一个学年的学习时间,从哪个月开始到哪个月结束,或 8 个月,或 10 个月,有多至 11 个月者,各不相同。年初开学,或称开馆、启馆、启学、起学、开课、送馆、送院,而每学年结束放假则称完课、散馆。如河北无极碧泉书院,"每年定于二月开课,十月完课。每月二日官课,十七日斋课"(光绪《无极县志》卷二《碧泉书院条规》)。江西南昌东湖书院,"每岁定于二月初旬启学,十三日开课,十二月初旬散馆"(道光《南昌县志·东湖书院》)。一月之期则是规定一个月内课试几次,是官课、师课,抑或字课、诗课、经古课、论策课、举业课等。课试次数在宋代有

3次记载,如前述延平书院每月上中下旬三课,分试本经、论、策;建康明道书院上中下旬分试经疑、史疑、举业。明清书院月试1次、2次、3次、4次者不等,但比之宋代则有增加趋势。湖北归州丹阳书院嘉庆二十三年(1818)所订《条规》定于每月十六日官课1次,"山长月课六次,以三八为期",计每月考试7次,而山长每月逢二、七之日才"登堂讲书"(光绪《归州志》卷四)。课试太多,让生徒围着考试转,对于教学并无益处,甚至影响学习。因此,学海堂即有季课之制,每年仅考试4次,这是书院考试制度的一次改革。

考试前的报名有两个目的,一是借以进行资格审查,二是准备课卷。书院生徒资格,宋元时期似无规定,但清代比较重视,乾隆元年(1736)上谕有"负笈生徒,必择乡里秀异,沉潜学问者",而"其恃才放诞佻达不羁之士,不得滥入"(《清朝文献通考》卷七一《学校考九》)的规定。乾隆九年(1744)礼部议准各驻省道员"专司稽查"诸生资格,"有学有品之士""才堪造就者"方准入院肄业。地方书院的实例也很多,如湖南益阳箴言书院即规定"愿入院肄业者,各具姓名、年貌、三代籍贯、居地,告于监院。监院黜其素不安分者,而缮其余于册,以告于县尊"(《箴言书院志》卷上),认可之后才得参加考试,以定去取。这是甄别考试之前的报名。还有一些书院,在录取生徒之后,每月考试之前也要报名,如河南开封彝山书院,凡参加考试前,"须有正课童生连名五人互结,先期到监院处报名,造入点名册内,不准临时报名"(《彝山书院志·重定章程》)。这种报名互结,重在控制生徒,点名册则便于清点人数,也在于方便准备试卷。书院试卷,由主考官府、监院,或书院委托书办等办理,每卷则给一定的银钱作制办费用,称作"卷资钱"。有的书院官课、师课所用试卷大小形式也有规定,如福州鳌峰书院官课用"大卷",每卷需银1分1厘,师课用"小卷",每卷只需银4厘。试卷的格式也有规定,杭州敷文书院所订《增设孝廉月课章程》载:"试卷内用奏本纸,红格刷印,直行,纸页计足一文一诗一论之数,卷面朱印'敷文书院孝廉月课'字样,监院印用钤记,以杜更换,即委令敷文书院监院办理"(《敷文书院志略·碑文》)。还有的书院,为了使生徒熟悉科举考试的规程,试卷形式采用会试、殿试卷之制。

考试题目,官课由官府出题,师课由山长出题,题型或四书文,或诗,或论,或策,或经古、史学等,这在规章中已有规定,而其题目的产生则欠记载。学海堂实行学长制,其规程中有季课命题的记载,弥足珍贵:"每季孟月初旬,即由管课学长知会,齐集堂中公拟题目。每题加倍拟备,定期请题,转赴督、抚、学三署呈宪裁定,周而复始。俟发出题目,即行刊刷,粘贴学海堂及各学长寓所,随便分给,俾远近周知"(《学海堂志·事宜》)。

书院考试一般为期一天,早晨进场,晚间出场,中途都得备一顿午餐给学生,主考山长、监考官绅也得备饭招待,因此还有一个后勤准备的问题,这点也是各院较为重视的。如河南上蔡书院"诸生会文日,午间院中备点心一顿,或汤面,或米粥,论人数多寡,书记会同院长支领麦谷,先期春办,登记簿汇算报销"(转引自刘卫东、高尚刚《河南书院教育史》)。

书院的考试,由主考、监考和其他一些人员协助组织进行。主考者因官、师课而有区别。官课由书院所在地官府的最高行政长官主持,如果长官有事外出或因事不能到场,则可委托其他官员如学官等代行其事。一个地方有省、道、府、州、县、学政、盐法等各级衙门同驻,则各衙门"轮课",书院考试则由每月轮值衙门的最高长官来主持。师课则由山长主持考试。主考的职责除了前期的命题与后期的评阅试卷,考试进行时主要是主持考试的仪式、点名、发题,考试的具体组织则由监考者来实施。监考者在各地各院情况各异,一般官府经营的书院官课另外委员"监场",馆课则请原已委派监院的学官"监场"。由民间董事会经营的书院,其考试则由董事监考。如河北南宫东阳书院,设"书院首事24人,每期2人监课,按次承值,经管分收课卷,给发奖赏。饭资等事,以均劳逸"(道光《南宫县志》卷三《东阳书院新规程》)。除了主考、监考，书院的其他职事人员则协助组织考试，如河北无极圣泉书院，即设院书1名，除专司文书工作外，每值课期，凡备办试卷、写题、封门、填榜等都由他负责。

　　考试时间，一般定为一天，约10~12个小时，或日出而试，日入而毕；或辰刻入场，酉正交卷。迟到和延时都是不允许的。考生违反规定，则不收录其课卷，即便收卷，也不得名列前茅，以示考试的严肃性。这种限时考试，实际上是一种阅卷考试，生徒或单处考棚(见图6-3)关门应试，或齐集讲堂当场完卷，不得作弊。为此，书院还订有很多考场规则，诸如河北定州定武书院在咸丰七年(1857)所订《课士条规》采取限时闭卷与糊名、弥封、扃试、誊卷相联系的方式，但执行起来比较麻烦，对于充分发挥学生的创造性也不利。因此，有些书院就不用此法，而改用比较自由的开卷考试。开卷考试常见的是注重日记，并不出题目，只指定读书范围，让学生记其学习心得，查检心得即可获知学生用功勤惰、学识长进、学问专长等情况。另有一种方法，每月出题，学生领题后可自行查找资料，探讨排比，然后再作文应试。这种方法，每月考试一次，每次考试做题的时间计在半个月左右，时间从容，可以推究，一份试卷往往即成一篇论文，具有一定的学术价值。《诂经精舍文集》就是诂经诸生优秀试卷的汇编，从嘉庆到光绪年间凡数十年，编有八集，计82卷，影响较大，流传甚广。广州学海堂实行季课制，每4个月才考试一次，做题时间更长，还建立了收卷号簿与卷票制度，规定"每发题纸，注明某月某日在学海堂收卷。届期辰初起收，酉正截收，即日将各卷收回管课学长寓所，逐卷核明，封固备缴。收卷设号簿，每卷给票为凭，先将卷票号簿合写字号，盖用钤口图章，收卷后每卷之背仍照簿编号稽查"，日后发放膏火奖金，皆得"凭卷票发给"(《学海堂志·事宜》)。设立卷票的目的是防止作弊。

图 6-3 渌江书院考棚

书院考试的阅卷工作,官课由官府校阅评定,师课则由山长主持。具体到如何阅卷,史志中多有记载,其孜孜不倦、认真负责的精神,至今仍值得学习。如江苏昭文县顾镇,"以经师名天下",先后主讲金台、游文、白鹿、钟山书院,其阅卷"旁乙横抹,蒿目龟手,一字不安,必精思而代易之,至烛烬落数升,血喀喀然垒涌,而蚕眠细书,犹握管不止"(《碑传集·虞东先生顾镇墓志铭》)。河北大兴人李嘉端咸丰、同治年间主讲陕西关中,河北莲池,天津问津、三取等书院。"每值课日,其一切法度若先年试士时,阅文必细心商榷。人有劝者,则曰:'讲席之位,风气所关,若草草了事,必致贻误众生。'故近年天津得第者多肄业之人,文风不振"(《续碑传集·李嘉端传》)。

阅卷评定甲乙后,即张榜公布成绩并载入成绩簿册,实施奖惩。至于奖励和惩罚,是为了达到奖勤罚懒、促使学生进学向上的目的而采取的相辅相成的一种手段,它是书院考试的最后一个阶段。奖励的形式很多,有月课奖赏、积分升级,有精神鼓励,也有物质刺激。月课奖赏依据每次考试的成绩而定,于每次考试之后兑现,这是明清时期尤其是清代书院常见的奖励方法。奖励的名额依财力、在院肄业或应试人数而定。奖励的东西或钱文、银两等货币,或谷物、纸笔、书籍等,多少各不相同。一般来讲沿海及经济较发达地区多用银钱,经济不太发达的地方多用谷物,也有钱物混用者,至于纸、笔、书等则是一些山长或地方长官为了提倡读书尚文的风气而作的特殊奖赏,不为常制。奖励的轻重多少也有区别,一般生监比童生多,超等(上取)比特等(中取)多,第一名比第二名多,同时官课比师课奖得多些。据刘伯骥《广东书院制度》,将同治七年(1868)广东南海三湖书院的月课奖赏情况列表6-1如下,以见其大概。

表 6-1 三湖书院月课奖赏情况

生别	等级	课别	
		官课	师课
生监	超等	首名2两,二、三名各1两4钱,四、五名各1两,六至十名各7钱	首名1两4钱,二、三名各7钱,四、五名各5钱
	特等	首名7钱,二至五名5钱,六至十名各3钱6分	首名4钱,二至十名各3钱
童生	上取	首名1两4钱,二、三名1两,四、五名各7钱,六至十名各5钱	首名1两4钱,二、三名各5钱,四、五名各4钱
	中取	首名5钱,二至五名各3钱,六至十名各2钱8分	首名3钱6分,二至十名各3钱,十一至二十名各2钱

书院考试除了月课奖赏,还有积分升级的奖励之制。明清时期,生童经甄别、复试录入书院之后,定为以正、附、副、内、外、随课等为名目的身份。正、附课生童的身份不是一成不变的,它随月课成绩的高低而变动,正课生连续几次考试名次在后,则会降为附课生,附课生连续几次考试名列前茅则可升为正课生。这种升降,不仅是一个荣辱问题,还有一个津贴多少的问题,直接关系到经济利益。因为正、副等课每月膏火及常年生活津贴的有无、多少都有区别。以河北昌平燕平书院为例,其正、副课生员每月膏火钱分别为一千二百文、六百文,外课无膏火;童生正、副课膏火钱分别为六百文、三百文,外课也无膏火。如果外课生员连考几次好成绩升为副课后,他即可每月增加600文;若正课童生降为副课,那他每月要减少300文。

以上无论月课奖赏还是积分升级,都与经济利益挂钩,既有立见分晓的切肤之效,也有导人唯利是图的无形弊端。因此,有些书院并不采用此法,膏火不与考试成绩好坏相关,月奖也不以银钱表示。如湖南安仁宜溪书院,每月官、师课共6次,每课以四书文一篇、诗一首为题,间涉经解、论、策,各定名次但无银钱奖赏,只是规定"每次课卷发下,诸生宜转相阅看,看毕,然后各自领归。名次后者,阅前列之佳卷,即以广自己的识解,不可生忌刻之心,而以为不欲看也。前列者亦应阅落后之卷,以知此题文原易有此症病。能择能改,其取益不更广乎"(嘉庆《安仁县志》卷六《宜溪书院条规》)。这里强调的是精神鼓励,旨在推动书院生徒短长互补、共同进步。

书院考试之后的惩罚是与奖励同行的,惩罚只是手段,促其进步才是目的。这是就学业方面而言,另外,在德行方面的考核,对不合格者,尤其是对一些危及全体,或破坏学风、践踏院规、败坏伦常的行为,书院有戒饬、开除、鸣鼓驱逐、除名并报官立案,不许入院肄业应试等极为严厉的惩罚。这是不得不为之的消极的处罚,但从一个侧面反映了书院对道德伦常的重视,体现了中国考试制度重于德行的传统。

体罚也是书院惩罚的一种形式。但至今还只发现清代有这方面的记录。体罚有因功课完成不了而招致者。如道光年间,湖南宝庆府长安营书院规定,背书三次背不熟者,要"责五杖或罚跪读";连续两日功课不完者要"罚跪";一日功课不完者"记过"一次,"积三过责手心十板"(道光《宝庆府志》卷九二《礼书六》)。如果学业完成得好则可"记善""记功",功、善可抵过。功课完成不了还弄虚作假,则会招致体罚乃至开除。应该指出的是,以体罚作为惩治的手段,与中国书院传统的道德人格理想教育是格格不入的,因此,在当时就为绝大多数书院所不耻,更是今日所必须摈弃的。

复习思考题

1. 试述宋朝书院考试制度确立的表现。
2. 试述清代书院考试的特点。
3. 试述书院德行考核的目的与方法。
4. 试述如何从主持考试者身份划分的角度分析书院学业考课的分类。
5. 试述清代书院考试的基本环节。
6. 简述清代书院考课中的积分升级奖励制度。

延伸阅读

1. 杨布生、彭定国:《中国书院与传统文化》,长沙:湖南教育出版社,1992。
2. 鲁小俊:《清代书院课艺总集叙录》,武汉:武汉大学出版社,2015。
3. 刘明:《清代书院考课制度研究》,中国社会科学院近代史所博士学位论文,2018。

第七章　书院藏书与刻书制度

[本章导读]

　　书院与书有着一种天生的血缘亲情关系。可以说，没有书就没有书院。唐宋以降，藏书与刻书即成为书院的一种事业追求。由于古代书院是一种以学生自学读书为主的教育方式，丰富的藏书即成为书院教学的客观需求；书院刻书在内容上以山长讲学语录、学生优秀课卷、书院志书及儒学经史典籍为主，是书院日常的教学活动。古代书院致力于藏书与刻书的努力，也为当今新型书院凝聚自身教学特色提供了有益借鉴。

　　书院的本义是用一个院子将很多书围起来，这在宋代士人间就是一个明确的概念，所谓"院者，取名周垣也"（《玉海》卷一六七）。隋唐以前，书籍的制作是人们一字一字地抄写于竹简、木牍或丝帛、纸张之上而完成的，生产速度极慢，而成书往往极为笨重，亦极为昂贵，从"学富五车"这个形容人学识渊博的成语中，我们就能体味到那个时代的藏书很难达到一个较大的规模，因此人们只需用斋、堂、楼、阁等一些表示个体建筑的名词来称呼自己的藏书之所或读书之地。唐宋以后，纸张大量生产，随着雕版尤其活字印刷技术的发明与推广，纸本书籍得以大批量生产和流传，于是衡量一个人学识的标准也就从"五车"提高到了"万卷"，所谓"行万里路，读万卷书"，对读书人来说并不是一个高不可及的要求。在这种情形之下，再用一两个房间斋舍已难以收藏众多的书籍，而必须建造由较多房间斋舍构成的院子或院落来藏书和容纳读书之人了，于是就产生了"书院"。这是从书院的起源,即书院是由民间士大夫的书斋和中央政府的藏书、修书之地演变而来这个层面而言的。从中我们可以看到书院和书的血缘关系。可以说,没有书,确切地讲应该是没有纸本、印刷之书,就不会有书院出现,书院是造纸和印刷技术进步的产物。

书院与书的血缘亲情关系还可从有关书院名称由来的讨论中得到验证。元儒欧阳玄在《贞文书院记》中称,"书院与学校之制其始又自不同,东汉以来,士大夫往往作精舍于郊外,晋魏所谓春夏读书,秋冬射猎者,即其所也。唐宋之世,或因朝廷赐名士之书,或以故家积书之多,学者就其书之所在而读之,因号为书院。及有司设官以治之,其制遂视学校,故祀事有不容缺者,于是或求名世之君子以诏焉"(《圭斋文集》卷五)。其论从书院的起源及与学校的区别出发,注意的是赐书、积书和就书三者与书院名称的联系。在实际操作中,这个时期还有人干脆将自己的藏书之所称为书院,如崇仁县人李幼常所建的成同书院就是专门"建以储书"的。清代河南项城士绅将书籍与师长、膏火并论,视为书院不可或缺的三个要素,宣称"书院之设,仿古之党庠州序,所以辅翼学校,其用意至深至远,然无师长则质问无端,无书籍则考订无资,无膏火则奖进无术,三者固缺一不可"(民国《郾城县记》卷三〇《郾城县筹增景文书院经费酌拟章程禀》)。这些都表明书院与书籍间固有的血缘之亲已为书院建设者们所认同,并在实际操作中自然体现出来,藏书、刻书已经成为书院不可或缺的两大事业。

第一节　书院藏书制度的形成与发展

一、唐五代书院藏书事业的源起

唐代书院虽处在初期阶段,对藏书却有足够的重视。在《全唐诗》

中,我们就可以看到这样的诗句,"读书林下寺,不出动经年。草(一作"书")阁连僧院,山厨共石泉。云(一作"雪")庭(一作"亭")无履迹,龛壁有灯烟。年少今头白,删诗到几篇"(《全唐诗》卷三一《题宇文裔山寺读书院》)。书院建阁藏书,书生坐拥书城,可以经年不出,在其中读书删诗的情形已被诗人描写得栩栩如生。其他如赵氏昆季书院、李群玉书院、田将军书院、李宽中秀才书院等,在唐诗中均有描述士人读书的情形。在地方志中,我们可以看到很多明确记载为士人读书之所的书院,如四川南溪凤翔书院为进士杨发读书处、巴中丹梯书院为状元张曙读书处,福建漳浦梁山书院为进士潘存实读书处,福鼎草堂书院为进士林嵩读书处,山东临朐李公书院为李靖读书处等。既然读书人居院读书,就意味着书院中必然藏有一定数量的图书。这些都说明,在唐代书院藏书以服务于士人治学已经成为一种比较普遍的现象。

关于唐代书院的藏书规模,宋人徐锴开宝二年(969)所撰《陈氏书堂记》称,"遂于居之左二十里曰东佳,因胜据奇,是卜是筑,为书楼堂庑数十间,聚书数千卷,田二十顷,以为游学之资,子弟之秀者,弱冠以上皆就学焉"(转引自阮志高《江州陈氏东佳书堂研究》)。建书楼,藏书数千卷,在唐代藏书能达到如此规模,已属难能可贵。不仅如此,义门藏书出于实际需要,还于大顺元年(890)制定了有关管理制度,其文载《陈氏家法》第八条,"立书堂一所于东佳庄,弟侄子姓有赋性聪敏者,令修学,稍有学成应举者。除现置书籍外,须令添置。于书生中立一人掌书籍,出入须令照管,不得遗失"(民国丁丑平江江州义门聚星堂《义门陈氏家乘·陈氏家法三十三条》)。拥有数千卷藏书后还在寻求添置书籍,设专人保管并掌其出入,表明书院藏书已摆脱自发的需要而进入一种自觉的追求,可以将其视作中国书院藏书制度初步形成的一个重要标志。

唐代中央官府所属丽正、集贤书院的藏书规模比之民间书院还要大得多。据记载,开元十九年(731)十月,集贤书院所藏图书为80 080卷,包括经库13 752卷,史库26 820卷,子库21 548卷,集库17 960卷。所藏图书版本既有梁、陈、齐、周及隋代所存"古书",也有唐代贞观、永徽、麟德、乾封、总章、咸亨等历年"奉诏录写"的新书。集贤书院藏书承续前代之制,其规模又远超乎前代。所有书籍分经、史、子、集四库贮存,各库书以不同的飘带和牙签予以区别。院中书籍既富,查阅起来就会不便,依其前身乾元殿曾编有《群书四部录》200卷、《古今书录》40卷等目录一类书籍的惯例推测,应该编有书目,以方便查检图书,可惜今天已无从稽考。唐代丽正、集贤书院,上承东观、兰台之制,具有国家图书馆的性质与功能,但其藏书又确乎是书院藏书,实开后世书院藏书事业之先绪。在书院藏书史上,它们起着将千余年国家藏书事业经验传输给新兴的书院组织的桥梁作用,为日后书院藏书事业的发展及其特色的形成、制度的成熟等打下了坚实的基础。

唐末五代,中国社会进入了战乱时期。是期的书院在极其困难的条件下,仍承担着收藏典籍、保存文化的事业。范阳窦氏书院,由窦禹钧创建于后周,据范仲淹《窦谏议录》记载:窦禹钧,范阳人,官至左谏议大夫。"诸子进士登第,义风家法,为一时标表。……于宅南构一书院,四十间,聚书数千卷,礼文行之儒,延置师席,凡四方孤寒之士贫无供须者,公咸为出之,无问识不识,有志于学者,听其自至。故其子见闻益博"(《范文正集》别集卷四)。十分明显,窦氏书院及其藏书,成了战乱中贫寒之士得以安身立命并开展教育活动的凭借,窦禹钧诸子也因此而受益匪浅。南方书院的藏书事业比之北方更盛。洪州奉新华林书院,由南唐人胡珰创建,《甘竹胡氏十修族谱》称其"筑室百区,广纳英豪,藏书万卷"(转引自李国钧主编《中国书院史》),其院藏图书数量之多,冠五代各书院之首。

二、宋元书院藏书的制度化

宋代,书院的藏书事业开始进入繁荣昌盛阶段。

第一，朝廷予以关顾，将国子监印本九经等书籍颁赐给书院。在宋初天下四大书院中，就有白鹿洞、嵩阳、岳麓三书院得到过皇帝的赐书。白鹿洞书院得书的时间最早，在太平兴国二年(977)，当时应江州知州周述之请，宋太宗将国子监所印《诗》《书》《易》《礼记》《仪礼》《周礼》《左传》《公羊传》《穀梁传》等儒家九经赐予白鹿洞师生学习，并派车船专程送到院中。嵩阳书院第一次得书在至道三年(997)，亦为宋太宗所赐印本九经。第二次得书在大中祥符二年(1009)，宋真宗亦赐九经给书院。岳麓书院在宋初也两度得到皇帝赐书，第一次是咸平四年(1001)，应潭州知州李允则之请，宋真宗赐国子监诸经释文、义疏及《史记》《玉篇》《唐韵》等书，藏之书楼。第二次是大中祥符八年(1015)，山长周式以"学行兼善"，办学富有成绩而受到宋真宗的召见，欲被任命为国子监主簿，以周式坚请回山教授，乃赐给内府中秘书，对衣鞍马及御书"岳麓书院"匾额。皇帝赐书的主要目的是为了奖赏书院办学，以替代官学为其培养人才，并借机推广官方标准读物以作为书院教学内容，以求统一思想，客观上有利于书院藏书事业的推进。赐书不仅表明了皇帝对书院藏书的重视，而且对各地书院形成巨大而持久的激励机制，推动藏书事业向纵深发展。

第二，藏书规模扩大。由于印刷技术的推广，书籍得以大批量生产，宋代书院的藏书规模扩大了。历史文献中比较确切地记载数目的书院不多，宋代藏书上万卷的书院有4所：福建漳浦梁山书堂、浙江东阳南园书院、江西贵溪石林书院、四川邛崃鹤山书院。康熙《漳浦县志》载，梁山书堂由宋人吴与创建，藏书两万卷。南园书院于南宋初年由蒋友松创建。《石林书院记》称："先生遂(指叶梦得)奉祠禄致仕，依山林，即闲旷，以讲授为业，遂构石林书院攀桂楼于东边藏修焉。其规划大率视昔之岳麓、嵩阳，今之紫阳、槐堂之制，缭以周垣，荫以嘉树，聚古今图书数万卷，中列文宣、四配之像，从以周、程、张、朱与琴山诸儒。复买田以奉四时祠祭，增廪饩以给学者之不足。由是东南之士至无虚日矣！"(同治《贵溪县志》卷四)宋代书院所追求的藏书、祭祖、学田三大事业，于此皆有所反映。鹤山书院藏书见鹤山先生魏了翁所著《书鹤山书院始末》中,藏书由魏家故有藏书和了翁传录、访录所得两部分构成,总数在十万卷以上,其规模之宏富实为宋代各书院之首。时至宋代,书院藏书已与国家藏书势均力敌。此后,书院藏书因其服务于教学需求的特点,成为中国古代藏书事业中最为年轻、最具活力而且独具特色的一个重要组成部分。

第三,书院藏书的品种呈多样化,书籍即有手抄本和当时已大量流通的雕版或活字"印本"。白鹿洞书院就藏有手抄本,其事载朱熹《跋白鹿洞所藏汉书》中,前述邛崃鹤山书院所藏"传录"秘书副本,也是手抄本。手抄本或为前代旧物,或为手录秘籍,其版本价值甚高,是院中图书精品。宋代院藏大量图书仍是当时盛行的"印本"。无论在四大书院,还是其他书院,"公私板行"之书因为大量刊行、成本较低、反映学术信息较快等优点,而受到普遍欢迎,成为各院首选目标。除了书籍,名人手稿、遗书、石刻拓本等也成了宋代藏书楼所追求的目标。据楼钥《东莱吕太史祠堂记》记载,丽泽书院就谋求过收藏号称东南三贤之一的吕祖谦的手稿。白鹿洞书院也曾收藏过《和靖帖》,并将其刻石传后。

第四,创建了一批著名的藏书楼。宋代书院所藏图书数量、品种既多,自然就要修建专门的建筑来收藏,于是就出现了一批有名的书院藏书楼。

白鹿洞书院云章阁。白鹿洞书院因在淳熙年间请得宋孝宗所赐之宋高宗御书石经拓本,故书阁取名"云章",以志其崇。其创建由朱熹度地规划,20余年后即开禧元年(1205)才由山长李中主(一作学官李琪之)创建。宝庆三年(1227)重建,"所增或以丈记,或以尺数,蔑有不满之虑,书院伟矣,阁崇且广矣"(《昌谷集》卷十五《白鹿书院重建书阁记》)。这是难得的关于宋代书院藏书楼的具体描述。

明道书院御书阁。明道书院为纪念明道先生程颢而建,原本有书阁藏书。淳祐九年(1249),书阁毁于雷电之灾。因得以重建,并请得宋理宗御书"明道书院"四字为门额,书阁遂改名为御书阁,以"奉宸翰"。阁广八丈,深四丈,共五间,内中"环列经籍",以供师生研习。

书院藏书楼的建立，说明藏书已成为书院的一种事业而被肯定、固化。一般来讲，在书院建筑布局中，藏书楼多建在中轴线上，或位居讲堂之后，而且是整个建筑群中少有的阁楼式建筑之一，甚或是唯一的楼阁，显示出其地位的重要。

宋代书院的藏书事业之所以昌盛发达，有两个先决条件：一是印刷技术的提高，使书籍得以快速大量生产，流向社会，为院藏图书的发展提供了可能性。二是书院为适应自身教学需要，开始大批量地出版发行图书，促进了院藏图书的增加。如果没有这两点，宋代书院的藏书也难成大势。但是，我们认为更重要的还是如下两个因素。

第一，书院建设者们孜孜不倦的追求。虽然书院与书有着血缘之亲，虽然宋初各帝颁赐图书提倡藏书风气，但如果没有书院建设者们的努力，书是不会从天上掉到院中书楼中的。朱熹重建白鹿洞书院时，谋求藏书的事迹颇为感人。先是，他将替人撰写传记所获的谢礼手抄《汉书》44卷捐给书院。同时，向各官府求援，为白鹿洞书院征集图书。其求书若渴之心态，以及办法考虑之周，皆显示出朱熹已纯然将藏书当成了一种崇高的事业追求。正是这种锲而不舍的追求精神，外化成书院建设者们的不懈努力，才直接推动了书院藏书事业的不断发展。

第二，书院所肩负的发展学术、从事教学活动的时代使命。宋代书院，尤其是南宋书院有着总合古今学说、集成各家学术成就、再造民族精神的时代使命。在南宋，不论营造"乾淳之盛"的前朝学者，还是最终将程朱理学抬到官方哲学地位的后朝学者，他们都以书院为基地，研究学术，传播思想，培养传人，奠定学派，使书院与学术之间形成了互为表里、互为倚势、隐显同时、荣辱与共、融为一体的特殊关系。书院重学术的倾向，决定了它对书籍的重视，因为书籍作为文化的载体具有多重性，积累知识、研究学问、创造新说、传播理论等各环节都离不开它。因此，不要说强调"道问学"的闽中诸学派、湖湘学派、浙学各派的书院都十分注意藏书事业，就是主张"六经皆我注脚"，不大提倡读书的陆学中心基地象山精舍（书院），在陆九渊去世之后，也由其创始人彭兴宗到出版事业十分发达的福建一带采购图书，以设法弥补其"书院颇少书籍"的缺憾。因此，我们认为，如果说各书院建设者们的努力是推动宋代书院藏书事业发展的直接动力的话，那么各书院的学术需求则是推动其发展的原动力，它从更深层次影响、规范着宋代书院藏书事业的发展方向、时代特色，乃至规模形式等方方面面，成为支持藏书事业发展、繁荣的一种更为持久的力量所在。

元朝虽为少数民族大一统王朝，但它对书院持积极的保护、鼓励政策，不仅书院之设"几遍天下"，书院的藏书事业也得到继续发展。

第一，元代书院藏书规模继续扩大，远超宋代。代表性书院有燕京的太极书院，其藏书全是进攻南宋时从江淮一带北运而来的，郝经在《太极书院记》中只称"贮江淮书"（《陵川集》卷二六），没有具体数目，《元史·赵复传》则明指"选取遗书八千余卷，请复讲授其中"。太极书院建于元政权创建之前，此时南宋政权仍在，战争仍在继续，其八千余卷之数已是难能可贵了。同时，我们还应注意到，太极书院之建是为了传播理学于北方，是想作为"天下标准"而推广的。因此，其藏书是从大量的"江淮书"中"选取"有关周、程、张、杨、游、朱等理学大师的"遗书"，故太极书院藏书可以视作理学专题书库。成都草堂书院为蒙古族太监达可所建，藏书达二十七万卷之多，为元代各书院藏书之最，亦超过宋代藏书最多的鹤山书院。

第二，藏书楼建设继续得到重视。前述宋代书院一些著名的藏书楼阁或重修，或重建，仍在发挥着作用。如岳麓书院御书阁，虽因没有得到皇帝的赐书，在元代改名为尊经阁，但仍处在整个建筑的中轴线上。总之，因承宋制，旧楼新修，藏书如故。

第三，藏书建设进入正规化、制度化阶段。具体表现在三个方面。一是设置专人管理图书，如杭州西湖书院，但这不是元代的创举，南宋时期潮州的元公书院就曾设有司书。二是形成借阅制度。颍昌书院就是明证。元人许有壬在《冯氏书堂记》中对其藏书及借阅有比较详细的记载，从登记读者姓名及所借书目，到以时出纳、还书销号，都说明借阅制度在当时已比较完善且具条理。三是编制院藏图书目录。院藏书目的编制主要是为了方便阅读，为师生提供检索工具，便于教学、学术研究的展开。成千上万卷甚至几十万卷图书，要有效地保管好，必须使其处于有序状态，有序的结果势必是书目的编制，而使众多图书进入有序状态的指导原则即是目录学思想的体现了。在有关元代书院的文献中，我们找到一个书目和两篇书院藏书目录序，即《杜洲书院书板书籍目录》《共山书院藏书目录序》《西湖书院书目序》，它们是现存最早的中国书院的藏书目录和目录序。杜洲书院在浙江慈溪，元至大二年（1309）邑人童金创建，其院藏书目载元至正年间所修《四明续志》杜洲书院名下，原作"书板书籍"，分书名、板数或册数两项内容，著录《袁氏蒙斋孝经》《耕织图》二书书板，共计34片，分为"四书""六经"《通鉴》《史记》《韩文》《柳文》《黄氏日钞》《慈湖文集》8种书，共计180册。虽登载书数较少，著录内容亦嫌简单，但编排有序，四部之法隐然可见，不失中国书院藏书史上第一目之风范。共山书院在辉州共城苏门百泉之上，创建情况不详，其藏书、编目与"辨章学术、考镜源流"的目录学思想则概见于柳贯所作的《共山书院藏书目录序》中，这是现存最早的藏书序作，颇具历史价值。《西湖书院书目序》成于至正二十二年（1362），时当元末，比共山之目晚了半个多世纪，目之所记为院中所刻经史书板，而不是院筹典籍。虽然藏板藏籍有着区别，但类编成书目以便查阅的情况皆可反映元代书院藏书服务于教学、学术研究的趋向。

三、明清书院藏书事业发展概略

明代书院的藏书事业进入一个相对的低平时期，再也见不到那样多矻矻以求的藏书之人，皇皇数十万卷的院藏之数亦不见于文献记载。然而,这并不是说有明一代书院的藏书事业就停滞不前了。事实上,尽管它无盛势,但仍以自己的方式在向前推进。

第一,藏书楼建设仍在继续进行。如岳麓书院,在弘治年间重修时,即"增公田,储经书",重建尊经阁。至嘉靖初年,孙存又请得赐书和御书《敬一箴》(本段观点及引文转引自杨慎初、朱汉民、邓洪波《岳麓书院史略》)。

第二,院藏书目增多,编目则适应情势而求变通,力求反映明代书院的藏书特色。明代修书院志中屡载院藏图书目录。如李梦阳《白鹿洞书院新志》,成于正德六年(1511),分沿革、形胜、建造、石劂、山田地塘、姓氏、文、书籍、器皿各志。书目的编制也颇具特色,李梦阳分经部、子部、史部、集部四类目,著录院藏图书83部。其中经书11部、子书25部、史书31部、集部书16部,每书皆著录书名、本数或部数、存残情况三项内容,间或记录版本。此目的特点在于将子部书提到史部之前,这种排列顺序,一反传统的四部分类之例,说明白鹿洞书院对于子部书的重视。

第三,藏书制度趋向成熟,出现正规的管理条例。兹以白鹿洞书院为例。正德年间,李梦阳《白鹿洞书院书籍志》前有小序,"凡各部书籍见存残失数目,蔡宗兖俱已查对明白,装造四册,申解提学道,讨取钤印,一留本道,一发本府,一发本学,一给本洞库子"(《白鹿洞书院新志》卷八)。蔡宗兖时任白鹿洞书院山长。从这段文字中,我们可以知道,白鹿洞已建立山长清点藏书、装造目录登载存失、钤印备查、设置库子进行管理等项制度,藏书建设已相当正规化。

何以明代书院曾经辉煌,其藏书事业却始终不成盛势呢?究其原因,主要在于那些创造辉煌的书院建设者们对藏书的态度上。我们知道,明代前期书院不受重视,嘉靖、万历、天启间又历遭禁毁,只是由于有王阳明、湛若水等大师及其后学的苦心经营,书院才终成大势,再创辉煌的。而这一代的书院建设者们,是以发挥心学为己任的,他们钟情于书院的讲学、会讲,其知识结构不同于宋元"道问学"的一代,重悟性而轻积累。王、湛为一代大师,他们对书籍不甚重视的态度,使书院的藏书事业未能与书院一起昌盛于明代中叶,但他们还不至于反对藏书,还都曾为书院的藏书楼阁撰写碑记。其弟子如刘阳、刘邦采等也能遵古训,在书院聚积图书,只是势单数少,不足以复兴藏书之业而已。后来,王、湛之学滑入末流,空谈心性,束书不读竟成为时尚,藏书建设终于滑入低谷。晚明之世,东林书院等提倡读书经世,但由于很快卷入政治斗争,讽议朝政取代空谈心性成为主题,书院藏书最终失去了在明代形成盛势的机会。

及至清代,书院的藏书事业终于摆脱长期徘徊的局面,得到长足发展,形成浩然盛大之势。

第一,藏书建设受到普遍重视,大小书院多藏有图书。藏书和讲学、祭祀一起,号称书院的三大事业。凡建书院即谋藏书,这在当时已成共识。收藏经史百家之书,以为师生研习讲诵之资。清代藏书数量最多的书院是台湾鹿港文开书院,有图书2万余部,30余万册,若以一般书院每册(本)三卷左右的概率计算,将近100万卷,其藏量之巨,在中国书院藏书史上是极为罕见的。

第二,制定了专门的图书管理方面的规章制度。清代随着经验、教训的积累总结,管理水平不断提高,形成了涉及资金筹措、图书征集、登记、编目、借阅、赔偿、保管等各个环节的专门的图书管理规章制度。这些规章或悬于藏书楼壁间,或刻为碑记,或载藏书目录之前,或见于书院志章程。诸如江宁惜阴书院《借书局章程》,载同治《上江两县志》卷一二上,制定于同治十年(1871),凡四条,涉及人员配置、图书保管、借阅规则等。该章程规定,除文武官员之外,江苏"本籍士子之无书者得诣书院借读"(同治《上江两县志》卷一二上),借书局实为全省读书人之公共图书馆。上海格致书院所订《藏书楼观书约》,载光绪三十三年(1907)该院所编《上海格致书院藏书楼书目》前,凡十条,多为借阅细则,涉及设阅览室及开放时间等。

第三,编辑大量藏书目录。清代藏书目录被大量编辑、刊印,广传于世,虽历经水火兵乱之劫,所能辑录到的还有66个之多,估计有清一代,院藏书目不下于一百之数。而其数之巨,实即表明了清代藏书事业的昌盛。绝大部分书院的藏书目录原载各地之府、州、县志,这些目录一来因为院藏书数较少,更主要的是因为编目目的在于记数备查,防止遗失,因而著录都很简单,除了书名、卷数(或部、函、套、册、本数)这两项最基本的内容,其他诸如作者姓氏及朝代、书籍版本、刊刻年代等就很少顾及了。但捐资购书关心书院藏书事业的人,其姓名,甚至出身、官爵、籍贯等都会记载得明白详细,意在鼓励藏书,以使书籍绵长有续。少部分登载于书院志或单行本的院藏目录,编目者着眼于推究学术源流,为读者指示读书路径,因而从类目的区分到著录的内容都很用心,一般前有凡例以明编辑体例,书籍著录包括书名、卷数、作者、版本、院藏数目等数项基本内容,间有案语指示版本优劣、内容好坏等。这部分书目最能体现书院对中国古代目录学的贡献,也最能反映书院的学术追求与趋向,应该予以足够的重视。

第四,书院内部形成了相对独立运行的,由监院或学长、董事主持,向山长或官府、董事会负责,委派专人操办的图书管理体制,它忠实地执行上述图书管理制度,推动清代书院的藏书事业走向辉煌。

第五,开始近代化进程,成为联系中国古代藏书事业与现代图书馆事业的桥梁。与中国社会的发展相适应,再加以外国教会书院所带来的影响,同治以降,尤其是光绪年间,清代书院的藏书事业开始了近代化的进程。其近代化因素主要表现在如下几个方面。

首先,藏书由传统的经史百家之书,变为传统典籍与反映洋务、新学、时务、西学的书本并存,如开封大梁书院光绪年间由拒收"医卜星相及一切技艺之书"(《大梁书院藏书总目·购书略例》),转为收藏包括数学、地理、外国军政、商务、铁路、工程、化学、物理、煤矿、天文、植物、英语、法语、日语等书,这是内容的变化。形式上,书库中除以线装订等传统技法装订的书之外,还有以金属类订书针装订即所谓"洋装"的书籍,以及引进的"铅板"书与木刻、石印之书并存。上海龙门书院还藏有《女子理科矿物及化学》等二十五种"东文书籍",这表明已开收藏外文原版图书之例。所有这些院藏图书从内容到形式所发生的变化,都是中国书院藏书历史进入近代化的重要标志。

其次,藏书的作者发生了变化,除了中国士人及传统汉字文化圈内的日本、朝鲜、安南(越南古称)人,还出现了很多西方人。如开封《大梁书院藏书续目·时务部》中就著录有美国人谢卫楼著《万国通鉴》、英国人麦丁富得力编《列国岁计政要》、布国(普鲁士)人希理哈撰《防海新论》、比利时人伯里牙芒著《营垒图说》、德国人瑞乃尔译《德国武备操学》等数十种外国人所撰著的图书。西方作者及其所叙述的西方文化各方面的知识,使古老的书院藏书楼散发着浓烈的近代化气息。

再次,读者范围扩大。一般书院所藏图书,以本院师生为读者对象,而南京惜阴书院借书局向江苏"士子无书者"开放,类似今天的公共图书馆。上海格致书院藏书楼则更为开放,对读者对象未作任何限制,人人皆可阅看。

最后,书楼之中开设阅览之所。上海格致书院藏书楼楼上藏书,楼下藏报章,各设阅览室,读者填写借书联单即可入内阅看、摘抄。这已经是现代意义上的正规阅览室了。

综合以上四个方面的情况,我们有理由认为,清代书院的藏书带着古代的辉煌和自信,扩张其固有的公共性和开放性,从服务于书院内部师生的教学活动向社会公众开放,并成为连接现代学校和公共图书馆的桥梁。

第二节 书院藏书的来源与类型

一、书院藏书的来源

书院藏书的来源，历来受到研究者的重视。我们考察大量的书院藏书文献、规章及数十个藏书目录之后，认为书院藏书来源于五个方面：一是皇帝赐书，二是官府置备，三是社会捐助，四是书院自备，五是建立图书基金。

一是皇帝赐书，这对一般书院来讲是可望而不可即的。宋代以后，得到过赐书的仅几十所书院，而且在这几十所书院的藏书中，御赐之书所占的比例也是极少的。这是关于数量的分析，如果仅从数量这方面来讲，皇帝赐书确实无足轻重。但在封建社会中，皇帝钦赐御颁之物对获赐者来说，这是何等荣耀、何等幸运，而对未获赐者来说，这种荣耀和幸运又是何等令其羡慕倾心。这荣耀、幸运、羡慕、倾心必将产生巨大的促进作用，推动着藏书事业的发展。因此，我们并不着眼于皇帝赐书的区区之数，而看重它在封建社会中凭借着至高无上的皇权而产生出的巨大的社会影响力，仍然将其作为书院藏书的一个来源而加以强调。皇帝赐书以释放巨大的政治社会效应为特点，就皇帝而言，它是对有功者的奖励，并借以形成一种奖励效应，达到宣示其文化倾向的目的。它贵在精而不在多，因而获得赐书殊荣的必在极少数已有较大影响或具有典型意义的书院，旨在营造浩然势大的效应。赐书数量也是有选择的、象征性的，求质而不求量，表明其扶持正学之意即可。无论宋真宗赐给岳麓书院的，属于经书的诸经释文、义疏、《玉篇》《唐韵》和属于史书的《史记》，还是清代乾隆皇帝赐给钟山、紫阳、敷文等书院之武英殿版十三经、二十二史，所宣示的都是皇帝对于属于"根柢之学"的经史典籍的重视。

二是官府置备，这是书院藏书很重要的一个来源。其概念的界定有两层含义，首先是置备者是官方人士，以官方身份出现而不是官吏以个人名义出现；其次是置备的费用是公费而不是私钱。官府置备藏书有以下几种基本的形式：第一种是奉文置书，如清代乾隆元年、九年由礼部发布清单，议准各省督抚动用"存公银两"为书院购书后，各地书院多有遵照执行者，这在藏书目录中有所反映。第二种是地方政府在其权力范围之内动用公款为书院置书，如嘉庆末年湖南巡抚李尧栋、左辅分别为岳麓、城南二书院新置"官书"，同治年间江西巡抚刘坤一向所属各府城书院"颁书"，都属于这种情况，比较而言，它是官府置备的主要形式。第三种形式，如清代光绪年间，毕道远、周家湄合奏转咨两江、两湖、两广、四川、闽浙总督及江苏、江西、湖北、浙江、广东巡抚，征用各属所设书局刊印书籍藏于京师金台书院；再如两广总督将其所抄没的康有为万木草堂的图书发存于广雅书院等，虽然，其书或不曾动用公银，或是否动用过公银尚不清楚，但它利用了政府的权威，动用了行政手段，因此，也要列入官府置备之类。其一，考察各书院藏书目，发现在确然交代藏书来源的总数中，官府置备的比例要小于社会捐助而大于书院自备。其二，官府置备之书有时与其他各途汇集之书同藏于一所书院的书楼，但这时它是占绝对压倒优势的来源。而绝大多数情况下，官备之书成为一所书院藏书的唯一来源。这说明，官府置备不做则已，一做就会以其雄厚的经济实力做后盾，成为书院藏书的主角，有着大包大揽的作用。其三，官府置书发生的时间绝大多数在太平盛世，这说明到了人民殷实、国家富强之时，政府能够关顾文化教育事业。

三是社会捐助，这是书院藏书最主要的来源。它包括官绅士民个人捐赠、书院师生捐置、非官方机构赠送三种形式。第一种形式中，各级官吏以个人名义的捐助又有几种情形，首先是某个官吏，主要是主持创建或修复书院的地方行政长官，包括总督、巡抚，主要是知府、知州、知县，也有主持教育的学官，他们各自单独"捐俸""捐廉"购置图书，这种情况很普遍,其所捐之书往往成为某一院中藏书的唯一来源,这是官吏个人独力捐助。另外也有长官带头倡捐,其他僚属响应者,这是官吏的合力捐助,而这种捐助往往又与士民的捐助联系在一起。其次是士绅的捐助,多是响应倡捐的集体行动,或各人依其识见、爱好捐书,或各依其能力捐资之后,再由书院统一购书,这是合众人之力而为。还有的士绅将自己积年所藏之书转给书院,变私藏为公用,这种情形也相当多。一般来讲,捐书者原本就爱好收藏书籍,甚至是藏书家,后来为了泽惠乡邻才创建书院。总之,捐书者即是书院创建人,捐书实为助学。最后是民众的捐书,则见于家族类、乡村类的小书院,多属摊派捐资,然后由书院购书。它在书院藏书来源中所占比例极小,因为传统中国属农业社会,富有之民毕竟占少数,即便富有,因文化素质不高,也大多不愿意将余资投入文化教育事业。

第二种形式是书院师生的捐置,实际主要是"师"的捐置,"士多寒素",若不是殷富之家的生徒,是极少加入捐书者之列的。院师的捐置有多种情形,首先是院师同时又是书院的创建人,建院、捐书、讲授三位一体,这种情况多见于宋元等前朝书院。其次是山长倡捐,如长沙岳麓书院山长丁善庆同治年间置书之举,四川井研来凤书院光绪年间院长吴克昌、陈萧、廖平连续置书等。最后是山长响应倡议参与捐书,如福建浦城南浦书院院长翁昭泰,光绪年间响应知县吕渭英之劝捐议,捐赠《五种纪事本末》《王文成全书》两种图书。

第三种形式是非官方机构亦即社会团体的捐赠,始见于清代后期,如醴陵公局、湖南通志局于同治年间赠书给岳麓书院,湖北、浙江、苏州、江宁等官书局于同治年间发书给江宁惜阴书院借书局等,虽然并不多见,但它反映了社会公众对于书院建设的重视。

社会捐助所得之书有一个最大的特点,就是内容广泛,丰富多样,反映最新的学术成果。这一特点是由捐书者的社会地位、学术水平、政治主张、志趣爱好等各不相同,以及受捐书院所在地文化需求、院中生徒程度各有差别而造成的。一般来讲,身居要职而处社会上层的人,他们所关心的是社会的安定和国家意识的灌输,因而所捐之书多是钦定、御纂或代表国家标准的监本、殿本类,儒家经典和有关政治、法律的图书。中下层官吏所面对的主要是社会治化、民生计用等问题,所捐之书趋于实用,多为基本的经史典籍,更有如兴安府知府叶世倬,捐助了《蚕桑须知》《树桑百益》《小儿语》等为一般士人所需而又关系到提高蒙童素质和人民生活水平的图书。崇奉理学者所捐多为宋元名家文集,著名者如康熙年间张伯行捐书鳌峰书院、白鹿洞书院。强调考据者所捐则必为经史典籍。近代,张之洞主张中体西用,其于四川尊经、广东广雅、湖北两湖请书院,强调经史根柢之学的要籍的同时,对于"知合切用"的西学之书也多予关注、收藏。至于志趣各异的各种专门之家、各社会团体,必将自己的最新研究成果、最能反映其特色的出版物拿出来,借以宣传推介。

总之,社会捐助使得书院藏书在内容上具有广博、丰富、多样的特点,为书院的教学、研究提供了广泛而坚实的文献支持;在学术上具有为书院藏书输入新的研究成果的特色,为活跃书院诸生的思想,促进其学术水平的提高提供信息保证;在图书版本上具有融入私藏的特点,为书院藏书从公用、大众化发展为精品、善本,从而提高档次提供了可能性,是书院藏书最具特色也是主要的来源之一。而它对当今处于困境中的新型书院所提供的最主要的借鉴也在于,当政府资助的管线短路或发生困难时,应将注意力转移于社会,争取社会各阶层成员和各种社会团体的支持,并加以引导、规范,使其成为一条永久而畅通的管线。

四是书院自置,这是其藏书的重要来源。书院自置图书分两种形式,第一是斥资购置,第二是自己刊刻。书院自购图书对于已有官民两途之书的书院来说,数量不会很大,主要是为了查漏补缺,配备必要的图书资料。一般来讲,其购备以最基本的教学、研究需求为标准,缺什么就补什么,除了经史典籍,在宋元多为程朱学派之名家著述,在明代则为陆王派系学者之文集、语录,在清代或为考据、辞章之籍,或为时务、西学之书,则依时间、书院而定。还有的书院原本图书很少或根本就没有藏书,其自购多以"有用""适用"作为普遍遵守的原则。这一原则的确立,也是出于经费太少的无奈,由于经济实力不足,只能退而求其次,唯其如此,才能保证最基本的教学需要。

书院自己刊刻的图书例皆藏于院中,以为师生研习之资。一般来讲,当刊书还未独立运作并以向社会发行获利为目的之前,其书多为院中师生的教学与学术研究成果、记录书院历史之类,这个时候,它在院藏中所占的比例不大。当突破这个界限,发展成专门的书局、刊书处之后,其书就扩大到一般的经史百家著作,当时它在院藏总量中所占的比例就不小了,如广雅书院,自己刊刻的图书差不多有一半。

五是建立图书基金,始见于清代。其基本资金来源于官民二途。福建浦城南浦书院每年提用官府公费作为购书专款;浙江瑞安心兰书院则利用士绅捐资购置田亩,以田租收入购书,事见陈虬《拟广心兰书院藏书引》,"定议之初,人约二十家,家先出钱十五千,合三百千钱,购置书籍,续置有隔江涂田数十亩,岁近又可得息数十千,益务恢广,自开办以来积二十一年矣,寻常文史,略可足用"(《治平通议》卷八)。这种以各种办法建立常备经费用于购书,以为藏书楼提供源源不断图书的办法,我们将它称为图书基金。这些经费或出自官府,或出自社会捐助,而其购书又是由书院操作完成的。图书基金的建立与运作,使图书的增长可以得到长期而稳定的保障,院藏书籍总数持续增加,同时它也使采购反映最新成果的图书成为可能,使书院能够保持对学术动态、信息的灵敏反应,从而促进其教学与学术研究整体水平的提高。建立图书基金以保证书楼藏书数量常增、信息常新,是古代书院藏书建设中一条成功的经验,也是其开始近代化进程的重要标志。

二、书院藏书的类型

书院的藏书,按照不同的标准可以分成不同类型。

从藏书的内容上看,可以分成经、史、子、集四部,这是最基本的类型。以四部为基础还分衍出丛书、类书、杂著、理学部、文部、诗部、经济部、杂部、圣制、御制、典故、举业、舆地、算学、词章、时务、典志、考据、数理、碑帖共20种名目,这是以大类而言。无论大多数书院采用的传统四部大类分法,还是明代虞山书院的十一类分法,抑或清代昭义书院的三类分法、箴言书院的五类分法、求志书院的七类分法、凤鸣书院的八类分法,以及数十种名目的小类分法等,都是"辨章学术,考镜源流"的结果,是以学术的分合流变为标准去划分的,是书院建设者们以自己的学识为参考系对院藏书籍的内容进行考察后所得出的结论,代表着他们当时的看法。这种分类,其最后功用还是目录学(见图7-1)的,是为了便于查阅,为读者提供进入书库的工具,为管理者提供一个稽查的凭据。

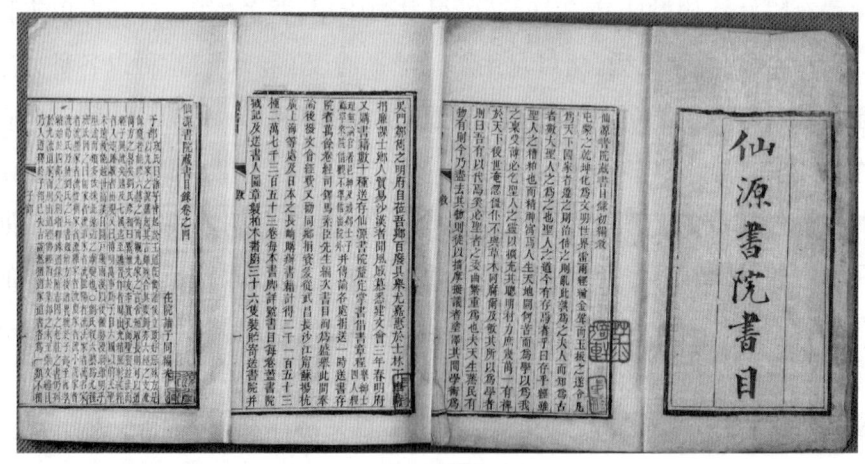

图 7-1 仙源书院藏书书目

从藏书的版本来看,以刻书时间来分,有宋、元、明、清、近代等诸种刊本。一般来讲,本朝书院以收藏本朝刊本为主,兼收前代刊本,如清代益阳箴言书院收有元刊本1种、明刊本30余种,其余都是清刊本。但每个朝代初期所藏,多为前朝之书,如宋初皇帝赐给白鹿洞等书院的印本九经,即为五代时冯道所刊。以刻书单位来分,有监本、殿本、书院本、坊刻本、官刻本、私刻本、近代各书局本等名目。一般而言,宋元以来历代都有监本,它和清代的殿本等号称为古代中国之国家标准读物,具有权威性,不易求得。书院本多为善本,清代大学者顾炎武称其有"三善",流传较广。坊刻本多属畅销之物,所涉内容基本上为各书院所轻,收藏较少。书院大量收藏的图书,从现存院藏书目来看,首先是近代各大书局包括书院所属各书局的出版物,其次是监本、殿本、官刻本,以及私刻本,坊刻本最少。教会书院则藏有外国出版社出版的图书,非教会书院中随着对外交往的扩大,也开始收藏外国出版物。以版式来分,又有雕版、活字版、排字版,以及木刻本、石印本、铅版等两大类,前者是从工艺上分的,后者是以制版材料来分的。书院所藏以木刻雕版为多,活字版、排字版、石印本次之,到近代出现了铅版,昭义书院还收藏了"洋板字典"一部。从刊刻图书的文字来分,有中文版和外文版、中外文对照版、中国所编外语教科书之别。外文版则仅见日本文字之书,藏于上海龙门书院,称作"东文书籍",计有《实地测量》正、续、补三编,《最新植物学教科书》,《初等几何平面教科书》,《初等几何立体教科书》,《微分积分学》等 25 种之多,比较全面地反映了日本近代学校教育之政策法规、各学科教科书、教学方法等,这些对当时正在追求近代化的中国书院、中国教育无疑有着积极的影响。中国人所编外语教科书,见于《大梁书院续藏书目录》,计有《英字指南》6 卷、《英文初范》1 册、《无师自通英语录》1 卷、《法字入门》1 卷、《无师自通东语录》1 卷、《东语入门》2 卷、《东文新法会通》2 卷共 7 种,涉及英、法、日三国语言文字。

从藏品的形式看,可以分成书、刊、报三大类。在清代后期出现报刊以前,书是书院藏书楼中唯一的藏品,报刊出现以后书也是最主要的藏品,其主体地位未变。书又可分成手抄本(写本、誊抄本)、手稿本、刊本、印本、拓本等名目,有些字画装裱成轴,亦可归于此类。报、刊原本是不分的，都是连续出版物，只是间隔周期有长有短而已，后来大概将周期长的称作刊，周期短的称作报。书院收藏报、刊是清代后期才有的事，因为其容载信息多而且新，传递快捷，很受重视，尤其是戊戌变法以后，成为在院中传播新知的主要载体。上海格致书院藏书楼有两层，楼上藏书，楼下藏报刊，其《观书约》第八条规定："凡各报章，择有益于学界者，无论日报、月报、教报，概照观书例，在楼下阅看，楼上不备。"(《上海格致书院观书约》)是为书、报分藏，开辟报刊阅览室之例证。报刊有社会创办和书院自办两种。戊戌变法时期，湖南巡抚通令各府厅州县订购并交各地书院师生及城乡士绅传阅之《湘学新报》，就是省城长沙校经书院主办的旬刊，光绪二十三年(1897)由湖南学政江标创刊，院中高才生唐才常主笔，辟有史学、掌故、舆地、算学、商学、交涉6个栏目，是近代中国最早的学报。追溯更早，有些书院连续出版的课艺，如杭州《诂经精舍文集》连出8集、广州《学海堂集》连出4集，上海《格致书院课艺》每年一集，自光绪十二年至十九年连出8集等，皆得视为中国书院学报之嚆矢。戊戌变法前后创办的报刊很多，有中国人办的，有外国人办的，也有中外人士合办的，其中中国人所办的《时务报》很受欢迎，湖南巡抚陈宝箴有《购(时务报)发给全省各书院札》，意在开发民智，为湖南新政进行舆论准备。报刊的出现是中国社会近代化的产物，与书并列珍藏于书院，则是中国书院藏书制度近代化的重要标志，至于报刊阅览室的开辟更表明古老的书院藏书楼已与现代图书馆接轨。

从图书的功用上看，可以分成教学型、学术型、教学与学术并重型、特色型等。藏书是书院最初的本能，也是书院中极重要的事业，但若与教学和学术相比，它又处于次要的、从属的地位，具有为教学和学术研究服务的性质。因此，占书院绝大多数的以教学(包括攻科举之业者)为主的书院，其藏书皆属教学型，包括用作教材和教学参考资料的两类图书。一方面，各个朝代，每个朝代的不同时期，以其教学任务和目的不同，所藏书目会有区别，这是时代的烙印。另一方面，因主持院政的山长不同，主要是学识、爱好的不同,教学型书目也会出现差别,尤其是有些山长主持一所书院长达十几年甚至几十年之久时,这种差别形成的特色会更为明显。书院的教学目的与任务往往在所订立的学规、章程(见图 7-2)中作出规定,有的甚至对每日、每月所要研读的书开出清单,定为日课、月课,要求诸生遵照执行,其藏书的置备参考清单而略为扩充即可。一般而论,传统书院多为经、史要籍,外加名家诗文别集和一些制艺、课艺之类应付科举考试的参考书,教会书院必有《圣经》之类,晚清新书院必有格致、算学、时务之书,这是一般的特点。从现存藏书目录来看,大多数皆要归入此类。若从藏书数量上分析,一般藏量几十种、千余卷者,莫不属于服务教学的情况。教学型图书的收藏,量虽然不是很大,但它可以满足最基本的需要。

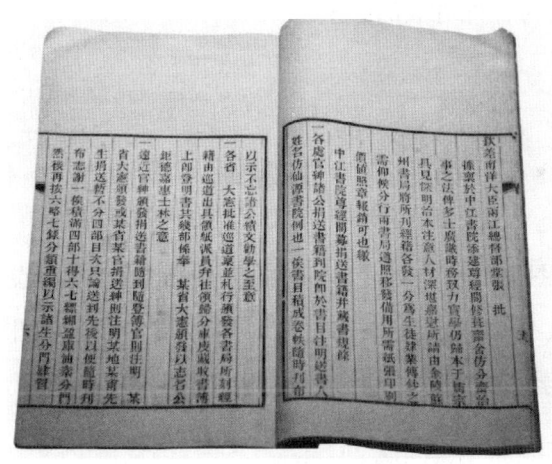

图 7-2　中江书院尊经阁藏书章程

教学与学术并重型藏书,也可视为公共类藏书,其藏量也大,所收范围也广,凡书皆藏当可视为其特点。一般来讲,非实力雄厚、经费充足的大书院,非有声望特高之大师主持的著名书院,非拥有藏书名家悉数捐献的书院,是难以使藏书达到这个水准,即充分满足教学和学术研究双重要求的高水准的。历史上,唐代集贤、丽正二书院代行国家图书馆之职,所藏图书秘籍,自然属于此种类型。其他如宋代邛崃鹤山书院、元代成都草堂书院、清代彰化文开书院和益阳箴言书院及多数省会书院等所藏图书,也皆可列为此类,但总的来讲,为数不多。唯其所藏至巨至富,必然包容诸多精华,且推动图书管理体系、管理制度的建立和不断完善,因此这类藏书就成为我们研究的重点对象之一。

凡藏不求量大、收不求广而求专者,我们称之为特色型藏书。如清代开封彝山书院藏书 90 种,除《全唐诗》《宋诗钞》《四书体注》《诗韵含英》《康熙字典》《五经体注》6 种之外,其余 84 种全都是河南一省各府、州、县志,其地方特色极为明显,拥此坐读,豫省之历史、地理、政治、军事、经济、文化、民俗、教育、物产等一切情况必尽然了于胸中。特色型藏书对推动专门精到学问的研究大有裨益,当图书经费不足之时,若能变通而追求此途,亦不失为一种可取的办法。

第三节　书院刻书事业

书院生产图书的历史始于唐代,但其刻书事业则兴起于宋代。唐宋之间,有一个从"修书"到刻书的过渡时期。宋元明清,有书院刻书,服务于书院教学、学术研究等活动,其事业盛衰有时,各有特点。

一、从修书到刻书

书院的图书生产活动始于唐代,最明显的例证是中央政府所属丽正、集贤书院的刊辑"古今之经籍"(《旧唐书》卷四三《职官二》)。据《唐六典》《旧唐书》《新唐书》等历史文献记载,丽正书院的前身是开元五年(717)设置的乾元院,当时唐玄宗下令在院中写经、史、子、集四部书,设刊正官、押院中使、知书官等职分掌其事。六年,改乾元院为丽正修书院,职责仍以生产图书为主。十一年,又在长安光顺门外置书院。十二年,唐玄宗驾幸洛阳,在东都明福门外置丽正书院。十三年,又改丽正修书院为集贤殿书院。集贤书院的职责,《唐六典》称其为"掌刊缉古今之经籍,以辩明邦国之大典,而备顾问应对。凡天下图书之遗逸,贤才之隐滞,则承旨而征求焉。其有筹策之可施于时,著述之可行于代者,较其才艺,考其学术,而申表之"(《唐六典》卷九《中书省集贤院史馆甄使》)。可见与丽正书院相比,集贤书院的职责范围有所扩大,但主要任务仍然是"刊缉古今之经籍",即从事图书生产。

为了刊辑经籍,丽正、集贤书院设置了专门的职官。据统计,有院使、检校官、修书官、直学士、学士、文学直、修撰官、校理官、刊正官、校勘官、修书学士、知院事、副知院事、判院、押院中使、侍读学士、侍读直学士、待制官、留院官、知检讨官、书直、画直、写御书人、拓书手、编录官、校书、正字、装书直、造笔直等各种名目。其一,唐代书院生产图书过程中职事设置之多、职责划分之专,说明其事业的发展已达到相当高的水平,其制度也相当完备。其二,类似今日出版社校对的职事有校勘、校书、正字、校理、刊正等,名目较多,说明丽正、集贤书院对图书的质量十分关心,为了减少甚或消灭书中的错误,增设了很多道防线,从制度上给上乘图书的生产提供了保证。其三,当时生产的图书是手抄(写)本和拓本并存。集贤书院当年出品的图书数量,《唐六典》有明确记载:"集贤所写,皆御本也。书有四部:一曰甲,为经;二曰乙,为史;三曰丙,为子;四曰丁,为集。故分为四库","四库之书,两京各二本,共二万五千九百六十一卷,皆以益州麻纸写。其经库书钿白牙轴、黄带、红牙签,史库书钿青牙轴、缥带、绿牙签,子库书钿紫檀轴、紫带、碧牙签,集库书绿牙轴、朱带、白牙签,以为分别"(《唐六典》卷九《中书省集贤院史馆甄使》)。近 26 000 卷图书对一个主要从事经籍刊辑的单位来说,其数量并不很大,但考虑到这些是由包括书直、画直、拓书手在内的百余人用手工描、写出来的,达到如此数量,实属难能可贵了。在这里,我们还要指出的是,将四库书以不同颜色的轴、带、签区别开来，使人从外表就能识别书籍的不同品类，实与今日图书封面设计有类似之功效。

唐代书院的刊辑经籍，包括编纂、校勘、出书等事，涉及现代行业分工中的作者、编辑、印刷工人的部分工作，古人称之为"修书"，丽正、集贤书院也被视为"修书之地"，而非"士子肄业之所"。从书直、画直、写御书人、造笔者等职事设置中可知，唐代书院的"修书"事业，主要是靠刀刻手写完成的，这种操作技法不能快速而大量生产书籍。虽然，集贤之书主要供皇帝个人阅读，是所谓"御书"，求质而不求量，但自隋代实行科举制度以来，随着知识阶层的不断扩大，整个社会对图书的需求量日益增长，这不能不对集贤书院有所影响，而隋末唐初出现的雕版印刷技术也不会不传到中央之区的长安与洛阳。集贤书院设置拓书手颇有在院中推行新的印刷技术之意，因为拓印和雕版印刷原理相同，皆有"一版而印数无穷"的特点，可以扩大图书的生产量，6名拓书手拓印的图书不会比100名书直、写御书人所抄的图书少。因此，虽不敢断言唐代书院已有刻书之举，但从某种意义上可以说集贤院中已有"印"书的尝试，由传统的"修书"向新兴的"刻书"迈出了可喜的一步。

二、宋元书院的刻书事业

北宋是雕版印刷的兴盛时期。到庆历年间(1041—1048)，毕昇又发明了泥活字，将印刷技术推向一个更高的水平。这个时期的书院是否有过刻书或类似唐代的刊辑经籍的活动，目前还未找到材料证明。但上有唐代刊辑图书的传统，时有200余年官私刻书的实践和划时代技术进步的影响，素与书籍有血缘亲情的书院必不致有不加入刻书行列的理由。因此，我们可以推断，这个时期的书院仍继续着自唐代就已开始的图书生产活动，而且跟随时代步伐完成了从"修书"到"刻书"的过渡。

南宋时期，刻书作为书院的一种职能得到强化，很多有条件的书院出于各自不同的原因都在从事这项事业。如潮州元公书院，它是淳祐九年(1249)知州周梅叟为纪念其先祖周敦颐(谥元公)而创建的。《三阳志》对书院刻书情况有记载，"市书藏于书院，司书职之。又刊元公文全帙以广其传。周侯之待后学至矣。合二程、横渠、朱文公祠，以道学渊源，濂溪倡之，诸贤和之"(《永乐大典》卷五三四三)。在这里，周梅叟刊刻"元公文全帙以广其传"之举，是和建祠奉祀二程、张载、朱熹一同进行的，其目的是弘扬道学，但纪念先祖、光耀门庭、传播家学之意甚明。这代表着当时书院刻书的一种情况。另一种情况已没有私家因素，纯然是为了传播道学理论，其代表是建康明道书院。这所书院是为了纪念理学家程颢(人称明道先生)而创建的。开庆元年(1259)，马光祖与"部使者"率僚属会讲于院中春风堂，其时"听讲之士数百，乃属山长修程子书，刻梓以授诸生"(景定《建康志》卷二九《明道书院》)。南宋为纪念学术大师而设立的书院，本于登其堂必读其书之义，定会收藏其著作，有条件者还会刊刻其书，以传播学术思想。

还有一种常见情形是书院刊刻自己的学术成果，以供书院师生学习。如衡州石鼓书院山长戴溪的《石鼓论语问答》三卷就属于此类。这套书收入《四库全书》，其提要称，"是书卷首有宝庆元年许复道序，称淳熙丙午、丁未间，溪领石鼓书院山长，与湘中诸生集所闻而为此书。朱子尝一见之，以为近道"(《四库全书总目》卷三五)。这套书能同时得到宋代理学大师朱熹和轻理学而重考据的清代四库全书馆臣们的赞扬，实属不易，可见书院的学术著作水平甚高，可以经受时间的考验。

除此之外，这个时期的书院似乎已开始整理出版反映自身历史的著作。曾任岳麓书院、白鹭洲书院山长的欧阳守道，有《题莱山书院志》一文，称"醴陵李君文伯示予《莱山书院志》。莱山，其所居，书院，其一族子弟肄学之所也"(《巽斋文集》卷二二)。虽然我们从文中看不出《莱山书院志》是刻本还是抄本，但从当时雕版之术盛行、书院大量刻书的风气推之，南宋书院有可能开始刊刻记录自身历史发展线索的书籍。不过，在未进一步证实之前,此点还仅仅是推测而已。

南宋之亡虽然已有700余年,但南宋书院所刻之书仍有不少流传于世,这在《四库全书总目》、叶德辉《书林清话》、傅增湘《藏园群书经眼录》、王重民《中国善本书提要》、杨绳信《中国版刻综录》、《北京图书馆善本书目》、《中国古籍善本书目》等书中均有记载。南宋书院的刻书范围较广,经、史、子、集四部书都有,尤其是医学著作的出版,揭示了当年书院不仅重视祖国传统医学研究,而且从事医学教育活动的一个事实。

南宋书院所刻的书籍,从版本学上来讲,成就甚高,以至后世学者以"书院本"相称。在这里要强调的是,历经南宋150余年的发展,刻书已经成为书院的一项重要事业,成为书院反映、传播其学术思想或研究成就的重要手段,而且它还以"书院本"及其"三善"将其自身的价值标定于中国印刷出版事业和版本学历史之上。

元代书院的刻书事业承继宋代之绪,得到了长足的发展,呈现繁荣之势,而且在整个中国书院刻书史上占有相当重要的地位。概而言之,有如下一些方面引人注目。

第一,与宋代比较,有更多的书院加入刻书的行列。据文献记载,至少有32所书院曾经刊刻过图书。因此,可推知当年刻书的书院数要比这个数字还要多得多。

第二,形成书院刻书专业化的倾向。南宋"书院本"的赫然面世,历经数百年的发展,书院的这种职能不断强化,到元代终于分立出近乎专门从事出版事业的书院,出现刻书专业化的倾向。其时,具有这种专业倾向的书院不在少数,最具典型意义的则是杭州西湖书院。

西湖书院在杭州西湖之滨,其址原为宋代名将岳飞故宅,后改为南宋国子监,规制宏大,监中所刻经史群书皆聚藏其中,设书库官掌之。宋亡学废,改为肃政廉访司治所。至元二十八年(1291)江浙行省长官徐琰将其改为书院,三十一年(1294)始得完成。书院创建伊始,任务就很明确,除了有师弟子员进行教学,主要就是"收拾宋学旧籍"并从事"书刻"工作。之所以形成这种局面,是因为它继承了南宋国子监数额巨大的书板。泰定元年(1324),山长陈袤为作《西湖书院重整书目记》,整理出122种图书,形成了《西湖书院重整书目》,这是西湖书院历史上第一个刻书书目,也是中国印刷出版史上最早的刻书书目之一。西湖书院除了修补20余万宋刻旧板,印刷经、史、子、集,还刊刻新书,出版了很多当时人的著作,其中最有名的是马端临的《文献通考》和苏天爵的《国朝文类》。

从以上的叙述可知,杭州西湖书院因得南宋国子监20余万书板之基业,又蒙中央、地方各级行政官的关照和支持,实际上已经成为元代一个重要的国家出版机构,刻书已经成为其主要的职责:院中山长也以"对读校正""比对校勘""编类"书板书目等为常务;作为学生的斋长也加入校勘工作的行列;与一般只有教学职能的书院不同,它还拥有"书手刊工";为了刊刻重要的图书或修补院中书板,地方行政官如江浙等处儒学提举司副提举陈登仕、余姚州判官宇文桂等可以本职提调或兼事其事,其他学官也可到书院临时任职;刊印书籍百余种,书板之数常达数千,以字计者常有数百余万之巨。足以证明西湖书院是一所以刻书为主的书院,其图书生产已有较大的规模,并具有较高程度的专业化水平。

以上是大型的国家刻书的书院,其图书生产呈现向规模化、专业化方向发展的趋势,但其教学职能仍然存在,书院山长仍随其他学官转迁升调,院中始终有弟子员、斋长等在接受教育。与此不同的是,社会上有一些基本不开展教学业务,而专门从事图书生产的书院。在这些书院中,刻书功能增强,其他功能则相对萎缩、退化,更有甚者,以刻书为唯一之事,并将其作为谋利的手段,出现逐利而不注重质量的问题,此则实为书院刻书专业化倾向的异化。

第三,形成刻书书目。书院对自己的刻书活动进行有意识的记录,形成刻书书目,这是唐宋时代所未曾有的,这种现象到元代才出现,应该将其视作刻书事业进步和制度化的标志。现存最早的刻书书目是《西湖书院重整书目》,比其稍晚的是《杜洲书院书板目录》,载于至正《四明续志》

中,距今也有600余年,此目著录内容为书名、书板数两项,只著录《袁氏蒙斋孝经》《耕织图》,共计34片书板,可以反映当年的书院和读书人对于民众生产、生活的关顾和亲近,诚属可贵。惜其所刻之书太少,难明一代事业之盛。作为书院发展史上第一个完整的刻书书目,它记录着书院出版事业的辉煌,其创始之功实不可没。应该说,书目出现的本身就是一种进步,意味着书院的建设者、经营者们已经自觉记录其刊印成就,开始总结经验教训、规范刊刻行为,标志着刻书事业的日臻成熟。这里还要指出的是,600多年前的先辈们整理书目,关顾的不仅仅是书目本身,所谓刻存书目,"以传不朽,非独为来者劝,抑亦斯文之幸也欤"(《西湖书院重整书目记》,转引自陈谷嘉、邓洪波《中国书院史资料》),表明他们的视野已由书目推及"斯文"的命运。由书目至斯文命运,由斯文而及治道、国运,表现的正是中国古代知识分子的社会责任感和历史使命,诚属难能可贵。

三、明清书院的刻书事业

刻书和藏书皆有积累、传播文化的双重功效。明代盛行的王湛之学和书院一体发展,共成辉煌大势,但它和宋元的程朱之学及清代的考据之学不同,它以发挥心学为己任,钟情于联讲会以传播其主张,强调悟性而不重"道问学"式的功夫,甚至挟"六经皆注我心"之豪气而有束书高阁之势,因此,终明一代,书院的刻书事业未能再创辉煌,而呈平淡之局。但作为书院的一种事业它仍然得到了发展,而且于平淡之中显露自身的特色,概略而论,表现在如下两个方面。

第一,王府书院作为新生力量加入刻书的行列。明代为了强化其集权政治,自朱元璋开始,将其子弟分封为王,遣往各地。各藩王府在政治上受到严格控制,不得参与朝政和干涉地方政务,但其社会地位崇高、经济势力强大,为了满足其文化需求,多创建书院讲学、刻书,这是宋、元、清都不曾有的现象。据文献记载和传世图书统计,至少有8所王府书院曾经刻书。各王府所刻之书,有三点值得注意:一是几乎没有经史要籍,所刻者不是子学之书,而是集部著作。一般来讲,经史之书被视作国家学术的基础,对其回避,纯然出于无奈。二是所刻《文选》《唐文粹》《宋文鉴》《元文类》,再加上《古文关键》,似乎可被视为中国文学史的主骨架构,反映出王府书院及其主人对于纯文学的重视和钟情。三是自称道人的王爷们以《抱朴子》《金丹大成集》《养生大要》等写出了他们迫于政治压力而移情于神仙梦幻的内心世界。凡此种种,正是明代王府书院的特点所在:既不得经世致用,遂转而托情于文学殿堂,寄命于极乐世界。恰恰是这种寄情托命式的全身心投入,才生产出了至今还为版本学者称道的王府书院图书。

第二,书院开始大量刊刻反映自身发展或其教学、讲会情况的历史文献。至今我们还能辑录到的就有63种。诸如《虞山书院志》15卷,明人孙慎行、张鼐等辑,万历三十四年(1606)或稍后几年刊印。书院在苏州常熟,原名"文学",元至顺年间创建,祀孔子弟子子游。明宣德、正统年间兴复,改名"学道"。万历三十四年知县耿橘重建,改名"虞山"。与无锡东林书院相呼应,开文会、讲会于其中。诸生士绅之外,市井平民及僧侣道士亦得入院听讲或讲学,极盛一时。孙慎行等"虑其久而或湮",遂辑刊此志,计15卷,分地胜、古迹、建置、先贤、祀典、宗像、院规、文移、官师、书籍、什器、树艺、院田、会语、艺文诸志。前有孙慎行、张鼐二序及书院图。其中会约、会仪、会语、射仪、射歌等类目,颇能反映当年书院教学、会讲、习武等情形。《虞山书院志》所反映的内容主要是书院发展的历史、讲学、会讲情况及其管理办法等,贴近时代,最能反映明代书院的特点。

清代是书院刻书事业最繁荣的时期,也是整个书院刻书历史的终结期。清代书院刻书事业的辉煌,表现在以下七个方面。

第一,变化之多,成就之大,无有出其右者。通观有清一代260余年的书院刻书历史,其间凡经三变:以康熙后期福州鳌峰书院《正谊堂丛书》为代表,总括宋明理学尤其是程朱理学数百年发展的历史;以道光初年广州学海堂刊刻《皇清经解》为代表,集结清代乾嘉学派的学术成就;以光绪年间上海格致书院《格致汇编》、长沙校经堂《湘学新报》(后改名《湘学报》)为代表,出版连续性类似今日的"学报",以反映"新学""西学"研究的最新成果,向世人传播新知。以上三变,正是清代学术思想由程朱理学转为考据之学、新学这三个阶段的缩写,亦可大体视作清代书院刻书发展的三个时期,各个时期的成就都是惊人的。

第二,出版大量的书院文献,为书院的教学、研究、管理及其他基本建设服务。这些文献包括书院志、学规、讲义、藏书目录等 194 种。需要指出的是,以上有关书院文献,因笔者见识所限,还不是实际数目的全部,所列还不包括课艺、课集等有关书院师生的学术研究成果。但就是这个打了折扣的数字,比之明代的 60 余种也多出很多,可见当年的书院对于自身经验教训的总结颇为重视,也正是因为有了这批出版物,我们才得以在今日研究书院教育制度。

第三,出版课艺等连续性读物,及时反映书院的教学成就,遂开今日"学报"之先河。清代书院凡有条件者,皆出版课艺、文集、试牍、课集、会艺、课士录、日记、学报等诸多名目的书籍。岳麓书院早在康熙二十四年至二十五年(1685—1686)间就已整理出版自己的学生课卷,书院亦得以名扬江南闽浙等文化素称发达的地区。比《岳麓试牍》更早的课艺是安徽怀宁的《培原书院会艺》,康熙十年(1671)由巡抚靳辅刊印,这比嘉庆七年(1802)阮元刊印《诂经精舍文集》要早 130 余年。

书院课卷绝大多数是学生的习作,亦间有教师的范文或研究成果。全祖望在乾隆十七年(1752)主讲广东肇庆端溪书院时所刻的《端溪书院帖经小课集》分见道、经世、词章、场屋、科举四大类,据赵敬襄《端溪书院志》称:"集中多羽翼经传之文,然皆自先生一手之作,而托名诸生,加以评语。"云南寻甸凤梧书院道光二十九年(1849)刊《凤梧书院课艺初编》

2卷,收课艺69篇,其中4篇是范文,次年编刻《课艺续编》2卷,收课艺158篇(首),其中范文(诗)13篇(首)。课艺的内容有准备科举考试的制义、试帖,有考证经史的文章,有研究理学的心得,有对新学、西学的推介与评论,有经世治国的策论等,因各个时期各个书院各个山长的不同而呈现差别,但皆代表书院的学术研究或应试备考水平的高下。因此,这类出版物颇能反映书院的社会地位。嘉庆、道光以后,一些有名望的大书院则有意识地连续出版课艺,以向世人展示其最新成果。如杭州诂经精舍出版《诂经精舍文集》,合计共发表经史论文及辞赋2 000余篇(诗)。至光绪二年(1876),中西人士合办的上海格致书院拟定每月出版《格致汇编》,以及此后格致书院院长王韬每年出版《格致课艺全编》一集(见图7-3)。虽然由于客观原因,《格致汇编》的出版时有断续,但主观上讲,格致书院的主持者们是想出版定名定期连续性读物的,因此格致书院当可被视作中国近代史上正式出版学报的学术机关。

图7-3　清代格致书院《格致课艺全编》

当然,真正完全意义上的学报还是长沙校经书院的《湘学报》、成都尊经书院的《蜀学报》等。《湘学报》原名《湘学新报》,旬刊,光绪二十三年(1897)创刊,主笔(即主编)唐才常,自第21册起改名《湘学报》。学报分史学、掌故、舆地、算学、商学、交涉6个固定栏目外,还辟奏折诏令、各报近事节要等栏反映时事。从以上的叙述中,我们可以看到从书院课艺到书院学报的轨迹,明了今日学术机关学报之所自,而书院出版对于文化事业之贡献也得以彰显。

第四，出版地方文献，为地方文化建设服务。各书院出版的地方文献大致可以归为两类：一类是地方志，另一类是地方诗文集。地方志见于记载或有实物可考者至少有 25 种。地方文献的书籍虽然数量不是很多，但它说明书院已经致力于地方文化建设，其出版物的服务对象已经由院中师生扩展到地方官绅士民，它标志着书院刻书事业空间的扩大。书院刻书服务于地方的功能还体现在某些有条件的书院为当地无条件刻书的书院、官私学校及社会公众提供最基本的读物，以维系一个地区文化教育事业的运作。

第五，出版系列或大部头著作，承担总结一代学术的任务。如前所述，清代学术凡经宋学、汉学、新学三变。第一阶段书院虽未能出版《明儒学案》《宋元学案》《理学宗传》《理学备考》《广理学备考》《性理精义》等重要的理学著作，但康熙后期鳌峰书院出版的《正谊堂全书》则是集大成之作。康熙四十七年(1708)，宋学大师张伯行为福建巡抚，创建鳌峰书院于福州，颜其堂曰正谊，集诸生讲学其中，又搜访先儒遗著，分立德、立功、立言、气节、名儒粹语、名儒文集 6 个部分，精心校刊，得书 55 种，因号《正谊堂全书》。同治五年(1866)，左宗棠从太平天国手中夺得福州，得书 44 种，因设正谊堂书局，重加厘定增补，得书 68 种，凡 525 卷。不仅"宋儒理学之著作，此为渊海已"(《丛书集成初编目录·丛书百部提要》)，清代理学家陆世仪、陆陇其、李光地及张伯行等人的著作也多收入其中，这就使得《正谊堂全书》成为名副其实的宋明理学文库，可被视作清代理学的一个总结。从此以后，清代学术进入考证训诂的汉学时代。

清代的汉学家和宋明时期的理学家有相同之处，那就是都以书院为大本营，开展学术研究、交流活动，培养学术传人，以壮大其队伍；但也有不同之处，那就是汉学家的著作大多由书院刊印传播，而宋明理学家当年则做不到这一点，表明清代书院已自觉承担起总成国家学术的重任。同治以降，西学东渐，及至光绪年间，新学大兴，新思潮迭起，于是课艺、文集、学报等就以刊印周期短、信息量大、传播快等优点而成为书院首选的出版物。因此,这个时期的学术变化、研究成果等皆可在这类书刊中得到反映。如江阴南菁书院创建之时倡导经史之学,中日甲午战争前所刊《南菁文钞》第一、第二集,即多考据典籍之作,而战后所出第三集,一反前此旧规,刊出紧扣时代脉搏的课卷,这说明南菁学风已由王先谦时期的总结清代经学转而变为关心国家命运,讨论西学、新学了。

第六,出版功能不断强化,创办了一些专门从事刻书业务的书局、刊书处等职能机构。自道光以来,地方书局逐渐兴起,并起而代之,承担起总成国家学术和文化之任务。地方书局多有借助书院的图书资源、学术力量、校勘人才等诸多优势者,并形成了在全国或某一个较大区域内颇具影响力的专门书局、刊书处等机构。如浙江书局创办时,即规定以省城杭州紫阳书院、崇文书院院长兼书局总办主持其事,总校、分校之职也聘请院中师生担任,其办公之所亦设在紫阳书院中。四川成都书局创办时,由总督丁宝桢聘省城尊经书院山长王闿运兼掌,而后来尊经书院、存古书院附设的刊书局则取代了成都书局,成为川省最有影响的出版机构。当时的舆论普遍认为,以书院师儒主持书局可兼取"存书籍""教士子"之"古意",比之"领于官吏"的官书局更有优势,更值得提倡。正是在这种风气影响之下,全国出现了一些有名的书院书局,出版的图书成千上万,远远超过唐宋元明历代书院刻书的总和,承担起了地方文化建设的重任。这些书院所出版图书以高学术水平见称,实可视为今日之大学出版社。

第七,书院刻书向制度化方向发展。刻书的制度化是伴随其事业的专业化、大型化而来的。它要解决的问题大致有四:一是筹措经费。这是刻书中的根本问题,没有经费,一切无从谈起;经费不足则事业无以为继,谈不上发展壮大。因此在订立制度时,除了保证开办费用,主要考虑的是如何设法增加后续银钱。一般来讲,经费出自官、吏、士、绅、商五途。二是搭建管理班子,明确各自职责。刊书班子大体由两个部分组成,一个部分是由山长、学长、总校、分校、校勘等构成,对所出图书的学术质量、印刷质量等负责；另一部分则由董事、司事、看守之类构成，主要负责经费筹措、管理、印刷，以及书板的保管等事务。班子的组建与运作以保证图书的顺利出版和图书质量及学术水平为起码原则。三是书板保管、修补事宜及技术问题，以保证其书板能长久保存、多次印刷为目的。四是板租收入的管理与使用问题，主要关心的仍是修补板片，保证再印。总之，制度的订立与完善，是为了促进刻书业的不断发展，而它本身也成了整个事业进步、繁荣的标志。

复习思考题

1. 试述如何理解书院藏书是印刷技术进步的产物。
2. 试述唐代丽正、集贤书院的藏书规模及其影响。
3. 试述清代书院藏书繁荣的表现。
4. 试述现存最早的中国书院藏书目录和目录序。
5. 试述书院藏书的五大来源及其特征。
6. 试述元代书院刻书事业发展的表现。

延伸阅读

1. 李国钧主编：《中国书院史》，长沙：湖南教育出版社，1994。
2. 陈谷嘉、邓洪波主编：《中国书院制度研究》，杭州：浙江教育出版社，1997。
3. 陈明利：《唐至清代闽台书院藏书研究》，福建师范大学博士学位论文，2019。

第八章　书院经费制度

[**本章导读**]

经费是书院赖以存在、发展的重要基础。历史上,书院多从官、民两途获取经费维持办学,从而发展出独具特色的书院经费制度。北宋以后,书院建设者多为书院捐置学田,以其租收作为经费,使学田成为书院的四大基本规制之一。受书院制度规范化及办学规模扩大化发展趋势的影响,传统依赖农业经济收入的学田经费模式逐渐无法满足书院发展需求。至清代书院建立起一套多样化的经费制度体系,在经费的筹措、运营、支出、监管等方面发生显著变化,使书院经费制度发展到新的高度,为书院的繁荣发展奠定了坚实的基础。

第一节　经费筹措

建设书院的第一步,必须解决经费的来源问题。历史上,书院经费的筹措不外乎官府筹拨和社会捐助两途。部分书院还致力于文化"生产",通过经营其有形或无形资产补充经费,拥有一定的自我造血能力。

一、官府筹拨

唐代以后,官府就是书院建设的重要力量,许多书院都得到了官府划拨资产的支持。如南宋嘉定年间，靖州知州黄荣创建书院后，"预代他司钱五十万"，放贷收取利息为书院之用。提学吴公又"岁拨边州钱十万以助"（嘉庆《湖南通志》卷五一《书院三》）。又如清康熙二十一年(1682)，广西巡抚郝浴重建宣成书院，"议以全省学租为多士佐读之资"（嘉庆《广西通志》卷一三三《建置略八》），布政使崔维雅又置鱼塘二区益之。

由于书院在历史上长期游离在国家教育体制以外，故难以合理、合法地得到官方财政拨款的支持，获取官府筹拨的钱粮多依赖地方官员自发的行为。清雍正朝进行耗羡归公财政改革后，书院获取耗羡等财政性经费的现象逐渐普遍。如雍正二年(1724)，李绂任广西巡抚，重建宣成书院，以地方附加征收的茶果银来满足书院的营建与日常开销。李绂将这些经费用作修理书院、置办器具、师生供给、覆试盘费、课士奖励、购买书籍等。其中，作为书院常规性开销的师生供给、课士奖励，每岁约用银850两。对肄业生徒来说，每月米3斗、银6钱的待遇是较为优厚的，因为李绂在制定资助标准时就考虑了诸生"量给养家之资"的情况。

雍正十一年(1733)，雍正帝谕令各省建立省会书院，同时对其经费问题作了规定，"着该督抚商酌奉行，各赐帑金一千两。将来士子群聚读书，须预为筹划，资其膏火，以垂永久。其不足者，在于存公银内支用"（《清朝文献通考》卷七〇《学校考八》）。此后，省级大书院可以合理合法得到御赐帑金与公项银等财政性经费的支持。当然，由皇帝御赐千两帑金更多的是一种政治姿态，各省多是将之置田或发商生息，其收益在书院经费总数中的占比并不高。而公项银的数额和用途一般较广，可以用作书院建筑的营建与常规经费的来源。首先是用作书院建筑的营建，如乾隆三年(1738)，江苏巡抚许容以苏州紫阳书院规模有限为由，欲增置房屋。据勘察估算，此次营建需添建正屋、厢房共35间，预计花费在650余两白银。苏省官员商议，此项经费应动支藩司库存公项银给发，并报部核销。其次，公项银用作常规经费来源，具体的操作方式多种多样。有每年定期直接划拨一定额数者，有奏请赏借后置田或发商生息加以运营以期长久者。前者如关中书院,每年在藩库耗羡项下支银720两。相较而言,每年定期从公费项下直接拨给省会书院一定银两添充膏火,是最为便捷的经费扩充办法。但各省公费宽紧程度不一,每年拨给书院经费或对各省财政造成负担,因此这一方案并未推广至各省。一些省份倾向于将公项银用以置产收租、发商生息,以期书院经费持久运营。甚至在有些经费紧张的省份,出现将公项银暂时借给书院运营的方式来为书院筹集经费的现象,体现出经费经营方式的灵活性与长期性。

除帑金、公项银以外,捐给或摊派养廉银也是官府为书院筹拨经费的一种方式。养廉银是介于公费和私俸之间的经费类型,在一些公项银有限的省份,不得不向各属官员摊派克扣养廉银,以之作为书院的常规经费。如山西省,向来有量捐养廉、繁费以济公务的习惯。乾隆年间,在山西形成定制,每年由院司道府州县官公捐养廉银填补书院经费,具体数额时有调整。其他层级的书院,亦有常规性、制度性的举措。如湖南醴陵渌江书院,山长的束脩向来由县令"逐年捐养廉钱壹百贰拾串"(《渌江书院志》)。

总体而言,官府为书院筹拨的经费往往数额较大,且立定章程后能够使书院拥有稳定的经费来源,有助于书院的持续发展。

二、社会捐助

一般而言,层级愈高的书院,官力愈占据主导,而民力是中低层级书院发展不可或缺的支持力量。乡村、家族书院往往要依靠同乡、同族的合力建设,而府州县书院在发展过程中,继承并发展了具有长久历史影响的"官办绅助"建设模式,社会对书院各种形式的捐助是其发展的有力保障。

古代传统的国家教育经费往往有限,难以将书院纳入财政支持范围,因此社会捐助对书院经费的筹集至关重要。历史上,为书院进行捐助的群体、个体形形色色,情形复杂,难以逐一列举。此处所指的"社会捐助",是除前文所指的官府划拨官产、官帑直接资助书院情形以外的,其他非官方来源的捐助类型。

历史上,有不少官员以个人身份为书院捐俸或捐资兴学,但因其并非动用官产、官帑,故在此将其归入社会捐助一类。事实上,官员在捐助书院时,亦有意强调其中的区别,通过表明资金的来源来辨明经费的官私属性。如清雍正元年(1723),两江总督查弼纳建钟山书院时向雍正皇帝奏报,"所有添盖号舍、建造书院、士子膏火之费,臣率属公捐俸工料理,并无丝毫累民"(《钟山书院志》),就是在强调书院的营建未曾动用官帑分毫,而是率属捐俸而成,属于官员个人的行为。当然,也应当承认,官员为书院捐资的情形十分复杂,尽管他们许多时候反复宣称是"不动官钱,不费民财",但往往无法抹去其"官"的一面。并且随着养廉银制度的建立,养廉银本身所具有的介于官私经费之间的性质,更加模糊了官员捐资(捐廉)行为的官私属性。因此,为避免混淆,本节对官员捐资情形的讨论,仅考察其动支官产、官帑以外的情形较为明确的行为。

唐宋以后,地方的书院建设多要依赖社会捐助达成,即便高等级的官办书院亦是如此。如安庆培原书院,顺治九年(1652),操江巡抚李日芃于军旅倥偬之际,捐资2 000余两,创建书院于府学东魁星楼旧址。康熙十五年(1676),布政使徐国相捐俸320两,令知府刘櫆修葺书院,并增置田饩。其不足者,刘櫆捐俸补充之。长沙岳麓书院,除官员捐资外,还利用了地方士绅的输助。康熙九年(1670),偏沅巡抚周召南重修岳麓书院,"计费三千余缗","合七郡士绅输助"(《康熙戊申重建岳麓书院记》,转引自《岳麓书院志》)而成。其他较低层级书院的建设,则更加依赖社会对书院的捐助,最终形成书院的普及性发展趋势。有学者认为,社会民众的捐输能够广泛组织、动员社会各个阶层的民众参与其中,聚沙成塔,集腋成裘,并且前后相继,持续久远。因此,"民众捐输是地方书院经费中影响力最长久、最重要也最可靠的一大来源"(陈谷嘉、邓洪波《中国书院制度研究》)。

对于经费捐助者,书院会以多种形式加以表彰、纪念,或为其子侄入学提供便利。将经费捐助者的姓名刻碑勒石,是常见的表彰、纪念之法。有的书院撰修志书时,会特设"捐目"一节。如清代《渌江书院志》,其卷三为《束脩捐目》《膏火捐目》《岁修捐目》《移建渌江书院捐目》,记载了历史上曾为书院捐资助学者的姓名、籍贯、所捐银钱的数量等信息。盐源柏香书院在其章程中规定,凡是捐助书院经费者,"核计数目多寡,随时酌给匾式花红",以资鼓励。如其子侄有入书院读书者,"准其肄业,额外添设正课给发膏火,以昭激劝"(《柏香书院详定章程规约》)。

书院对社会捐助的财产并非一概接受,有时会有所选择。柏香书院在接受社会捐助时,会委派斋长查明原委,"如来历不明之业产钱价,斋长查明,概不接受"(《柏香书院详定章程规约》),以此来避免书院陷入纠纷。有的地区官力民力皆有不逮,若是想要依靠社会捐助办学,难免出现摊派、逼捐的现象。光绪年间,湖南沅州知府朱其懿捐俸创建沅水校经书院。供一年经费后,其资力已然不逮,遂"质衣于黔阳典商,得数千金,以备膏火"。仍然不足,又"推诚劝导,舌敝唇焦",向所属三县士绅倡捐,但所得仅为年度支用的 1/3。不得已,他只得硬性摊派于富绅,招致告状,被巡抚以"勒捐"之罪严加申斥并调职。情急之中,朱其懿只得让继室林夫人留居郡城,"以系士民之望"(《朱其懿与沅水校经堂》,转引自衡阳市博物馆编《书院研究》),真可谓克尽心力。由此亦可见地方书院建设之艰难。

三、资产经营

书院的经费除了向官府和社会两条途径募集,有的书院本身还存在资产经营收益,在除去开支用度后略有结余,日积月累后亦为数不少,可以提取公用。这些资产除常见的田产、地产、房产、生息银等以外,还有商业化的"文化产品"。

这种商业化行为最常见的是刊印、发售图书，收取适量费用。如清光绪年间，陕西泾阳味经书院设有售书处，出售院中刊书处所印之经史、时务书籍。当时规定，"凡刻成一书，先印五十二部，一呈院长，一存书院，余即发售，不准滥送。董事先开明书若干卷，用某色纸若干张，刷工、订线各费，共需价若干。除板价不计外，以二分加息，禀院长定价，刊入书目，悬牌院门，不准加价。有亏欠者，账房赔出。如陕西、甘肃官府并各书院备文刷印，不取板资。书坊刷印者，每十部取一部"（《重修泾阳县志》）。由此可以看出，味经书院实际上经营了印书和售书两种业务，前者收"板资"，后者加息定价，皆有收入。

又如上海格致书院刊印《格致汇编》，介绍西方的科学技术知识，第一卷出版时刊有启事，对其宗旨、经营、通讯问答、馆址、售价等均有说明，其称《格致汇编》第一卷刊印出售，嗣后月出一卷，每卷纸价50文，常年观者计洋半元。其书由上海格致书院发出，分寄于各处售卖。此《汇编》之意，欲将西国格致之学广行于中华，令中土之人不无裨益"（《发行〈格致汇编〉启事》，《格致汇编》第一年第一卷）。按《格致汇编》前后发行7年，计60卷，每卷发行量为3 000册，计其所入，每卷可得钱150文，其数不小，于书院不无补助。

出版图书较多的广州学海堂，还专门订立章程，规范其对板租收入的管理。道光年间，学海堂出版《皇清经解》1 412卷，所有书板排列109架，藏于堂中文澜阁，因订《藏板章程》9条，其中有5条涉及"板租"，概言之，学海堂并不发行图书，只向书坊老板出租书板，收取租金；板租设簿登载，计入常年经费，用于修补板片、修理藏书藏板设施、购买图书等；有关这种经营活动，已经进入比较严格的制度化管理，说明类似收入已经成为书院比较经常稳定的经费来源。

总体而言，在书院的全部经费中，资产经营收益往往为数不多，但它说明书院已经具有自我造血功能，有着实现经济独立的理念和实践，并且打下了一定的发展基础。

第二节 经费运营

书院建成后,还必须设法筹措常规经费来源。书院的常规经费与营建经费不同,主要用作书院的日常开支,是一种经常性的可预见的经费支出项目。其筹集若是如同营建经费般临时向官民劝募,必无法持久。因此,有条件的书院往往为书院增置资产,通过对资产的有效运营来获取持久稳定的经济收益,形成了多样化的经费运营方式。

一、置田收租

学田是书院的四大基本规制之一,自宋代始,就成为书院赖以生存和发展的经济基础。如北宋咸平年间,潭州知州李允则"请辟水田,供春秋之释奠"(《小畜集》卷一七《潭州岳麓山书院记》)。历史上,书院多将学田租收作为日常经费的重要来源,如顺治九年(1652),操江巡抚李日芃捐资购买怀宁县生员汪之顺、潜山县生员王自锐等人的田地,"供诸生四时廪饩","月给谷每名一石"(道光《怀宁县志》卷一二)。讲堂后设仓五楹,以存贮书院租谷。当官府一时无法拿出足够数量的学田时,书院有时会通过开垦荒田的方式加以弥补。如雍正十一年(1733),广西巡抚金鉷建立秀峰书院,以开垦荒田及收购民田的方式补充书院经费,其田亩数在1 100亩以上,预计可收租谷1 400~1 500石。士绅资助书院,亦多通过捐田的方式。乾隆四年(1739),巡台御史杨二酉奏建海东书院后,诸罗县贡生施士安捐水田1 000亩,"交官充书院束脩膏火之费"(《为报贡生施士安报捐田亩请立书院事奏折》)。该田每年收获500石,定价易银250两。

随着书院在各地的普及及其建设规模的扩大,单纯依靠学田提供的收益逐渐无法满足日益膨胀的经费需求,因此书院的经费来源结构有走向多元化发展的趋势。只是由于长久以来的历史惯性,一些书院在面临经费筹集难题时,仍然选择扩大学田规模的方式弥补缺口。如广州粤秀书院,其经费原本来自学田租收。康熙六十年(1721),布政使拨给香山县属之鲍鱼沙田,岁征银 42.33 两;雍正九年(1731),拨给南海县属之坭萝沙官坦,岁征租银 45.68 两;十年,又拨给新会县中心海田,岁征租银 149.22 两。同年,广东巡抚杨永斌修复粤秀书院,奏请将惠、潮两府新垦荒田 20 项拨归粤秀书院,"将来成熟,每岁可收官租千余石""每人月给膏火之资,于前项官租内取给"(《奏报劝导人民勤务耕作及修葺粤秀书院以及教诲士子》)。此后,随着粤秀书院省会书院地位的确立,不得不在继续增置学田的同时,利用发商生息、收取店租等方式扩大经费来源。至道光二十二年(1842),其经费开支近 5 200 两,而学田租收提供的经费占比为 68.72%,仍然是其经费的主要来源。

置田收租经费运营模式之所以在历史上长期占据主导,有其产权相对稳定方面的原因。部分书院即便存在发商生息之项,亦会设法尽速将生息银转换为田产,以垂久远。如乾隆二十二年(1757),广东乐昌"邑侯乔公病笃床帏,犹惓惓于书院膏火毫无所出,乃自捐俸贰百金,交出绅士欧钟秩、白槐誉、李滋璋、白烟而谕曰:'此项尔等领出生息,俟五年,并生息银共四百余金交众,速置田产,为永远膏火之费'"(同治《乐昌县志》卷一一《昌山书院膏火记》)。然而,由于传统农业本身抗灾害能力差,收入不能稳定,与书院制度化程度加深以后,每年需要定额经费的实际需求产生矛盾。因此,许多书院在置田收租以外,往往通过其他经费运营方式扩大经费规模,提高抗风险能力。

二、出赁房产

除田产外,房产亦是书院的重要产业。书院房产除了服务于文化教育功能的讲堂、斋舍,还有可用于商业租赁的房屋、店铺,每年向租户收取租金,添充书院经费。

书院房产租赁行为由来已久,是书院经费的来源渠道之一,尤其是对于地处城市且有一定区位优势的书院而言。康熙四十八年(1709),福建巡抚张伯行在福州城内建立鳌峰书院后,即为之添置临街店屋获取租收,每年可得租银 139 两。为保证书院房产经久维持,避免被侵占的风险,许多书院设置了若干保证措施。较为常见的方式是详细记录其房产信息,或是上报有司衙门存案,或是勒碑修志公之于众,俾后世有所参照。《鳌峰书院志》即特意设置"屋租"一目,重新清理其房产信息,开列坐址、租钱及租户姓名,以备稽考,例如,"店屋壹间,坐落闽县府东铺,租钱陆千叁百文。租户李清"(《鳌峰书院志》)。其所列店屋、房屋共 17 间,每岁租金合计为 87 570 文,指定由福州府经历衙门催征。还有的书院倾向于将房产租赁给"清白"之人,避免房产被租户侵占的风险。如广州双桂书院规定,"各业铺店、房屋概不租与窝娼、开赌、卖烟、包讼、违禁者"(《双桂书院规条》),若是因"滥租"而导致铺店、房屋被占,经手之人应负责赔偿损失。

书院的房产除直接购置外,官府有时还将民间争讼的店屋产业租收拨给书院以添充经费。如乾隆八年(1743),广东南海县民冼昌文与塘兵朱胜互争铺舍,粮道将四间铺屋抵息入官,以租款拨充粤秀书院经费,岁征银 43 两有余,由南海征解。

地方绅民亦是书院商业性房产的重要捐置力量。仍以鳌峰书院为例,乾隆五十二年(1787),侯官县民人杨行先将"店屋三间呈请捐入鳌峰书院,充为膏火"。福建粮道檄发侯官县查议召租,从嘉庆元年(1796)开始,"责成地保召人承租"(《鳌峰书院志》),年纳租钱 4 000 文,由侯官县衙门负责催征,按年批解粮道库,给发师生修脯膏火。

总体来看,多数书院的房产数量较为有限,其租赁收入一般无法成为经费的主要收入来源。鳌峰书院在雍正十一年(1733)时,经费总额约 540 两,其中房店租收有 139 两,占比约为 25.74%。随着办学规模的扩大,经费主要依赖田租、生息银、公项经费筹措。嘉庆十二年(1807),其经费总额为 5 736.86 两,房店租收占比则急剧下降,仅作为书院经费的补充之项。

三、发商生息

发商生息,意即官府将一定的货币资本(即银两、制钱)交给拥有足够实力的商人(如盐商、当商、茶商)承领,按一定的利率在固定的期限收取利息,供官府各项公务之用。

发商生息之制起源于清初,至雍正年间被允许充作地方公益或公务之用。而书院即是这类"公益或公务"项目中的一个,其经费随之出现发商生息的新营运方式。如雍正十年(1732),郝玉麟修葺肇庆天章(后改名端溪)书院,奏请拨给盐政盈余 2 000 两,以此作为本金以 2 分利发商生息,"每年筹备银四百八十两,遇闰加增银四十两,由府赴运司领给书院膏火"(《端溪书院志略》)。次年,随着省会书院制度的确立,发商生息成为各省督抚在置田收租经费模式以外而普遍采取的新经费筹措办法。在一些书院,甚至出现完全依赖生息银作为其经费来源的情形。如济南泺源书院,其经费就主要来源于生息银两,在乾隆年间有本银 7 068 两,每年生息 1 550 两。地方道、府、州、县书院亦广泛推广了发商生息的经费运营模式。

为了明确官府、书院与商人间的权利与义务,有时会由官府出面,发放领状、执照等文书。如武陟河朔书院,由河北道刘体重督率河北三府官绅士民于道光十七年(1837)捐建,并捐备经费银 27 000 两,按 1 分利发商生息,遇闰加增,每年可得息银 3 240 两。其生息本银发给河北道所属彰德、卫辉、怀庆三府商号 118 座,由其取具领状 50 张,交官府备案。领状明确了商号在领取生息银后应当承担的责任与义务,即应当在每年六月二十日、十二月十日将所得利银"缴县申府,汇解道库",不得借故拖延、私自挪用。由于发商生息制度的正常运转建立在商铺盈利的基础上，当商铺无法正常盈利时，由官府委派发商生息将成为商铺的经营负担。并且官商之间的"合作"，普通商人往往处在弱势的一面，不时面临衙门中人的敲诈勒索。为维护商铺的利益，刘体重在发给各商领状的同时，还一并给予执照。执照重在预防官商交接之弊，避免"累及商人"，破坏发商生息之制的正常运转。执照约束了衙门胥役的行为，规定发给商铺的生息本银，"非奉本道行文"不得提取，禁止衙门胥役私自挪借。商铺应缴息银，只需按照规定时间如数"赴县呈缴申府，由府汇解道库"，禁止胥役借故敲诈索取额外银两。若商铺因故无法承担生息之责，应及时报明官府，予以更替。商铺在经营过程中，如遇以上情况，"许该商等赴道禀究"（《河朔书院经费章程》）。

第三节　经费支出

书院的经费开支项目繁多，有营建支出、薪资酬劳、膏火课奖，以及其他杂项开支，涉及书院的营建及日常运行等各个方面。从纵向的历史发展来看，书院的经费开支项目有细密化的趋势，是书院制度化建设水平逐渐提高的表现。

一、营建支出

书院的营建经费支出，是指与建设书院建筑相关的开销。书院营建经费并非常规性的开支项目，一般是在书院新建、迁建、改建、扩建、重建、修缮等情况下而产生的临时性支出项目，其数额一般较大，往往需要官民合力共同筹集。如道光九年（1829），醴陵渌江书院迁建西山，城乡官民或以个人名义，或以宗族名义，共创造出1 098例捐款记录，共捐得制钱

8 454.56 串。营建经费亦有显宦巨富以个人之力支持者,如光绪十一年(1885),衡州船山书院由兵部尚书彭玉麟捐银 12 000 两买地改建。

　　营建经费的支出项目,各书院之间不尽一致,一般不外乎购买房地、物料及聘请匠工等事项。购买房地是用来营建书院的讲堂、斋舍等主体建筑,如康熙四十八年(1709),福建巡抚张伯行新建鳌峰书院,购买鳌峰坊房屋 3 所 95 间,空地 3 处,共用银 3 445 两。如肇庆端溪书院(见图 8-1)在道光二十五年(1845)重修时,留下一份详细的经费清单《重修端溪书院经费录》,其经费支出大体分为木料、石工、砖瓦、铁钉、工匠、杂支、后续开支、添置什物等,记录了营建经费的主要去向,共用银约 5 000 两。

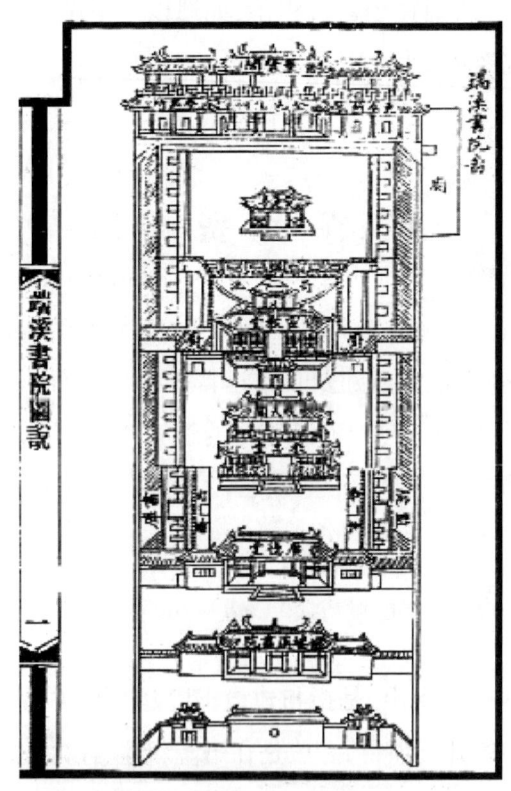

端溪书院图－赵敬襄《端溪书院志》卷首－
《中国历代书院志》第3册355页

图 8-1　端溪书院图

由于书院营建经费往往集众人之力筹措,具有公共属性,一般会有专人负责统计经费的开支细目以供官府及公众查核。有的书院还要制作经费清册,上报有司核销。

二、薪资酬劳

薪资酬劳,即书院为山长、监院、斋长、董首、职事等人员而支付的束脩、薪水、津贴等。

山长为书院掌教,在清代尊师重道的风气下,待遇一般较为优厚。书院为山长支付的薪资待遇包含多种名目,也有的通称为馆金、束脩、脩脯等,不一而足。设置多种名目者如太原晋阳书院,在乾隆年间设置脩金、节仪、供膳、水礼银、考课饭食银五种名目。其中,脩金为聘期内每年的基本劳动报酬,共400两;节仪即节庆(如端午、中秋、春节)致送之礼,共32两;供膳即伙食费,共288两,遇闰加增24两;水礼银即普通酒食礼物之谓,共4两;考课饭食银即山长主持考课活动的供应,共24两。以上合计748两。光绪年间,晋阳书院山长薪酬待遇有所调整,除束脩银有所增长外,还新增关聘银、二月间送学礼物的名目。其中关聘银即山长接受聘书时致送的礼金,共8两;二月间送学礼物即每年二月书院启馆时的开学礼,折银10.5两。总之,不同书院因各自层级、财力上的不同,付给山长的薪资待遇略有差异。一般而言,作为掌教基本酬劳的脩金(或称为束脩、脩脯等),以及满足日常生活需要的供膳(或称为薪水、薪蔬等)是多数书院皆会提供的基本待遇。其他礼节或福利性质的节仪、程仪、寿礼银等则是因时因地而设,各书院间的情况不尽一致。薪酬的发放形式多以银钱货币支付,亦有以实物加货币的形式发放者。发放时间,有的是按月发放,有的则是按四季致送,其他礼节或福利性质的待遇,则是按时节支发。

监院为处理书院日常庶务者,有的为官学教官兼任,有的是公举地方士绅,每年应付给相应薪资酬劳。其薪酬名目,有薪水、辛劳银、蔬薪银、膳资银等不同称呼,有的还有纸笔银、印仪银、油烛、杂费等其他收入。总体来看,其薪资酬劳一般比山长要低。如昆明五华书院,"监院以校官充之,自有俸,月薪蔬银六两,米一京石"(《昆明县志》卷四《五华书院》)。有鉴于监院薪酬过于微薄,部分书院设法筹集经费为之提高待遇。如道光元年(1821),肇庆知府李湆筹款 600 两发商生息,每月收取 10 两息银添补端溪书院监院薪蔬银。晚清部分书院借助改章之机,大幅提高了监院的待遇。如光绪二十三年(1897),杭州求是书院规定监院薪水每月 40 两,每年共 480 两,超过了部分书院山长的薪资待遇。发给监院的薪酬以银钱货币为主,部分书院存在发给实物的现象。发放时间一般为每月或每季发放。

斋长、堂长等职事一般从书院生徒中选取,因其本身已有膏火课奖收入,因而额外支付的薪酬一般不多,有薪水、辛资、笔酬、笔资、劳金、值月银等名目。如滦州海阳书院,每岁致送斋长薪水银 20 两。湖北孝感西湖书院不设监院,而由绅士"公同选举学校中端方通雅之儒"为斋长,以代行其责。光绪八年(1882)所订章程规定,"每年斋长劳金二十四串"(《西湖书院详定续捐书院事宜》),约相当院长收入的 1/5 还弱。

职事或职役是书院为看守建筑、服务师生而雇佣的,每年付给固定而微薄的薪酬,其名目一般为工食银、辛资等。福州鳌峰书院的职事分工细致,并且根据职责的大小而领取不同的薪酬待遇。鳌峰书院设有看守头门、二门、长班、缮写、管书、厨夫、水夫、火夫共 8 名,每名月给工食银 1.5 两,岁需银 144 两;打扫夫 1 名,每月工食银 5 钱,岁需银 6 两;书院斋夫 4 名,每名月给工食银 5 钱,岁需银 24 两。以上合计每年开支 174 两,遇闰加增。

除此以外,书院时常因公事而与衙门书吏有交涉,亦须付给相应酬劳,其名目一般为纸笔银、饭食银、笔资等。如福州鳌峰书院,每月为办理书院事务的两名道书付给纸张银、饭食银各 1.5 两;广州粤秀书院为经理书院事务的粮道吏每月付给笔资饭食银 1.5 两、纸张银 5 钱。

三、膏火课奖

书院在具有教士功能的同时,亦承担起养士的责任。唐宋以后,书院纷纷置办学田以为"恒产",就是为了消除生徒的后顾之忧而使之有"恒心",专心向学,尔后知礼义廉耻,希圣希贤。

膏火(见图8-2)本指膏油灯火。宋元以后,书院、官学等用以指发给肄业生徒的生活费用,是为养士费的通用称呼。膏火一般用于资助家境贫寒之士,因士皆寒素,故实际运作中一般是普遍散发,凡生徒皆有。有的书院因无恒产作为依托,要依靠官僚临时措置。如康熙七年(1668)林天擎巡抚湖广,在省城江汉书院"会集多士肄业,捐赀供给"(康熙《湖广武昌府志》卷二《学校志》)。为免人走政息之虞,许多书院建设者仿效前代做法,置办学田以养士,以使书院供给有常。如长沙岳麓书院,康熙二十四年(1685),巡抚丁思孔"捐置义田三百亩,以充膏火之资"(乾隆《湖南通志》卷一四三《艺文一》)。

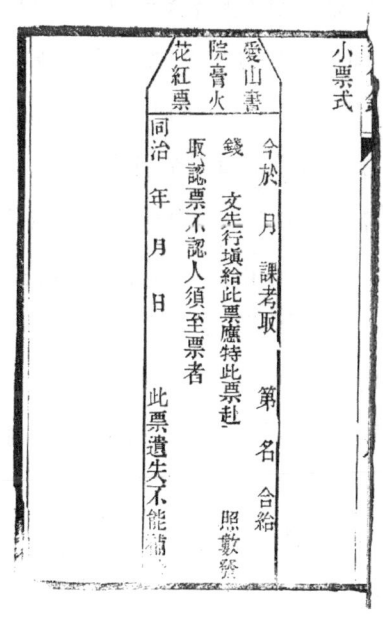

图8-2 湖州爱山书院膏火花红票

有的书院将膏火的发放对象明确为入院肄业者。如白鹿洞书院在康熙七年(1668)设有在洞肄业供给,"凡入洞肄业诸生,每月支米三斗"(《白鹿洞书院申详减租文并新规》)。不入院者一般不予发放。发放的形式,有给予银钱货币者,有给予实物者,亦存在两者皆有者。如雍正二年(1724),广西巡抚李绂为宣成书院制定条规,规定"诸生每人每月米三斗银六钱"(《清代诗文集汇编》卷二三三《穆堂别稿》)。发放的时间,一般是每月定时发放。如钟山书院,每月食米并薪水银两于每月初二日由江宁府散给。

除日常供给外,书院生徒参加每月考课,成绩优秀者还有考课奖赏。康熙七年(1668),白鹿洞书院规定每月考课会文1次。诸生课卷交给副讲先生详加评阅,成绩一等者赏银3钱,"为廪米、衣布、油灯、盐菜之资";二等者赏银2钱,"为米盐、油菜之资"(《白鹿洞书院申详减租文并新规》);又二等给米盐菜油银1.5钱;三等者免赏。如若有全年12次考课全在二等以下者,仍给米2斗,以资鼓励。全年课奖开支共144两。宣成书院考课奖赏较为特殊,书院每月3课,优取生员发给银牌一面,每面银牌价值约2.86钱。因课奖的获取与考课成绩挂钩,因此发放的过程一般较为慎重,往往是在公布成绩后择期发放。为防止胥吏上下其手,有的书院规定课奖必须由经管人员亲自发放,以杜侵蚀。

书院膏火制度在雍正朝以后发展成型,发放时往往等第有差,蕴含奖励机制。雍正十一年(1733),雍正皇帝谕令各省督抚为省会书院"豫为筹划,资其膏火"(《清朝文献通考》卷七〇《学校考八》)。各地上行下效,完善了以考课为核心的生徒等级划分体系,入院生徒除了有生员、童生上的差别,还被分为正课、附课、额外附课,或内课、外课等不同等级,膏火的发放与生徒的等级身份相关联。

实际上,对于以生徒等第来散给膏火,朝廷的态度曾有过游移。乾隆九年(1744),大学士鄂尔泰等议定,省会书院诸生"膏火不便区分厚薄,一体给予"(《粤秀书院志》),因此有的书院起初不分正副、内外,一体发给膏火。随着各地书院生徒肄业规模的持续扩大,如何利用有限的经费教养更多士子,并鼓励生徒相互竞争,清代各级书院普遍形成按照等第高低发放膏火的制度。如乾隆十七年(1752),安徽巡抚准泰规定敬敷书院设内课生24名,每人月给膏火1.8两;外课生24名,每人月给膏火6钱;附课生无定额,不给膏火。

膏火一般按月发放,如岳麓书院每月膏火由盐道衙门包封,于官课次日将之与月米委交知县以上官员由其亲到书院,会同监院按名给领,以杜克扣之弊。发给时,有的书院会以印票作为依据,如泾川书院于道光十三年(1833)规定,在生童入院初次扃课交卷时,亲领印票一张,凭票领取膏火。倘若印票丢失,"必须核实发领"(《泾川书院规条》),以免相争。

起初,书院生徒等第的划分多以岁初甄别入院考试的成绩作为依据。如鳌峰书院,每年在三、八两月汇考后,根据成绩拟定内、外、附课名册。其膏火待遇,考取第一等者(一般列为正课或内课)最多,第二等(一般为副课或外课)次之,第三等(一般为附课)不给膏火。因此,书院中的正副、内外皆有定额,唯附课不定名数。有的书院甄别时间间隔过长,如粤秀书院,"一经考入额内,直至三年而后更易"(《粤秀书院志》)。越华书院亦是三年一甄别。如此就造成书院生徒形成惰性,一经甄别后即可博得全年膏火,不再重视每月的官师考课。为此,有的书院制定了灵活的等级升降制度,依据月课成绩决定其等第及膏火待遇。在部分士子云集之地,还出现不固定内外课名额发给膏火,而是"随课予夺"者,以此来扩大养士范围,并激励生徒相互竞争。膏火亦是促使书院生徒严守规章纪律的保证。在焕文书院,正课生"斋课一次不到,扣膏火三分之一;两次不到,扣膏火三分之二"(《焕文书院条规》)。

因考课成为书院的主要教学活动,课奖制度的内容随之渐趋丰富。考课主要分为官课和师课,给予的课奖亦丰俭有差。官课的课奖一般更加丰厚,在高额课奖的刺激下,容易造成生徒偏重官课而不重师课的现象,影响教学活动的开展。如福州鳌峰书院旧例,"官课每次十两,馆课每次四两",

诸生多驰骛官课,师课"文字草率者甚多"(《鳌峰书院志》)。为纠正此种弊端,其后鳌峰书院考课无论官师,统一改为6两的课奖。课奖等级、数额的确定和发放更加制度化,考课等第的评定,一般以超、特、壹为次序,分别发给不同的课奖。如安庆敬敷书院,"超等奖赏五钱,特等三钱,或于超等前数名特加奖赏,多寡无一定"(道光《怀宁县志》卷一二《学校》)。

膏火课奖的设置除供应生徒在院肄业,有的还考虑到诸生赡养家室的需求,以使其安心学习。史籍中常有年老诸生强留书院以其膏火养家的记载,如清人赵圣传年已60余岁,仍肄业江阴南菁书院,虽目眵齿衰,书卷常常字出格外,但仍苦苦撑持,"仰课卷以求活"(《续碑传集》卷七五《赵圣传》)。赵氏现象习见,故有人指为"贪微末之膏火,甚至有头垂垂白而不肯去者"(《清朝续文献通考》卷一〇〇《学校考七》)。张之洞在《劝学篇》中亦指出,"中国书院积习,误以为救济寒士之地,往往专为膏火奖赏而来,本意既差,动辄计较锱铢,忿争攻讦,颓废无志,紊乱学规,剽袭冒名,大雅扫地矣"(《劝学篇》外篇《设学第三》)。此则极言晚清书院之弊。

四、杂项开支

书院的杂项开支是为岁修、祭祀、供馔、刷印课卷、生徒参加科举、添置什物,以及为其他活动而支付的经费,各书院情形不一,开支类目及数额互有差别。

岁修是书院建筑的维护、修理开支。古代书院多为砖木结构建筑,易受水蚀、火侵、虫蛀,若不及时修缮容易坍塌倾圮。因此,书院在一次性支付营建经费后,还须筹划长远的岁修经费,以使书院能持久办学。有的书院不设专项经费,而是"随时酌量"岁修之款。有的书院则设立专门的岁修之田,以此来支付书院建筑的修缮开销。如醴陵渌江书院,岁修经费先是从知县捐赠的学田中筹拨,道光以后由邑绅捐置3硕有奇作为岁修田,供书院建筑修缮之用。其每年所收租谷只能专款专用,倘有盈余,应积攒以添置田产,以备后日不时之需,不得擅自挪用。除设置岁修田外,亦有设置生息银添充岁修经费者。如长沙城南书院,道光六年(1826)筹措岁修银1 500余两,令绅士承领生息,不经官府,以免弊端。

祭祀是书院的基本规制之一,属于严肃而重大的活动,必须按照礼制保证一定的规格,因此祭祀经费属于书院常设的经费项目。祭品是书院祭祀的主要开支,多随祭祀对象等级的不同而对应不同的规格。如嘉庆间岳麓书院祭祀文昌帝君,其祭品有牛一、猪一、羊一(共三俎),鸡、鸭、猪肚、猪肝、鲜鱼、海参、蛏干、猪腰(共8碗)、果品,其他如笾豆等祭器。除祭品外,书院祭祀往往还需香、酒、烛、帛、爆竹等,这些在岳麓书院属于"随买听用"之项。部分书院的祠宇还设有奉祀生、礼生,亦须支应相关饭食费用。如晋阳书院,乾隆年间设佾礼生饭食银每年24两。为防止书院祭祀开支无度,部分书院还限定了开支上限,以崇简约。由于祭祀是书院的重大规制,其经费轻易不敢挪用。嘉庆年间,清政府多方筹集饷银镇压各地起义,岳麓书院的经费遭到克扣,但是"惟祭祀款项不扣"(《岳麓书院给发膏火章程》)。由此可见祭祀在书院规制中的重要性。

供馔是书院在考课、祭祀等活动中为参与者提供的饭食。书院的考课活动一般持续时间较长,且官师会集,一般要准备相应饭食。祭祀活动亦是多方聚集,有的书院亦会提供相应饭食。如还古书院,每年祭祀孔子、朱子、本邑先哲、倡建书院者,"祭毕叙宴,酒五巡、七巡,至九巡而止,圆揖而散"(《还古书院会规》)。

刷印课卷是书院考课活动的必有环节。书院每月有官师考课,每次应课者达几十人或数百人,必须提供经费以供课卷的刷印。如顺治年间,江西巡抚蔡士瑛为白鹿洞书院制定规条,从洞租中取10两为刷印纸张银。为防止刷印者借机渔利,有的书院还对课卷的成本和用纸的质量提出要求。如道光二十四年(1844),昌平州燕平书院规定,"课卷由礼房备办,每本酌定工价钱二十文,不得以粗劣纸塞责"(《燕平书院章程》)。有的书院除指定用纸外，还有格式要求。如乾隆年间，济宁任城书院用竹纸刷印红格，每页十八行，每行二十五个字。乾隆二十六年（1761），山东学政奏准，"嗣后试卷俱用白箓纸，每页十二行，行二十字"（《任城书院训约》），任城书院参照新例，亦改用白箓纸，并变更印刷格式。道光十六年（1836），杭州敷文书院孝廉月课规定，"试卷内用奏本纸，红格刷印，直行，纸页计足一文一诗一论之数，卷面朱印'敷文书院孝廉月课'字样，监院印用钤记，以杜更换"（《敷文书院增设孝廉月课章程》）。

科举是多数书院的教学重心，因省城或京城道里辽远，资助生徒应试是许多书院设置的开支项目。宜昌墨池书院在道光十四年（1834）制定章程，为书院生徒提供应试盘费。逢乡试之年，书院统计余存钱谷，折钱"以为现在肄业生科举盘费，无论正、附、又附课，按名均分"。应试期间，诸生并不在院肄业，墨池书院相应调整了膏火的发放方式，令应试诸生"俱于六月赴监院报名造册"，预发七、八两月膏火，使之添补盘费。若遇不定时举办的恩科，墨池书院亦有准备，在每次科举年结算余存钱谷时，另行存贮50石，"备恩科乡试盘费"。相比乡试，生徒应会试者为数不多，墨池书院仍然为其准备了会试盘费。只是考虑到书院财力有限，会试盘费只发给举于乡而初次应会试者。其来源与乡试盘费有所不同，是从违纪生童膏火中扣除而来，从中提出一百贯，"按赴京人数均分"。非初次应会试者，"惟念究系书院出去之人，可酌与卷资"（《墨池书院章程》）。

生徒中式后，有的书院还有中式花红。如岳麓、城南两书院，道光十一年（1831），湖南布政使吴荣光发银一千两交长沙府，以每月一分生息。每科八月前计算所得息银，按照岳麓、城南两书院肄业生监中式名数，"一体由府均匀给领，副榜减半"（《岳麓书院给发膏火章程》）。有的书院还为中式诸生提供帮刻朱卷、填亲供等经费。如江陵辅文书院，光绪十一年（1885）规定："文乡试中式者，帮刻朱卷、填亲供等费银三十两。文会试中式者，帮刻朱卷费银六十两。翻译会试中式者，虽无刻卷等费，亦帮银三十两。"若生徒中式后选为庶常，或大挑即用、二等，亦有帮银或借给盘费。这类资助带有一定投资性质,当生徒得到京官、外任时,即应"酌量差缺之肥瘠,捐助书院经费"(《辅文书院章程》)。

书院往往人数较多,师生、人役日常活动于此,必须添置什物满足正常运转。什物的添置多在书院营建时完成,天长日久,难免有所损耗、缺失。且随着肄业人数的增多,或规制的更张,亦须酌情添置新的什物。因此,许多书院会留存相应经费,作为添置什物之用。如宜昌墨池书院,每年余存钱米,"积存以为岁修及运谷上仓、添补器具之用"(《墨池书院章程》)。什物的类型非常丰富,一般是因时因事添置。如道光间端溪书院重修后,添置了公案桌、椅、炕床、炕桌、炕席各1张,长睡椅、行睡椅各2张,骈椅、茶机各12张,搭机1副,以家具类器物居多。

书院遇有重要活动,亦须支应各项经费。如广州粤秀书院每年年初山长启馆,要举办隆重仪式,需铺设地毯、张贴对联、悬挂灯笼,将书院布置一新,还要准备酒席、茶点等饮食,请乐工吹打、礼生演礼,总计开销达16.52两。但并非所有书院都有粤秀书院这般财力,部分书院的启馆或开课仪式既显隆重,亦提倡节俭。如光绪十八年(1892),南安诗山书院规定,每年山长的开课仪式,"应备酒筵一席及三牲、香烛、酒果、鞭炮、鼓吹、赞礼等项,定费六千文,不得过用,以示樽节"(《诗山书院章程》)。

第四节 经费监管

书院经费筹集不易,用度繁多。为使书院经费能得到合理使用,不至浪费、贪墨甚至化为乌有,就需要一套完善的经费监管制度加以预防和惩治。经过长期的发展,至清代书院已形成一套涉及官府与社会各层面的差异性监管措施。高等级的省会书院,其经费被纳入奏销体制监管,由督抚每年造册,由户部、礼部、工部等核销,而道府州县书院则由司道、府州县衙门核查。随着书院中民力地位的提升,地方绅民参与书院经费的监管借助董事或首事制度而成为一种普遍现象，增添了一定的民主因素。兹以清代为例，对书院经费的监管制度作一介绍。

一、督抚奏销

清代书院能够获取帑金、公项银等财政性经费的支持，则必须接受奏销体制监管。各省督抚每年要将省会书院的拨款、租息收入及动支的膏火、束脩等经费细数造册送户部核销。从此，省会书院建设不再只是地方的公共事务。在奏销体制之下，省会书院经费在国家财政经制中有了专门之项，成为"岁出之款"的一部分，其经费更有保障。书院经费在被纳入内销经费后，额度在奏定立案之后基本固定，有的还写明具体用途，每年动支、报销时均不得有违成案。在奏销体制下，礼部、工部、户部各有分工，权责界限明确，并且各有规则、部例。奏销时一旦不符合其中一个部门的规定，该省就将面临被驳回重报的难题。由此也可以看出省会书院经费被纳入奏销制度后，所面临的管理制度之严格。

督抚在奏销时，需提供经费的清册。清代规定，地方公共工程在奏销时，督抚一般须制作详尽的经费开支清册，载明出入细数，以便该部核查。因此，清册的制作往往成为奏销程序能否顺利推进的关键环节。历史上各省会书院营建经费的奏销，以陕西关中书院最为波折。单单由于奏销清册不符工部要求的原因，可以统计到的就有5次遭驳回，足见被纳入奏销制度的书院经费核查之严格。

作为省会书院营建工程的主要审计部门，工部遗留下为数不少的奏销档案，从中可以总结出符合工部部例的奏销清册应当包含哪些关键信息。一般而言，奏销清册大致需要记载四方面的内容。一是营建建筑的信息，包括于何处营建何种建筑、营建了几处、何种工艺做法及建筑规格。二是所用工料信息，包括所购置的工料与旧存工料的名称、数目、规格、所用之处及各项价值。三是匠工信息，包括匠工的工作量及付给的酬劳。

四是经费的核算,包括各项经费的细目及其总数,细目之和要与总数相符合。当奏销清册不符部例时,即会遭到驳回。

总之,奏销清册必须符合各部严格的部例,且要符合事先奏定的数额,以便严格监管经费的使用,但这又与各省书院要根据实际情况灵活调整开支用度来办学的要求产生矛盾。因此,各省纷纷通过外销的方式避开奏销体制的束缚。这虽然为各省灵活使用办学经费提供了一定空间,而站在朝廷角度,则是奏销制度在后来逐渐失去实质监管意义的体现。

二、司道、府州县核查管理

清代除地方督抚外,司道、府州县衙门亦对不同层级、不同类型书院的经费负有核查、监管之责。

"司"即布政使司、按察使司,分别简称藩司、臬司。清初沿袭明代的旧制,各省以按察副使、佥事提督学政,此类提学官即隶属按察使司。然而,提学官一方面受到"不许别创书院"政策的限制,另一方面其职掌一般不涉及钱粮之事,因此,对于书院经费的监管,由布政使司负责更为合适。然而,在清初书院未被纳入国家教育体制且书院数量众多的情况下,布政司着实难当此任。从雍正朝开始,布政司对书院经费管理的参与行为逐渐增多。雍正十一年(1733),雍正皇帝颁发建立省会书院上谕,御赐帑金1 000两,并准许各省动用存公银补充书院经费,各省布政司皆承担起对书院经费的监管、筹集、运营等责任。如湖北布政使钟保在为省会江汉书院筹集经费时,"细加筹划,议于恩赐帑金一千两外,再动公项银三千两,共四千两,一并分发当铺加二起息,每年可得利银九百六十两,以资书院一切费用,绰乎有余"(《为建立书院育乐人才而振文风事》)。对于书院经费的收入及开支,布政司有责任加以核查,以便制定相应预算。地方道府州县书院经费,若上报藩司立案,亦须每年将经费细数造册,报藩司核销。

"道"即专务道、守巡道。道级官员参与书院经费的监管稍显滞后。雍正十一年(1733)建设省会书院谕旨颁布后,因省会书院经费多添设发商生息款项,须交由粮道或盐道发商领运,道级官员实际已参与到书院经费的监管环节。乾隆九年(1744),经部议,驻省道员的稽察之责加大,书院事务由道员专司董理才成为定制。各省道员核查、管理书院经费的情形多有不同,有的省份委之专务道,有的则委之守巡道。如鳌峰、贵山、粤秀等书院为粮道衙门,兰山书院为驿传道,豫章书院为盐道,晋阳书院为冀宁道,泺源书院为济东道。道一般掌管书院经费出入,如乾隆间,晋阳书院每年将所拨耗羡与生息银"一并由冀宁道咨领给发,年底造册,移司详院,咨部覆销"(《晋政辑要》)。当书院经费不足时,道员(尤其是专务道)多负责经费的筹集。如乾隆五十年(1785),江西盐道张中煜,每年拨匣费银500两作为豫章书院经费。

道员处理省会书院庶务多难以专权,遇山长聘任、监院委任、生徒考验、经费出入、置办器具等庶务,须由其主持并申报院司处理。在道署以外,仍有其他衙门协同负责部分院务。如粤秀书院,是由监院官于每月初旬汇集上月"应给膏火奖赏"等信息,列折报给督抚、藩司、粮道及广粮通判,通判统计"现月院长、监院蔬薪、院中书役工食以迄一切杂款"(《粤秀书院志》),具文赴布政使处请领经费给发。后来随着道级书院的发展与成熟,由道员主政书院才成为可能。

府州县对书院经费的核查、管理之责,在《清会典》中有明确规定。《清会典》卷三三记载:"凡书院、义学,令地方官稽察焉。""其余各省府州县书院,或绅士出资创立,或地方官拨公经理,俱申报该管官查核"府州县衙门对书院经费的监管责任,多体现在对其所辖的相应层级的书院之中。如四川南夔州府城莲峰书院,由知府徐良创建于乾隆初年,招府属各县生童肄业。乾隆三十六年(1771),知府李复发为书院置办井灶、官房、田地等产业,每年收取租息881.12千文,"实贮府库支销"(《莲峰书院章程碑记》)。醴陵县属渌江书院有县令捐置学田,原归首士经管。乾隆三十二年(1767)，当地清查书院规制，"究恐侵渔敝混"(《渌江书院志》)，将部分学田管理权收归官府，统归官学教官经理，年终造册报销。除官学教官外，醴陵县衙礼科(即礼房)亦掌管部分学田。县令一般对学田的管理有较大决定权，有时甚至可以改动学田的用途。如乾隆三十一年(1766)，醴陵知县赵兴恺将一部分学田收入移拨相礼生彭天成等人，由其自行收租。但官府随意改动书院学田所属和用途的行为较为少见，往往引起地方的不满，因此到后来，社会要求参与书院经费监管以限制官府独权的情形逐渐增多。

三、社会监管

书院的良性发展需要官府的支持，更需要地方绅民的参与。清制，对于地方绅民自建之书院，可参照倡立义田、义学之例，"许具呈本州县，详报上司立案，仍听本人身自经管"(《高宗纯皇帝实录(一)》卷五)。而对于官办书院，则一般由官府主导其各项事务。因府州县地方官任期有限，具有较大的流动性，地方书院常年的维护和运转实际上更加依赖地方士绅的助力。随着"康乾盛世"的终结，地方政府往往面临经费紧张的困局，这一时期的书院建设已难以由官府完全主导。随着书院中社会力量支持程度的加深，地方绅民参与书院经费的监管借助董事或首事制度而成为一种普遍现象。

以醴陵县渌江书院为例，乾隆到咸丰间，渌江书院共有9次田产捐赠活动，有士绅参加的就有7次之多。其中，乾隆朝渌江书院的田产捐赠主要是依靠知县，而嘉庆朝以后，则是地方士绅占据主要。随着官民在书院经费捐赠环节中力量消长的变化，士绅对参与学田经营管理的要求逐渐强烈。在乾隆、嘉庆年间，醴陵地方绅民先后为书院捐置了大量田产，以供书院常年经费开支之用。

这些学田的经营管理权被掌握在县学和县衙礼科手中，地方士绅参与学田经营管理的情况极少,在乾嘉时期仅有一例。这一时期的书院经费管理比较混乱,由于邑绅续捐之田越来越多,却无专人经营管理,从而造成诸多弊端。有鉴于此,地方士绅向县令提出了公举首事来参与学田经营管理的要求。道光十年(1830),邑绅李家谞向县令彭邦时上禀,请求变更经管方式,得到县令准许。在县令与士绅的共同商议下,新的规章制度随之出台,学田由地方公举首事负责经管。咸丰年间,首事的权责被写入书院条规,涉及学田收租、折价易银、管理佃户、看护田产、管理支出等事务,可以说地方士绅已经全面参与了学田的经营管理。

嘉道以降,由地方公推首士、绅董来监管书院经费的现象渐多。山西蒲州府首阳书院在道光十三年(1833)由知县莫兆文捐廉重建,规定由地方公举管事人经营管理书院事务。莫兆文捐集1 000两银发商生息,每岁春秋二季支发生息银,"应听管事之人自向当行领取,毋庸官吏经手,以杜侵蚀"。当然,官府并非完全退出书院的监管环节,在书院管事人发生更替时,"即着上下手俱赴县礼房结报,以便稽查"(《复设首阳书院条规并叙》)。

书院经费的监管方式,一般是由相关人员造具经费出入清册,交官府及绅董稽查。如昌平州燕平书院,其旧存房地租收归董事经理,年终时应造具经费清册,"送州盖印,一存州署,一交董事,永远备查"(《燕平书院章程》)。亦有造具3份清册交三方会查者,如海南文昌至公书院(后改名蔚文书院),有鉴于原先官征佃租带来的弊端,在乾隆五十年(1785)改由地方绅士选取"身家殷实者承充佃长催管佃户",接管书院学田租佃事宜,并制定《会议清查书院田租条款》,详细规定了清查监管书院经费之法,"清查之法,须设簿,一样三本,一交学师处存案,一交首事登记,一交该年绅士轮流稽查"(《会议催收清查书院田租条款》)。其经费册簿分别送交官学教官、书院首事、轮值绅士三方稽查,略存制衡之意。

监管稽查书院经费的时间,一般是在年终散学之际,此时全年收支用度大概确定,且有值年绅董轮换,理应核算全年经费。如益阳箴言书院,咸丰十年(1860)规定,"岁终则揭本岁所用,以示于外,而副著之,以为籍焉"(《箴言书院岁用》)。除年终外,部分地区农田收获有春、秋两季,有些书院会在此时开展清查活动。如文昌至公书院,在"春秋两丁并祀文昌帝君日期"召集绅士,将学田学租征收、支销、存剩,"逐一开具四柱清单"供查,其监管人员除相关绅董外,还以张贴公告的方式"当众清结"(《会议催收清查书院田租条款》),供公众监督。前述燕平书院亦有此例。燕平书院在道光二十年(1840)获西沙屯药王庙御赐官地,收租为修脯膏火之资,每年除扣纳民粮外,实收大钱410千文有余。此项经费由昌平州经管,"每年将收支及实存钱数开列清单,张贴书院,仍于年终造册呈道署备查"(《燕平书院章程》)。

复习思考题

1. 试述书院经费制度的发展演变趋势。
2. 试述书院经费的筹措渠道。
3. 试述书院经费的运营方式。
4. 试述书院经费的支出项目。
5. 试述书院经费的监管制度。

延伸阅读

1. 李琳琦:《徽商与清代汉口紫阳书院——清代商人书院的个案研究》,《清史研究》2002年第2期。

2. 喻本伐:《学田制:中国古代办学经费的恒定渠道》,《教育与经济》2006年第4期。

3. 崔来廷:《清代书院的社会经济视角》,《中国社会经济史研究》2010年第2期。

4. 陈月圆、龙登高:《清代书院的财产属性及其市场化经营》,《浙江学刊》2020年第3期。

5. 宗尧、邓洪波:《教养分离:晚清学校"膏火"制度革废的历史考察》,《现代大学教育》2021年第6期。

6. 张劲松:《教养相资:书院经费研究》,深圳:海天出版社,2021。

第九章　书院祭祀制度

[**本章导读**]

《学记》云:"大学始教,皮弁、祭菜,示敬道也。"自古以来,祭祀之礼就用以服务学校教育事业。师生通过参与祭祀活动,身临其境感受礼仪氛围,在"尊前贤"的过程中达到"励后学"的目的。北宋时期,祭祀就与讲学、藏书并列为书院的三大事业,受到世人重视。有的书院甚至因祠而设学,故有学者称书院为"祠学",即是强调书院与祭祀之间的紧密联系。经过长期的发展,书院祭祀成为区别于官学祭祀的特殊祭祀类型,成为书院发挥教育功能、文化功能的重要形式。

第一节　书院祭祀历史概况

书院自唐代诞生以来,就有个别书院存在祭祀行为,如江西罗山书院、湖南邺侯书院。至北宋,书院仿照官学制度,发展其祭祀事业,祭祀方得以与讲学、藏书、学田并列为书院四大基本规制。许多著名的书院都有常规性的祭祀活动,如咸平二年(999)潭州知州李允则兴复岳麓书院,"塑先师十哲之象,画七十二贤"(《玉海》卷一六七《宫室》),将孔子及其弟子奉为祭祀对象;又"请辟水田,供春秋之释奠"(《小畜集》卷一七《潭州岳麓书院记》),书院祭祀有了水田租收作为经费保障。总体而言,北宋书院祭祀仿照官学的色彩较浓,祭祀对象锁定在先师先贤,近乎官学制度的翻版，并无书院自己的特点与特色。

从南宋开始，书院祭祀走上了独立发展的道路，其表征有三。其一，由于理学家是南宋书院建设运动的重要推动力量，书院祭祀得以与学术事业及地方文化发展相结合，成为理学家塑造书院教育模式的一种标志，以此来区别于官学教育。其二，书院祭祀对象变得日渐丰富，不再照搬官学。院中的学术大师、有名的山长、关心书院建设的乡贤与地方官，日渐进驻书院的祠堂。其三，书院普遍设立专门的祭祀建筑或空间，在规定的时间举行祭祀典礼。有的书院还制定祭祀条规，专设人员掌管祭祀事务，书院祭祀的制度化水平更高。如建康府明道书院于院舍中央设河南伯程纯公之祠，塑有程颢像；又有燕居堂，奉祀先圣孔子及十四贤神位，与祠堂并为祭祀之所。书院设有掌祠、掌仪一职，掌管祭祀。在书院的纲领性文件《明道书院规程》中，首条即与祭祀有关，"春秋释菜，朔望谒祠，礼仪皆仿白鹿书院"（景定《建康志》卷二九《儒学志二》）。这也表明书院的主要祭祀活动有春、秋举行的释菜礼，以及每月朔、望举行的谒祠礼。祭祀仪节仿照理学重镇白鹿洞书院，显示出书院的理学化倾向。

元朝统治者在统一中国的过程中，实行书院保护政策。至元三十一年（1294）的告谕，要求官员、军队遵照忽必烈谕旨，保护"诸路府州县邑庙学书院"（《元史》卷七六《祭祀志五》）。赡学、贡士田地产业，"外人毋得侵夺"（《通制条格存》卷五《学令》），其钱粮供春秋二丁朔望祭祀及师生廪膳。元成宗时，重申对诸路府州县邑庙学书院的保护政策，"自是天下郡邑庙学，无不完葺，释奠悉如旧仪"（《元史》卷七六《祭祀志五》）。在政策的扶持下，一方面，书院祭祀成为通行之制。元人唐肃评价道，"凡天下名书院者，有祠以祠先贤，有教以教后学，国朝制也"（《丹崖集》卷五《皇冈书院无垢先生祠堂记》）。另一方面，包括宋遗民在内的地方书院建设者以继承、弘扬理学道脉为己任，纷纷崇祀理学人物。随着理学被继续确立为官方统治思想，朱熹成为元代书院最普遍的祭祀对象。

明代书院的大发展是王阳明、湛若水等学术大师及其门人弟子大力推动的结果,书院祭祀受到各学派学者的重视。如湛若水为陈献章(号白沙)弟子,据说他"平生足迹所至,必建书院以祀白沙"(《明儒学案》卷三七《甘泉学案一》)。王阳明去世后,门人在杭州建天真书院(一名天真精舍)祭祀之,置田以供春秋祭祀。在祭祀结束后又接连举行大型讲会活动,使书院成为团结王门弟子、举行学术交流的中心。由于书院总体上不在明代国家教育体制之内,且其讲学议政之风多为当政者所忌,因此时常面临禁毁之虞。此时,书院的祭祀功能成为地方书院建设者保全书院、对抗强权的工具。如天真书院在万历八年(1580)被张居正禁毁,王门弟子随即携手以勋贤祠名义复建,继续崇祀阳明,传承其学。

至清代,书院的祭祀功能成为书院建设者争取官方支持的重要凭借,统治者亦借此展示其"崇儒重道"的文教政策。对清朝统治者而言,认可书院祭祀的正当性,支持地方书院恢复祭祀功能,有利于争取人心,稳固统治。顺治元年(1644),山东巡抚方大猷疏请延续明朝旧制,以孔子六十五代孙孔允植袭封衍圣公,衍圣公治下的尼山、洙泗、圣泽诸书院学录、博士,仍照旧留用、补授,掌管奉祀等事。顺治十四年(1657),在清廷用兵西南之际,顺治皇帝应偏沅巡抚袁廓宇之请,恢复衡州石鼓书院,祭祀诸葛亮、韩愈、朱熹等先贤,以宣扬忠孝之义。康熙年间,利用给周敦颐、张载、二程、邵雍、朱熹祠堂颁发御书匾额的名义,白鹿洞、岳麓、紫阳书院相继获赐"学达性天"匾额(见图 9-1)。此后,清代皇帝为地方书院御赐匾额的行为愈来愈多,并且颁发的范围不再局限于祭祀先儒的专祠,地方讲学授徒式的书院也一并表彰,成为朝廷支持书院发展的一种措施。而对于所祀违制且名不副实的书院,统治者则会加以干预乃至严加议处。雍正元年(1723),针对地方官员争相建立生祠性质书院的风气,雍正皇帝下令禁止,或将其改为义学,"延师授徒,以广文教"(光绪《广州府志》卷一《训典一》)。以整顿祭祀为契机,清廷颁布了首条专门整顿地方书院建设的法令,成为雍正朝书院政策开始转向的先声。

图 9-1 岳麓书院"学达性天"匾额

此外,明清以来,随着诸如名宦、乡贤祠之类的地方性祭祀制度的推行,部分书院承担起类似的功能,祭祀与书院无关的地方公共人物的现象逐渐增多,使书院呈现出一定的公祠属性。这种书院公祠化现象,既有来自书院与地方文化间紧密联系、共同发展的长久历史渊源的影响,亦是书院官学化程度加深后,公共属性一并提升的结果。

第二节 书院祭祀的对象

历史上,由于书院祭祀多不在官方祀典之列,缺乏统一而明确的规范,因此各书院的祭祀情形多种多样。但书院祭祀在发展过程中仍会受到多种因素的影响,在实践中又能表现出许多相似性,进而走向制度化。这些影响因素包括官学的祭祀制度、儒学的相关理论、民间的风俗习惯等,书院据此来确定祭祀的对象,以及祭祀时间、参与人员与相关仪节。

《论语》云:"非其鬼而祭之,谄也。"就是在强调祭祀对象与祭祀者之间应有合乎情理的联系。对书院而言,祭祀对象一般应与本书院、本学派或本地区有直接或间接的关联,无关者一般不得享祭。元人唐肃曾总结道,"然先贤之得祠者,或以乡于斯也,或以仕于斯也,或以隐学于斯也,或以阐教于斯也。乡于斯者,非有德弗祠;仕于斯者,非有功弗祠;隐学于斯者,非道成于己弗祠;阐教于斯者,非化及于人弗祠"(《丹崖集》卷五《皇冈书院无垢先生祠堂记》)。即是强调书院所祀者,应当是乡于斯、仕于斯、隐学于斯、阐教于斯者,并且应当在道德、事功、明道、行道等方面有突出成就,具有模范意义,否则不应列入崇祀之列。

随着历史的发展,书院的祭祀对象愈来愈丰富,本学派的先圣先贤,有功书院的师长、地方官,支持书院发展的家族之祖先,甚至民间信仰中的神祇皆可进驻书院享祭。受书院公祠化趋势的影响,部分书院承担起祭祀名宦乡贤的责任。此外,书院中对执掌文运的星宿神祇的祭祀日益普遍,是书院科举化程度加深的体现。

一、先圣先贤

儒家思想是古代中国的统治思想,而书院是传播儒家文化的基地,至圣先师孔子及其弟子、后世儒家学者因此得到书院的广泛祭祀。祭祀先圣先贤是书院尊儒崇道的反映,亦反映出书院的学术风尚和追求。尤其是儒学在唐宋以后被细分为不同的流派之后,书院祭祀对象的择取更显重要。

例如岳麓书院始建于北宋,具有深厚的历史渊源。咸平年间,潭州太守李允则扩建岳麓书院,设置"礼殿"(又"孔子堂"),并"塑先师十哲之像,画七十二贤",完善了书院的祭祀功能。明清以后,岳麓书院特建文庙(大成殿)(见图9-2)、崇圣祠,又建濂溪祠、四箴亭、朱张祠(崇道祠)等,分别祭祀孔子及其弟子、孔子先祖、周敦颐、二程、朱熹、张栻,意在彰显朱张承续道统的身份。

又如登封嵩阳书院在宋朝为四大书院之一,清康熙十三年(1674),知县叶封在书院建诸贤祠,祭祀二程、司马光、杨时、朱熹等。十六年,理学家耿介认为"书院宜重道统"(《创建嵩阳书院专祀程朱子碑记》),另建先贤祠,专祀二程、朱熹三贤。祭祀先圣先贤的作用,在于提醒书院诸生要分辨道脉,严守程朱之学。阳明学派在清初"尊朱"的总体氛围下,仍未断绝其书院建设活动。如康熙六年(1667),醴陵知县张尊贤建文成书院,"建庭宇三楹,寮舍三楹",设王守仁之位,"尸而祝之","凡有志进取,成人小子,皆得居此而肄业"(《文成书院碑记》)。

图 9-2　岳麓书院大成殿

部分理学官僚出于门户之见,有时会设法罢黜其他学派学者的祭祀。如雍正年间,贵州巡抚何世璂、祖秉圭因新建龙神祠之需,将当地阳明书院改作祠宇。后任巡抚沈廷正"考之记载,访之舆论",认为应当另建龙神祠,恢复书院专祀阳明的旧制。沈廷正奏请雍正皇帝后,雍正皇帝批复,"是当妥协之至,前任所办大错了。观此料理,内中必有私意存焉。何世(基)[璂]乃留心理学之大儒,伊等皆为主门户,互相是非,此举必有心为者"(《奏请将龙神祠由阳明书院迁移至他处建造祠宇以表王守仁牖民讲学之功事》)。在如何对待书院的问题上,雍正皇帝最提防的就是书院讲学所代表的高远空疏学风,以及程朱、陆王"互相是非"的现象死灰复燃。对于地方书院应祀何人的问题,雍正皇帝并不主张过多干预,而是采取"但顺地方舆情料理为是"的策略。

乾嘉年间汉学兴起以后,在新学术思想的指引之下,遵奉汉学的书院通过崇祀不同的学者,以与理学学派分庭抗礼。如汉学大本营诂经精舍建立以后,祭祀汉儒许慎和郑玄,以显示其尊经崇汉的宗旨。光绪八年(1882),江苏学政黄体芳在江阴建南菁书院,同时奉祀郑玄、朱熹。湖南校经书院亦有类似规制,书院除奉祀孔子外,还祭祀汉儒许慎、郑玄,宋儒周敦颐、二程、张载、朱熹,以示其调和汉宋的思想主张。

二、书院师长

书院为传道之所,有功于书院,即有功于名教,因此,奉祀有功于书院的人也就是"崇教"之举。崇教的目的既在于提醒官于斯、宦于斯、教于斯的后来之人,不忘前人办学之功、兴教之劳,从而感奋相继,坚持努力,使书院不辍不衰,弦歌相续;也在于使生徒记住兴办书院之不易,教育他们珍惜学习机会,掌握"传道济民"的本领,以不负书院功臣们望其成才之盛心。

书院祭祀德行兼备且教学卓有成效的师长,是其"崇教"精神的反映。书院祭祀师长的传统由来已久,可谓是伴随着书院的讲学功能而共同发展的,"书院之有所祀,则因讲学而祀其先师也;或又因某先生尝主讲于此,没而祀焉,以志不忘也"(雍正《河南通志》卷七九《艺文八》)。为崇祀其师长,有的书院设立专祠,有的祔祀于其他先贤,用以缅怀生徒的怀念之情。

例如清代福州鳌峰书院,设有名师祠,专祀历任掌教。端溪书院建有景贤阁,阁下为祭祀前任院长的全谢山祠。长沙岳麓书院在清代设有罗典专祠、欧阳厚均专祠,祭祀书院最为突出的两位院长。罗典(1719—1808),字徽五,号慎斋,湘潭人。乾隆十六年(1751)进士,历任江南道监察御史,吏、工二科掌印给事中,鸿胪寺少卿等职。乾隆四十七年(1782)起,罗典任岳麓书院山长27年(1782—1808),因在培养学生、建设书院方面多有成就,故先后被湖南巡抚题奏4次,经吏部纪录8次。嘉庆十三年(1808),罗典90岁,无疾而终。其立教务令学者陶咏其天趣、坚定其德性,而明习于时务,训诲不倦,造士育才,门下士发名成业者数百人,门墙之盛为从来所未有。为纪念罗典,岳麓书院建罗典专祠,以宋以来主教岳麓的欧阳守道、陈论、车万育、李天柱、欧阳正焕、王文清、旷敏本、李文炤、袁名曜等衬祀。欧阳厚均(1766—1846),字福田,号坦斋,湖南安仁人。乾隆五十四年(1789)负笈岳麓,师从罗典3年。嘉庆四年(1799)由内阁中书成进士,后官至户部主事,浙江道监察御史。年逾四十,欧阳厚均以母老告归。自嘉庆二十三年(1818)湖南巡抚聘其为岳麓山长起,至道光二十四年(1844)止,掌教书院共27年,弟子著录者达3 000余人,是清代岳麓书院最著名的山长之一。因其"训诲不倦""著有成效",他前后获准谕旨议叙4次,礼部记录8次。皇帝如此恩泽,朝廷这般表彰,实属罕见,"士林荣之",欧阳山长也因此而称名于天下,其专祠建于同治五年(1866)。

若书院生徒的德行为人称道,亦有机会崇祀书院。岳麓书院的船山祠(见图9-3),供祀着明崇祯年间的学生王夫之。王夫之的民族气节和学术成就是高尚和卓越的,将他树为榜样,使诸生见贤思齐,更能达到教育的目的。圣人、先贤、历史上的诤臣毕竟离生徒远些,而同是生徒的王夫之就会使生徒们感到亲近些,他们自然在祭祀之中以之为准绳来要求、磨砺自己。

图9-3 岳麓书院船山祠

这种以同类来教育同类的祭祀,称为励志型祭祀,即将诸生中的杰出者推作榜样,使其余的人自我磨砺,以求进取。

三、名宦乡贤

所谓名宦,是指"仕于其地而有政绩惠泽及于民者",而乡贤,是指"生于其地而有德业学行传于世者"(嘉靖《蠡县志》卷二《建置志二》)。总体而言,书院与隶属官方典制的名宦乡贤祠有一定区别,其所祀之名宦乡贤,更多的是为书院做过实际贡献者。

例如,对于为书院捐资置田者,部分书院建有专祠崇祀,以作报答。清代祁门东山书院在咸丰初年重修,构崇报祠一间,祭祀为书院捐输银两之官绅。其中,捐银1 000两以上者,其木主送入正中左座供奉;捐银500两以上者,置于右座供奉;200两以上者,东西座供奉。以后有续捐者,仿照此规定置入木主供祀。宁冈龙江书院设有报功、崇义两祠,报功祠所祀者,为"实心培养、嘉惠士林者",崇义祠所祀者,为"捐田陆弎以上者"(《龙江书院章程》)。桂阳龙潭书院,其左建有陈、颜二公祠,用以祭祀捐建书院的邑人兵部侍郎陈士杰、选用知府颜锡蕃;其右建有崇文祠,"以祀捐赀襄建书院及董事之劳勩者"(《龙潭书院章程》)。此后如有续捐者,均可附祀于此。

对有功于书院的地方官,部分书院会修建专祠以志不忘,亦作为后任官员之榜样,为书院争取有利的政策环境。如岳麓书院在明代嘉靖五年(1526)时即建有六君子堂,供祀宋代潭州知府朱洞、知府李允则、安抚刘珙、山长周式,明代长沙府通判陈钢、同知杨茂元六人。其后凡有功于书院者,都供祀于此。清嘉庆元年(1796),建李中丞祠居屈子祠之右,祭祀书院并有功于湖广分闱的巡抚李发甲。嵩阳书院建有崇儒祠,祭祀曾加意书院的河南地方官员,如河南巡抚王日藻、阎兴邦,提学吴子云、林尧英,知县张埙、王又旦等。

部分书院出于教化生徒、转移民风的考虑,会崇祀与书院无关的名宦乡贤。如岳麓书院的道乡祠、三闾大夫祠、贾太傅祠等都可归入这一类型。这些人都是历史上的忠介耿直之臣,又均遭贬谪,然则其精神风范后世诸生,是进行典型模范教育的鲜活材料。如乾隆年间赵申乔重修道乡台并作《重修道乡台并建祠堂记》,在记中他曾不无感慨地说:"嗟乎,先生(指邹浩)之没已数百年,而眺其台如见先生焉,拜其祠如见先生焉,彼章惇、蔡京、温益辈虽得志乱朝,而至今齿其姓名,牧竖犹为唾骂。则先生可无憾,而后之为惇为京为益辈,嫉正若仇、误国流殃者,不亦当瞿然悔悟,以免为山僧之所窃笑哉!"这样做既有正面教育,又从反面规训,教育效果不言自知。

四、家族祖先

清代县级以下广泛分布的家族、乡村书院,多是集一家一姓或众姓之力修建而成。书院建成后,有时会兼具宗祠、家祠的功能,在其中祭祀家族祖先。

如广州双桂书院是清代广东各地林氏家族联宗合族在广州创办的一所宗祠书院,既举行春秋二祭,又教学本姓子孙,并方便本书院各房子弟来广州应试科考,达到既联宗族,兼联师儒,一举两善的目的。书院祠宇有左右两龛,"崇升各房主位"。因林姓族人众多,未来左右两龛主位若坐满,"则请分祀东斋"。广州庐江书院又名何家祠,是广东省何氏宗人出资合建的宗族书院,祭祀何氏先祖。道光十九年(1839)、同治二年(1863)、光绪十七年(1891),书院三度重修。广东各地同姓加入者合计共199房,各"房份"在书院中的权利与义务大致平等。书院的功能主要是主持春秋祭祀,并鼓励和帮助同姓子弟参加科举考试。其他如吉水文明书院是由坊人共建而成,在其中"祀坊中九姓先达"(光绪《吉水县志》卷二二)。安福兴文书院,"尊奉各姓理学、忠节、名臣、乡贤,名载郡邑志乘者",后栋中龛立一总主,"崇祀兴文书院各团列列先达老先生主位"(光绪《兴文书院志》)。

大型宗族所建之书院往往所奉列祖牌位众多,且世系久远,牌位次序有时难以精确。但一般都会要求"悉照世代先后,生年月日、长幼分列高下左右",不得随意更张。入祀者占据神位、禄位享受香火,所属各房应分担香灯、祭品的费用。如广州苏氏所建武功书院,"凡入正座者助香资二十两,入后楼者助香资十两。春秋两祭颁胙,按位一律均派"(《武功书院规条》)。

五、星宿神祇

明清时期,随着书院科举化程度的加深,"掌人间禄秩,司科甲权衡"(光绪《岳池县志》卷一八《补修凤山书院文昌阁碑记》)的星宿神祇成为各地书院普遍的祭祀对象。此类祭祀的世俗功利色彩更加浓重,多是为了祈求神祇能够庇佑书院诸生文思泉涌,科举连捷,顺利踏上仕途,其祭祀对象多为文昌帝君、魁星(或奎星),书院中相应有文昌阁、魁星楼、奎光阁等建筑。

书院祭祀文昌帝君的现象在南宋时期才偶见记录,白鹿洞书院即建有文昌宫,但这一举措并未像明清时期尤其是清末那样普及。清代文昌祀典之所以通行各处,除民间士子对"科举之神"的追捧以外,还有朝廷推波助澜的因素。嘉庆六年(1801),嘉庆皇帝认为"文昌帝君主持文运,福国佑民,崇正教、辟邪说,灵迹最著",且与关圣大帝一般海内普遍崇奉,谕令内阁将其列入祀典,"用光文治"(《仁宗睿皇帝实录(二)》卷八三)。其祭祀规格仿照关帝庙定制。此后,文昌帝君得以名正言顺进入书院祀典。如福州鳌峰书院,乾隆十七年(1752)建奎光阁祭祀文昌,"尚为士子私祀",嘉庆六年后改为文昌阁,"春秋列入祀典"(《鳌峰书院志》)。咸丰六年(1856)十一月,因关圣帝君已位列中祀,"文昌帝君应一体升入中祀,以昭诚敬"(《文宗显皇帝实录(四)》卷二一二)。在官方与民间的双重作用下,文昌祭祀得以遍布各处,成为书院祭祀的重要组成部分。

相较于文昌信仰,魁星崇拜的兴起时间稍晚,其源流、面目多有含混不清之处。有学者认为,魁星作为科举神祇得到崇拜是在宋代。至明清时期,魁星崇拜与原本与之不同的"奎宿"信仰发生联系,二者逐渐混淆,直至魁、奎不分,共同成为执掌文章气运的科举之神,各地多建魁(奎)星楼祭祀之。

文昌、魁星的功能相似,皆"为文章之司命,人物之权衡"(万历《湖广总志》卷九三《文苑十八》),部分书院选择对二者一并祭祀。如长沙岳麓书院,康熙初年,车万育、潘如安、陶汝鼐、陶之典等湘中"耆旧同建文昌阁"(《重修岳麓书院文昌阁记》),阁内供奉文昌帝君神像,凡"在院诸生获隽者,悉得题名其间"(光绪《善化县志》卷一一《学校》),以示表彰。乾隆五十七年(1792),湖广总督毕沅到书院,"指书院前坪田中土阜曰:'斯地也,若建魁星楼,可以发甲'"(《岳麓书院志》卷一),于是建魁星楼以求科举夺魁。到嘉庆十年(1805),岳麓书院学生彭浚还真被点中状元,成为佳话。宁乡玉潭书院设有文昌、魁星之位,旧无祀典,嘉庆六年(1801),邑绅士捐资120两,存当生息,定期于十月廿五日举办文昌会祀神。同治十二年(1873),福州致用书院规定每岁春秋两祭院内所祀的文昌帝君、大魁星君。桂阳龙潭书院在光绪十年(1884)规定,每年仲春仲丁日,由院长率诸生恭行祀圣典礼,祀圣后即祭文昌、奎星,行古礼。部分书院专祀文昌或魁星,如道光二十年(1840),柏香书院规定每年致祭奎神一次。光绪十三年(1887),鄞山书院崇徽堂供奉文帝暨朱子神版,兴文书院中栋楼龛尊奉文昌帝君。总体而言,书院专祀文昌较专祀魁星更为普遍。

书院崇祀这类执掌文章气运的神祇,不能完全认为其已经陷入了神秘主义、宿命论的窠臼,有识之士不忘提醒诸生发挥主观能动性的作用。乾隆十五年(1750),大梁书院诸生请求建立奎文阁,院长桑调元与诸生捐资共建之,奉奎神像于阁上,以时享祀。据说奎文阁建成以后,乡试获隽10人,"榜首至第五得其四"。次年会试,三人成进士。如此成绩,似真有神祇庇佑,"众咸欣欣以为美谈"。而院长桑调元提醒诸生,"豪杰非天生也,士苟能辨志卓立,孜孜闇修,以跻于有成,坚苦一生,自足千古"(《大梁书院新建奎阁碑》),个人奋斗才是最足以倚仗的因素。

书院还有祭祀山岳之神者。如白鹿洞书院坐落于庐山,每年春秋两次祭祀庐山古岳。岳麓书院所在的岳麓山为南岳七十二峰之尾。道光初年,岳麓书院建岳神庙。当时,岳麓山"山中虫食树叶殆尽",危及山林,灾情严重。欧阳山长斋戒具牲醴告于岳神。祭告之后,欧阳山长又"命近邻各祠庙僧人悉鸣钟伐鼓,以助神之威灵。越翼日,天乃雨,殷殷其雷,有风自西来,振拂于林樾间。移时,而虫蘉蘉蔽空而坠入于泥,胥化为鳅。噫,奇矣!麓山之为灵昭昭矣"(《新葺岳神庙碑记》)。于是欧阳山长作《新葺岳神庙碑记》以纪其事。与祭祀文昌、魁星不同,祭祀山岳之神多是为了祈求书院或当地平安顺遂,消灾免难。此外,书院还有祭祀关帝、土地及其他民间信仰者。

第三节 书院祭祀的时间、人员与仪节

书院的祭祀对象类型丰富,祭祀的时间、人员与仪节亦不尽相同。各书院间即便祭祀的是同一个对象,其祀典也可能存在差异。当然,对于孔子、文昌等祀典,因有官方政令的规范,各书院的祀典尚能保持大体的一致性。而对于其他对象的祭祀,则参考多种因素确定相应制度。

一、祭祀时间

书院的祭祀时间往往参考多种因素确定,如祀主的生卒时间、文庙的祭祀典章、书院的起馆时日、民间的传统节日或习俗等。

多数书院参考文庙祀典,每年举行春秋两祭。文庙祀典属于我国古

代的政教大典,往往在其立国之初就要优先确定。像清代文庙的祭孔之礼,在入关后的顺治二年(1645)就继承前朝传统,以每年的二月、八月上丁日(农历每月上旬的丁日)举行丁祭。这成为地方书院举行祭祀的参照日期。长沙岳麓书院建置独特,单设一文庙,每年举行春秋二祭,悉遵典制。光绪十七年(1891),湖南学政张亨嘉厘正校经书院祀典,规定校经书院祭祀仿照岳麓书院办理,"春秋仲月上丁,质明肄业诸生,随同院长、提调、监院,诣尊圣祠行释奠礼,次及汉儒许、郑,宋儒周、程、张、朱"(《校经书院志略》)。亦有部分书院或因条件所限,每年仅举行一次丁祭,如句容靖安文舍,在光绪间规定"每年秋季举行丁祭一次"(《靖安文舍章程》)。

相较于上丁的时日不能固定的情况,有的书院会硬性规定一个固定的时间便于遵守。如蒲州首阳书院始建于元,祭祀抱节守志、不食周粟的伯夷、叔齐,久废。清道光十三年(1833),知县莫兆文捐廉重建,并为书院制定条规,规定每年举行春秋二祭,"以二月十六日、八月十六日为期"(《复设首阳书院条规并叙》)。广州庐江书院每年春祭在二月十三日,秋祭在八月初三日,"永远为期,风雨不改"(《庐江书院各项事务例款》)。

由于春秋二丁祭为文庙大典,部分书院有意与之错开时日,另选祭祀时间。如永明濂溪书院规定,"其春秋丁祭,学宫特行典礼,书院只照常行礼"(《濂溪书院经费开销章程》)。顺治年间,无锡东林书院在春秋上丁日开讲会友,仲丁日设祭先圣。咸丰十年(1860),胡林翼为益阳箴言书院制定条规,认为"先圣祠祀以春秋二仲上丁,国典也,院不敢同"(《箴言书院祭祀》),拟在二月初九日、九月初一日祭祀孔子。

部分书院采取民间传统节日作为其祭祀时间。如广州城东钟氏萝峰书院,奉祀钟氏先祖玉岩公,族人中之能文者每年于正月十五日致祭。郫县岷阳书院在清明节祭祀。郫县为扬雄故里,清乾隆十八年(1753),知县任履素建岷阳书院。书院每年清明在子云亭祭扫,设祭费6两。有在下元节举祀者,如兴安白石书院祀朱子及黄幹,乾隆二十八年(1763),书院制定条规,"订期十月十五日举祭"(《白石书院条规》),凡刘姓及书院肄业生童均应颁胙。

部分书院选择在祀主的诞生或去世之日祭祀。南雄道南书院为祭祀清康熙二年(1663)捐修书院的知府陆世楷,在每年八月初九日陆世楷生日致祭。永明濂溪书院重建于清康熙十四年(1675),祭祀周敦颐。嘉庆二年(1797),书院制定《经费开销章程》,每年提供祭费2 400文,以备"八月二十七日至圣先师诞辰,二月初三日文昌帝君诞辰,五月初五日濂溪夫子诞辰"(《濂溪书院经费开销章程》)进行祭祀。益阳箴言书院设有宫詹公祠祭祀探花胡达源,每年除春秋两祭外,"九月朔日为宫詹公诞日,五月二十五日为公讳日,定为子孙私祭之期"(胡林翼《箴言书院祭祀》)。安福兴文书院建于咸丰初年,祭祀文昌帝君及各姓理学、忠节、名臣、乡贤。清光绪十三年(1887),书院规定"每年定期二月朔日,先祝文帝寿旦,次即举行祀典"(《兴文书院公议缮后条规》)。

诞祭一般不适用于祭孔。清乾隆三十二年(1767),戴第元奏请为孔子增设诞祭,被乾隆皇帝明发谕旨驳回。部分官员、学者亦认为在诞日举行祀典并非古礼,而是受到佛道二教的影响,因此反对书院举行诞祭。如长沙岳麓书院在道光二十四年(1844)新增圣诞会,于八月二十七日致祭。道光二十六年(1846),新任山长丁善庆援引乾隆帝谕旨,表示不敢"以非礼之礼冒渎先师,干大典以自取戾",反对圣诞会之祭。光绪十七年(1891),湖南学政张亨嘉发现校经书院旧有诞祭,认为"诞祭非古,应予停止",令校经书院每年应在圣祠以春秋仲月上丁祭祀先师孔子。从前圣祠前有悬挂香灯的习惯,"颇同寺观,殊乖典礼,亟应禁除"(《校经书院章程》)。

有书院认为"释奠为教学之始",因此部分书院的祭祀时间是在起馆送学之日。如清乾隆年间,夔州莲峰书院每年春秋及开学日致祭十贤堂、水镜堂先贤神位暨莲花池三贤祠。道光八年(1828),开封知府栗毓美、知县刘荫堂创建彝山书院,专课童生。二十二年(1842),山长史致昌重定章程,每年祭祀奎星,"定于送学之日"(《彝山书院重定章程》),由开封知府率诸童生拜至圣先师后致祭。

书院除每年定期举行的大型祭祀活动外,每月朔望往往有恭谒圣贤之礼。如南宋建康府明道书院,设有"朔望谒祠"之礼。此类礼仪一直保持到清代。清乾隆十三年(1748),岳麓书院院长王文清手定《岳麓书院学规》,其首即为"时常省问父母,朔望恭谒圣贤"。同一时期,福州鳌峰书院亦规定:"每月朔望,院长、监院官率诸生于各祠行香"(《鳌峰书院志》)。此类常规性的礼仪是每年大型祭祀活动的补充,通过每月定期举行来起到对生徒的教育、警醒作用。

二、祭祀人员

祭祀的参与者主要有主祭(主献)、陪祭(助祭、助献)、执事及观礼者等。其中,主祭的人选最为重要,一般由身份、资历、德行最为出众者担任。院长为书院掌教,在古代尊师重道思想的影响下,主祭者通常请院长担任。如清代乾隆年间,福州鳌峰书院先贤祠每年举行春秋二祭,由院长担任主祭,经理道委官一员同监院官共同担任陪祭。同治年间,宁乡云山书院每年以二月初三日为文昌祀期,"首事先日入书院办理,敦请院长质明主祭"(《云山书院惜字文社章程》)。

在一些官办书院,由于官府对书院具有绝对控制权,因此优先请书院的主政官员担任主祭。如南昌友教书院由江西布政使主政,内设澹台灭明栗主及君子堂。清乾隆五十四年(1789),布政使王昶规定书院每年于二、八两月下旬由监院择日祭祀,"报知本司主祭,并令南昌、新建两县东西分献"(《友教书院规条(后附田数)》),若知县有事,即嘱院长、监院代为担任东西分献官。蒲州首阳书院在道光十三年(1833)规定,每年春秋二祭"先期请官主祭"(《复设首阳书院条规并叙》)。

随着书院董事制度的发展,在晚清出现由主持书院的绅董主祭的情形。如光绪十三年(1887),鄞县鄮山书院条规规定每年春秋两祭,"先期纠请董事,届期会祭"(《鄞山书院条规》)。二十八年(1902),潮州韩山书院规定每年致祭韩、陆二公祠,"由董理率院生行礼"(《韩山书院章程》)。

以上是较为常见的几种情形。此外,亦存在由众人推举本地年资、德行兼具者担任书院主祭者。如清乾隆四十六年(1781),五峰书院规定主祭者"必择衣冠中齿德兼者承之,毋得滥举"(《五峰书院会规》)。

在同一个书院,若设有多个祠宇,有时可以请多位主祭者分别祭祀。如祁门东山书院设有文公祠和崇报祠,分别祭祀朱熹和为书院捐资助学者。清咸丰二年(1852)书院规定,文公祠每年春秋二祭,"请山长主祭";"崇报祠春秋致祭,由司事预请城居入学最先者主祭"。益阳箴言书院建有先圣祠、宫詹公祠,其中先圣祠的祀典更为隆重,为"山长主祭,监院、掌管首事、肄业诸生助祭"。宫詹公祠祀之祭在先圣祠祀典之后,"以祀乡贤祠之礼祀之"(《箴言书院祭祀》),由监院担任主祭,诸生为助祭。

执事一般从书院诸生中选任。如五峰书院,执事"必择礼仪娴熟者任之,毋俾失仪"(《五峰书院会规》)。东山书院的执事是选择在院肄业年长者4人担任。执事的数量与分工视祭祀类型和规格的不同而存在差异。若遇春秋释奠,因程序烦琐,执事的数量往往较多,分工细密。如清光绪十四年(1888),肇庆端溪书院院长朱一新制定《端溪书院释奠仪》,将执事分为"司祝一人,司香二人,司帛一人,司爵二人,司洗一人,司馔二人,典器二人,典仪一人,引赞一人"(《端溪书院释奠仪》),合计13人。诸生被分派执事任务后,不得借故推托,而要积极配合,提前熟悉礼仪。箴言书院祭祀先圣祠时,设有礼生4人,"择诸生仪貌壮伟、进退雍容者充之,先期习仪于讲堂,其他诸生与观焉"(《箴言书院祭祀》)。其他书祝、版读祝、诸执事,皆由诸生分任。部分官民共建之书院,执事有时会请当地士绅出任。如首阳书院祭祀时,"附近山南一带之村庄各绅士,俱应来祠执事,倘不到者议罚"(《复设首阳书院条规并叙》)。

祭祀的观礼者一般是书院诸生,通过观摩祀典来熟悉礼仪,接受熏陶。有的书院对参加祭祀的人选有特殊要求,如端溪书院,"有三年之丧者不与祭"(《端溪书院释奠仪》)。与祭者"务宜衣冠整洁,敬谨行礼,咸昭如在之诚"(《五峰书院会规》)。有的书院还会要求诸生准备祭服。祀典进行时,"毋托避,毋越次,毋失容,否则有常罚"(《端溪书院释奠仪》)。

三、祭祀仪节

历史上,书院的崇祀对象众多,缺乏明确而统一的祭祀仪节程式。由于书院中的一些祭祀对象,如孔子、文昌帝君等被列入国家祀典,故有来自官方的令典成为书院祭祀的模板而能加以仿效,使得各书院的祭祀仪节又表现出一定的一致性或相似性。部分书院即便声称是"所有仪品均仿照文庙章程"(《龙潭书院章程》),但往往又"酌古准今,而权烦简"(《东林书院志》下册),因地制宜,因时而变,使得书院祭祀成为与官方主导的文庙祭祀(见图9-4)存在差异的独具特色的祭祀类型。

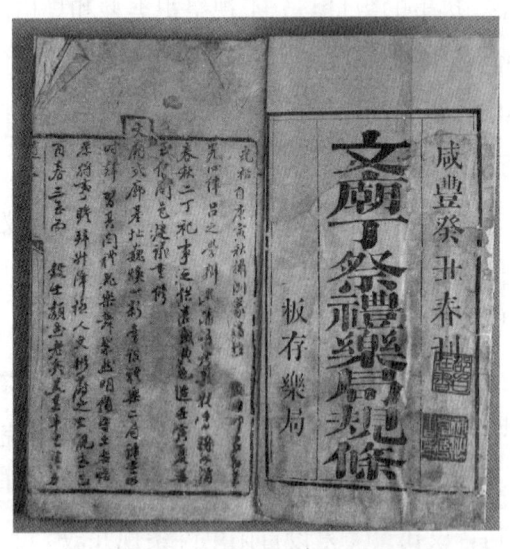

图9-4 文庙丁祭礼乐局规条

第三节　书院祭祀的时间、人员与仪节

　　祭祀作为书院基本规制的历史源远流长,但有关书院祭祀相关仪节的史料却集中在明清时期,尤其是清代。以岳麓书院为例,岳麓书院的祭祀活动始于北宋建院,但宋、元、明历代都没有留下有关祭祀仪节的记载,清代则留下了记述乾隆六十年(1795)秋祭祀孔子、文昌帝君的活动记录。岳麓书院每年春秋丁祭孔子、文昌帝君,祭祀活动的持续时间前后达半月之久。在祭祀活动当月,要从朔日燃灯至望日,令远近人士观瞻,扩大影响。祭祀典礼举行以前,要按照祭祀对象的不同而准备相应规格的祭品。其中祭祀孔子行释奠礼,须备齐牛、羊、豕三物为太牢。祭祀文昌帝君则使用少牢礼,只需羊、豕二物。此外,祭品还有"酒食馐果之属"。在书院之外,还要布置四根数丈长的灯杆,上贯方斗,"如斗之魁",寓意书院士子顺利夺魁。其中的两根灯杆竖在魁星楼正向,另外两根分别竖立在书院院门左右。具有类似美好寓意的布置还有璎珞状的铁丝,"取文光福曜,荟萃名山,以发云路齐登之兆"(《新增丁祭公费记》)。祀典开始后,还有鼓乐、鞭炮以壮声威。鼓乐要响彻三日夜,鞭炮燃放数万响,声势震动山谷。

　　书院祭祀的规格并非一成不变,若祀主地位发生变化,或祭祀者为显示虔诚,可以提升祀典规格。如文昌帝君之祀,嘉庆六年(1801)被谕令列入官方祀典,不再属于地方私祀。咸丰六年(1856),又被提升为"中祀"等级。官方政策的变化可以在书院祀典中有所展现。嘉庆二十一年(1816),岳麓书院院长袁名曜"倡议遵依定制,以每岁仲春初三日设特祀"(《岳麓书院文昌阁祭田碑记》)于文昌阁,次年又公议出二月初三日祭祀条规,提升了对文昌帝君的祭祀规格。最为显著的变化即是祭品的备办,要准备"牛一、猪一、羊一(共三俎);鸡、鸭、猪肚、猪肝、鲜鱼、海参、蛏干、猪腰(共八碗);果品实、笾豆(香、酒、烛、帛、爆竹随买听用)"(《公议文昌阁二月初三日祭祀条规》)。

　　在众多的祭祀对象中,祭祀孔子往往是规格最高、最受重视的祭祀类型。部分书院祭孔时仿照文庙施行释奠礼。如清代光绪十七年(1891)长

沙校经书院仿照岳麓书院,于春秋仲月上丁行释奠礼,届时"质明肄业诸生,随同院长、提调、监院,诣尊圣祠行释奠礼"(《校经书院章程》)。释奠的程序一般分为七步,即迎神、初献、亚献、终献、饮福受胙、彻馔、送神。由于释奠礼往往所需不菲,且过程烦琐,因此一些书院施行的是释菜之礼。清康熙年间,主持嵩阳书院的耿介认为,"释菜礼之至简者也,不在多品,贵其诚也"(《嵩阳书院志》),故以释菜之礼祭祀先师。有的书院依据不同的情境,分别举行释奠与释菜。如东林书院,"每岁于正月上甲日行释菜礼,春秋仲月仲丁日行释奠礼"(《东林书院志》下册)。

释菜礼相对简单。如东林书院在举行释菜礼的前三天,与祭诸人要恭行斋戒。祀典前一天,诸人要留宿院中,以便次日早起参与典礼。举祭当天,主祭者与陪祭者俱着吉服,先师前设爵三,笾、豆各二,"二豆在中,盛菁菹兔醢;二笾在两旁,盛枣栗;无兔则以鱼醢代"。祀典开始后,由通赞负责主持,开始迎神。通赞唱:"执事者各就位。陪祭者各就位。主祭者就位。瘗毛血。迎神。鞠躬。拜,兴。拜,兴。拜,兴。拜,兴。平身。"迎神毕,行献礼。引赞唱:"诣盥洗所。诣酒尊所。司尊者举幂酌酒。诣先师孔子神位前。跪,献爵。俯伏,兴。平身。"献礼毕,恭读祝文。引赞唱:"诣读祝位,跪。"通赞唱:"陪祭者俱跪。"引赞唱:"读祝。"祝文读罢,通赞、引赞同唱:"俯伏,兴,平身,复位。"最后环节为送神,通赞唱:"送神。鞠躬。拜,兴。拜,兴。拜,兴。拜,兴。平身。礼毕。"

释奠礼相对烦琐。东林书院在举行释奠礼前三天,与释菜礼类似,与祭诸人要恭行斋戒,前一日要留宿院中。所不同的是,因释奠礼有牲畜作为祭品,在祭祀前一天午后有省牲环节,"用羊、豕各一,以全牲献"。圣庙主祭者查验后,"恭揖而退"。牲畜的毛血用盘盛,待次早瘗。祭器、祭品更加丰富。释奠当日清晨,主祭者与陪祭者俱着吉服,就位后开始迎神。通赞唱:"执事者各司其事。陪祭者各就位。主祭者就位。瘗毛血。迎神。鞠躬,拜,兴。拜,兴。拜,兴。拜,兴。平身。"迎神后,行三献礼。通赞唱:"行初献礼。"引赞唱:"诣盥洗所。诣酒尊所。司尊者举幂酌酒。

诣至圣先师孔子神位前。跪。献爵。奠帛。俯伏,兴,平身。跪。"通赞唱:"陪祭者皆跪。"在初献礼的环节,须恭读祝文。引赞唱:"读祝。"祝文读罢,通赞、引赞同唱:"俯伏,兴。平身。复位。"此为初献礼。行亚献礼,通赞唱:"诣酒尊所。司尊者举幂酌酒。诣至圣先师孔子神位前跪。献爵。俯伏,兴,平身。复位。"此为亚献礼。行终献礼,引赞唱:"诣酒尊所。司尊者举幂酌酒。诣至圣先师孔子神位前。跪。献爵。俯伏,兴,平身。复位。"终献礼毕,饮福受胙。通赞唱:"饮福受胙。"引赞唱:"诣饮福位。跪。饮福酒,受胙。俯伏,兴,平身。复位。"通赞唱:"鞠躬。拜,兴,拜,兴。平身。"受胙后,彻馔送神。通赞唱:"彻馔。送神。鞠躬。拜,兴,拜,兴,拜,兴。平身。"最后即为望瘗环节。通赞唱:"读祝者捧祝。进帛者捧帛。各诣瘗位。望瘗。"引赞唱:"诣望瘗位。焚祝帛。讫。"最后,通赞、引赞共同宣布释奠孔子之礼结束。

在举行释菜、释奠礼祭孔的同日,东林书院道南祠亦须举行相应释菜或释奠之礼。道南祠即杨龟山先生祠,中奉龟山先生杨时神位,左右四龛奉宋、元、明清诸贤之位。行释菜礼,其祭器、祭品为:

爵三,旁二爵先酌酒,中一爵献官行。笾豆各二。二豆在中,盛菁菹鱼酝。二笾在两旁,盛枣栗。七先生神位前每位设爵一,分献官行。每案设笾豆各二。如前。

释菜开始,众人就位后迎神。通赞唱:"执事者各就位。陪祭者就位。主祭者就位。迎神。鞠躬四拜,兴,平身。"迎神后行献礼,引赞唱:"诣盥洗所。诣酒尊所。司尊者举幂酌酒。诣杨龟山先生神位前。跪,献爵。俯伏,兴,平身。跪。"通赞唱:"助祭者皆跪。"恭读祝文,引赞唱:"读祝。"祝文曰:

> 惟年月日,末学某等,敢昭告于宋杨龟山先生之神。曰:惟先生倡道东南,至止锡邑,十八年仪刑俨在,五百岁道化如新。兹当东林书院一岁讲习之初,恭修释菜之礼。谨以仲素罗先生、德辉胡先生、玉泉喻先生、遂初尤先生、小山李先生、实斋蒋先生、二泉邵先生配。尚飨。

祝文读罢,通引同唱:"俯伏,兴,平身,复位。"行分献礼。引赞唱:"分献者诣七先生神位前。跪。献爵。俯伏,兴,平身,复位。"最后为送神,通赞唱:"送神。鞠躬四拜,兴,平身。礼毕。"

道南祠释奠礼亦行三献,其祭器、祭品为:

> 七先生神位前。设爵七,东西铏各一,簠、簋各一,笾各四,盐、枣、栗、芡实。豆各四,韭、菁、笋、芹。俎各二。羊蹄一。猪蹄一。

释奠开始,众人就位后迎神。通赞唱:"各就位。迎神。鞠躬四拜、兴,平身。"行初献礼。通赞唱:"奠帛。行初献礼。"引赞唱:"诣盥洗所。诣酒尊所。司尊者举幂酌酒。诣杨先生神位前。跪。献爵。献帛。俯伏,兴,平身。跪陪祭者皆跪。"恭读祝文,引赞唱:"读祝。"祝文同上文释菜礼。

祝文读罢,通赞、引赞同唱:"俯伏,兴,平身。复位。"引赞唱:"分献者诣七先生神位前。跪。献爵。俯伏,兴,平身。复位。"初献毕,行亚献、终献礼,祭仪如前。献礼毕,通赞唱:"辞神。鞠躬四拜、兴。平身。"最后为望瘗环节,通赞唱:"读祝者捧祝。进帛者捧帛。各诣瘗位。望瘗。"引赞唱:"诣望瘗位。焚祝帛。讫。"通引同唱:"礼毕。"

书院祭祀有时参照《钦定文庙乐谱》等官方令典而伴奏乐章。因书

院祭祀不同于文庙,有的书院会自行创作与祀主相匹配的乐章。如潼川草堂书院祭祀唐代诗人李白、杜甫,其迎神之曲曰:

> 神之来兮,翩翩其裾,双鸾并驾兮元鹤,齐于梓之山兮潼之水。展吾瞳兮,东门旧居,浴修桐兮剪新据。扫草庐兮牵牛车,银床辘轳兮井甃洌洌,空廊宛转兮屟步徐徐。邻钟洪兮欹枕,麦饭饱兮摊书,怀佳人兮诗无敌。盼之子兮情难撼,今何代兮携手,酌清酒兮餐蔬。双星渡兮七夕,万卷拥兮三余。(四川《潼川府志》卷一二《李杜两先生升位草堂小序》)

送神之曲曰:

> 神之去兮,倏然长风,楮钱飞兮蜡泪红。参军开府兮锦袍玉带,秋声茅屋兮潦倒飘蓬,富贵草露兮贫贱终穷。同流合辙兮,在潼之东;嗟谁之力兮,论文两雄。翳彼乱离兮,蹇蹇匪躬;唐祚中落兮,天宝兵戎。衡门优处兮,草堂故宫;重为学舍兮,坐歌其中。千载以下兮,钦孤忠;先生遗泽兮,开洪濛。(四川《潼川府志》卷一二《李杜两先生升位草堂小序》)

书院祭祀礼成之后,与祭诸人并非一哄而散,其进退揖让一遵礼法。如肇庆端溪书院,在释奠礼毕后,院长、监院、诸生齐聚教忠堂,诸生北面序立,院长西面,监院东面少南。诸生向院长、监院三揖,院长受二答一,监院受一答二。监院揖院长,院长答揖,依次而退。最后,诸生分作东西两班,相对而揖,各自有序退出。如此方为结束。

文昌帝君的地位历经变化,在清咸丰六年(1856)后位列中祀,书院祭祀据此制定相关仪节。义宁州凤巘书院建于同治四年(1865),由知州邓国恩率乡绅294人捐资创建,以为八乡子弟肄业之所。书院建有文昌阁,

每年十一月初四,捐主者会集致祭,其致祭仪节为:

> 鸣鼓,奏乐,乐止。奏小乐。主祭者就位,陪祭者就位。跪行三跪九叩首礼,兴。
>
> 礼生引主祭者诣文昌帝君位前,行初献礼。跪,陪祭者皆跪,上香,献帛,献爵,行三叩首礼,兴。诣读祝文位,跪,陪祭者皆跪,乐止。听宣读祝文。宣毕,奏小乐,行三叩首礼,兴。复位。
>
> 礼生引主祭者诣文昌帝君位前,行二献礼。跪,陪祭者皆跪,献爵,行三叩首礼,兴。复位。
>
> 礼生引主祭者诣文昌帝君位前,行三献礼。跪,陪祭者皆跪,献爵,行三叩首礼,兴。
>
> 诣饮福受胙位,跪,献饮福酒,受福胙,谢福胙,行三叩首礼,兴。复位。
>
> 奏大乐,仍行三跪九叩首礼,兴。焚祝吊,望燎。礼毕。
> (《凤崛书院志》卷四《会日致祭仪节》)

有的书院在每年开学时,恭行释菜作为入学之礼。康熙四十三年(1704),中州理学名儒李来章为其所建连山书院制定学规,认为"古人入学,皆行释菜先师之礼"。凡是入连山书院肄业受学者,"皆先诣圣殿阶前,伏兴行四拜礼",然后到讲堂向主院者投刺,"以文为贽"(《连山书院学规》),入院受学。乾隆七年(1742),江西巡抚陈宏谋制定《豫章书院节仪十条》,规定省会豫章书院在每年起馆送学日行释菜礼:

> 先时,陈设香烛、茶酒、果菜各五器及盥盆、巾帨。
>
> 是日昧爽,主人恭诣书院,送诸生入学,诸生俱迎门外。主人入院升堂,与先生行宾主礼,序坐,点茶。诸生诣先圣、先贤位

前,主人行四拜,礼毕,主人分班观礼。

礼生请先生诣先圣、先贤位前立,礼生赞:诸生序班,班齐,先生就位。次教官,次诸生。

礼生赞:行释菜礼。引先生至盥所,盥毕,诣神前,跪,三上香,三奠爵,俯伏与平身,复位。先生、教官暨诸生俱行四拜礼。

释菜礼毕,礼生请宾主、诸生同诣白、王二公祠内。主人拈香,先行四拜礼,先生同教官、诸生行四拜礼。

宾主转讲堂,礼生赞:拜先生,行送学礼。主人以次与先生行四拜礼,诸生拜先生,先生受四拜。又赞:诸生拜主人,主人受四拜。又赞:诸生拜教官,教官受二拜,还二拜。赞:诸生分班对拜,班齐,对行四拜,毕,诸生暂退。宾主就席序话,毕,主人辞别。(《豫章书院节仪十条》)

祭礼结束后,豫章书院还要请山长举行开学第一讲。教官率领诸生依长幼次序,鱼贯入讲堂,请院长登讲席。诸生向讲席朝上三揖,两旁序立,敬听山长开讲。讲学毕,诸生三揖后各退肄业。

书院"朔望恭谒圣贤"之礼虽简,但亦称严肃。清康熙四十三年(1704),连山书院每逢朔望日前夕,值日者督率院中同人要将神几拂拭洁静。朔望当日,黎明击板,诸生起身盥洗。盥洗既毕,值日者鸣鼓五声,诸生齐集,"诣圣殿阶前,行伏兴四拜礼"。"再集讲堂,向上一揖",再分东西两班,相对而揖。礼毕,诸生依齿序相引而退。诸生不得托故不至,"或跛倚笑语、礼貌不肃者,各纪过一次,实贴讲堂壁上"(《连山书院学规》)。乾隆二十八年(1763),岳麓书院规定,"每逢朔望,黎明击点,诸生齐集,听教官率领,随从掌教赴文庙行三跪九叩礼,再赴朱张祠、六君子祠、道乡祠行一跪三叩礼,再于讲堂向掌教三揖,并向教官三揖,诸生相对各一揖"(《申明书院条规以励实学示》)。

不少书院将"朔望恭谒圣贤"作为每月固定举行的仪式,成为与讲学、考课并举的常态化施教形式。有的书院在"朔望恭谒圣贤"后,随即由山长升堂讲学。如乾隆二十年(1755),白鹭洲书院规定,"每月朔望礼拜先圣,依班就位,各敬尔仪,退适讲堂,恭听先生训诲,或讲书一章,或论史一则。有疑斯质,务求详明,非特以开颛蒙,亦藉以涵德性,是犹古乡学祭菜乞言之意欤"(《白鹭洲书院学规》)。这是以祭祀活动配合讲学,通过特殊场景的营造来使诸生身心皆有所得的表现,是书院祭祀的教育意义所在。

第四节　书院祭祀的意义

书院祭祀的独特意义在于具有显著的教育教化作用,又因书院与学术一体化的发展趋势,而使其成为各学派昭示学统的重要标志。在儒家积极出世的思想底蕴下,书院祭祀又具有面向社会的"化民成俗"之效。

其一,书院祭祀是对院中学生实施教育,此所谓"尊前贤励后学也"(道光《遵义府志》卷二四《金华书院记》)。书院设祭,有一定的标准,凡"先贤之得祠者"(《丹崖集》卷五《皇冈书院无垢先生祠堂记》),或乡于斯而"有德",或仕于斯而"有功",或隐学于斯而"道成于己",或阐教于斯而"化及于人"。一般来讲,书院祭祀对象必须具备与本乡本土关系密切、德行道义足资后学模范这两个最起码的条件。乡土使人亲切,模范可以学习。祠宇中供祀的先贤,实际上就是书院为诸生树立的亲切可学的典型、榜样。这些先贤,虽然为官为民地位不同,或教或学,所业各异,立功、立德、立言,成就有别,但他们各有其可学之处。山长根据学生习性志趣的不同,各加规勉劝诫,令其见贤思齐,正可成就希天、希圣、希贤等不同层次的事业。而诸生长伴先贤,仰而瞻其容,俯而读其书,"一惟其道德言论是式是循"(《明文衡》卷一〇〇《重修胡文定公书院记》),观摩实践,日渐月磨,必能进德修业,卓然成为有用之才。书院的祭祀活动,一本其尊学术、重教育的理念,简单而又隆重。它依照儒家礼乐制度和程序进行,有尊师、重道、崇贤、尚礼的含义。整个活动实际上是一个向院中诸生展示儒学礼仪的过程,实为形象而生动的教育形式。不仅如此,通过庄严神圣的祭祀礼仪,院中诸生还可感知先贤先儒的人格魅力,感生成圣成贤之志。这样,祭祀就具有了人格教育与传统教育的功能。

其二,书院祭祀可标举书院的学术追求,借所奉人物确立其学统,此即所谓"正道脉而定所宗也"(康熙《休宁县志》卷七《还古书院祀朱文公议》)。它有两层意思。首先,书院是儒者之区,理所当然庙祝孔子及其门下贤哲等世所公认的儒家先圣先师,以区别于佛道两家的菩萨、神仙。其次,儒家又有不同派别存在,书院成为学派的基地,其立祠设祭,遵行"必本其学之所自出而各自祭之"的原则,"非其师弗学也,非其学弗祭也"(成化《山西通志》卷一三《潞州庙学记》),可以起到强化学派认同的作用。祠堂之上排列的开山祖师及各个时期的代表人物,象征书院的精神血脉,表明书院的学术渊源、风尚与特色,是学术传统的具体化。因此,我们可从供奉对象的区别,察知书院所属学术派别的不同,看到学术思潮的时代特色。

其三,书院祭祀可以确立、增强士人对儒家思想的认同感。魏晋南北朝直至隋唐时期,佛、道二教得到统治者的大力支持,儒学的地位反倒有所下降,面临严峻挑战。为应对危机,儒学积极吸纳佛、道的思想因素改造自身,又通过多种形式引发士人对儒学的信仰。有学者认为,信仰是超越理性的一种更为深刻、牢固的精神、心理认同,它在道德人格的塑造、道德品质的形成过程中具有强烈的、持久的作用。信仰的产生,往往需要一定的场合、氛围情景,而书院祭祀活动正是通过种种方式,制造一定的情境氛围,帮助儒学信仰的传播与巩固。此时,对祭祀对象的选取就显得尤为重要,它必须体现一定的原则,表明某种价值取向。

如书院最常祭祀的先圣、先师孔子,是"制作礼乐以教后世者"及"承先圣之所作以教于大学者",是儒家核心价值观念的建构、弘扬、传播者。这建构了以仁、礼为核心的儒学思想体系,提出了一整套政治、伦理原则与行为规范,确立了儒学的核心价值系统。以孔子为"先圣",对其进行祭祀,是对孔子在儒学发展史上的创始之功的肯定。孔子之下的诸位先贤、先儒,往往是一些不同时代的,在儒学理论的创发、儒家价值观念的弘扬等方面作出了重大贡献者。如宋代以后许多书院供祀朱熹,是由于朱熹在宋代儒学发展中,继道统、立人极、尽广大、致精微,在集北宋诸儒学术之大成的基础上建构了一整套规模宏大、精致细密的思想理论体系,对儒学的发展作出了重大贡献。对于他们这类儒学大师的供祀,是从对儒学的发扬、光大、促进这一角度着眼的。其他祭祀对象的选择,主要是由于他们身上凝聚、体现了儒家的某些伦常品质,显现了人格的光辉。如白鹿洞书院建忠节祠祭祀诸葛亮、陶渊明,是为了彰显其"忠节"品质,对这二位"百代殊绝人物"加以崇祀,对世道人心皆有益处。

显然,对祭祀对象的选择具有明确的导向作用。祭祀对象的选择所凸显的是他们所倡导的学说、思想及他们所体现、代表的某种品质、人格,祭祀对象的画像、木主、祠宇实际上正是以某种无声的方式宣扬着一种学术观念或价值追求。士人们求学问道于书院,游于斯,息于斯,耳濡目染,这些祭祀的存在已成为他们为学进德环境的重要组成部分,对他们产生潜移默化的影响,进而产生认同感,并深思力行,最终成长为符合要求的儒者。

其四,书院祭祀可激发士人的道德使命感与社会责任感,并对社会产生教化作用。书院祭祀所提供的是在道德、学术、教育、事功等方面具有突出影响的楷模,展现了书院建设者眼中的理想人格。参加祭祀者在观摩、濡染中会不自觉地产生景仰、钦慕、向往之情,进而转化为一种强烈的使命感,希望自己像祭祀对象一样,能够修身、齐家、治国、平天下。历史上的书院本身就被儒家士人寄托了浓烈的家国情怀。南宋乾道年间,刘珙修复岳麓书院,请张栻主教其中,就是为了"成就人才,以传道而济斯民也"(《岳麓书院志》卷七《岳麓书院记》)。而书院祭祀先贤的行为实际上也将这样的问题摆在士人面前:如何才能不负先贤创设、发展书院所寄予的殷切期望,使自己符合儒者之道的要求,成为器业宏大,能担负起明斯道、救斯民重任的人才?对有功于书院的诸先贤举行祭祀,就是在强化士人的这种社会责任感。

其五,书院祭祀还对包括书院在内的整个社会发挥着教化功能。书院祭祀通过其价值导向,希望以此改善士习民风。如明代白鹿洞书院对诸葛亮、陶渊明的祭祀,就是为了"于世道人心或有当欤"(《白鹿书院志》卷一三《忠节祠记》),希望对世人发挥教化作用。为此,部分书院的祭祀典礼或建筑向社会开放,令百姓也可以近距离接触。如白鹿洞书院的二贤祠在明代就"逼近门路,漫无防闲,妇子嬉游,役夫乞人时为休息之所"(《白鹿书院志》卷一四《署府同知蒋国祥重建二贤祠记》)。书院祠宇的开放性与公共性使书院祭祀体现的价值观念得以向周边地区辐射,产生相应的教化作用。

书院祭祀典礼的举行,也是书院与当地社会实现互动、当地社会成员走进书院、书院的影响渗透到社会的过程。许多书院的祀典允许地方士绅、百姓入院观礼。南宋绍熙四年(1193),朱熹建沧州精舍,落成后举行隆重的释菜仪式,院外来宾众多,"邻曲长幼并来陪"(《朱子语类》卷九〇《礼七》),共襄盛举。文天祥记述赣州安湖书院的祭孔活动时提到,"鳌老妇子,转相传呼,然后翕然以儒者为重"(《文山集》卷九《赣州兴国县安湖书院记》)。可以说一次祭祀就是一次广泛的社会教化活动。不同阶层的社会成员进入书院参加、观看祭祀,实际上就是受到了一次儒学的教育,书院祭祀所倡扬的价值观念也有了更为广泛的受众面,达成"劝士""劝吏"及"劝俗"的效果。

复习思考题

1. 试述书院祭祀的历史发展情况。
2. 试述书院祭祀的对象。
3. 试述书院祭祀的时间。
4. 试述书院祭祀的参与人员与仪节。
5. 试述书院祭祀的功能与意义。

延伸阅读

1. 肖永明、唐亚阳:《书院祭祀的教育及社会教化功能》,《湖南大学学报(社会科学版)》2005年第3期。

2. 蒋建国:《仪式崇拜与文化传播——古代书院祭祀的社会空间》,《现代哲学》2006年第3期。

3. 柳肃:《儒家祭祀文化与东亚书院建筑的仪式空间》,《湖南大学学报(社会科学版)》2007年第6期。

4. 肖永明、戴书宏:《书院祭祀与时代学术风尚的变迁》,《东南学术》2011年第6期。

5. 赵国权、周洪宇:《祠学璧合:两宋书院祠祀活动及其价值期许》,《北方论丛》2016年第2期。

6. 兰甲云:《中国古代书院礼仪的类型与特征》,《郑州大学学报(哲学社会科学版)》2022年第3期。

主要参考书目

白新良. 中国古代书院发展史[M]. 天津：天津大学出版社, 1995.

陈谷嘉, 邓洪波. 中国书院史资料(全三册)[M]. 杭州：浙江教育出版社, 1998.

陈谷嘉, 邓洪波. 中国书院制度研究[M]. 杭州：浙江教育出版社, 1997.

陈元晖, 王炳照, 尹德新. 中国古代的书院制度[M]. 上海：上海教育出版社, 1981.

邓洪波, 兰军. 中华文化元素丛书·书院[M]. 长春：长春出版社, 2016.

邓洪波, 彭爱学. 中国书院揽胜[M]. 长沙：湖南大学出版社, 2000.

邓洪波, 王胜军, 兰军. 书院学档案[M]. 武汉：武汉大学出版社, 2017.

邓洪波. 中国书院学规[M]. 长沙：湖南大学出版社, 2000.

邓洪波. 中国书院学规集成[M]. 上海：中西书局, 2011.

邓洪波. 中国书院楹联[M]. 长沙：湖南大学出版社, 1999.

邓洪波. 中国书院章程[M]. 长沙：湖南大学出版社, 2000.

丁钢, 刘琪. 书院与中国文化[M]. 上海：上海教育出版社, 1992.

方彦寿. 朱熹书院与门人考[M]. 上海：华东师范大学出版社, 2000.

胡青. 书院的社会功能及其文化特色[M]. 武汉：湖北教育出版社, 1996.

胡昭曦. 四川书院史[M]. 成都：巴蜀书社，2000.

湖南省书院研究会. 书院研究（第二集）[M]. 长沙：1989年编印.

湖南省书院研究会. 书院研究（第一集）[M]. 长沙：湖南大学出版社，1988.

季啸风，等. 中国书院辞典[M]. 杭州：浙江教育出版社，1996.

李邦国. 朱熹和白鹿洞书院[M]. 武汉：湖北教育出版社，1989.

李才栋. 白鹿洞书院史略[M]. 北京：教育科学出版社，1989.

李才栋. 江西古代书院研究[M]. 南昌：江西教育出版社，1993.

李国钧，等. 中国书院史[M]. 长沙：湖南教育出版社，1994.

刘卫东，高尚刚. 河南书院教育史[M]. 郑州：中州古籍出版社，1991.

盛朗西. 中国书院制度[M]. 北京：中华书局，1934.

王尔敏. 上海格致书院志略[M]. 香港：中文大学出版社，1980.

吴万居. 宋代书院与宋代学术之关系[M]. 台北：文史哲出版社，1991.

徐梓. 元代书院研究[M]. 北京：社会科学文献出版社，2000.

杨布生. 岳麓书院山长考[M]. 上海：华东师范大学出版社，1986.

杨布生，等. 中国书院与传统文化[M]. 长沙：湖南教育出版社，1992.

杨金鑫. 朱熹与岳麓书院[M]. 上海：华东师范大学出版社，1986.

杨慎初，朱汉民，邓洪波. 岳麓书院史略[M]. 长沙：岳麓书社，1986.

张正藩. 中国书院制度考略[M]. 南京：江苏教育出版社，1985.

章柳泉. 中国书院史话[M]. 北京：教育科学出版社，1981.

赵所生，薛正兴. 中国历代书院志（全十六册）[M]. 南京：江苏教育出版社，1995.

周汉光. 张之洞与广雅书院[M]. 台北：中国文化大学出版部，1983.

朱汉民. 湖湘学派与岳麓书院[M]. 北京：教育科学出版社，1991.

朱汉民. 中国的书院[M]. 北京：商务印书馆，1993.

朱文杰. 东林党史话[M]. 上海：华东师范大学出版社，1989.

后　　记

　　岳麓书院创建于宋开宝九年(976),以其办学成绩显著,很快得到宋真宗皇帝召见山长、赐书、赐额、赐田、赐官的嘉奖,其名远扬,号为"天下四大书院"之首,从此,弦歌千年,与时俱进。在古代,岳麓书院是高于州学的高等教育中心、湖南一省的最高学府,湖湘学派的大本营、王学重镇,乃至全国学术中心之一;在近代,岳麓书院接受新学、西学,引入算学、译学、声光化电,与时务学堂并驾齐名,并在1903年与之合并,改称湖南高等学堂,实现近代转型;进入民国时期,岳麓书院开启现代化进程,由高等师范学校而工业专门学校,由省立湖南大学而国立湖南大学,在抗战的炮火中高扬"忠孝廉节""整齐严肃"的大旗,"承朱张之绪,取欧美之长",实现快速成长;新中国成立以来,湖南大学更发展成为文、理、工、管、医大综合的现代化大学,先后进入全国重点大学、"211工程""985工程"和"世界一流大学"建设高校行列,如今正步伐坚定地朝向富有历史文化传承的中国特色世界一流大学的发展方向大步迈进。

　　从岳麓书院到湖南大学,迈越古今,成为举世罕见的千年学府。她是中国高等教育千年发展历程的缩写,她与西方大学从古代到现代的发展路径不同,是东方儒家文明的典范,是人类教育的瑰宝,是中国制度自信、文化自信的典型。

　　为了彰显千年学府的书院特色,我们编著《我的大学我的家:千年学府湖南大学史话》,作为大学生文化素质教育读本。在为全校本科生开课之外,我们还为硕士生开设书院史专题(古代史)、书院与宋元明清学术(哲学史)、中国书院与书院文物(文博)等专业课,为书院研究方向博士生开设书院文献研读、书院文化研究、书院研究前沿与文献研读等专业课，并编撰《中国书院史》《中国书院制度研究》《中国书院的历史与传承》《中华文化元素：书院》《湖南书院史稿》《岳麓书院史》《书院学档案》《近百年书院研究论著目录》《中国书院文献研究》《中国书院史资料》《中国书院学规集成》等系列著作，把最新研究成果融入教学实践，形成书院文化特色，教学效果较好。

2020年9月17日，习近平总书记冒雨考察调研湖南大学，指出对岳麓书院"一直有牵挂"，对岳麓书院在中华文化传承中的地位和影响很有感触，强调要大力传承弘扬优秀历史文化，提出岳麓书院是党的实事求是思想路线策源地的重要论断。总书记的"牵挂"，使得中国书院这一独特的文化载体再次引起世人瞩目，社会公众和学术界、教育界了解中国书院的需求很迫切，教育部也下文在高校推行"书院制"。为了满足这一不断增长的社会文化需求，回应总书记对岳麓书院的牵挂，学校决定启动"中国书院系列教材"的编写工作，从历史、制度、文化三个维度，全面解读书院。

本书按照新世纪高校教材体例与规范编写，在"中国书院系列教材"编委会指导下开展工作。本书以学术著作《中国书院制度研究》等为基础，以过往自编的各种书院课程讲义为底稿，由我主编，江苏师范大学历史系的兰军任副主编，参加编写的有岳麓书院的肖永明、谢丰，贵州大学的王胜军，湖南中医药大学的周文焰，湖南第一师范学院的梁洋，湖南城市学院的姚艳霞，河南大学的宗尧，井冈山干部学院的刘绪明等同志。这个团队的共同特点是，在岳麓书院有过三年以上研习书院文化的经历，并且现在还在从事书院研究与教学工作。希望沉浸式的书院实践与学理探讨能成为本书的特色，并得到大家的认可。编写大学通用教材，对于我们来讲还是第一次，缺点和不足在所难免，还祈读者批评指正，以便修改完善。

邓洪波
2024年9月28日于湖南大学岳麓书院胜利斋

郑重声明

高等教育出版社依法对本书享有专有出版权。任何未经许可的复制、销售行为均违反《中华人民共和国著作权法》，其行为人将承担相应的民事责任和行政责任；构成犯罪的，将被依法追究刑事责任。为了维护市场秩序，保护读者的合法权益，避免读者误用盗版书造成不良后果，我社将配合行政执法部门和司法机关对违法犯罪的单位和个人进行严厉打击。社会各界人士如发现上述侵权行为，希望及时举报，我社将奖励举报有功人员。

反盗版举报电话　(010) 58581999　58582371
反盗版举报邮箱　dd@hep.com.cn
通信地址　北京市西城区德外大街 4 号
　　　　　高等教育出版社知识产权与法律事务部
邮政编码　100120